Helmut Zander
Die Anthroposophie

Helmut Zander

Die Anthroposophie

Rudolf Steiners Ideen zwischen Esoterik,
Weleda, Demeter und Waldorfpädagogik

Ferdinand Schöningh

Umschlagabbildung:
Goetheanum: Westtreppenhaus (Fotograph: Taxiarchos228).

Bibliografische Information der Deutschen Nationalbibliothek

Die Deutsche Nationalbibliothek verzeichnet diese Publikation in der Deutschen Nationalbibliografie; detaillierte bibliografische Daten sind im Internet über http://dnb.d-nb.de abrufbar.

Alle Rechte vorbehalten. Dieses Werk sowie einzelne Teile desselben sind urheberrechtlich geschützt. Jede Verwertung in anderen als den gesetzlich zugelassenen Fällen ist ohne vorherige schriftliche Zustimmung des Verlags nicht zulässig.

© 2019 Verlag Ferdinand Schöningh, ein Imprint der Brill Gruppe
(Koninklijke Brill NV, Leiden, Niederlande; Brill USA Inc., Boston MA, USA;
Brill Asia Pte Ltd, Singapore; Brill Deutschland GmbH, Paderborn, Deutschland)

Internet: www.schoeningh.de

Einbandgestaltung: Anna Braungart, Tübingen
Herstellung: Brill Deutschland GmbH, Paderborn

ISBN 978-3-506-79225-9 (paperback)
ISBN 978-3-657-79225-2 (e-book)

Inhalt

Einleitung	7
Alnatura	14
Anthroposophische Gesellschaft / anthroposophische Bewegung	16
Arzneimittel/Kosmetika	27
Attraktivität – und Enttäuschung	33
Autorität und Freiheit	37
Banken	40
Besant, Annie	48
Biographiearbeit	49
China	51
Christengemeinschaft/Christentum	61
dm-Drogeriemärkte	74
Dogmen/Dogmenfreiheit	79
Erkenntnis, höhere	82
Esoterische Schule	84
Eurythmie	89
Frankreich	92
Freimaurerei	94
Globalisierung	96
Halle, Judith von	98
Heilpädagogik	102
Historische Kritik/Historismus	107
Hochschulen	113
Islam	126
Israel	129
Konstitutionsdebatte	131
Kunst	134
Landwirtschaft	137
Lectorium Rosicrucianum	149
Masern	151
Medizin	155
Nationalsozialismus	170
Öffentlichkeit	173
Politik	175
Praxis	187
Protestantismus – Katholizismus	189

Publikationswesen	193
Rassen/Rassismus	196
Reinkarnation	207
Sexualität (und Männer und Frauen)	209
Sprache	211
Steiner, Rudolf	212
Steiners Schriften	217
Theosophie	221
Transformationen	224
Vereinigte Staaten von Amerika	227
Unternehmen	229
Waldorfpädagogik	239
Weltanschauung – Religion – Wissenschaft	271
Abbildungsverzeichnis	276
Literaturverzeichnis	277
Dank	278
Stichwortregister	279

Einleitung

Was ist Anthroposophie? Waldorfpädagogik selbstverständlich. Also Kinder, die ihren Namen tanzen können, Theater aufführen und einen Schulgarten pflegen. Natürlich gehören Demeter-Tomaten zur anthroposophischen Welt – und Krebstherapien mit Mistelpräparaten und eine Bank, die verspricht, im Kapitalismus Sinn zu machen. Aber all das ist äußere Hülle. Das wahre Leben der Anthroposophie schlägt in ihrem esoterischen Herzen: in einer Waldorfschule, in der sich die Lehrerin zugleich als Eingeweihte weiß, auf dem Bauernhof, dessen Bäuerin glaubt, dass die Tomaten mit kosmischen Kräften wachsen, an dem Krankenbett, wo der Arzt in der Mistel „zeitstauende" Potenzen aus der Urzeit der Erde am Werk schaut, und bei der Bankerin, die zumindest ein wenig „höhere Erkenntnis" in der Finanzindustrie für hilfreich hält. Aber Vorsicht: Was in der Theorie richtig ist, muss in der Praxis noch längst nicht stimmen. Sind esoterische Grundüberzeugungen immer noch das Herz der Anthroposophie? Und wenn, wie und in welchem Ausmaß? Was ist die Anthroposophie „wirklich"? Dieser unlösbaren Aufgabe geht dieses Buch nach.

Sicher ist immerhin, dass das Gravitationszentrum der Anthroposophie Rudolf Steiner (1861-1925) ist. Er ist der geistige Mentor, der Gründungsvater der Anthroposophischen Gesellschaft und bis heute der kleinste gemeinsame Nenner der vielfältigen (und oft zerstrittenen) anthroposophischen Welt. Man kann Schüler auf der Waldorfschule sein, ohne an Reinkarnation zu glauben. Man kann Demeter-Erdbeeren aus biodynamischer Landwirtschaft lieben, ohne auf der Zunge kosmische Kräfte zu spüren. Man kann die vielen Praxisfelder der Anthroposophie nutzen, aber man wird ihren Herzschlag nicht verstehen, wenn man nicht ihren Vater und Ideengeber kennt. Seine Autorität gründete in dem Anspruch, universales Wissen aus einer „übersinnlichen" Welt auf die Erde herabzuholen. Letztlich gab er das Versprechen, dass alles, was es gibt, einen spirituellen Sinn habe. Peter Brügge, der 1984 das erste und immer noch lesenswerte Buch über die anthroposophische Lebenswelt aus einer Außenperspektive schrieb, hat den Anspruch dieser Sinnproduktion ziemlich präzise auf den Punkt gebracht: Anthroposophen, „das sind Zeitgenossen, die sich im Gegensatz zur Mehrheit im Besitz von Antworten auf sämtliche Sinn- und Schicksalsfrage ihres Lebens wissen. Das befähigt sie zu unvergleichlich konsequenten Bemühungen um einen gesellschaftlichen Wandel".[1] Also: Höheres Wissen statt Ambiguitätstoleranz? Doch auch hier gilt: Wirklich? Gibt es sie noch, die – so

---

[1] Brügge, Peter: Die Anthroposophen. Waldorfschulen, Biodynamischer Landbau, Ganzheitsmedizin, Kosmische Heilslehre, Reinbek: Rowohlt 1984, 7.

der Anthroposoph Andreas Heertsch – „Karikatur eines ‚Anthroposophen': Weiß alles besser, hat auf alle Fragen ein Antwort, ist hochnäsig und hält sich für ‚fortgeschritten'"?[2]

Machen wir uns nichts vor: Derjenige, der die momentan schwankende anthroposophische Identität mit einer autoritativen Antwort absichern könnte, Rudolf Steiner, ist aus der Zeitgeschichte in die Geschichte versunken. 2009 starb Maria Jenny-Schuster im Alter von 102 Jahren. Sie war vermutlich der letzte Mensch, der Steiner noch persönlich gekannt hatte. Nun ist das Charisma der Unmittelbarkeit erloschen, die Anthroposophie ist eine Interpretationsgemeinschaft geworden, in der niemand über den Mehrwert einer persönlichen Steiner-Beziehung verfügt. Mit dem Tod von Steiners Zeitgenossen wird uns seine Lebenswelt immer fremder, während zugleich immer deutlicher wird, wie tief er von den hellen wie dunklen Seiten seiner Lebenszeit geprägt ist. Der Kampf zwischen einer historisch-kritischen und einer spirituellen Steiner-Deutung ist in vollem Gang – und Samthandschuhe ziehen die Kombattanten dabei nicht an.

Ehe es in die weiteren Details geht, mag eine halbwegs genaue Festlegung, wie man die Anthroposophie verstehen kann, weiterhelfen. Die einfache Antwort lautet in einem Dreisatz: 1. Sie ist eine Weltanschauung, die davon ausgeht, dass es eine „geistige Welt" gibt, dass also der „Materialismus" nicht das letzte Wort hat. 2. Diese geistige Welt kann man erkennen, vor allem durch persönliche Schulung, die zu „übersinnlicher Erkenntnis", zum „Hellsehen" führe, wozu Steiner eine Esoterische Schule gegründet hatte, die aber so heute nicht mehr besteht. 3. Man kann diese Erkenntnisse des Geistigen in die Praxis umsetzen, ihre Wirkungen sehen und anwenden: Die Überzeugungen von anthroposophischen Bankern oder die Entwicklung des Kindes gemäß der Waldorfpädagogik versteht man ohne diese „esoterischen" Hintergründe nicht. Aber es gibt noch eine kompliziertere Antwort. Sie lautet, dass die Anthroposophie einen philosophischen „Monismus" vertritt, indem sie Anspruch erhebt, Geist und Materie als unterschiedliche Aggregationsformen ein und derselben Sache zu deuten. Für Anthroposophen ist die Welt materialisierter Geist. Diesen Geist nennt Steiner auch das „Göttliche", und wenn alle Materie eine andere Form des Geistig-Göttlichen ist, ist auch der Mensch göttlich, zumindest in seinem innersten Kern.

Wegen (oder trotz) dieses „esoterischen" Theoriegebäudes zeigt die Anthroposophische Gesellschaft ein vitales kulturelles Leben. Die Zahl ihrer regulären Mitglieder ist überschaubar, aber die Wirkung in Sympathisantenkreise und in anthroposophieferne Milieus reicht weit darüber hinaus. Im alternativkulturellen Milieu ist sie eine Großmacht. Alle Kassandrarufe, sowohl von Kritikern wie von Anthroposophen, die aus den immer wieder aufbrechenden Krisen den Untergang beschwören, sind verhallt. Steiners Ideen haben das Fieber des Okkultismusbooms um 1900 überlebt, als eine der wenigen Gruppen, und hat ihre

---

2 Heertsch, Andreas: Geistige Erfahrung im Alltag. Eine Einladung, Stuttgart: Urachhaus 2007, 19.

Mutter, die Theosophische Gesellschaft, an Mitgliederzahl und gesellschaftlicher Wirkung längst in den Schatten gestellt. Die Anthroposophie ist aus dem okkultistischen Getto der Jahrzehnte um 1900 ausgebrochen und in der Mehrheitsgesellschaft angekommen.

Durchaus bürgerlich ist sie geworden (oder besser gesagt: geblieben) und zählt beispielsweise den Gründer der dm-Drogeriemarktkette, Götz Werner oder den ehemaligen Bundesinnenminister Otto Schily zu den ihren, jeden auf seine Weise. Aber dann hat man Grenzgänger wie Joseph Beuys noch nicht im Blick, der zur Anthroposophie griff und doch kein Mitglied der Anthroposophischen Gesellschaft werden wollte, und überhaupt die wichtigste Gruppe noch nicht genannt: Menschen, die sich zwar nicht der Anthroposophie zugehörig fühlen, jedoch Steiners Ideen nach Gutdünken wie einen Steinbruch verwenden oder, noch weiter weg, einfach anthroposophische Produkte nutzen: Weleda-Hautkosmetik mit Granatapfel oder Reinkarnationsvorstellungen in der „Biographiearbeit". Anthroposophen betrachten diese Verbreitung ihrer Ideen aber nicht zwingend als Erfolgsgeschichte. Denn in den letzten Jahren wurde immer deutlicher sichtbar, dass das Interesse an der Anthroposophie vor allem die Praxisfelder betrifft. Die anthroposophische Esoterik und ihr Erkenntnisanspruch sind „der Welt" fremd geblieben und vielleicht in den letzten hundert Jahren noch fremder geworden. Aber die Spannung zwischen dem „Wesen" der Anthroposophie und ihrer „bloßen" Praxis findet sich nicht nur im Innen-Außen-Verhältnis, sondern ist auch intern ist durchaus umstritten. Ist die „höhere Erkenntnis" wichtiger als der praktische Erfolg? Welche Teile von Steiners Werk können denn heute noch Geltung beanspruchen? Nicht wenige Anthroposophen halten an Steiners Überzeugungen beinhart fest, was andere tödlich finden und deshalb das Gespenst der „Versteinerung" umgehen sehen. Mit derartigen Spannungen existiert die Anthroposophie nicht schlecht. Denn wie man ihren Kritikern klarmachen muss, lebt sie nicht von ihren Schwächen, von denen noch häufig in diesem kleinen Buch zu lesen sein wird, sondern von ihren Stärken: Viele Anthroposophen empfinden Steiners Esoterik als zentrale Sinnstiftung ihres Lebens und viele Nicht-Anthroposophen möchten weder Demeter-Kartoffeln noch ihr anthroposophisches Konto bei der GLS-Bank missen.

Diese gegenwärtige Bedeutung, die Frage, was aus diesem Kind des theosophischen Okkultismus und Steiners philosophischer Pflege geworden ist, ist die Schlagader des vorliegenden Buches. Wobei, dies vorweg: Die Sache ist komplex. Es gibt zu viele Gruppen, zu viele widerstreitende Meinungen, zu viel Pluralität, als dass man von „der Anthroposophie" reden könnte, ohne danach schlecht zu schlafen. Deshalb zeichne ich ein höchst perspektivisches Bild, es geht um „meine" Anthroposophen. Ich habe mit Anthroposophen in den letzten Jahren viel gesprochen, aber recht selektiv, denn leider können dogmatische Anthroposophen mit mir nichts anfangen. Und so ist meine anthroposophische Welt auf gesprächsoffene Spezies des Homo anthroposophicus geschrumpft – aber über die habe ich so manches von der Anthroposophie verstanden und vieles in ihr schätzen gelernt.

Der Zeitpunkt, an dem ich meine Bilder publiziere, sieht die Anthroposophie in einer Übergangssituation, einer vielleicht dramatischen Transformation, denn die äußeren Rahmenbedingungen haben sich seit der Gründung vor rund 100 Jahren schwindelerregend verändert. Um zwei Gravitationsfelder geht es vor allem:
- Die großen Stichworte „Pluralisierung" und „Individualisierung" prägen die Anthroposophie wie jede andere institutionalisierte Weltanschauung auch. Sie ist nicht mehr der okkultistische Paria, mit dem sich die großen Kirchen oder politische Parteien auseinandersetzten wie in der ersten Hälfte des 20. Jahrhunderts, sondern nur noch eine esoterische Gruppe unter vielen, die um Aufmerksamkeit ringen muss. Das ist der Preis der mit der gesellschaftlichen Pluralisierung einhergehenden Freiheit. Individualisierung heißt in diesem Zusammenhang, dass auch Anthroposophen, salopp gesagt, glauben, was sie wollen. Rudolf Steiner ist für immer mehr Anthroposophen immer weniger der Übervater, der durch seine „höhere Erkenntnis" auf alle Fragen eine abschließende Antwort vorhält. Aufgrund dieser beiden Tendenzen, auf die Anthroposophen keinen Einfluss haben, leidet auch die institutionelle Anthroposophie an der Schwindsucht, die viele Organisationen in der westlichen Welt befallen hat. In Deutschland dürfte die Zahl der Mitglieder der Anthroposophischen Gesellschaft eher abnehmen als stagnieren.
- Und sie ist das geworden, was ihre theosophische Mutter schon immer war und sie selbst immer sein wollte: ein Global Player. Die im deutschsprachigen Kulturraum entstandene, vielfach deutschnational geprägte Anthroposophie befindet sich in einem rasanten Prozess der Internationalisierung, vor allem weil die Praxisfelder weltweit expandieren. Der unzureichende Blick auf diese Globalisierung ist das größte Manko dieses Büchleins. Meine Impressionen bleiben weitenteils die flüchtige Momentaufnahme einer auf Deutschland zentrierten Perspektive.

Ich lege meine Überlegungen gleichwohl vor, denn eine Darstellung der aktuellen Anthroposophie ist ein Desiderat. Was ist die Anthroposophie heute zwischen der Berufung auf den bald hundert Jahre toten Steiner und einer Gegenwart, die nicht mehr seine Welt ist? Und wer sind in der Anthroposophie die Anthroposophen? Die 110prozentigen Verehrerinnen des Dr. Rudolf Steiner, den sie gerne den „Doktor" nennen, oder diejenigen, die ihren Rudi als Steinbruch für kreative Einfälle nutzen? Klar ist: Die Anthroposophie ist kein Monolith, sondern ein hochdifferenziertes Milieu, von freundschaftlich verbundenen bis in bittere Feindschaft verharkten Gruppen, von Einzelgängern und kampfstarken Lobbygruppen, von Über-Überzeugten und distanzierten Sympathisanten, von betonharten Dogmatikern und liberalen Diskutanten.

Es gibt, ganz grob gesprochen, zwei Gruppen. Da sind die „Glaubensanthroposophen", die jede Kritik am „Doktor", jede kritische Lektüre von Steiners Schriften als Sakrileg betrachten. Sie tendieren dazu, sich von Feinden umgeben zu wähnen und leben die Verteidigung aus dem Bunker der Rechtgläubigkeit heraus. Mit ihnen erscheint die Anthroposophie wie eine dogmatische Festung, mit viel Ideologie munitioniert. Für sie ist Steiner der Eingeweihte, dessen übersinnlich geschaute Einsichten nur verbohrte Wahrheitsleugner nicht sehen. Sie haben Ihre Identität an eine orthodoxe Steiner-Interpretation gebunden, in der objektives Wissen und Sicherheit existieren. Sie stehen allzeit zu seiner Verteidigung bereit, von Rassentheorie bis höherer Erkenntnis. Kämpferisch sind sie, oft auch polemisch, und es scheppert immer in den Medien, wenn sie sich äußern. Sie sind laute Anthroposophen, die sich auffällig benehmen und die man so wunderbar leicht identifizieren kann. Wie groß diese Fraktion ist, lässt sich von außen nicht einschätzen, ich habe keine verlässlichen Daten. Deutlich aber ist, dass solche Kämpfer das Außenbild stark, vielleicht sogar dominant prägen, und das aus zwei Gründen: Sie laufen Kritikern ins offene Messer und fabrizieren eine lebhafte Presse, wenn sie Steiners übersinnliche „Schau" als eine Art ewiges Evangelium predigen, wenn sie seine rassistischen Äußerungen verharmlosen oder wenn sie glauben, man müsse missliebige „Gegner" mit Prozessen aus dem Verkehr ziehen. Immer dann liefern sie das Material, aus dem viele Kritiker Feinde herstellen. Damit bleibt diese Betonfraktion in fast jedem Gedächtnis haften. Alle, die mit dem anthroposophischen Milieu länger in Kontakt sind, treffen irgendwann auf die Waldorflehrerin, die ihren Herzen Oberlehrerin ist, auf den Arzt, der sich mit einem Priester verwechselt, und überhaupt auf Anthroposophen, die nicht nur alles besser wissen, sondern schlicht alles zu wissen beanspruchen. Die Chancen, dass derartige Dogmatiker eine Außenwahrnehmung prägen, sind riesengroß. Für Kritiker und Sektenjäger und manchmal auch für Journalisten stellen sie die idealen Anthroposophen dar, weil sie das Abziehbild für die aus der Zeit gefallenen Okkultisten liefern. Wenn man ideologisch verbockte „Eingeweihte" sucht oder gar ein Feindbild braucht, voilà, hier ist es. Mein Problem ist nicht, dass sie natürlich auch in diesem Buch vorkommen, sondern dass sie möglicherweise zu häufig vorkommen.

Denn diese Steiner-Jünger und -Jüngerinnen sind nicht alles, möglicherweise sogar weniger als die Hälfte der Wirklichkeit. Beim Schreiben dieses Buches ist jedenfalls mein Eindruck immer stärker geworden, bei ihnen könnte es sich um eine Minderheit unter den Anthroposophen handeln. Ob der Vorstand der Allgemeinen Anthroposophischen Gesellschaft dafür ein Indiz ist? Seit dem Tod von Sergej O. Prokofieff im Jahr 2014 saß dort kein so ganz „richtiger" Konservativer mehr, aber die Revolte gegen den Vorstand im Jahr 2018 läßt fragen, ob das Pendel nicht zu stark nach „links" ausgeschlagen war. Und doch: Vielleicht bilden diejenigen die Mehrheit, die erst dreimal überlegen, ob sie sich äußern sollen und es dann oft abwägend tun. Man kann sie die leisen Anthroposophen nennen, die Steiner vielleicht als Ausgangspunkt für eine kreative Pädagogik nutzen, aber nicht mehr als Automaten für objektive Wahrheiten. Es sind diejenigen, die wissen, dass Steiner ein Kind seiner Zeit war und nicht nur hoch oben „geschaut", sondern hier unten viel gelesen und exzerpiert und mit Menschen gesprochen hat – und der deshalb vom Zeitgeist geprägt wurde, rassistische Vorstellungen inklusive. Sie zerren Kritiker nicht vor die Schranken des Gerichtes, sondern laden zur offenen Diskussion ein, sie wissen, dass nur derjenige Steiner aus seinem Getto des 19. Jahrhunderts befreien kann, wer Anpassungs- und Auswahlprozesse nicht scheut. Auch diese Anthroposophen prägen sich ein: Der Waldorflehrer, dem es wirklich um die freiheitliche Entwicklung seiner Schüler geht und der sich mit einem demonstrativen „so what" beim Schulterzucken abwendet, wenn ich sie frage, ob der Waldorflehrer sich als Priester fühlen müsse. Oder die Ärztin, die erst lange mit dem Patienten spricht, ehe sie spritzt. Und überhaupt Anthroposophinnen, die wissen wollen, wer Rudolf Steiner wirklich war und am Bild der überirdischen Lichtgestalt kratzen. Aber wie immer haben Menschen, die Ambivalenzen aushalten, größere Probleme, in der Öffentlichkeit wahrgenommen zu werden, als diejenigen, die mit klaren Positionen eine komplexe Wirklichkeit schwarz-weißeln.

Aus diesem Feld der Nachdenklichen haben sich in den letzten Jahren einige Autoren zu Wort gemeldet, aus deren Büchern ich schon deshalb gerne zitiere, weil sie ihre unorthodoxen Perspektiven auf die Anthroposophie so wunderbar auf den Punkt bringen. Solche unorthodoxen „Steinerianer" verändern die Anthroposophie massiv, vielleicht stärker als ihre konservativen Kollegen. Man kann mit Recht die Frage stellen: Was hält diese zwei anthroposophischen Welten eigentlich noch zusammen? Die Antwort ist schlicht: Steiner und sein Werk. Aber es gibt keine Kontroll- oder Sanktionsinstanz, durch die diese Beziehung reguliert werden könnte. Die Anthroposophische Gesellschaft ist eine prekäre Institution.

Aufgrund der bedrohlichen Mischung aus begrenzten Kenntnissen und hochkomplexer anthroposophischer Welt sind die folgenden Überlegungen ein Florilegium von punktuellen Impressionen, weit weg von einer systematischen Bilanz. Meine Informationen bilden kein „ordentliches" Handbuch der Anthroposophie oder wenigstens einen Wegweiser in den Dschungel der anthroposophischen Einrichtungen, sondern allenfalls eine Blütenlese wichtiger und irritierender und anregender Facetten. Deshalb ist es auch kein wissenschaftliches Buch, ihm fehlen zwei Dimensionen: die kritische Dauerreflexion auf die Relativität dieser persönlichen Perspektive und die Interpretation mithilfe methodisch gesteuerter Reflexion. Aber natürlich hoffe ich, dass ich in diesem Punkt Nachfolger finde. Immerhin versuche ich, wichtige Informationen einzuflechten, da das Bedürfnis, mehr über die Anthroposophie zu wissen, groß ist, zumindest hinsichtlich der Praxisfelder. (Ich weiß gar nicht mehr, wie oft ich die Frage beantwortet habe: „Soll ich mein Kind auf eine Waldorfschule schicken?") Ich möchte versuchen, etwas von dem weiterzugeben, *was* ich von Anthroposophen und der Anthroposophie verstanden habe – und *wie* ich es verstanden habe. Aber diese Deutung bleibt ein Blick von außen. Das, was man beim heutigen Stand unseres Wissens tun kann, ist vor allem dies: darauf hinweisen, dass die anthroposophische Welt ein komplexes Geflecht ist, dass es versteinerte und weniger versteinerte Anthroposophen gibt und solche, die sich selber nicht mehr darüber im Klaren sind, ob sie noch Anthroposophen sind oder sein wollen. Dieser Außenblick hat den Vorteil, manche Eigentümlichkeit schärfer zu sehen – aber auch den Nachteil, nicht jede interne Differenzierung zu erkennen.

Alnatura

Unter diesem Label verbergen sich bestens laufende Biomärkte, mit häufig zweistelligen Zuwachsraten. Hinweise auf die Anthroposophie sind auf der Website und im Kundenjournal omnipräsent. Der Gründer und ehemalige Waldorfschüler[1] Götz Rehn, der sich „täglich mit Philosophie und Anthroposophie", wie er sagt, beschäftige,[2] ist Herausgeber einiger Werke des Anthroposophen Herbert Witzenmann[3] und tritt als Vermittler von Steiners wirtschaftspolitischen Ideen auf.[4] Die „ganze Vision" von Alnatura „basiert auf der Erkenntniswissenschaft Rudolf Steiners" – sagt Rehn.[5] In seiner „Sozialorganik" (in Anlehnung an Steiners Konzept der „Dreigliederung des sozialen Organismus") gibt es anstelle von Arbeitsplätzen „Aufgaben", die Bilanz heisst hier „Wertbildungsrechnung", die Kunden sind zu „Arbeit- und Kapitalgebern" avanciert,[6] und Rehn selbst möchte nicht der Chef, sondern vielmehr der „Leiter eines Unternehmens in einer Arbeitsgemeinschaft" sein.[7] Die „Lehrlinge" erhalten zusätzliche Ausbildungsangebote, die teilweise verpflichtend sind, etwa Theaterprogramme, in denen Rhetorik und Auftreten geschult werden sollen. Und wenn es gut läuft, werden die Mitarbeiterinnen und Mitarbeiter am Gewinn beteiligt, mit einem Einkaufsgutschein, der bis zu 1200 € im Jahr betragen kann.[8] 2005 war Rehn Entrepreneur des Jahres, 2011 und 2016 erhielt Alnatura den deutschen Nachhaltigkeitspreis.[9]

---

1 http://www.faz.net/aktuell/wirtschaft/unternehmen/unternehmer-karriere-wie-alnatura-zum-bio-branchenprimus-wurde-13633062.html?printPagedArticle=true#pageIndex_2 (3.5.2016).
2 http://www.welt.de/wirtschaft/article148894515/Der-Rauswurf-bei-dm-war-fuer-uns-enttaeuschend.html (3.5.2016).
3 Kapital = Geist, Pioniere der Nachhaltigkeit: Anthroposophie in Unternehmen. Zwölf Portraits, hg. v. J. Heisterkamp, Frankfurt a.M.: info3 2009, 52.
4 S. etwa http://www.alnatura.de/de/anthroposophische-perspektiven (26.1. 2012).
5 Rehn, Götz: Der Mensch als Maßstab (Interview), in: Alnatura Magazin, März 2011, 24-25, S. 25.
6 http://www.faz.net/aktuell/wirtschaft/unternehmen/unternehmer-karriere-wie-alnatura-zum-bio-branchenprimus-wurde-13633062.html?printPagedArticle=true#pageIndex_2 (3.5.2016).
7 http://www.welt.de/wirtschaft/article148894515/Der-Rauswurf-bei-dm-war-fuer-uns-enttaeuschend.html (3.5.2016).
8 http://www.faz.net/aktuell/beruf-chance/beruf/nachhaltig-fuehren-faire-unternehmen-faire-chefs-15451157.html (22.2.2018).
9 http://www.alnatura.de/de/alnatura-ist-deutschlands-nachhaltigstes-unternehmen-2011 (26.1.2012); https://www.alnatura.de/de-de/magazin/alnatura-aktuell/archiv-2016/gewinner-alnatura-gewinnt-deuschen-nachhaltigkeitspreis-2016 (4.8.2018).

Eine enge Kooperation verband Rehn mit Götz Werner, dem Gründer der dm-Drogeriemarktkette, dessen Schwester er ehelichte und der Rehn mit dem Anthroposophen Theo Gutberlet, den Gründer der Lebensmittelkette Tegut, bekanntgemacht hatte.[10] Die Freundschaft endete allerdings in der juristischen Kampfzone und führte dazu, dass Alnatura nach der Auslistung vieler Produkte durch dm jetzt mit anderen Lebensmittelhändlern, vor allen Dingen mit Edeka, Rossmann (der Drogeriemarktkette mit den meisten Filialen in Deutschland)[11] und den Müller-Drogeriemärkten zusammenarbeitet. Damit konnte Alnatura selbst im Krisenjahr 2016 den Umsatz mit einem leichten Plus stabil halten – und die Attacke von dm parieren.

---

10 http://www.faz.net/aktuell/wirtschaft/unternehmen/unternehmer-karriere-wie-alnatura-zum-bio-branchenprimus-wurde-13633062.html?printPagedArticle=true#pageIndex_2 (3.5.2016).
11 https://www.alnatura.de/de-de/alnatura-produkte/handelspartner/handelspartner-rossmann (13.1.2017).

Anthroposophische Gesellschaft / anthroposophische Bewegung

Anthroposophie ist nicht nur Geist, sondern auch Materie, nämlich: Organisation. Schon Steiner war kein freischwebender Intellektueller, sondern trat 1902 in die Theosophische Gesellschaft ein. 1912 trennte er die Anthroposophische Gesellschaft (um genauer zu sein: die „Allgemeine Anthroposophische Gesellschaft") ab, organisierte sie aber in der „Weihnachtstagung" 1923 neu, weil die theosophische Jacke nicht mehr passte.[1] Das moderate Wachstum der frühen Anthroposophie endete jäh in der Zeit des Nationalsozialismus, als die Anthroposophische Gesellschaft und die meisten ihrer Tochterorganisationen verboten wurden. Nach dem Zweiten Weltkrieg begann erneut eine Phase des langsamen, aber kontinuierlichen Wachstums, das allerdings zumindest im deutschsprachigen Raum in den letzten Jahren an Grenzen stieß.

Die organisatorische Basis bilden die örtlichen Zweige. Sie sind in Deutschland in zehn regionalen Arbeitszentren zusammengeschlossen. Die nächstgrößere Einheit ist die nationale Landesgesellschaft, die wiederum Mitglied in der „Allgemeinen Anthroposophischen Gesellschaft" mit Sitz in Dornach (Schweiz, nahe Basel) ist; hier kann man auch individuell Mitglied sein. Die Anthroposophische Gesellschaft hatte in Deutschland Ende 2017 12.153 Mitglieder, Tendenz in den letzten Jahren fallend (Oktober 2008: noch ca. 17.500 Mitglieder[2]). Für Österreich und die Schweiz habe ich keine Daten (aber in der Regel macht man aus diesen Angaben kein Geheimnis).[3] Weltweit zeigt sich eine vergleichbare Entwicklung. Aus den ca. 50.000 Mitgliedern im Jahr 2000 waren 2017 ca. 44.000 Personen geworden.[4] Landesgesellschaften bestehen in 50 Ländern, Gruppen in weiteren

---

1 Zander, Helmut: Rudolf Steiner. Die Biographie, München/Zürich: Piper 2016, 428-435.
2 Zahlen für 2008: mündliche Mitteilung. 2012 zählte man noch 15.030 Personen, 2013 nur mehr 13.732 Personen. http://anthrowiki.at/Anzahl_der_Anthroposophen_weltweit (16.4.2016). 2014 wurde die Zahl von 14.000 Mitgliedern wieder überschritten. https://www.goetheanum.org/Herzlich-Willkommen-beim-Goetheanum.45.0.html?&tx_ttnews%5Btt_news%5D=3944&cHash=8e1941691b02f4dae018a6ecb6718918 (2.11.2015). 2016 waren es 12.384 Personen; Angaben für 2016 und 2017 nach https://www.anthroposophische-gesellschaft.org/uploads/media/1806_agid_mitteilungen_s.pdf (13.10.2018) und der Mitteilung von Alexander Thiersch, Geschäftsführung der Anthroposophischen Gesellschaft in Deutschland e. V., 10.8.2018.
3 Von Wolfgang Tomaschitz (Österreich) habe ich die Auskunft erhalten, dass man diese Zahl nur intern publiziere, das Sekretariat der Schweizer Sektion hat nicht geantwortet.
4 Zahlen 2017: Auskunft von Angelika Pauletto, Mitgliedersekretariat am Goetheanum, 27.6.2018. 2009: ca. 47.000 Mitglieder, 2013: 46.450 Mitglieder, Dezember 2014: 46.157 Mitglieder, 2016: ca. 45.000 Mitglieder. Die Zahlen für 2013/14 in: https://www.goetheanum.org/Herzlich-Willkommen-beim-Goetheanum.45.0.html?&tx_ttnews%5Btt_news%5D=3944&cHash=

50 Staaten. Allerdings zeigen die Zahlen sowohl zu viel als auch zu wenig. Auf der einen Seite ist Anthroposophie eben immer mehr als die Allgemeine Anthroposophische Gesellschaft, sie ist auch das viel weitere Feld der „anthroposophischen Bewegung", also von Anthroposophen, die nicht Mitglieder der Anthroposophischen Gesellschaft sind (s.u.), und von Sympathisanten, die mit Steiners Ideen umgehen, ohne Anthroposophen zu sein. Auf der anderen Seite ist an der fallenden Tendenz nichts zu beschönigen, wenngleich in der deutschen Landesgesellschaft der scharfe Abfall auch dadurch verursacht wurde, dass man Mitglieder, die keine Beiträge mehr zahlten, als „Karteileichen" aus den Listen gestrichen hatte. Aber es gibt noch weitere düstere Indikatoren. Von den Landesgesellschaften wurden 2015 nicht mehr, wie es erwartet wird, 125 Franken pro Mitglied ans Goetheanum überwiesen, sondern nur noch durchschnittlich 79 Franken.[5] Die daraus resultierenden ökonomischen Probleme (etwa für die Gehälter der Angestellten oder die immense Baulast des Goetheanum – über 13 Millionen Franken, fast 15 Mio. €, hat die jüngste Restaurierung verschlungen[6]) bleiben beträchtlich. 2017 war es dann soweit, dass durch den Ausgleich von Defiziten die Eigenmittel des Goetheanum aufgebraucht waren; in diese Finanzierungslücke, die sich in den kommenden Jahren trotz einer Erhöhung der Mitgliederbeiträge um 400.000 Franken (ca. 350.000 Euro) nicht schließen wird, sind aber die Landesgesellschaften eingesprungen, die 2017 eine Erhöhung ihres Beitrags zwischen 250.000 und 400.000 Franken zusagten.

Mit der Anthroposophischen Gesellschaft entstand ein Typ von Vergemeinschaftung, der in religionssoziologischer Perspektive mit Stifter, „heiligen" Schriften und Dogmen klassische Züge europäischer Religionsgemeinschaften besitzt und darüber hinaus Elemente hat, die vom Mitgliedsbeitrag bis zum Ausschluss wie jeder andere Verein funktionieren. An der Spitze der Allgemeinen Anthroposophischen Gesellschaft stand seit ihrer Gründung ein Vorsitzender als Nachfolger Rudolf Steiners. Zuletzt hatte dieses Amt Manfred Schmidt-Brabant, eine Art Berufsanthroposoph, inne. Nach dessen Tod im Jahr 2001 wurde diese Funktion durch einen kollektiv amtierenden Vorstand ersetzt. Dabei spielte eine Rolle, dass es schwer war, für dieses Amt einen Nachfolger oder eine Nachfolgerin zu finden, aber inzwischen interpretieren viele Anthroposophen die neue Konstellation der kooperativen Führung auch als eine angemessene Anpassung an veränderte, demokratische Verhältnisse. Diese Vorstandsgruppe ist nun kein homogener Block, sondern repräsentiert(e) unterschiedliche Strömungen in der Anthroposophie. Hier saß beispielsweise Bodo von Plato, der die erste Geschichte der Anthroposophischen Gesellschaft publizierte, in der die Problembereiche und dunklen Seiten zumindest angesprochen

---

8e1941691b02f4dae018a6ecb6718918 (2.11.2015). Die weiteren Zahlen: http://anthrowiki.at/Anzahl_der_Anthroposophen_weltweit (16.4.2016).
5 http://anthrowiki.at/Anzahl_der_Anthroposophen_weltweit (2.11.2015).
6 Anthroposophie weltweit, Mitteilungen aus der anthroposophischen Arbeit in Deutschland, Heft 5, Frankfurt a.M.: Mercurial 2017, 14.

wurden, neben dem 2014 verstorbenen Sergej O. Prokofieff (einem Enkel des gleichnamigen Komponisten), der eine betonharte Steiner-Orthodoxie verkörperte, aber keinen richtigen Nachfolger für diese Position erhalten hatte.

Die Heterogenität des Vorstandes spiegelt weltanschauliche Differenzen in der Mitgliedschaft, die jedoch aus der Außenperspektive kaum angemessen zu erfassen sind. Klar ist, dass der kleinste gemeinsame Nenner aller Richtungen weiterhin Rudolf Steiner und sein Werk bildet. Dies ist keine überraschende Nachricht. Spannender würde es, wenn man sich anschauen würde, in welchem Ausmaß die Interpretationen von Steiners Werk konsensfähig sind. Der Herausgeber der recht offenen Zeitschrift „Info3", Jens Heisterkamp, und der Herausgeber der Zeitschrift „Der Europäer", Thomas Meyer, der eine scharfe anthroposophische Profilbildung verfolgt, dürften sich in Deutungsfragen nicht viel zu sagen haben (s. unter: Publikationswesen). Es gibt Anthroposophen wie Peter Selg, der eine Steiner-Biographie geschrieben hat, für die Heiligenlegende ein viel zu unheiliges Wort ist;[7] aber auch Menschen wie Sebastian Gronbach, der länger als zehn Jahre Redakteur bei Info3 war, sich „in der Tradition Rudolf Steiners verwurzelt" sieht[8] und jetzt mit hinduistisch anmutender Kleidung auf seiner Website zu sehen ist;[9] oder Taja Gut, zeitweilig Mitarbeiter im Rudolf Steiner-Archiv und Lektor in anthroposophischen Verlagen, der unverkrampfe Selbstkritik üben kann;[10] oder Andreas Laudert, ein Schriftsteller, dessen Stücke an renommierten deutschen Bühnen aufgeführt wurden und der vier Jahre lang als Priester der Christengemeinschaft arbeitete – ehe er ausstieg.[11] Und wer es anarchisch-entspannt haben will, schaue sich die „Entstation Dornach" von Christian Grauer, Christoph Kühn, Felix Hau und Ansgar Martins an.[12]

Diese Divergenzen könnten in den nächsten Jahren noch zunehmen. Zwei Entwicklungen spielen dabei eine Rolle: die interne Pluralisierung im Rahmen der Globalisierung mag anthroposophische Strömungen entstehen lassen, die sich weniger an die deutsch-europäische Tradition gebunden fühlen. Sodann sehen wir eine Relativierung der Rolle Steiners (s. unter: Historische Kritik). Viele Anthroposophen berichten jedenfalls, dass die Selbstverständlichkeit der Lektüre von Steiners Texten in den letzten 15 bis 20 Jahren abgenommen habe, und auch die zurückgehenden Verkaufszahlen der „Gesamtausgabe" (s. unter: Steiners Schriften) weisen in diese Richtung.

---

7 Selg, Peter: Rudolf Steiner, 1861-1925. Lebens- und Werkgeschichte, 7 Bde., Arlesheim: Verlag des Ita-Wegman-Instituts 2012.
8 http://anahata-akademie.de/sebastian-gronbach/ (11.4.2016); Gronbach, Sebastian: Missionen. Geist bewegt – alles, Stuttgart: Freies Geistesleben 2008.
9 http://missionmensch.blogspot.ch/ (11.4.2016).
10 http://www.taja-gut.ch/biografie.html (11.4.2016); Gut, Taja: Wie hast du's mit der Anthroposophie? Eine Selbstbefragung, Dornach: Pforte 2010.
11 https://waldorfblog.wordpress.com/category/andreas-laudert/ (11.4.2016); Laudert, Andreas: Abschied von der Gemeinde. Die anthroposophische Bewegung in uns, Basel: Futurum 2011.
12 Grauer, Christian u.a.: Endstation Dornach. Das sechste Evangelium, Rinteln: Kulturfarm 2011.

Aber der Blick auf die vereinsmäßig organisierte Anthroposophie zeigt nur einen kleinen, quantitativ sogar den kleinsten Teil des anthroposophischen Feldes und überschätzt ohnehin die Einflussmöglichkeiten der anthroposophischen zentralen Instanzen.[13] Die mentale Wirkung des Steinerschen Werks lässt sich mit Vereinsleben und Mitgliederzahl nicht angemessen greifen. Deshalb ist es sinnvoll, wie auch Anthroposophen betonen, zwischen der Anthroposophischen Gesellschaft und der sehr viel weitergreifenden anthroposophischen Bewegung zu unterscheiden. Als solche hatte sich schon die Theosophie verstanden, in einer Bewegung sollten Menschen ohne die üblichen Mitgliedschaftsmerkmale mitwirken. Dies ist heute insbesondere in den anthroposophischen Praxisfeldern deutlich, wo selbst viele Hochengagierte nicht institutionell in der Anthroposophischen Gesellschaft gebunden sind. Daraus ist ein schwer überschaubares Feld geworden: überzeugte Waldorflehrer, die nicht Mitglied der Anthroposophischen Gesellschaft sein wollen; biodynamisch arbeitende Bauern, die Steiners Werk nur noch pragmatisch nutzen; Käufer von Demeter-Produkten, die mit Steiner bis auf vage ökologische Erwartungen nicht viel anfangen können. Konsequenterweise gilt, dass die Partizipation in einer anthroposophischen Bewegung kein Indikator für die Übereinstimmung mit zentralen anthroposophischen Positionen ist. Dieser Sympathisantenkreis ist nicht, wie konservative Anthroposophen manchmal behaupten, ein illegitimes Kind der Anthroposophie, sondern gehört konstitutiv zu ihr.

Darüber hinaus wissen wir über die Vernetzung der einzelnen Bewegungen kaum verlässlich Bescheid. Eine nun schon 25 Jahre alte Pionierarbeit von Gudrun Paul hat für die Zeit um 1990 herum einige Merkmale dieses Feldes für die baden-württembergischen Anthroposophen herausgearbeitet. Dieses Milieu war locker gestrickt, mit der Idee einer straff organisierten Weltanschauungstruppe liegt man weit daneben. Der „Formationsprozess" habe „amorphe Züge" getragen,[14] die zentrale Struktur war schwach, eine strategische Politik der Ausbreitung war nicht zu erkennen.[15] All das dürfte grosso modo auch heute noch gelten.

Eine wichtige Brücke zwischen der institutionalisierten Anthroposophie und dem bewegungsförmig organisierten anthroposophischen Milieu – das fast unüberschaubar ist, allein auf Facebook findet sich ein gutes Dutzend deutschsprachiger Seiten –[16] bilden Netzwerkstrukturen. Dazu ein Beispiel hinsichtlich

---

13 So schon die Einsicht von Paul, Gudrun: Spirituelle Alltagskultur. Formationsprozeß anthroposophischer Kultur – untersucht am Beispiel von Baden-Württemberg, Diss. Tübingen 1992.
14 Ebd., 172.
15 Ebd., 70 ff.
16 Anthroposophia; Anthroposophie begreifen, leben und verwirklichen; Anthroposophie deutschsprachig; Anthroposophie heute, Gruppe für anthroposophische Arbeit; Anthroposophy; Anthro-Raum; Die Dreigliederung des sozialen Organismus; Geisteswissenschaft, Kunst und Religion; Philosophie der Freiheit; Schulungsweg Mensch; Soziale Dreigliederung und Anthroposophie verstehen; Virtuelle Anthroposophische Gesellschaft; Was uns bewegt. https://anthrowiki.at/Virtuelle_Anthroposophische_Gesellschaft (7.9.2018).

eines personal strukturierten Netzes. Götz Rehn, Gründer der Lebensmittelmarke „Alnatura", ist Vorstandsmitglied der Herbert Witzenmann Stiftung (Zweck: „Förderung und Verbreitung der anthroposophisch orientierten Geisteswissenschaft Rudolf Steiners und Herbert Witzenmanns"[17]), er sitzt im Kuratorium der Software AG-Stiftung und im Stiftungsrat der Stiftung Berneburg (gegründet von dem Straßenbauunternehmer Heinz Berneburg, der den Stiftungszweck in einer Anbindung „an die Anthroposophie Rudolf Steiners" sah[18]), er ist Mitglied in den Vorständen weiterer Vereine, die sich um anthroposophische Belange kümmern, etwa bei Damus-Donata e.V., Gideon Spicker e.V. und Ringwald Verein e.V.[19] Rehn ist zudem Honorarprofessor an der Alanus-Hochschule und war bis zu seinem Streit mit Götz Werner Aufsichtsratsmitglied der dm-Drogeriemarktkette.

In Dornach treffen die weltweit verstreuten Anthroposophen zusammen, zumindest einmal im Jahr zur Jahresversammlung: der Dornacher Vorstand der Anthroposophischen Gesellschaft, die Mitglieder, die Leiter der nationalen Sektionen, daneben die Leiter der Sektionen der „Freien Hochschule" und erstmals 2016 Vertreter der „anthroposophischen Bewegung".[20] Bei einer derart komplexen Vernetzung kann es kaum anders als schwierig sein. Die Debatte um dieses Netz ist, wenn man sich die offiziösen Berichte ansieht, von der Frage gekennzeichnet, was überhaupt diese unterschiedlichen Gruppen zusammenhält. Offen wird gefragt, ob die Zweige nicht eine „Parallelwelt" gegenüber der Bewegung sind, ob für die Mitglieder der Anthroposophischen Gesellschaft die pädagogische Sektion der Hochschule eigentlich „keine Rolle" spiele, ob Hochschule und Anthroposophische Gesellschaft nicht „stärker aufeinander bezogen" sein müssen. Und überhaupt wisse man „nicht so genau, wie es weitergehen soll, wie sich die Anthroposophische Gesellschaft und die Freie Hochschule für Geisteswissenschaft in die Gegenwart stellen sollen".[21] Man kann dahinter die üblichen Zentrifugalkräfte sehen, aber auch eine Netzwerkbildung, die bislang weitgehend eher auf dem Papier existierte. Im Hintergrund steht, zumindest für die Anthroposophische Gesellschaft, das abnehmende Interesse am Vereinsleben, das eine unmittelbare Folge der zurückgehenden Mitgliederzahl ist. Auf der Generalversammlung trafen sich 2015 maximal 250 Teilnehmer und Teilnehmerinnen – eine der niedrigsten Quoten, die jemals gezählt wurde;[22] allerdings waren es 2017 schon wieder 460.[23] All das sind natürlich keine spezifisch anthroposo-

---

17 http://www.alanus.edu/presseo/pressemitteilungen/mitteilungen-details/details/honorarprofessur-fuer-goetz-rehn-alanus-hochschule-verleiht-ehrentitel-an-gruender-der-biomarktkette-alnatura.html http://www.kulturfoerderung.org/dizk/details.htm?idKey=showOrgaDetails&idValue=531&selectedLocale=de (11.4.2016).
18 http://www.stiftung-berneburg.de/seiten/stiftung.html (11.4.2016).
19 Informationen teilweise nach: https://de.wikipedia.org/wiki/G%C3%B6tz_Rehn (11.4.2016).
20 Anthroposophie weltweit, Heft 5, 2017, 4.
21 Ebd., Zitate S. 2. 3. 3. 5.
22 http://anthrowiki.at/Anzahl_der_Anthroposophen_weltweit (2.11.2015).
23 Anthroposophie weltweit, Heft 5, 2017, 6.

phischen Probleme, die Anthroposophische Gesellschaft leidet an der Schwindsucht, die viele Vereinigungen in der westlichen Welt befallen hat.

Zurück zur anthroposophischen Vielfalt. Trotz ihrer hohen Diversität hat die Anthroposophische Gesellschaft größere Spaltungen bislang nur in überschaubarer Zahl gesehen, was auch angesichts der Spannungen zwischen der geforderten Dogmenfreiheit und den faktisch dogmatischen Strukturen bemerkenswert ist. Der gravierendste off-split, die „Freien Anthroposophischen Gruppen", entstand 1935, als Ita Wegman, die Mitbegründerin der anthroposophischen Medizin und geliebte Freundin Steiners aus seinen letzten Lebensjahren, mit ihrer Mitstreiterin Elisabeth Vreede faktisch aus der Anthroposophischen Gesellschaft ausgeschlossen wurde, nicht zuletzt auf Betreiben von Steiners Witwe Marie. Diese Trennung wurde 1948 rückgängig gemacht, Vreede und Wegman 2018 hat manpost mortem wieder aufgenommen.

Eine weitere Kabale war der „Nachlassstreit" um Steiners materielles und geistiges Erbe, die dazu führte, dass sich in den fünfziger und sechziger Jahren die anthroposophische Welt auf dem Dornacher Hügel in tief verfeindete, nicht miteinander sprechende Fraktionen zerlegte. In der Folge konnte man Steiners Werk im Goetheanum bis 1968 nicht kaufen. Aus dieser Phase existiert heute noch die „Anthroposophische Vereinigung in der Schweiz", die 1949 gegründet wurde und sich auf die Seite Marie Steiners geschlagen hatte.[24] Die Vereinigung zählte 2016 drei Zweige in Zürich, Basel und Bern sowie zwei Gruppen in Thun und Spiez;[25] die große Zürcher Steiner-Schule in der Plattenstrasse wurde aus einem ihrer Zweige heraus, dem Zürcher Pestalozzi-Zweig, gegründet.[26] Auch andere Abspaltungen, etwa um den Priester der Christengemeinschaft, Herman Weidelener, der die Dogmatisierung des Ritus der Christengemeinschaft in Frage gestellt hatte, oder um Valentin Tomberg, einen Konvertiten in die katholische Kirche, blieben überschaubar.

Eine Art halbe Abspaltung bildete der Weggang von Herbert Witzenmann, Vorstandsmitglied der Anthroposophischen Gesellschaft, der den Beschluss des Vorstands der „Freien Hochschule für Geisteswissenschaft" am Goetheanum von 1966/68, Editionen des Rudolf-Steiner-Nachlassvereins wieder im Goetheanum frei verkäuflich anzubieten, nicht mittrug, wobei im Hintergrund auch Spannungen im Verhältnis zwischen der Nachlassverwaltung und der Hochschule am Goetheanum standen.[27] In einer dramatischen Debatte verließ er 1972 mit 120 Anhängern die Generalversammlung und gründete ein Jahr später in unmittelbarer Nähe des Goetheanum sein eigenes Zentrum, das „Seminar für freie Jugendarbeit, Kunst und Sozialorganik"; de jure entzogen hat man ihm sei-

---

24 http://www.anthroposophischevereinigung.ch/entstehungtaetigkeitzielsetzung.html (12.5.2016).
25 http://www.anthroposophischevereinigung.ch/organisationundzweige.html (12.5.2016).
26 http://www.pestalozzi-zweig.ch/institutionen.html (12.5.2016).
27 Heisterkamp, Jens: Herbert Witzenmann, in: http://biographien.kulturimpuls.org/detail.php?&id=786 (27.3.2018).

nen Vorstandsposten allerdings nie.[28] Er wurde zu einer Leitfigur liberaler Anthroposophen. Jüngst ist die Gruppe um die „Gelebte Weihnachtstagung" im Rahmen der „Konstitutionsdebatte" aus der Anthroposophischen Gesellschaft ausgeschlossen worden (s. unter: Konstitutionsdebatte). Daneben haben sich immer wieder einzelne von der Dornacher Linie distanziert und anthroposophische Zirkel gegründet, etwa Pietro Archiati, der, gestützt auf Vorträge und eine rege Publikationstätigkeit, Anhänger um sich schart, oder Willi Seiß, der auf den Schultern von Valentin Tomberg eine eigene „Hochschule" errichtete. Die Gründe für Distanzierungen oder Trennungen lagen in diesen Fällen eher in Konflikten mit der Organisation der Anthroposophischen Gesellschaft als in der Weltanschauung Steiners, die fast alle diese Gruppen nicht grundsätzlich infragegestellt haben. Eine tödliche Spaltung ist der Anthroposophischen Gesellschaft jedenfalls erspart geblieben. In der Verbindung von Pluralität und Kohärenz ist die Anthroposophie ein hochinteressantes Phänomen weltanschaulicher Vergemeinschaftung.

Irgendwie im Zentrum der Anthroposophie steht, natürlich immer umstritten, eine Art Dornacher Orthodoxie, die die Ausrichtung der Anthroposophischen Gesellschaft und auch – aber in geringerem Ausmaß – die Deutung von Steiners Werk beeinflusst oder gar prägt. Die in Dornach angesiedelten Institutionen, insbesondere die Anthroposophische Gesellschaft im Goetheanum, die Hochschule am Goetheanum und der Nachlassverein im Haus Duldeck, der Steiners Werk herausgibt, bilden ein kommunikatives Zentralgeflecht. Die Spannungen zwischen diesen Institutionen sind in den letzten Jahren zurückgegangen, beispielsweise haben 2012 haben der Vorstand der Anthroposophischen Gesellschaft und die Mitglieder der Hochschule die „Goetheanum-Leitung" gegründet.[29] In einem gewissen Bedeutungsabstand existieren daneben weitere anthroposophische Organisationen im Umfeld des „Hügels", die aber oft nochmals von den unterschiedlichen Positionen im Goetheanum abweichen: etwa das genannte Herbert Witzenmann-Zentrum, die Albert Steffen-Gesellschaft oder im benachbarten Arlesheim das Ita Wegmann-Archiv, geleitet von Peter Selg. Sie alle zehren von der Aura des Gründungsortes, wo sowohl Steiners Manuskripte als auch seine Asche ruhen und wo im Goetheanum Kurse, Tagungen der praktisch arbeitenden Anthroposophen, die Mitgliederversammlungen und die Aufführungen von Goethes Faust stattfinden. Vielleicht ist die informelle Deutungsmacht solcher Institutionen umso stärker, je schwächer die Anthroposophische Gesellschaft als Institution agiert. Deshalb bleibt Dornach vermutlich für viele Anthroposophen ein Referenzort.

Wer nun denkt, mit dem Dornacher Goetheanum und seinem Vorstand habe man die Kommandozentrale einer esoterischen Geheimgesellschaft aufgedeckt,

---

28 Vgl. http://biographien.kulturimpuls.org/detail.php?&id=786 (12.5.2016). Zur Generalversammlung s. http://anthroblog.anthroweb.info/2015/1972-auszug-aus-aegypten/#.VzRSNU1fofg (12.5.2016).

29 https://www.goetheanum.org/article/neues-arbeitsorgan-goetheanum-leitung/ (3.5.2018).

die zumindest die Fäden im anthroposophischen Imperium ziehe, dürfte falsch gewickelt sein. Sanktionsmöglichkeiten, das scharfe Schwert der Machtausübung, haben der Vorstand und die Dornacher Institution nur sehr begrenzt, der Dornacher Hügel ist nicht der Kreml der Anthroposophie. Die Eigenständigkeit von Zweigen und anthroposophischen Vereinigungen ist hoch und eine Gruppe wie diejenige um Info3 lässt sich von „Dornach" nichts vorschreiben. Die hier sichtbaren Zentrifugalkräfte dürften unter den Bedingungen der Globalisierung vermutlich noch zunehmen.

Im Hintergrund der inneranthroposophischen Auseinandersetzungen steht ein extrem schwieriges Kapitel, das man als Außenstehender nur mit Vorsicht berührt, weil jeder Fingerzeig von Anthroposophen oft als verletzend empfunden wird: die autoritäre Diskussionskultur. Zuerst einmal denkt man bei Anthroposophen vielleicht an das Gegenteil. Denn ja doch, es gibt das hohe Ethos der individuellen Eigenständigkeit und die Forderung nach Dogmenfreiheit, es gibt kollektive Leitungsorgane, entstanden etwa aus der Idee der Lehrerrepublik in der Waldorfschule. Aber es gibt auch die Realität, die ganz anders, nämlich hierarchisch aussieht. Der Dreh- und Angelpunkt der Probleme ist gleichzeitig Herz der Anthroposophie, der Anspruch auf höhere Erkenntnis. Sie verspricht Klarheit, Eindeutigkeit, Widerspruchsfreiheit. Aber weil man darüber nicht verhandeln kann und eine Interpretation diese „Objektivität" bedroht, wird die höhere Erkenntnis zu einer Maschine der Produktion von Autorität, weil man mit der Berufung auf seine Einweihung oder zumindest einen Eingeweihten – in der Regel auf Steiner selbst – jeden Diskurs beenden konnte und oft genug beendet hat. Diese Streitigkeiten werden oft als erkenntnistheoretische Debatten deklariert, aber psychologisch geht es meist um etwas anderes, um Deutungsmacht. Deshalb kommt bei all den vielen Diskussionen dann häufig doch keine offene Debatte zustande. Man verschanzt sich hinter der esoterischen Überwelt, etwa so: „Wesen werden zu Wesenheiten aufgeblasen. Abstrahierung als Erhabenheitsgenerator".[30] In einem solchen System werde „komplette Offenheit ... als unangebracht und gefährlich angesehen, als Verrat", so umschreibt Andreas Laudert viele Debatten in der Christengemeinschaft:[31] Und „was sie nicht kritisieren können, denunzieren sie eben".[32] In der Konstitutionsdebatte kann man ablesen, wie diese Praxis bis zum Ausschluss von Mitgliedern führen kann. Immerhin sehen viele Anthroposophen das Problem. Die „Urteilsfindungskommission", die die umstrittene Causa Judith von Halle aufarbeiten sollte, galt schon deshalb als Indikator für den vorsichtigen Einstieg in eine neue Diskussionskultur, weil es erstmal keine autoritative Berufung auf höhere Erkenntnis geben sollte, sondern eine debattierende Kommission – was nicht ausschloss, dass man sich auch hier, wie Menschen das

---

30 Gut: Wie hast du's mit der Anthroposophie?, 37.
31 Laudert: Abschied von der Gemeinde, 98.
32 Ebd., 86.

so manchmal tun, mit höherer Erkenntnis konfrontierte und lautstark die Meinung sagte, wenn die Nerven blank lagen.[33]

Wie schwierig der Weg in demokratische Umgangsformen sein kann, musste die Anthroposophische Gesellschaft auf ihrer Generalversammlung am 24. März 2018 erfahren. Im Vorfeld hatte man beschlossen, die auf Lebenszeit kooptierten Mitglieder des Vorstandes nicht mehr im Amt sterben zu lassen, sondern sie nach sieben Jahren einer erneuten Wahl zu unterwerfen. Zur Wahl standen Paul Mackay, der Retter der Weleda, und Bodo von Plato, einer der Köpfe des eher liberalen „Kulturimpulses". Sowohl die Goetheanum-Leitung als auch die Konferenz der Generalsekretäre der weltweiten Landesgesellschaften (mit Ausnahme der Schweiz, wie die italienische Sektion publik machte[34]) hatten vorgeschlagen, beide zu verlängern. Aber die etwa 950 Teilnehmerinnen und Teilnehmer lehnten mehrheitlich ab und schickten die beiden in die Wüste.[35] Ein mittleres Erdbeben erschütterte die Anthroposophie.

Was war passiert? Erster Akt: Strategie und Taktik.[36] Natürlich war dies eine demokratische Abstimmung, und da gilt: Mehrheit ist Mehrheit. Allerdings hatten schon im Vorfeld Mitglieder aus Skandinavien moniert, dass diejenigen Länder, die eine weite Anreise gehabt hätten, benachteiligt sein. Dies scheint sich in fataler Weise bestätigt zu haben, denn konservative Anthroposophen, insbesondere aus der Schweiz, animierten offenbar besonders viele Mitglieder, zu dieser Abstimmung nach Dornach zu fahren. Der Vorwurf der nicht ganz lauteren Beeinflussung des Abstimmungsergebnisses war bei den Verlierern schnell bei der Hand, der Ruf nach neuen, stärker repräsentativen Abstimmungsmethoden auch, während die Sieger den Unterlegenen vorwarfen, keine Mehrheitsentscheidung akzeptieren zu können.[37]

Zweiter Akt: Inhalte. Man hielt von Plato und Mackay finanzielle Misswirtschaft vor.[38] Und in der Tat hatte man im Geschäftsjahr 2017 einen Verlust von 3,7 Millionen Schweizer Franken eingefahren, dreimal so viel wie geplant. Da

---

33 Kröner, Erhard / Geest, Alexander von der / Uhlenhoff, Rahel : Offizieller Abschlussbericht der Urteils-Findungs-Kommission; http://www.tiny-mundo.de/static/pdf/abschlussbericht.pdf (27.2.2016), S. 37.
34 https://www.solothurnerzeitung.ch/basel/baselbiet/hardliner-proben-aufstand-steiner-bewegung-verweigert-dem-vorstand-die-gefolgschaft-132366025 (30.7.2018). https://www.solothurnerzeitung.ch/basel/baselbiet/das-geld-der-rudolf-steiner-bewegung-wird-langsam-knapp-132351721 (30.7.2018).
35 Für die Verlängerung Mackays stimmten 408 Mitglieder, 467 mit Nein, 62 enthielten sich; von Plato: 368 Ja, 486 Nein, 56 Enthaltungen. Diese und die weiteren Informationen zur Generalversammlung nach: Nachrichten für Mitglieder. Anthroposophie weltweit, Heft 4, 2018.
36 https://www.solothurnerzeitung.ch/basel/baselbiet/hardliner-proben-aufstand-steiner-bewegung-verweigert-dem-vorstand-die-gefolgschaft-132366025 (30.7.2018). https://www.solothurnerzeitung.ch/basel/baselbiet/das-geld-der-rudolf-steiner-bewegung-wird-langsam-knapp-132351721 (30.7.2018).
37 Ein Nachrichtenblatt. Nachrichten für Freunde der Anthroposophie und Mitglieder der Anthroposophischen Gesellschaft, 24. Juni 2018, S. 3.
38 Zum folgenden https://www.solothurnerzeitung.ch/basel/baselbiet/das-geld-der-rudolf-steiner-bewegung-wird-langsam-knapp-132351721 (30.7.2018).

schon in den Jahren zuvor Fehlbeträge aufgelaufen waren, gingen die Reserven zu Ende und drohte die Pleite. Aber das ist war natürlich nicht alles. Frieder Sprich, Leiter der Finanzabteilung im Goetheanum, sah von Plato sich in der Digitalisierung verlieren und warf Mackay „Aktivismus" ohne „höhere Prinzipien" vor. Im Klartext hieß dies: zu modern, nachgerade modernistisch, zu wenig spirituell. Als kapitaler Bock und für die anthroposophischen Emotionen als heftiger Fauxpas galt die Faustaufführung der Jahre 2016/17, für die von Plato im Vorstand zuständig gewesen war.[39] Puristisches Bühnenbild, Faust in Bohèmekleidung, das war angesichts der biederen Aufführungstraditionen Dornach revolutionär. Als dann noch die 6-Millionen-teuren Faust-Festspiele einen Verlust einfuhren, man munkelt von einem Defizit von einer Million Franken,[40] wurde diese Aufführung zu einem der Anlässe, an dem man den Vorwurf finanzieller Unfähigkeit und mit demjenigen weltanschaulicher Unzuverlässigkeit bündelte. Wo immer die Gründe für die Abwahl lagen, ein Ergebnis war jedenfalls klar: konservative Anthroposophen, seit der Konstitutionsdebatte unterrepräsentiert, hatten gezeigt, dass sie noch da waren.

Festeren Boden bekommt man bei der Sozialstruktur der Anthroposophischen Gesellschaft unter die Füße. Sie ist durch ein bildungsbürgerliches Milieu geprägt, das an einer kopf- und schriftorientierten Weltanschauung interessiert ist. Bis heute bedeutet Anthroposophie, zu lesen, auch auf dem Bauernhof und in der Eurhythmie werden Steiners Texte studiert. Stark sind zudem theoretische Interessen und ein Bezug zum bürgerlichen Bildungskanon. Konkret dominieren Ältere, das Durchschnittsalter liegt bei etwa 65 Jahren – aber eine derartige Überalterung kennen sehr viele Gruppen. Ob Frauen stärker als in anderen Weltanschauungsgemeinschaften in der Anthroposophischen Gesellschaft Mitglieder sind, wie es in der Gründungsphase der Fall war, entzieht sich meiner Kenntnis. Allerdings scheinen mir Frauen nicht dramatisch unterrepräsentiert, wobei die Anthroposophische Gesellschaft auf der Führungsebene – sowohl in den Verwaltungsfunktionen als auch bei den weltanschaulichen Vordenkern – eine männerdominierte Gesellschaft ist. Konfessionell besitzen Anthroposophen vermutlich weiterhin einen überwiegend protestantischen Hintergrund. Dies hängt mit der Genese der Anthroposophie zusammen, die aus dem protestantisch-bürgerlichen Milieu des deutschen Kaiserreichs entstand und eine Antwort auf deren Fragen und Defizite – von der individualistischen Ausrichtung bis zur kultischen Kompensation protestantischer Intellektualität – bereithielt. Mit dem bürgerlichen Hintergrund dürfte auch der beträchtliche Reichtum zusammenhängen, der sich unter Anthroposophen akkumuliert. Von der Fähigkeit, das Dornacher Bautenensemble zu erhalten, bis zu den Preisen für Demeter- und Weledaprodukte gibt es eine Vielzahl von Indikatoren, dass Anthroposophen einer gutsituierten Schicht angehören. Konkret: Wenn man bei

---

39 http://www.nna-news.org/de/nachrichten/artikel/?tx_ttnews%5Btt_news%5D=2551&cHash
=4fe8e021e7c0ed470395b42d23990e11 (31.7.2018).
40 Anthroposophie weltweit, Heft 5, 2017, 1. 8.

einer Zusammenkunft über eine Spende von einer Million sprach oder über 40.000 DM, mit der man einem Anthroposophen die (dann nicht zu Ende gebrachte) Promotion finanzierte,[41] klingt dabei nicht sehr viel Überraschung mit. Dazu passt, dass die Bilanzsumme der Allgemeinen Anthroposophischen Gesellschaft, die bis 2017 jährlich veröffentlicht wurde, 2007 ca. 23 Millionen Schweizer Franken (ca. 14,5 Mio. €) betrug. Aber die im anthroposophischen Milieu umgeschlagenen Mittel dürften ein Vielfaches dieser Summe betragen. Dass dies angesichts hoher Ausgaben Finanzierungsprobleme nicht ausschliesst, ist eine andere Sache.

Es gibt Bemühungen, die enge Sozialstruktur aufzubrechen und Menschen außerhalb des bürgerlichen Milieus anzuziehen, aber dies geschieht meist nur in anthroposophischen Initiativen (wie im Umfeld der Zeitschrift Info3 oder an einzelnen Waldorfschulen), die für die Reproduktion der Anthroposophischen Gesellschaft nur eine begrenzte Bedeutung besitzen. Interne Kenner vermuten ohnehin, dass nur der kleinere Teil der Mitglieder neu zur Anthroposophie kommt und sich die Anthroposophische Gesellschaft zu zwei Dritteln über familiäre Reproduktion fortpflanzt. Es gibt heute anthroposophische Familien, die stolz auf ihre generationenübergreifende Weitergabe der Anthroposophie sind. Eine solche endogene Reproduktion ist zwar gemessen am anthroposophischen Selbstverständnis, wonach die Zugehörigkeit auf freier Entscheidung beruhen soll, eine Niederlage, aber diese Art kultureller „Vererbung" ist eben soziologische Normalität. Bemerkenswert ist vielmehr, dass, sollte die grobe Schätzung stimmen, ein Drittel der Mitglieder aus freier Entscheidung zur Anthroposophie käme – was eine respektabel hohe Quote wäre.

---

41 Kröner, Erhard / Geest, Alexander von der / Uhlenhoff, Rahel: Offizieller Abschlussbericht der Urteils-Findungs-Kommission. Eingesetzt vom 21. Mai 2006 bis zum 10. Oktober 2008 durch die Mitgliederversammlung der Anthroposophischen Gesellschaft in Deutschland e.V., o.O., o.J.; http://www.tiny-mundo.de/static/pdf/abschlussbericht.pdf (27.2.2016), S. 11 (Million). 22. 54 (Promotion).

Arzneimittel/Kosmetika

Sie sind eine der großen Erfolgsgeschichten von Steiners Medizin und haben den Dunstkreis des anthroposophischen Milieus verlassen: die Medikamente, und noch mehr die Kosmetika. Schon zu Steiners Lebzeiten hatte man begonnen, Arzneimittel zu produzieren, natürlich um für die anthroposophische Medizin entsprechende Heilmittel bereitzustellen, aber auch in der Hoffnung, eine Geldquelle zu erschließen. Diese Wünsche sind in Erfüllung gegangen, vielleicht ein wenig anders als ursprünglich gedacht – vor allem durch Kosmetika, weniger durch die Arzneimittel, die unter dem Namen Weleda verkauft werden.

Die Weleda AG hat zwei Mehrheitseigentümer, die ca. 40 % des Kapitals und 80 % der Stimmrechte besitzen, die Allgemeinen Anthroposophischen Gesellschaft (AAG, Dornach/Schweiz) und die Klinik Arlesheim (Arlesheim/Schweiz). Darüber hinaus gibt es zwar noch weitere Eigentümer, aber nur wenn man Mitglieder der AAG ist, kann man ins Aktienregister eingetragen werden.[1] Anfang 2016 beschäftigte man rund 2036 Mitarbeiter (davon 70 Prozent Frauen)[2] und lässt inzwischen an mehreren Standorten in Europa Pflanzen nach anthroposophischen Lehren wachsen: in Schwäbisch-Gmünd/Deutschland und im Schweizerischen Arlesheim, den Gründungsorten, sowie im französischen Bouxwiller/Buchsweiler im Elsass.

Aber Weleda ist keine x-beliebige Plantage. In Schwäbisch-Gmünd beginnt die Arbeit um sieben Uhr mit einem Tagesspruch von Rudolf Steiner, hier sucht man bei der Herstellung von Mittel die Einsichten dieses spiritus rector zu verwirklichen, hier verwahrt man die Aufzeichnungen von Naturheilern der Jahrhundertwende, und hier greift man, wenn Dinge unklar bleiben, im Ernstfall auf Stenogramme Steiners zurück, um seinen hellsichtigen Ideen für Arzneimittel näherzukommen.[3] Damit ist man erfolgreich und in der Kosmetik-Sparte ökonomisch höchst rentabel geworden, nicht zuletzt weil die Weleda (wohl zu Recht) den Ruf besitzen, radikal-ökologisch zu produzierten. Um an dieser Stelle ausnahmsweise ein kleines Bekenntnis abzulegen: Auch meine Familie trägt zum Gewinn von Weleda und Wala bei.

Seit den 1920er Jahren verkauft nun die Weleda, hinter dem sich eine germanische Göttin verberge, wie Steiner kundgab, Heilmittel, die in bildungsbürgerlichen, alternativmedizinisch interessierten Familien einen guten Ruf haben,

---

1 https://www.weleda.de/weleda/identitaet/weleda-heute (19.7.2018).
2 Siegert, Manuela: Ätherisches Aufräumen, in: brand eins, 19/2017, H. 3, 21-26, S. 26.
3 Heuss, Christian: Anthroposophische Medizin zwischen Glauben, Hellseherei und Medizin http://www.srf.ch/sendungen/kontext/anthroposophische-medizin-glaube-oder-wissenschaft (22.6.2016).

Abb. 1: Produkte mit dem Label Weleda (Juli 2018).

auch wenn die Käuferinnen und Käufer nichts von der Anthroposophie wissen oder wissen wollen. Hier lindert „Weleda-Heilsalbe" die Schmerzen auf dem Babypopo und frischt die Granatapfelcrème welke Haut auf. Und wenn es an die Krebstherapie geht, gehen vorsichtige Nutzer bei dem anthroposophischen Mittel Iscador davon aus, dass es in bestimmten Situationen hilft oder heilt, während es bei den gläubigen Anwendern in dem Ruf steht, ein geheimes Wundermittel zu sein (s.u.). Aber Weleda ist viel mehr: ein Konzern mit Lifestyle-Produktion, vor allem mit Kosmetika und mit Kundenzeitschriften, die eine teilweise sehr hohe Reichweite besitzt (s. unter: Publikationswesen). Die Pflegemittel können sich über Lorbeeren diverser Kosmetik- und Ökokomitees nicht beklagen: vom „Salbei Deodorant", welches 2007 durch Ökotest ausgezeichnet wurde, bis zum Glammy Beauty-Preis in der Kategorie Organic im Jahr 2013 für die „Granatapfel regenerierende Pflegelotion".[4] Und schon 2002 war der Geschäftsleiter Michael Kohlhase zum „Ökomanager des Jahres" (vergeben von der Zeitschrift „Kapital" und dem WWF Deutschland) gekürt worden,[5] 2016 schließ-

---

4 http://www.weleda.de/schoenheit/natuerlich-schoen/ausgezeichnetes (22.6.2016).
5 https://de.wikipedia.org/wiki/%C3%96komanager_des_Jahres (22.6.2016).

lich war der deutsche Nachhaltigkeitspreis eine Art Ritterschlag für das Unternehmen.[6]

Aber natürlich gibt es auch kritische Anfragen, insbesondere hinsichtlich der Arzneimittel. Es sind diejenigen, die in der anthroposophischen Medizin immer wieder auftauchen: Helfen Homöopathica, und wenn, warum? Wird mit unlauteren Methoden geworben, weil man Wirkungen verspricht, die nicht zu halten sind?[7] Welwche Gefahren verbinden sich damit, etwa wenn Schwermetalle genutzt werden? Und wie steht es mit der Forderung, dass man etwas von Anthroposophie verstehen müsse, um Medikamente sinnvoll anzuwenden? Was soll man also davon halten, so die Pharmakologin Barbara Burkhard, wenn die Wirkung anthroposophischer Arzneimittel von der Kenntnis und der Anwendung der „geisteswissenschaftlichen Grundlagen" Steiners abhänge, die anthroposophischen Mistelpräparate aber größtenteils von Ärzten angewandt und von Patienten genommen werden, die davon keine Ahnung haben?[8] Aber der wirtschaftliche Erfolg hängt eben auch an denjenigen Ärzten, die anthroposophische Heilmittel verschreiben, ohne die weltanschaulichen Überzeugungen der Anthroposophie zu teilen.

Neben der Weleda gibt es noch eine kleine Schwester, die 1935 gegründete Firma „Wala" im schwäbischen Bad Boll, die seit 1986 als Stiftung organisiert ist.[9] Schon in der Auflösung des Namens Wala verbergen sich alternativkulturelle Überzeugungen, die vier Buchstaben des Akronym leiten sich von den weltanschaulichen Grundlagen des Herstellungsverfahrens ab: „Wärme – Asche, Licht – Asche" = Wala. Wala hatte – wie Weleda – mit Medikamenten begonnen, doch ist auch Wala inzwischen überaus erfolgreich in den Kosmetik-Markt eingestiegen („Dr. Hauschka-Kosmetik"). 2009 standen 4500 Artikel im Arzneimittelsortiment, davon 2901 Produkte mit einem Umsatz von weniger als 500 Stück im Jahr,[10] so dass nur etwa ein Viertel des Umsatzes mit Medikamenten erzielt wurde.[11]

Die Produkte von „Dr. Hauschka" werden regelmäßig sehr positiv getestet, und seitdem Julia Roberts ungefragt für diese Produkte warb, sind sie auch in den Vereinigten Staaten en vogue. Und überhaupt scheut man sich inzwischen nicht mehr davor, in Glamourmagazinen wie „Elle" und „Vogue" zu werben.[12] Zudem expandiert Wala in neue Felder, 2007 übernahm man die „Dr. Schaette AG", die ökologische Tiernahrung produziert. Doch auch mit ihren negativen Folgen hat die Ökonomie in diesem Reich der spirituellen Kosmetika Einzug

---

6 https://www.nachhaltigkeitspreis.de/2016_marke_weleda_detail/ (13.1.2017).
7 https://www.bernerzeitung.ch/wissen/medizin-und-psychologie/swissmedic-pfeift-kuegeli-produzenten-zurueck/story/18205395 (31.10.2018).
8 http://www.bundesaerztekammer.de/aerzte/aus-weiter-fortbildung/fortbildung/baek-veranstaltungen/interdisziplinaeres-forum/30-interdisziplinaeres-forum/referate/thema-i/therapie/ (24.5.2016).
9 http://www.wala-stiftung.de/ (22.6.2016).
10 Kapital = Geist. Pioniere der Nachhaltigkeit: Anthroposophie in Unternehmen. Zwölf Portraits, hg. v. J. Heisterkamp, Frankfurt a.M.: info3 2009, 32.
11 Ebd., 35.
12 http://www.zeit.de/2013/14/naturkosmetik-weleda (22.6.2016).

gehalten. 2009 stand das Bundeskartellamt vor den Toren der Wala, weil sich Einzelhändler beschwerten, dass massiv Druck ausgeübt worden sei, die von Wala diktierten Preise einzuhalten; unbotmäßige Händler erhielten dann schon einmal eine Liefersperre. In einem Vergleich akzeptierte Wala eine Geldbuße von 6,5 Millionen Euro.[13] Seine Ellbogen zeigte man auch in der Welt des Marketings. 2012 unterstützte Wala zusammen mit anderen Unternehmen für alternativmedizinische Arzneimittel, unter anderem der Weleda, den Blog „CAM Media.Watch" von Claus Fritzsche, der für 43.000 Euro pro Jahr die Kritiker der Alternativmedizin kritisierte. „Arzneimittelhersteller finanzieren einen Journalisten, der die Kritiker ihrer Produkte anschwärzt – bei jedem herkömmlichen Pharmakonzern wäre dies ein Skandal", kommentierte dies die Süddeutsche Zeitung.[14] Erst nachdem dieser Tatbestand an die Öffentlichkeit gedrungen war, stellte man die Finanzierung ein.

Zurück zu Weleda. Ihre Arzneimittel sind im gigantischen Markt des Gesundheitswesens (Ausgaben für Medikamente in Deutschland 2017: ca. 40 Milliarden Euro[15]) ein Nischensegment: Weleda setzte 2017 für 109 Mio. Euro Medikamente um, Tendenz leicht rückläufig.[16] Dabei kann man auf einige Sonderrechte zurückgreifen. Weleda nutzt mit den „individuellen Rezepturen" eine Lücke im Zulassungsverfahren und besitzt als „gesellschaftsrechtlich selbstständige Apotheke"[17] eine Befreiung von der universitär üblichen Wirksamkeitsprüfung (eine Freistellung, die wie im Bereich der anthroposophischen Medizin ein Thema dauernder Auseinandersetzungen sowohl mit der universitären Wissenschaft als auch mit der pharmazeutischen Industrie ist).

Immerhin wächst die Weleda insgesamt stark in Gebieten mit einer traditionell geringen Durchdringung durch die Anthroposophie, etwa in Frankreich oder in den USA. Mit dieser Mischung aus Heilkunst und[18] Lifestyle ist Steiners Wunsch nach ökonomischer Profitabilität in Erfüllung gegangen, aber anders als gedacht. Denn die Teile der Weleda sind ungleich. 70 Prozent des Umsatzes – Tendenz zunehmend – entfallen auf die Kosmetika,[19] also nur der kleinere Teil

---

13 http://www.bundeskartellamt.de/SharedDocs/Meldung/DE/Pressemitteilungen/2013/31_07_2013_Wala.html (16.6.2015).
14 http://www.sueddeutsche.de/wissen/homoeopathie-lobby-im-netz-schmutzige-methoden-der-sanften-medizin-1.1397617 (22.6.2016).
15 37,7 Mrd. Euro: https://www.gkv-spitzenverband.de/gkv_spitzenverband/presse/zahlen_und_grafiken/gkv_kennzahlen/gkv_kennzahlen.jsp (19.7.2018); 41,5 Mrd. Euro: https://de.statista.com/statistik/daten/studie/158096/umfrage/pharma-gesamtmarkt-umsatzentwicklung-seit-2006/ (19.7.2018).
16 https://www.presseportal.de/pm/25239/3866877 (19.7.2018). Umsatz 2015: 114,5 Mio. Euro; http://www.weleda.de/unsere-welt/presse-und-magazine/presse (22.6.2016).
17 Kapital = Geist, 25.
18 Zwei Drittel: 2014: http://www.weleda.de/unsere-welt/presse-und-magazine/presse (16.6.2015); 2015: ebd. (22.6.2016); drei Viertel: http://finanzmagazin.com/10571/otscorporatenews-weleda-ag-medienmitteilung-weleda-gruppe-und-weleda-deutschland/ (13.9.2011).
19 Siegert: Ätherisches Aufräumen, 26. Zwei Drittel sollen die Kosmetika 2014 beigetragen haben, http://www.weleda.de/unsere-welt/presse-und-magazine/presse (16.6.2015); drei Viertel seien es 2015 gewesen, ebd.

auf die Heilmittel, die aber lange Zeit mehr als die Hälfte der Investitionen, man sprach von 65 Prozent, verschlangen. Wirklich prekär war dabei, dass die Medikamentensparte rote Zahlen schrieb, und das in einem Ausmaß, das das Überleben des gesamten Unternehmens infrage stellte. 2010 hatten sich die Schulden auf rund 100 Millionen Euro aufgetürmt, sechsmal so viel wie zehn Jahre zuvor. Ein Grund dafür scheint relativ einfach zu sein: Es gab viel zu viele Medikamente, die viel zu wenige Menschen kauften. Wenn man ein Arzneimittel nur 15-mal im Jahr verkauft und dafür eigens Pflanzen anbaut und Maschinen anschafft und keine exorbitanten Preise erzielt,[20] kann das ökonomisch nicht funktionieren. Die Heilmittel waren seit Jahren ein Verlustgeschäft, das Überleben der Weleda hing an der Querfinanzierung durch die Kosmetika. Bei der Lösung des Problems standen sich grosso modo zwei Gruppen gegenüber, die Allgemeine Anthroposophische Gesellschaft und die Klinik Arlesheim. Die einen schauen nolens volens auf die in der Kosmetik erwirtschafteten Gewinne, weil man selbst klamm ist, die anderen vor allen Dingen auf die Arzneimittel, weil die Ärzte sie gerne zu Verfügung haben und weil man gerade in ihnen das spirituelle Erbe Steiners sieht. Diejenigen bei Weleda, die mit spitzem Bleistift rechnen müssen, stellten die Quersubventionierung der Arzneimittel durch die Schönheitsmittel infrage, während ihre Widersacher die „innere Aushöhlung" der Weleda an die Wand malten. Derartige Diskussionen um die Tragbarkeit ungleicher Geschäftsbereiche sind nichts Bemerkenswertes in der Ökonomie – dass allerdings „geistige" Argumente aus dem anthroposophischen Hintergrund eine Rolle spielen, sehr wohl. Das mag man weltfremd finden, man kann auch sagen: profiliert unangepasst.[21]

2012 zog Paul Mackay, Mitglied im Vorstand der Anthroposophischen Gesellschaft, die Reißleine und holte neben die anthroposophischen Überzeugungen die ökonomische Vernunft ins Boot. Geschäftsleitung und Verwaltungsrat wurden weitgehend in die Wüste geschickt, auch Götz Werner, eine Ikone der anthroposophischen Ökonomie, musste gehen.[22] Stattdessen kam ein Fachmann, Ralph Heinisch, ein Außenseiter, der von sich selbst sagt, er wisse nicht, „was ein Anthroposoph sein soll"[23] und der das Unternehmen auf Prinzipien einer christlichen Soziallehre – Menschlichkeit, Verantwortung, Freiheit – aufbauen will.[24] Er verstand vielleicht wenig von Anthroposophie, aber viel von Betriebswirtschaft. Produktportfolio, Vertriebswege, Verwaltung, alles kam auf den Prüfstand – und die Überzeugten schäumten. Aber inzwischen soll er den Ruf eines einfühlsamen Reformators besitzen. Das Portfolio der Heilmittel wurde weit

---

20 Siegert: Ätherisches Aufräumen, 20.
21 www.themen-der-zeit.de/content/Weleda_Ausserordentliche_Zusammenkunft.1458.0.html (13.9.2011).
22 http://www.faz.net/aktuell/wirtschaft/unternehmen/weleda-hat-probleme-kosmetik-und-salben-aus-dem-waldorf-garten-13164274.html?printPagedArticle=true#pageIndex_2 (22.6.2016).
23 Siegert: Ätherisches Aufräumen, 20.
24 Ebd., 24.

mehr als halbiert, rund 1000 sind es wohl immer noch. Aber das Ergebnis ließ sich nicht nur im Umsatz, sondern vor allem im Gewinn sehen. Aus dem Umsatz von 324 Mio. Euro im Jahr 2012[25] wurden 2015 389,5 Mio. – bei einem in etwa gleichbleibenden Gewinn vor Steuern (2013 waren es 33 Mio. gewesen,[26] 2016 ebenfalls[27]) – zudem waren die Schulden 2015 getilgt. Und das, obwohl die Heilmittelsparte weiterhin defizitär ist,[28] allerdings nicht mehr in den dramatischen Ausmaßen früherer Zeiten. All das dürfte längst nicht das Ende der Fahnenstange sein. Ein großer globaler Konkurrent wie Natura Cosméticos aus Brasilien hat den europäischen Markt gerade erst betreten, und die Folge dürfte für Weleda nicht nur ein verstärkter Kampf auf dem heimischen Markt sein, sondern auch die Notwendigkeit mit sich bringen, global zu expandieren. Das fordert eher mehr als weniger ökonomische Rationalität.

Die Konsequenzen dieser Ökonomisierung machten auch vor dem Vorzeigemittel Iscador nicht Halt, einem wässrigen Auszug aus der Mistel, das in der Regel zusätzlich zu universitären Präparaten (als „Adjuvans") gegen Krebs eingesetzt wird. Seit der Gründung hatte Weleda Iscador, das von dem anthroposophischen „Institut Hiscia" hergestellt wurde, vertrieben, aber damit ist Schluss. 2013 kündigte Weleda den Vertrag, seit 2015 existiert die Iscador AG als neue Vertriebsgesellschaft. Im Hintergrund steht offenbar ein massiver Rückgang des durch die öffentlichen Krankenkassen getragenen Gewinns. Von den 132.000 Verordnungen aus dem Jahr 2009 (Zahlungen der Krankenkassen: 12,2 Millionen €) waren 2013 47.000 Rezepte geworden (Kassenausgaben: 3,9 Millionen €). Dahinter wiederum steht der durch das Bundessozialgericht 2011 bestätigte Ausschluss von Iscador aus dem Leistungskatalog der deutschen Krankenkassen wegen nicht nachweisbarer Wirkungen; nur die palliative Therapie wurde davon ausgenommen.[29] Möglicherweise war das Engagement von Weleda für Iscador finanziell einfach nicht mehr ausreichend attraktiv. Aber vielleicht stand auch im Hintergrund, dass die Europäische Union für Iscador Tierversuche vorgeschrieben hat, eine bittere Pille, die man schlucken musste.[30]

---

25 http://www.zeit.de/2013/14/naturkosmetik-weleda (22.6.2016).
26 http://www.faz.net/aktuell/wirtschaft/unternehmen/weleda-hat-probleme-kosmetik-und-salben-aus-dem-waldorf-garten-13164274.html?printPagedArticle=true#pageIndex_2 (22.6.2016).
27 Siegert: Ätherisches Aufräumen, 26.
28 Mitteilung von Theo Stepp, Weleda-Unternehmenskommunikation, 26.7.2018.
29 http://www.apotheke-adhoc.de/nachrichten/pharmazie/nachricht-detail-pharmazie/anthroposophika-weleda-abschied-von-iscador-apotheke-otc-mistel-steiner-wegman/ (22.6.2016).
30 http://onceuponacream.at/tierversuche-weleda/ (27.12.2017).

Attraktivität – und Enttäuschung

Warum werden Menschen Anthroposophen? Diese Frage muss man für zwei Gruppen unterschiedlich beantworten. Da gibt es zum einen die Geburtsanthroposophen, die aus Familien stammen, die inzwischen seit Generationen „anthroposophisch" sind oder wo zumindest die Eltern Steiners Lehren angehangen haben. In solchen Lebensläufen erbt man eine Weltanschauung, wobei man sich anthroposophische Überzeugungen im Laufe seines Lebens oft eigenständig anverwandelt. Dabei können Gründe angeführt werden, die sich oft mit denen einer zweiten Gruppe decken, den Entscheidungsanthroposophen. Sie kommen von außen, ohne familiäre Bindung zur Anthroposophie und stoßen in der Regel über die Praxisfelder dazu – vermutlich die Minderheit der Mitglieder in der Anthroposophischen Gesellschaft und die Mehrheit in der anthroposophischen Bewegung. Ich bin immer wieder Menschen begegnet, denen anthroposophische Mediziner geholfen haben, Menschen, die in der Radikalität der Demeter-Landwirte die konsequenteste Alternative zu einer industriellen Landwirtschaft sahen, ich habe mit Eltern gesprochen, deren Kinder in Waldorfschulen aufgeblüht sind. In der Regel blieb es dann bei einer pragmatischen Nutzung anthroposophischer Einrichtungen, manchmal kam es zu einer Teilidentifikation, man konnte mit der Anthroposophie sympathisieren und in Einzelfällen zum Vollanthroposophen werden. Ein Beispiel für diesen Weg aus der pragmatschen Nutzung anthroposophischer Ideen in eine gelebte Anthroposophie ist die Familie Schily (s. unter: Politik), wie Konrad Schily von seinen Eltern – der Vater, Franz Schily, war Direktor des Hüttenwerks Bochumer Verein – berichtete:

> „Aus den Erzählungen meiner Eltern weiß ich, dass mein Bruder Michael in den 30er Jahren sehr schwer erkrankte. Ich nehme an, dass er eine Pankarditis, also eine Entzündung des ganzen Herzens, hatte. Da war die Schulmedizin damals völlig machtlos. Das Kind wurde zum Sterben nach Hause verlegt. Ein Freund hat meinen Eltern dann den anthroposophischen Arzt Dr. Hermann Keiner in Dortmund empfohlen. Es gab damals den schönen Spruch: ‚Wenn keiner hilft, hilft Keiner.' Unter seiner Behandlung ist Michael innerhalb eines Jahres wieder vollkommen gesundet."[1]

Die Frage nach dem hinter einer solch „wundersamen" Heilung liegenden Weltbild kann das Tor sein, sich mit Steiner zu beschäftigen, mit den esoterischen Inhalten seines Denkens, mit höheren Welten und „dem Geistigen", mit Rein-

---

[1] http://www.ruhrnachrichten.de/leben-und-erleben/kultur-region/Konrad-Schily-schaetzt-ihn-als-grossen-Anreger;art1541,1201199 (17.3.2016).

karnation und Karma und dem Versprechen übersinnlicher Erkenntnis. Ich vermute, dass nur in Ausnahmefällen Menschen von außen unmittelbar über die „eigentliche" esoterische Dimension der Anthroposophie zu Anthroposophen wurden, wenngleich genau diese Variante in der Theorie als Königsweg gilt. Anders gesagt: Die meisten Menschen werden wohl keine Anthroposophen, weil sie in Steiners Ideen die Lösung ihrer religiösen oder weltanschaulichen Fragen sehen, sondern weil sie eine anthroposophische Praxis gut oder hilfreich oder plausibel finden.

Für viele Mitglieder aller Gruppen, für Voll- und Teilanthroposophen, für geborene und entschiedene Anhänger dürfte ein weiteres Merkmal attraktiv wirken: die Anthroposophie als universales Wissenssystem. Die höhere Erkenntnis verspricht, alles zu erklären, vermeintlich zusammenhanglose Teile erhalten Sinn, und Steiners scheinbar uferloses Werk erscheint dann sowohl wie eine universale Synthese als auch wie eine unendliche Kartei von Antworten. Die Anthroposophie verspricht eine ganzheitliche Lebensführung auf dieser geistigen Basis, in der alle Dinge ihren Platz haben, und zwar einen bedeutungsvollen, sinnvollen. Die Wurzeln des Konzeptes liegen in einer Ära, wo man Gesamtkunstwerke schuf, in denen man Kunst und Leben, Wissenschaft und Religion aufheben wollte. Um 1900 hatte man angesichts einer immer komplexer werdenden Gesellschaft dazu „Weltanschauungen" entworfen. Ebendiese Aufhebung beansprucht die Anthroposophie in der Integration von höherer Erkenntnis und (goetheanischer) Naturwissenschaft, von Praxisfeldern und esoterischer Schulung. Dieser sinnerfüllte Kosmos vermittelt vielen Anthroposophen das wohlige Gefühl spiritueller Geborgenheit. Wo Außenstehende ein geschlossenes Weltanschauungsgetto und einen Allwissenheitsmythos sehen, erscheint für Steiners Anhänger eine Harmonie gelöster Rätsel in einem allumfassenden Deutungshorizont auf. Die Anthroposophie scheint in dem Reichtum von Steiners Werk als Generalschlüssel für eine unüberschaubar gewordene Welt: mit dem Versprechen, eine Antwort auf alle großen Fragen des Lebens zu geben und mit dem Anspruch, eine Erkenntnismethodik zu besitzen, die alle anderen Religionen und Weltanschauungen überbiete. Schließlich und endlich scheint die Vielfalt ihrer Arbeitsfelder die unendliche Theorie mit einer fast unendlichen Praxis zu vervollkommnen.

Doch diese Ganzheit ist Verheißung und Fluch zugleich. Denn das Totale ist nur eine Handbreit vom Totalitären entfernt. Bei genauerem Hinsehen wird schnell klar, wie wenig universal und wie faktisch partikular die Anthroposophie ist: da steckt viel Theosophie und idealistische Philosophie des 19. Jahrhunderts drin, viel naturwissenschaftliche Euphorie und deutscher Nationalismus der Jahrzehnte um 1900. Diese vielfältige Welt kann durch harte Dogmen zusammengehalten werden, deren Inhalte modifiziert, neu gedeutet oder bis zur Widersprüchlichkeit fortgeschrieben werden können. Dies finden eher stark autoritär strukturierte Menschen anziehend. Aber es gibt auch Anthroposophen, die auswählen und sich nur auf bestimmte Teile einlassen oder neue Traditionen einflechten; hier fühlen sich offene Anthroposophen wohl. Die Anthroposophie ist durch diese Mischung aus Eindeutigkeit und Elastizität für unterschiedliche, nachgerade widersprüchliche Positionen attraktiv geblieben. Sie erscheint dadurch als integrative Alternative gegenüber einer Gesellschaft, in der funktional differenzierte Bereiche dominieren, in der etwa Ärzte sich nur um den Körper und nicht mehr um die Seele kümmern. Demgegenüber sehen und erleben Anthroposophen eine „ganzheitliche" Welt.

„Sehen" darf man übrigens durchaus zu weiten Teilen wörtlich nehmen, die „Ganzheit" der Anthroposophie wird zu beträchtlichen Teilen ästhetisch hergestellt. Anthroposophische Ärztinnen sehen einen Menschen an, ehe sie ihn analysieren, die meisten anthroposophischen Gruppierungen verwenden die Roggenkamp-Schrift ohne rechten Winkel, den größten Teil der Waldorfschulgebäude erkennt man in Deutschland leicht an einem schwer lastenden Dach und an ebenfalls fehlenden rechten Winkeln, Pastellfarben lieben Anthroposophen jeglicher Couleur. Ganzheit entsteht für viele Menschen in der Anthroposophie oft weniger durch komplexe Metaebenen oder funktionale Ähnlichkeiten, sondern durch scheinbar einfaches Anschauen. Auch die Versuche, die Waldorfpädagogik durch eine „goetheanistische Anschauung" zu reformieren und extern plausibel zu machen, die Reise von Steiners Wandtafelzeichnungen durch die Kunstgalerien oder die Steiner-Ausstellungen der letzten Jahre (Wolfsburg 2010; Stuttgart, 2011; Weil am Rhein 2011/12) haben Teil an dem Versuch, den anthroposophischen Kosmos über seine ästhetischen Ausdrucksformen zu verstehen.

Außenstehende hingegen haben oft eine andere Perspektive und fragen sich, wie man mit den manchmal befremdlich wirkenden, manchmal als inakzeptabel angesehenen Inhalten überhaupt Anthroposoph sein könne, etwa dass es zwei Jesusknaben gegeben habe, dass Opfer von Katastrophen selbst Schuld sind und sich etwas Gutes für ihre nächste Reinkarnation tun, dass anthroposophische Bauern auf Mist aus Kuhhörnern vertrauen, dass sich der Weltgeist in Rassen inkarniere und so fort. Natürlich gibt es hochüberzeugte Anhänger Steiners, für die solche „Erkenntnisse" aus Steiners Einsicht in die tiefsten Geheimnisse kommen. Doch für viele (Neu-)Anthroposophen sind sie im Konfliktfall nur Mitnahmeprodukte, die man nolens volens oder schulterzuckend hinnimmt. Allerdings dürfte auch bei ihnen im Lauf eines anthroposophischen Lebens die Bereitschaft steigen, immer mehr Aussagen Steiners zu glauben, die nach außen kaum vermittelbar sind. Während Kritiker etwa unter Hinweis auf Steiners Rassismus seine Weltanschauung für inakzeptabel halten, ist diese Dimension für überzeugte Anthroposophen kaum je ein Grund, aus der Anthroposophie auszusteigen.

Wenn Anthroposophen die Anthroposophie wieder verlassen, hat das meist andere Gründe. Da findet sich bei den Liberalen die Enttäuschung über zu viel Autorität, über die Dogmatik des erzwungenen Sinns. Die Obsession, alles deuten zu müssen, kann das große Ganze zu einem Korsett machen. Eine vermutlich kleinere Gruppe von Konservativen wendet sich von der Anthroposophie ab, wenn sie doch zu wenig Orientierung finden, etwa weil sie die Kompromisse in einem anthroposophischen Krankenhaus, die man aufgrund der Fallpauschalen und Krankenkassenfinanzierung eingehen muss, ablehnen oder weil sie eine Waldorfschule als nicht mehr ausreichend anthroposophisch empfinden, wenn doch Fußball gespielt werden darf. Und dann gibt es noch die leise innere Emigration, die oft mit dem anthroposophischen Herzstück zu tun hat, der höheren Erkenntnis: Wer hat sie, und was ist, wenn nicht? Eine Person, die leitende Anthroposophen in ihrer Familie von Kindesbeinen an ein- und ausgehen sah, berichtete, dass irgendwann nach langen Gesprächen immer die eine Frage hochkam: Hast du übersinnliche Erfahrungen, kannst du hellsehen, kennst du den Zustand von Clairvoyance, besitzt du höhere Erkenntnis? Die Antwort lautete im geschützten Raum des persönlichen Gesprächs fast immer: nein. So mancher Weg in die Distanz hat hier begonnen.

Letztlich liegt auch in der Anthroposophie das Mysterium fascinosum, um dessetwillen man sich in Steiners Welt verliebt, Seite an Seite neben der oft abgrundtiefen Banalität der alltäglichen anthroposophischen Praxis. Andreas Laudert hat im Rückblick auf seine Lebensphase als Priester der Christengemeinschaft diese Ambivalenz auf den Punkt gebracht:

„Was überzeugte dich?" Antwort: „Es waren Kleinigkeiten. Anthroposophie fing mit Kleinigkeiten an. (Und sie wird vielleicht mit Kleinigkeiten enden.) Die Genauigkeit der Wahrnehmung: von Gesichtern und dem *Drumherum*. Das Citrus-Mandel-Hautöl. Abendkreise. Der Umgang mit Geld. (Änderte sich später.) Die Lieder. Rechnen mit geistigen Wirkungen. Bewohnerbesprechungen in heilpädagogischen Lebensgemeinschaften. Das gesunde Essen. Einen Spruch sprechen vor den Mahlzeiten. Vertrauen statt Kontrolle im alltäglichen Umgang. Schönere Räume, gestaltetere Alltage, bessere Zeiten. Die Fähigkeit, seine Meinung erst einmal zurückzuhalten. Das positive Denken. Die Entwicklung sehen. Und gleichzeitig und vor allem: diese Sachlichkeit. ... Sein eigener Archetyp, eine Schöpfung aus dem Nichts sein."[2] „Und doch wurde mir dasselbe später manchmal verdächtig. Sachlichkeit als: seine Karten nicht auf den Tisch legen. Subjekte mit Amtsbonus deklarieren, was das Objektive ist. Esoterik als: Ich bin in, und du bist out. Ich hab's begriffen, und du musst es noch ergreifen. – Machtspiele unter dem Deckmantel des mahnenden Vorsatzes, nichts zu übereilen. ... Ständiges Zurückhalten der eigentlichen Gedanken." Für „manche Anthroposophen" gelte: „Ihr Verhältnis zur Umwelt ist tendenziell pädagogisch, eines von oben herab. Sie sind Entsandte."[3]

Laudert hat es schließlich nicht mehr ertragen.

---

2 Laudert, Andreas: Abschied von der Gemeinde. Die anthroposophische Bewegung in uns, Basel: Futurum 2011, 56.
3 Ebd., 57.

Autorität und Freiheit

Der Begriff Autorität taucht in den lexikalischen Schnipseln dieses Buches mit großer Regelmäßigkeit auf. Das liegt nicht nur am Zeitgeist während Steiners Lebensjahren, in denen Autorität noch einem ganz anderen, viel positiveren Klang besaß, und auch nicht an einer böswilligen Absicht, Steiner und die Anthroposophie als autoritätsverliebtes Getto zu diskreditieren. Vielmehr gibt es im Herzen der Anthroposophie eine Dimension, die nicht durch demokratisches Abstimmen oder durch Aushandlungsprozesse zugänglich ist: die „höhere Erkenntnis". Zwar teilt die Anthroposophie diese Dimension mit anderen Religionen, wo ja göttliche Erkenntnis oder Offenbarungen auch kein Gegenstand von Mehrheitsentscheidungen sind, und sie teilt dieses Problem mit Demokratien, die nicht alles dem Wähler vorlegen (im deutschen Grundgesetz sind ja die ersten 20 Artikel auch jeder Abstimmung entzogen, weil sie mit einer Veränderungssperre versehen sind). Aber das Problem in der Anthroposophie liegt noch zweimal tiefer. Steiner und sein Werk sind der absolute, der kleinste gemeine Nenner aller Anthroposophen und Anthroposophinnen und aller Praxisfelder. Er kann Vaterfigur, intellektueller Lehrer, Führer und Erlöser sein und ist insofern die Autorität schlechthin. Aber es geht noch eine Etage tiefer. Um überhaupt eine „Erkenntnis höherer Welten" zu erlangen, benötigt man eine Initiation. Die entscheidende Erkenntnis erlangt man nicht durch Bildung und Wissenschaft, sondern weil „Du" Schüler eines Meisters bist, der „Dich" einweiht – oder weil heute, wo der Meister Dr. Steiner tot ist, man zumindest den von ihm eröffneten Weg geht. Wer aber initiiert ist, wer „höhere Erkenntnis" hat, steht über der alltäglichen Welt des Diskurses. Über die „objektiven" Inhalte einer solchen Erkenntnis diskutiert man nicht, man schaut sie und man weiß.

Auch wenn Steiner bald hundert Jahre tot ist und es keine persönlichen „Schüler" und „Schülerinnen" mehr gibt, steckt diese Grammatik weiterhin in der heutigen Anthroposophie, denn noch seine Schriften zehren vom Abglanz dieses charismatischen Initiierten. Schon zu Lebzeiten umstrahlte ihn die Aura absoluter Autorität und heiligmäßiger Verehrung. Bereits die Frage, ob Vertiefungen in Architekturmodellen zufällig von Steiners Fingern stammten oder Absicht waren, konnte Anthroposophen entzweien. In dieser Welt markierte der Satz „Der Doktor hat gesagt" traditionellerweise das Ende des Nachdenkens. Diskussionen standen dann schnell vor „jener emotionslosen Arroganz, die sich ein gewisser Schlag von Anthroposophen ruhig patentieren lassen könnte".[1] Dieser Satz kommt nicht von außen, sondern von dem Anthroposophen Taja Gut,

---

[1] Gut: Wie hast du's mit der Anthroposophie? Eine Selbstbefragung, Dornach: Pforte 2010, 135.

der „das pubertäre Bedürfnis nach widerspruchsfreier Autorität" am Werk sieht:[2] „Mir scheint, das wirkliche Unglück rühre daher, dass so wenige Menschen es aushalten, mit Widersprüchen zu leben."[3] Im Ergebnis kommt es nicht nur zu einer Konfliktunfähigkeit, sondern vielerorts zu einem Konfliktunwillen. Auf der „Goetheanum-Welt-Konferenz" 2016 sprach Michaela Glöckler, die langjährige Leiterin der medizinischen Sektion am Goetheanum, dieser Fraktion aus dem Herzen. Sie habe das „Glück" gehabt, Steiners Äußerung, „Wo Streit ist, zieht sich die geistige Welt zurück", früh kennenzulernen. „Daher liebe ich den ... Begriff der ‚Streitkultur' nicht".[4]

Dieses Erbe sitzt tief. Insbesondere in Steiners Schulungsweg spielt die Autorität des Lehrers eine entscheidende Rolle, wenngleich Steiner im Lauf seines Lebens versucht hat, dessen überragende Bedeutung abzuschwächen. Manche Anthroposophen sehen in der überragenden Lehrerpersönlichkeit aber gar kein autoritäres Problem, weil sie den Schulungsweg als hilfreiche Anleitung lesen, eigene Erfahrungen zu machen. Anthroposophie ist für sie ein Weg, eine Methode, die dadurch Autorität gerade relativiere und Autonomie ermögliche. Genau hier liegt jedoch ein konfliktträchtiger Punkt, da Steiner in der Praxis bis heute unangefochten der Initiierte ist und seine „geschauten" Inhalte weitenteils nicht zur Disposition stehen, so dass für eine Auseinandersetzung zwischen unterschiedlichen „hellseherischen" Ansprüchen kein Platz ist. Eine klassische Lösung dieses Dilemmas, unterschiedliche Interpretationen zuzulassen, gibt es natürlich auch in der Anthroposophie, aber als Initiierter kann eben jeder den Anspruch erheben, die „objektive" Interpretation zu besitzen.

Und so ist die Spannung zwischen der Forderung nach eigenständiger Erkenntnis und der Autorität Steiners weiterhin immens. Diesen Konfliktstoff zeigen die Biographien derjenigen, die Steiners Rolle infragestellen, weil sie sich auf Augenhöhe mit ihm begeben. Wenn jemand Steiners hellseherischen Einsichten fortschreibt oder umdeutet oder kritisiert, also Steiners Forderung, eigenständig „höhere" Erkenntnis zu haben, realisiert, brennt es schnell lichterloh. Die ungeschriebene Geschichte anthroposophischer Dissidenten von Valentin Tomberg über Heinrich Goesch bis zu Herman Weidelener oder der Blick auf die Konstitutionsdebatte dokumentieren den Sprengstoff dieses Konzeptes von höherem Wissen. Die manchmal mit großer Härte und unversöhnlich ausgetragenen Konflikte in der Anthroposophischen Gesellschaft haben in der Regel mit genau diesem Punkt zu tun: dass es ein Wissen gibt, das man nicht verhandeln kann. Das Ergebnis ist meines Erachtens (bislang) eine strukturelle Konfliktunfähigkeit der Anthroposophie.

Den Fall-out dieser Hochebene findet man bis in die anthroposophischen Praxisfelder hinein. Hinter den Konferenzen von „Lehrerrepubliken" in Schulen

---
2 Ebd., 137.
3 Ebd., 127.
4 https://www.goetheanum.org/fileadmin/aag/GV2017/GWK/Weltkonferenz_deutsch.pdf [S. 73] (16.12.2017).

und den flachen Hierarchien in Krankenhäusern oder in den Generalversammlungen der Anthroposophischen Gesellschaft verbergen sich oft nicht nur die üblichen Machtstrukturen, sondern auch deren esoterische Varianten. Wenn eine Lehrerin oder ein Arzt oder ein Mitglied sich als Initiierte begreifen, kann das bedeuten, jedes Gegenargument und jeden Widerspruch nur als ein Kennzeichen fehlender Erkenntnis zu deuten. Aber dieser Anspruch auf absolutes Wissen wird oft nicht unverhüllt gezeigt und kreiert deshalb umso autoritärere Machtstrukturen – Konferenzen in Waldorfschulen können dafür ein bitteres Beispiel sein. Dahinter steht ein soziologisches Standardproblem: Die Etablierung von formaler Egalität – alle „richtigen" Anthroposophen sind Eingeweihte – bedeutet keine Bändigung von Macht. Doch gerade in vielen Praxisfeldern findet man Versuche, die Autoritätslast des „höheren" Wissens zu begrenzen und egalitär und diskursiv miteinander umzugehen. Viele Lehrer wollen keine Priester mehr für ihre Schüler sein und viele Bauern schauen lieber auf die Ergebnisse der Fruchtfolge als auf die übersinnliche Begründung ihres Handelns.

Doch für viele andere Anthroposophen besitzt die Anlehnung an Steiners Erkenntnisanspruch weiterhin eine entlastende Funktion – wie oft in einer religiösen Weltanschauung: Man muss nicht tun, woran man ohnehin scheitert, nämlich eigenständig gottgleiches Wissen zu erlangen, vielmehr will man sich auf Steiners Ergebnisse der „Geistesforschung" verlassen. Aber diese Rolle von Autorität verliert in demokratischen Gesellschaften für viele, auch für viele Anthroposophen, ihren Reiz. Vielen ist der Anspruch auf übersinnliche Sicherungen fremd geworden.

Hinter dieser Ambivalenz von Unterwerfung unter Steiners höhere Erkenntnis und dem gleichzeitigen Anspruch, sich dieses Übervaters zu entledigen und selbstständig höhere Erkenntnis zu erlangen, scheint mir der Schlüssel für ein großes scheinbares Paradox der Anthroposophie zu liegen: Die anthroposophische Weltanschauung ist zutiefst und zuinnerst autoritär strukturiert – und ermöglicht gleichzeitig Lebensläufe, in denen Menschen selbständig und oft gegen den Zeitgeist Dinge auf den Weg bringen, die von großer innerer Freiheit und Weite zeugen. Dass dabei Freiheit niemals absolut existiert, sondern sich unter Bedingungen und Kontexten realisiert, ist ein alter Hut der philosophischen Anthropologie und geschenkt. Aber in dieser zweiten Dimension, der gefühlten, beanspruchten, realisierten inneren Autonomie sehe ich einen wichtigen Grund, weshalb die Anthroposophie kein Steiner-Anbetungskränzchen geblieben ist, sondern neben den Betonköpfen freie Geister hervorbringt. Letztlich ist dies neben der autoritären Orientierung an Steiner wohl auch ein Grund für den Erfolg der Praxisfelder. Es könnte sein, dass mit der Historisierung von Steiner der freie Umgang mit ihm und seiner Gedankenwelt zugenommen hat. Aber mehr als ein Gefühl ist dies ohne empirische Untersuchungen nicht.

Banken

Mitten in der anthroposophischen Welt sitzt ein Unternehmenssegment, das man vielleicht in diesem ätherischen Kosmos am allerwenigsten vermuten würde: Banken – Hauptakteure des Kapitalismus und Teil ihres „systemrelevanten" Fundaments. Aber so ganz von dieser Welt sind Steiners Banken nicht, denn sie verfügen über einen Haushaltstitel, der für eine normale Bank ins Reich der Utopie gehört: Geld zum Verschenken, Schenkungsgeld. Ein Kredit also, den man nicht tilgen, sondern nur ausgeben muss. Geld zum Verprassen – wenn auch für einen guten Zweck. Das hat wieder mit Rudolf Steiner zu tun, der von Silvio Gesell, dem alternativen Geldtheoretiker und (für eine Woche) Finanzminister der Münchener Räterepublik des Jahres 1919, die Idee eines Geldes, das man nicht horten dürfe, übernahm.[1] Denn Geld, das Zinsen bringt, schmarotze von dem Mehrwert, den das produktive Vermögen etwa der Landwirtschaft oder der Industrie erwirtschafte. Das Geld, so Steiner, dürfe sich nicht „stauen" – und das könne man durch „Schenkungen ... an die geistigen Institutionen" verhindern.[2]

Zu seinen Lebzeiten blieb das Utopie, aber 1961 materialisierte diese Idee in der „Gemeinnützigen Treuhandstelle" zur Förderung gemeinnütziger Projekte, aus der 1974, ein halbes Jahrhundert nach Steiners Tod, die Bochumer „Gemeinschaftsbank für Leihen und Schenken" (GLS) wurde.[3] Die Entstehung dieses Unternehmens war eng mit Wilhelm Ernst Barkhoff verknüpft, der nach einigen weltanschaulichen Suchbewegungen schlussendlich über die juristische Begleitung einer Waldorfschulgründung zur Anthroposophie gefunden hatte.[4] Heute ist die GLS ein Schwergewicht unter den Alternativbanken und besteht aus drei Segmenten: einer klassischen Bank vom Girokonto bis zur Kreditvergabe; sodann der GLS Beteiligungs-AG, einer hundertprozentigen Tochter der GLS Bank, die Beteiligungskapital zur Verfügung stellt und geschlossene Fonds auflegt; und schließlich aus der „Treuhand", die Stiftungen und Schenkungsgelder verwaltet. Letztere ist juristisch eigenständig, hat auch eine eigene Geschäftsführung, sitzt aber in der Bochumer Zentrale im Stockwerk oberhalb der GLS-Geschäftsräume. Ziel der Bank ist es, so das Selbstverständnis, nachhaltige, soziale und ökologische Projekte zu fördern, auch, aber faktisch zum kleineren Teil, durch Schenkungsgelder. Dabei soll die Kapitalvergabe nicht auf anthroposophische

---
1 Onken, Werner: Silvio Gesell und Rudolf Steiner. Wegbereiter einer sozialen Zukunft (= Fragen der Freiheit, Heft 202, Januar/Februar 1990), 6f.
2 Steiner, Rudolf: Nationalökonomischer Kurs (Gesamtausgabe, Bd. 340), Dornach 1979, 168.
3 https://www.gls.de/nachhaltige-unternehmen/ueber-die-gls-bank/geschichte/ (17.6.2015).
4 http://biographien.kulturimpuls.org/detail.php?&id=37 (17.6.2015).

Einrichtungen beschränkt sein, und dies ist auch nicht der Fall, aber anthroposophische Einrichtungen und Projekte bilden doch einen wichtigen Teil der „Kunden". Von Kunden kann man allerdings nur eingeschränkt sprechen, weil die Bank es gerne sähe – und das in der Werbung auch sagt –, wenn man „Mitglied" würde, eines von den über 40.000 Mitgliedern, die die Bank heute schon hat und aus ihr eine Genossenschaft machen.[5] Vielleicht liegt einer der markantesten Unterschiede zum üblichen Bankgewerbe in dem Verhältnis zu einem zentralen anthropologischen Treibstoff der Ökonomie, dem Gewinnstreben: Statt einer Gewinnerzielungsabsicht[6] soll in der GLS nur eine „Kostendeckungsumlage"[7] generiert werden.

Seit der Jahrtausendwende hat sich die vordem beschauliche Nischenbank rasant entwickelt. 2003 übernahm man die Ökobank, die in eine wirtschaftliche Schieflage geraten war, und 2008 die kleine IntegraBank, ein Geldinstitut der katholischen Integrierten Gemeinde in München (der übrigens der ehemalige Papst Benedikt XVI. aus seiner Zeit als Erzbischof von München nahestand). Die Bilanzsumme der GLS hat sich von einer halben Milliarde im Jahr 2005 auf 5 Milliarden im Jahr 2017 verzehnfacht –[8] das bedeutet Steigerungsraten von teilweise über 10 Prozent pro Jahr – und hin und wieder waren es auch mehr als 30 Prozent. Ihre gewachsene Bedeutung dokumentierte die Bank seit dem Jahr 2000, als sie den Zuschlag für den „Mikrokreditfonds Deutschland" erhielt und Kredite der Bundesregierung für Kleinstunternehmen vermittelte – was, wie man hört die Bank an die Grenzen ihrer Fähigkeiten brachte. Mit Auszeichnungen wurde diese Bank nachgerade überschüttet, die Bewerter haben seit längerem ihr Urteil gesprochen:[9] Die GLS erhielt 2008 den „Utopia Award" für eine nachhaltige Geschäftspolitik, war „Sustainable Bank 2009 Germany" (Magazin New Economy), „Bank des Jahres 2010" (Börse Online und n-tv) und wurde 2013 zur nachhaltigsten Bank des Jahres in Europa gekürt (vergeben von: Financial Times und International Finance Corporation) und 2016 als „herausragende Vermögensverwaltung" ausgezeichnet (Focus Money und n-tv).

Ihren Kunden präsentiert sich die GLS als das gute Gewissen mitten in einem entfesselten Kapitalismus: Transparenz, ethische Korrektheit, nachhaltiges Wirtschaften, ökologische Verantwortung, keiner der Begriffe fehlt, hinter denen sich heute (zu Recht) Fragen an eine Wirtschaft verbinden, in der Gewinne oft privatisiert und Problemfolgen oft vergemeinschaftet werden. Letztlich wirbt die GLS damit, Sinnstifter statt Kreditvermittler zu sein: „Was macht Ihr Geld in einem Kindergarten? Sinn."

---

5 https://www.gls.de/privatkunden/ueber-die-gls-bank/organisation/gls-bank/ (12.4.2017); Stand Dezember 2015.
6 Bankspiegel, 1998, Heft 2, 66.
7 Bankspiegel, 2000, Heft 1, 173.
8 https://www.gls.de/privatkunden/gls-bank/zahlen-fakten/ (31.10.2018).
9 S. die schwindelerregende Liste von Auszeichnungen unter https://www.gls.de/privatkunden/ueber-die-gls-bank/nachhaltigkeit-werte-und-auszeichnungen/auszeichnungen/ (13.1.2017).

Was macht Ihr Geld in einem Kindergarten?

Sinn.

Bei der GLS Bank ist Ihr Geld gut angelegt: Es fließt ausschließlich in Vorhaben, die sozial, ökologisch und ökonomisch sinnvoll sind. Dabei machen wir transparent, wo und was wir finanzieren.

Vom Girokonto bis zur Vermögensanlage – alles über unsere leistungsstarken und sinnstiftenden Angebote unter **www.gls.de**

Jetzt Konto mit Sinn eröffnen:
www.gls.de // ☏ 0234 - 57 97 332

GLS Bank
das macht Sinn

Abb. 2: Werbung der GLS-Gemeinschaftsbank (Kampagne 2011).

Was das für die Praxis bedeutet, ist nicht leicht zu durchschauen. Auf der einen Seite werden viele Kredite an Einrichtungen vergeben, die als gesellschaftlich sinnvoll betrachtet werden (und worüber man mit der GLS in den meisten Fällen auch nicht groß streiten würde), und worunter sich vermutlich eine Reihe von Kreditnehmern befinden, die im normalen Bankgewerbe keine Chance hätten. Zugleich aber gehen viele Kredite in die Baufinanzierung, wo nicht immer leicht durchschaubar ist, wie ökologisch und nachhaltig die Mittel verwandt werden. Es gibt mithin Bereiche, in denen die GLS vermutlich ziemlich „normal" agiert.

Wie anthroposophisch ist nun diese Bank? Schaut man in der Webpräsenz unter „Über die GLS Bank" nach,[10] ist von Rudolf Steiner mit keinem Wort die Rede, und auch der Begriff Anthroposophie fällt nicht; gleichwenig findet sich in dem Leitbild, das sich die GLS nach der Übernahme der Ökobank gegeben hat, ein expliziter Bezug auf die Anthroposophie.[11] Man muss schon in den nachgelagerten Seiten zur Geschichte nachsehen, um auf die anthroposophische Dimension zu stoßen. Indirekt findet sich diese Bindung auch im Blick auf die geförderten Projekte. 2010 finanzierte man etwa: „drei Demeter-Bauckhöfe … in der Lüneburger Heide"; das Troxler-Haus in Wuppertal für „Menschen mit Behinderung", dessen Arbeit „auf dem anthroposophischen Menschenbild und der Überzeugung, dass der Wesenskern eines Menschen nicht krank sein kann",

---
10 https://www.gls.de/nachhaltige-unternehmen/ueber-die-gls-bank/ (17.6.2015).
11 https://www.gls.de/media/pdf/Broschueren/GLS_Bank/gls_leitbild.pdf (17.6.2015).

basiert; den Waldorfkindergarten Sieben Zwerge in Radolfzell, der als „Grundlage des Handelns ... die anthroposophisch orientierte Menschenkunde Rudolf Steiners im Sinne einer spirituell begründeten Erziehungskunst" ausweist; oder den Waldorfschul-Förderverein Essen, der eine Anschlussfinanzierung für einen Baukredit erhielt (2.250.000 Euro).[12] Welchen Anteil anthroposophische Projekte haben, ist nicht leicht zu sagen und dürfte je nach Finanzierungssegment unterschiedlich ausfallen. Die GLS selbst hält sich auf Nachfrage bedeckt. Man erhebe solche Daten nicht – was, wenn es stimmt, vielleicht nicht der geschickteste Umgang im Risikomanagement ist. Besonders viele Projekte, wohl mehr als ein Drittel, werden es im Bildungsbereich sein, aber ob mehr als 15 bis 20 Prozent der geförderten Aktivitäten einen anthroposophischen Hintergrund haben?

Anders sieht die Sache bei der GLS-Treuhand aus. Hier könnte am Ende in etwa die Hälfte der Projekte einen anthroposophischen Hintergrund haben.[13] Auch hier mag ein Blick in die Details ein wenig Leben in die trockenen Zahlen bringen. Unter den Begünstigten fand sich 2010 mit der „Förderung der laufenden Arbeit" (also der Betriebskosten?), die Anthroposophische Gesellschaft in Deutschland in Stuttgart, der Bund zur Verwirklichung der anthroposophischen Bewegung in Maulbronn, das anthroposophische Studienhaus Rüspe in Kirchhundem, der Dachverband Anthroposophische Medizin in Deutschland in Berlin, darüber hinaus mit einzelnen Projekten die Alanus-Hochschule und die Universität Witten-Herdecke. Auch nicht-anthroposophische, etwa kirchliche Projekte erhielten Mittel, meist für konkrete Arbeitsfelder, etwa die Missionszentrale der Franziskaner in Bonn oder das Evangelisch-Lutherische Pfarramt Dingolfing (mit einem Reisekosten-Zuschuss zur Jugendfreizeit). 2014 sah die Verteilung nicht viel anders aus: Neben der Vereinigung der Benediktinerinnen des Kloster Marienrode findet sich die Anthroposophische Gesellschaft in Deutschland sowie mehrfach die Christengemeinschaft (unter Religion/Spiritualität), aber auch in der Rubrik „Zivilgesellschaft" die Anthroposophische Gesellschaft in Deutschland, das (anthroposophische) Institut für soziale Gegenwartsfragen, der (anthroposophische) „Omnibus für direkte Demokratie", die Allgemeine Anthroposophische Gesellschaft, der Bund zur Verwirklichung der anthroposophischen Bewegung – und so könnte man munter fortfahren.[14] Bei mindestens einem Drittel der Projekte ist der anthroposophische Hintergrund leicht erkennbar, faktisch dürfte die Zahl höher liegen, weil man bei vielen in den Bewilligungslisten genannten Einrichtungen den weltanschaulichen Hintergrund nicht unmittelbar erkennt. Fairerweise muss man allerdings auch

---

12 https://www.gls.de/nachhaltige-unternehmen/finanzierte-projekte-unternehmen/ (17.6.2015).
13 Detaillierte Informationen waren mir nicht zugänglich, ein Tendenz der Mittelverteilung kann man aus den Namen der geförderten Institutionen ablesen. Insgesamt handelt es sich um ein Fördervolumen von 6,5 Mio. Euro.
14 http://www.gls-treuhand.de/besucherinnen/gefoerderte-projekte/ (17.6.2015).

sagen, dass vermutlich der größte Teil der Schenkungsgelder aus dem anthroposophischen Milieu kommt.

Viel weniger muss man nach der Anthroposophie in einer Schwesterbank, der 1984 gegründeten Freien Gemeinschaftsbank in Basel, suchen, der bis heute kleinsten anthroposophischen Bank. Sie macht überhaupt keinen Hehl aus ihren anthroposophischen Überzeugungen. Wenn man die Frage stellt, warum eine weitere anthroposophische Bank notwendig sei, findet man in der Selbstwahrnehmung der Freien Gemeinschaftsbank eine Antwort: Konsequenz bei anthroposophischen Prinzipien. Die Basler halten am strengsten an den anthroposophischen Absichten fest. Bewusstseinsbildung vor Projektorientierung könnte eine Perspektive umschreiben, Veränderung des Finanzsystems statt der Besetzung alternativer Lücken eine andere. So versucht man, Steiners Intention, Geld nicht zu horten, radikal umzusetzen. Aus diesem Grund sind die liquiden Mittel fast vollständig an Kreditnehmer weitergegeben und deshalb hat man auch ein kritischeres Verhältnis zu Stiftungen als die GLS: Denn auch in Stiftungen wird ja Geld gehortet, wenn nur von den Renditen Auszahlungen getätigt werden.

In Europa sind inzwischen weitere Finanzinstitute hinzugekommen, in denen irgendwie Rudolf Steiner und die Anthroposophie eine Rolle spielen: die 1982 gegründete Merkurbank („Merkur Andelskasse") in Dänemark,[15] die seit 1988 existierende französische Nouvelle économie fraternelle, ein bankähnliches Institut, das sich von der GLS inspiriert sieht,[16] oder Hermes-Österreich, eine anthroposophisch inspirierte Vermittlungsagentur für Kredite.[17] Ein besonders interessanter und von der Größe her besonders relevanter Fall ist die 1980 gegründete Triodos-Bank im niederländischen Zeist, die mit einer Bilanzsumme von 10 Milliarden Euro (2017)[18] und fast 700.000 Kunden die größte Alternativbank in Europa ist. Für Kenner verrät bereits ihr Name den anthroposophischen Hintergrund, hinter Triodos verbirgt sich der griechische Begriff für drei Wege, und das ist eine Variante des Begriffs Dreigliederung (s. unter: Politik). Sie expandierte außerhalb ihres Heimatlandes nach Spanien, Belgien und Großbritannien, ehe sie 2009 der GLS in deren Stammland Konkurrenz machte (wobei in Deutschland schon 2005 eine Kreditvermittlungsagentur der Triodos-Bank bestand). Damit ging sie einen anderen Weg als die GLS, die bis heute auf Deutschland beschränkt ist, etwa den Schritt nach Österreich erwogen, aber nicht vollzogen hat. Die Gemeinsamkeiten zwischen beiden Banken sind groß und werden von der Triodos-Bank wie auch von der GLS betont: Nachhaltigkeit, Ökologie, soziale Verantwortung, Transparenz. Und auch die Triodos-Bank besitzt Schenkungsgelder. Aber gerade angesichts dieser Gemeinsamkeiten fallen die Unterschiede ins Auge. Man findet sie zum ersten in der Rechtskonstruk-

---

15 https://da.wikipedia.org/wiki/Merkur_Bank (17.6.2015).
16 http://www.lanef.com/la-nef/histoire/ (17.6.2015).
17 http://www.hermes-oesterreich.at/grundsaetze/ (12.4.2017).
18 http://www.geschaeftsbericht-triodos.de/de/2017/serviceseiten/aufeinenblick.html (31.10.2018).

tion: Die Triodos-Bank ist keine Genossenschaft, sondern eine Aktiengesellschaft, deren aktienähnliche Rechte allerdings nur bankintern gehandelt werden können, da hinter der Triodos-Bank eine Stiftung steht. Zudem arbeiten die Niederländer in internationalen strategischen Allianzen, die teilweise durch Beteiligungen unterfüttert sind, mit anderen Banken zusammen (etwa mit der dänischen Merkurbank oder der amerikanischen New Resource Bank). Die Bilanzsumme stieg dabei von 5 Milliarden (2012) auf 9 Milliarden (2016) (ohne verwaltetes Vermögen).[19] Damit verbunden ist ein harter ökonomischer Faktor, die Gewinnerzielungsabsicht. 2014 erwirtschaftete die Triodos-Bank eine Eigenkapitalrendite von 4,4 Prozent, 2016 (bei 652.000 Kunden) von 3,5 %.[20] Bessere Ergebnisse, die man einmal angezielt hatte, waren im damaligen Zinsumfeld nicht zu erreichen. Zwar will sie ihr Gewinnziel im Rahmen der ethischen Geschäftsziele verwirklichen, aber man hat damit das Geschäftsmodell gegenüber der GLS und der Freien Gemeinschaftsbank grundsätzlich verändert. Das hängt, wie man bei der Triodos-Bank meint, mit unterschiedlichen Unternehmenskulturen zusammen: die GLS sei sehr deutsch, prinzipienlastig, die Triodos-Bank hingegen von einem niederländischen Geist beseelt, der stärker unternehmerisch ausgerichtet sei. Dass es bei diesem Unterschied nicht um leichte Verhandlungsware geht, wurde 1999 klar, als eine Fusion von GLS und Triodos an dieser Frage scheiterte.[21] Aber gibt es gleichwohl kooperative Projekte. So beteiligten sich beide Institute im März 2007 mit fünf Millionen Euro an der ägyptischen Sekem-Gruppe, die zur anthroposophisch orientierten Landwirtschaft gehört.

In diesem Wachstumsprozess änderte sich in beiden Banken auch das Verhältnis zur Anthroposophie. Ein Blick auf die Vorstände macht deutlich, dass der Eindruck eines monolithischen, anthroposophischen Überzeugungsblocks nicht stimmt. Bei der GLS gibt es bei Thomas Jorberg, dem Vorstandssprecher, Anthroposophisches im Hintergrund, ähnlich ist es bei Alexander Schwedeler in der Triodos-Bank, wohingegen es diese Dimension bei anderen leitenden Mitgliedern der Bank nicht gibt. Noch deutlicher wird diese Veränderung hinsichtlich programmatischer Aussagen zum Selbstverständnis. Bei der Triodos-Bank sucht man auf der Homepage und in den Prospekten einen Bezug auf die Anthroposophie oder gar auf Rudolf Steiner und sein Werk vergebens. Auf Nachfrage erhält man die Auskunft, dass man seine anthroposophischen Wurzeln nicht verleugne, sich jedoch nicht mehr als anthroposophische Bank verstehe. Die völlig fehlenden Hinweise auf der Website zur Geschichte der Bank riechen aber nach ein wenig Verdrängung.

Auch das Alleinstellungsmerkmal einer anthroposophischen Bank, die Schenkungsgelder, haben bei der Triodos-Bank einen anderen Stellenwert erhalten, sie

---

19 https://www.triodos.de/de/ueber-triodos/corporate-information/zahlen-fakten/ (1.3.2018).
20 http://www.geschaeftsbericht-triodos.de/de/2014/vorstandsbericht/ergebnisse/triodos-bank.html (17.6.2015); https://www.triodos.de/downloads/pressemitteilungen/Pressemitteilung-Triodos-Bank-Jahresergebnisse-2016.pdf.
21 Frans de Clerck, Gespräch am 23.8.2001.

spielen nurmehr eine geringe Rolle und heißen auch nicht mehr so – man spricht man lieber von Spenden. Dieser Lösungsprozess wird durch die Expansion der beiden Banken an einer weiteren Stelle beschleunigt: Man muss viel neues Personal einstellen. So hat die GLS von ihren 313 Mitarbeitern im Jahr 2010 in diesem Jahr 77, also 25 Prozent, neu eingestellt. Selbst wenn man wollte, bekäme man auf dem Bewerbermarkt so viele Anthroposophen gar nicht. Das wiederum bedeutet nicht, dass die geschäftlichen Beziehungen ins anthroposophische Milieu schwinden würden. Bei der Triodos-Bank etwa dominieren in einigen Förderungsfeldern, etwa bei Investitionen im Bildungsbereich, Waldorfschulen. Das aber, so verlautet es aus der Bank, habe einfach mit alten Verbindungen zu tun und damit, dass Waldorfschulen gute Kunden seien: Besserverdienende Eltern mit bürgerlichem Hintergrund zeigten eben ein solides Rückzahlungsverhalten. Den Erfolg der Triodos-Bank hat diese Distanzierung von der Anthroposophie nicht begrenzt (oder auch befördert). Und wie die GLS erhielt die Triodos-Bank respektable Auszeichnungen: Schon 2009 wurde sie, noch vor der GLS, als „Sustainable Bank of the Year" (Financial Times) ausgezeichnet.

Im Vergleich untereinander zeigen die anthroposophischen Banken, dass man mit rein anthroposophischen Grundsätzen nur begrenzt wachsen kann. Die Basler Freie Gemeinschaftsbank jedenfalls dürfte auch deshalb klein geblieben sein, weil sie an ihren anthroposophischen Prinzipien festhält. Die beiden großen Konkurrenten GLS und Triodos aber haben das anthroposophische Milieu in beträchtlichem Ausmaß verlassen. Beide distanzieren sich von einer dogmatischen Anbindung an Steiner und die anthroposophische Welt. Bei keiner von ihnen erkennt man auf den ersten Blick, dass es anthroposophische Wurzeln gibt beziehungsweise dass man, wie die GLS und insbesondere die GLS-Treuhand, eine anthroposophisch inspirierte Einrichtung ist. Noch konsequenter ist die Triodos-Bank. Die Bindungen an Steiner und die Anthroposophie hat sie, vielleicht wegen der Grenzen der Durchdringungsreichweite des weltanschaulich dogmatisierten anthroposophischen Bankings, gekappt. Trotz der unterschiedlichen Ansätze haben beide Banken den gleichen Markt im Visier, der längst nicht ausgeschöpft ist. Aus den schätzungsweise 200.000 Kunden von nachhaltigen Banken im Jahr 2010 in Deutschland dürften 2015 allein für die vier großen Alternativbanken (Triodos-Bank, GLS, Umwelt-Bank, Ethik-Bank) mehr als 700.000 Kunden geworden sein, die mehrheitlich wohl aus einem liberal-intellektuellen, linksbürgerlichen Umfeld kommen, den sogenannten postmaterialistischen Milieus. Mittelfristig rechnet man in Deutschland mit sechs Millionen Kunden, 2020 sollen es 12 Millionen sein können. Die letzte Finanzkrise nach 2007 hat gezeigt, dass dies keine Blütenträume sein müssen: Die Triodos-Bank konnte zeitweilig keine neuen Kunden mehr aufnehmen, die GLS arbeitete mit 1500 Neukunden pro Monat am Limit.

Aber wie gut sind diese Banken eigentlich als wirtschaftliche Akteure, für die die Gesetze von Betriebswirtschaft und Makroökonomie ja gelten wie für alle anderen auch? Eine schwierige Frage, weil Bilanzen für Laien esoterischer sind als die übersinnlichen Welten der Anthroposophie und Steiners Esoterische

Schule im Vergleich mit internen Betriebsabläufen ein Ausbund an Transparenz ist. Aber folgendes wird man doch vermuten dürfen: Angesichts bislang fehlender Skandale gilt die Unschuldsvermutung, dass nämlich die Mittel grosso modo zielgemäß eingesetzt werden. Vielleicht hat es eine solche Bank auch leichter, erfolgreich zu wirtschaften, weil bei Schenkungsgeldern die normale Risikokalkulation nicht mehr gilt, der Totalverlust ist nicht der worst case, sondern Ziel. Je kleiner eine Bank und je größer der relative Anteil der Schenkungsgelder ist, desto mehr dürften diese eine Bank stabilisieren. Eine rückzahlungsverlässliche Klientel dürfte ein weiterer Marktvorteil sein. Menschen, die sich für Ökologie, Nachhaltigkeit und Gerechtigkeit engagieren, tilgen in der Regel auch brav ihre Schulden. In welchem Ausmaß all dies dazu führt, dass die Effektivität der Bank hinter derjenigen von normalen Banken zurückbleibt, ein Teil des Sinns also in die Bürokratie fließt, vermag ich nicht zu sagen – Kenner der alternativen Bankenszene haben hier so ihre Fragen an die GLS.

In diesem Prozess werden jedenfalls die (ehemals) anthroposophischen Banken zu einem beträchtlichen Teil „normal". Sie verleihen Geld gegen Zinsen und stellen damit Liquidität bereit, womit sie eine klassische Funktion von Banken erfüllen, aber eben mit ethischen Kriterien und dem Schwerpunkt auf alternativkulturelle Einrichtungen, die ansonsten schwer oder keine Kredite bekämen. Schenkungsgelder drohen dabei, zur Folklore zu werden. Damit werden sie Agenten des Bankensystems, wandeln sich von Alternativbanken zu Systembanken, und dies immer mehr, desto weniger Schenkungsgeld eine Rolle spielt. In der anthroposophischen Binnenlogik müsste man sagen: Sie gehen gerade nicht den Weg, den Steiner gewiesen hatte, nämlich das Schenkungsgeld zur entscheidenden monetären Größe zu machen – so jedenfalls lese ich ihn. Ob das realistisch ist, steht auf einem anderen Blatt, Ökonomen denken jedenfalls bei Schenkungsgeld sofort an Treibsätze für die Inflation. Aber noch ist nicht die ganze Bankenwelt von Systembanken besetzt. Eine von unbeugsamen anthroposophischen Bankern geführte Bank hört nicht auf, Widerstand zu leisten: die Freie Gemeinschaftsbank in Basel.

Für manche Alternativbanker klingt diese „Normalisierung" ihrer Einrichtungen vielleicht despektierlich. Aber vermutlich braucht es diesen Kompromiss mit der „Normalität", wenn man eine gesellschaftliche Wirkung erreichen will. Per saldo gilt: Man müsste alternative Banken erfinden, wenn es sie nicht gäbe – dazu reicht schon der Blick auf Boni von Investmentbankern, organisierte Steuerhinterziehung über „Oasen" und manipulierte Libor-Sätze. Nicht, dass weltanschaulich orientierte Banken keine Tücken hätten: Die Selbstdarstellung der GLS als „Sinn"-Vermittler verwischt die Grenze zwischen dem Finanzmarkt als notwendigem Werkzeug und der Ökonomie als Heilsveranstaltung. Auch wenn diese Grenzüberschreitung werbetechnisch „Sinn" macht, bleibt sie irgendwie obszön. Aber gleichwohl: solche Banken stellen in aller Schärfe die Frage, wie wir ethisch verantwortlich mit Geld umgehen können.

Besant, Annie

Annie Besant (1847-1933) war eine Theosophin der „zweiten Generation" nach dem Tod von Blavatsky und Olcott – aber damit ist sie weit unterschätzt. Und weil dieses Fehlurteil allemal für Anthroposophen gilt, erhält sie in diesem Buch einen eigenen Eintrag. Vielleicht war sie überhaupt die wichtigste Führungspersönlichkeit der Geschichte der Theosophischen Gesellschaft, sicher aber die wichtigste theosophische Referenz für Rudolf Steiner und vermutlich mitentscheidend für seine Konversion. Besant, die mit einem anglikanischen Geistlichen unglücklich verheiratet war, wurde Frauenrechtlerin und wandte sich nach einer atheistischen Phase unter dem Einfluss Blavatskys 1889 der Theosophie zu; 1907 stieg sie zur Präsidentin der Theosophischen Gesellschaft Adyar auf. Steiner hat viele ihrer Bücher gelesen, schon 1901 ihr „Esoterisches Christentum", und sie jahrelang hingebungsvoll verehrt.[1] Mit der zunehmenden Profilierung seiner eigenen Theosophie kippte die tiefe Zuneigung, und im Streit nabelte er sich von Besant ab. Diese Auseinandersetzung, an deren Ende die Gründung der Anthroposophischen Gesellschaft stand, bestand aus einer Reihe zuletzt unentwirrbarer Problemfäden: Besant und Steiner waren sich uneins über das Verhältnis von „Orient" und „Okzident", von Christentum und Buddhismus und Hinduismus. Steiner wollte auch nicht nur eine nationale Form der Theosophie entwickeln, wie Besant sie den Landesgesellschaften zugestand, nicht nur westliche im Gegensatz zu östlicher Theosophie ins Zentrum rücken, sondern die Theosophie philosophisch und christlich reformulieren. Er wollte sich nicht von Besant in die Politik der deutschsprachigen theosophischen Logen hineinreden lassen, was Besant ziemlich ungeniert tat. Am Ende trennte man sich über eine Sollbruchstelle: Konnte ein Hindujunge namens Krishnamurti der neue Weltenlehrer sein, vielleicht sogar eine Art wiedergeborener Christus? Steiner sagte nein, aus Überzeugung und aus machtpolitischen Motiven, er wollte Besants „Weltenlehrer" Krishnamurti nicht als theosophischen Führer anerkennen, um damit ihre Position noch zu stärken. Und last but not least bereitete es ihm vermutlich beträchtliche Schwierigkeiten, unter der Oberhoheit einer Frau zu arbeiten. Annie Besant und Rudolf Steiner, das ist ein noch ungeschriebenes Kapitel der Geschichte der Anthroposophie, das mit einer innigen Wertschätzung begann und in der Sprachlosigkeit einer zerrütteten Beziehung endete. Steiner verdankt dieser Frau viel, sowohl aus seiner frühen Zuneigung als auch durch die konfliktreiche Abgrenzung, die konstitutiv für seinen Weg zu einem eigenständigen Theosophen/Anthroposophen war.

---

1 Zander: Anthroposophie in Deutschland, 141-144. 699-702.

Biographiearbeit

Wer sich in der Anthroposophie mit seiner Psyche beschäftigen will, landet schnell bei dem Stichwort Biographiearbeit. Dahinter kann man eine Anleihe bei dem Konzept des amerikanischen Mediziners Robert Neil Butler (1927-2010) sehen, der im Alter durch den Rückblick auf das Leben die Möglichkeit einer sinnvollen Deutung seiner Biographie eröffnen wollte. Diese anthroposophische Traditionskonstruktion ist irgendwie richtig, aber auch ziemlich falsch. Denn hinter der Biographiearbeit verbirgt sich ein Grundsatzproblem der anthroposophischen Psychologie: Anthroposophen hatten über Jahrzehnte beträchtliche Berührungsängste mit allem, was Psychotherapie und Psychoanalyse heißt. Der Grund liegt einmal mehr bei Rudolf Steiner, der die Psychoanalyse für eine Variante des Materialismus hielt – und ein schlimmeres Vergehen gegen „den Geist" gibt es halt in der Anthroposophie nicht. Infolgedessen war die therapeutische Bearbeitung psychologischer Fragen weitgehend ein Niemandsland in der Anthroposophie, alternativ hatte es wohl die „höhere Erkenntnis" richten sollen. Aber über anthroposophisch orientierte, professionelle Psychotherapeuten ist (mir) kaum etwas bekannt.[1]

Ein wenig mehr sieht man bei psychologischen Problemen unter Anthroposophen, die nicht einfach mit Clairvoyance verschwinden. Diese nun geht man seit einigen Jahren unter dem Stichwort Biographiearbeit an, wobei psychologische Probleme in anthroposophischer Perspektive aufgearbeitet werden sollen. Daraus ist inzwischen ein florierendes Segment anthroposophischer Akteure und Ratgeberliteratur entstanden, die ein offenbar großes Bedürfnis abdeckt. Auf die entscheidende weltanschauliche Einfärbung hat die „Berufsvereinigung Biografiearbeit auf Grundlage der Anthroposophie e. V.", für Außenstehende nur leicht verklausuliert, verwiesen. Eine Biographie sei in anthroposophischer Perspektive „eingebettet ... in die allgemeine menschliche Entwicklung", womit die Anthropologie in das anthroposophische Evolutionsdenken eingebunden wird, denn daran darf man bei „Entwicklung" getrost denken. Weltanschaulich deutlicher noch wird man bei einem zweiten Punkt. Es gebe „im Lebenslauf des Menschen Erlebnisse und Ereignisse, deren Ursachen oder Wirkungen sich nicht innerhalb eines Erdenlebens finden lassen", sondern durch „Reinkarnation und Karma" erklärt würden.[2] Konsequenterweise gilt dann auch das Postu-

---

[1] Wie oft, stößt man bei Problemen auf dieses Feld. S. zu einem Fall eines problematischen Netzwerks von Therapie, Anthroposophie und Christengemeinschaft: https://www.nzz.ch/schweiz/psychiater-missbraucht-schwer-traumatisierte-frau-und-darf-weiter-praktizieren-ld.1442257 (17.12.2018).

[2] http://www.biographiearbeit.de/index.php?pageid=1 (11.4.2016).

lat der Selbsterlösung: „Karma ... wird durch den Menschen im Tun und Lassen selbst ausgelöst."[3] Biographiearbeit im anthroposophischen Kontext ist mithin zumindest für diese institutionellen Vertreter zuinnerst von Steiners weltanschaulichen Vorgaben geprägt. Allerdings gibt es insbesondere im Umfeld der anthroposophischen Kliniken inzwischen eine „Deutsche Gesellschaft für Anthroposophische Psychotherapie e.V.", die sich stärker auf körperbezogene Praktiken einlässt und die übermächtige Stellung des „Geistigen" relativiert. „Der Psychiater und der Psychosomatiker setzen eher auf der körperlichen Ebene an", so Michaele Quetz, Leitende Ärztin am Gemeinschaftskrankenhaus Havelhöhe in Berlin.[4] Das ist wohl eine kleine Distanzierung von Steiner, ohne ihm untreu zu werden.

---

3 Ebd.
4 http://www.damid.de/anthroposophische-medizin/positionen/421-an-der-zukunft-bauen.html (11.4.2016).

China

Zu Beginn des zweiten Jahrtausends kam die Anthroposophie auch im chinesischen Kulturkreis an. Vorreiter waren die Waldorfschulen, 1999 wurde deren erste in Taiwan gegründet.[1] Dann zogen die Landwirte nach. Um 2007 herum entstand in Mainland-China die erste biodynamische Farm, die Phoenix Hill Commune bei Peking, auf Anregung eines deutschen Anthroposophen.[2] Vier Jahre später kam der Verband hinzu, die Demeter China Association,[3] deren Generalsekretär Weihe Hu in England am Emerson College in Sussex gelernt hatte und der zuvor an der Waldorfschule in Chengdu Gärtner gewesen war –[4] ein kleines Beispiel für das globale anthroposophische Netzwerk. Andere Felder haben es schwerer. Einen chinesischen Zweig der Anthroposophischen Gesellschaft etwa gab es Ende 2017 noch nicht, Chinesen sind aber individuell Mitglieder in der Anthroposophischen Gesellschaft.[5] Probleme hat auch die Weleda mit ihren Präparaten. Die chinesischen Behörden verlangen die Erprobung an Tierversuchen, die Weleda ablehnt;[6] deshalb gibt es keine offizielle Einfuhr, außer für Seife und Zahnpasta, für die keine Tierversuche nötig sind. In den Fällen, wo in China nachträglich und ohne Wissen von Weleda Tierversuche vorgenommen wurden, hat Weleda die Registrierung weiterer Produkte gestoppt. Gleichwohl boomt der Markt für anthroposophische Kosmetika und Heilmittel, weil die schwarze Einfuhr floriert.

Aber es gibt auch eine Erfolgsgeschichte aus China, denn die Waldorfschulen boomen. Die erste entstand 2004 in Chengdu in der Provinz Sichuan, fast in der Mitte des riesigen Landes. Die Entwicklung in den folgenden Jahren war stürmisch und ist unüberschaubar. Die Weltschulliste weist für den März 2017 sieben Schulen und 38 Kindergärten aus – was schon kein schlechter Erfolg wäre. Aber im Internet findet man Angaben, wonach schon im Juli 2012 mehr als 20 Waldorf-Grundschulen und über 200 Waldorf-Kindergärten existierten,[7] 2014 seien es 51 Schulen gewesen, 2016 über 70 Schulen, wozu 300 oder 400 Kinder-

---

1 https://www.freunde-waldorf.de/waldorf-weltweit/einrichtungen-weltweit/china/ (27.12.2017).
2 http://communityvoices.post-gazette.com/all-categories/item/28618-phoenix-hills-commune (28.12.2017).
3 https://www.demeter.de/node/4245 (28.12.2017).
4 https://biodynamicsbda.wordpress.com/2013/01/31/biodynamics-in-china-a-good-start/ (28.12.2017).
5 https://www.goetheanum.org/en/aag/finances-at-the-goetheanum/membership/membership-contribution/ (28.12.2017).
6 http://onceuponacream.at/tierversuche-weleda/ (27.12.2017).
7 https://www.goethe.de/ins/cn/de/kul/mag/20628795.html (27.12.2017).

Abb. 3: Waldorfschule in Guangzhou/China
mit Spielgerät und Schulgarten.

garten-Gruppen kommen sollen.[8] Auf die Standardfrage „Und wie viele Schulen gibt es?", antwortete im Mai 2016 ein Ausbildungsleiter in China, Ben Cherry: „Es kommt drauf an, was du unter Schule verstehst. Wir kennen mehr als sechzig Waldorf Initiativen. Ausserdem gibt es ungefähr 400 Kindergärten, aber das weiss niemand genau. Wahrscheinlich wird gerade jetzt, während ich mit dir spreche, irgendwo einer eröffnet. Im Moment herrscht in China dieser Geist von ‚einfach loslegen'."[9] Hinter diesen unterschiedlichen Zahlen und wilden Entwicklungen steht – je nach Perspektive – eine Graswurzelbewegung chinesischer Eltern oder der Kontrollverlust des Bundes der Freien Waldorfschulen. In besonderer Dramatik wird in China deutlich, wie begrenzt die Steuerungsmöglichkeiten der Stuttgarter Zentrale zumindest für die Gründungsphase sind. Aber inzwischen ist man aus den wilden Anfängen in der Institutionalisierungsphase angekommen. Insbesondere das dringendste Problem für die Waldorf-Identität, die Ausbildung von Lehrern und Lehrerinnen, hat man organisiert. 2016 gab es in

---

8 http://www.frss-ottersberg.de/schule/lehrerseminar/china.php (28.12.2017); 400 Kindergarten-Gruppen für 2014 nach http://atrikon.de/upload/pdf/Bericht_aus_China.pdf [S. 6] (28.12.2017).
9 http://www.waldorf-resources.org/de/artikel/anzeige/archive/2016/05/11/article/are-you-living-your-talk/a4785db0a036cd15e785a172456ef890/ (28.12.2017).

mindestens sechs großen Städten quer über das ganze Land verteilt Kurse für die Fortbildung von Lehrern zu Waldorflehrern, an denen ca. 800 Studierende teilgenommen haben sollen.[10] Zusätzlich sind Dachorganisationen, Konferenzen für Waldorflehrer und Stiftungen für Zwecke der Waldorfpädagogik entstanden.[11] Trotz alledem bleiben Plätze in Waldorf-Einrichtungen knapp. Auf einen Kindergartenplatz muss man teilweise jahrelang warten, für manche Grundschulen geht selbst das nicht, weil die Plätze durch die Kindergartenkinder belegt sind.[12] Zugleich macht man gegenüber manchen Konkurrenten aus Europa offenbar Boden gut: Einige Waldorfschulen sind aus Montessori-Kindergärten entstanden.[13] Wenn all das kein Ausweis einer Erfolgsgeschichte ist.

Wie das? Es handelt sich wohl um die fast perfekte Passung von chinesischen Problemen und den Lösungsangeboten aus der Waldorfwelt. Das Problem liegt im chinesischen Schulsystem. Es ist, verkürzt gesagt, autoritär, lehrerzentriert und wissensbezogen: Frontalunterricht, Auswendiglernen, Leistungsorientierung. Seinen „Höhepunkt" findet ein chinesisches Schülerleben im Gaokao, dem Abschlusstest, dessen Bestehen ein Hochschulstudium ermöglicht. Auf dieses Ziel hin ist die Lernbiographie nur allzu oft mit Nachhilfeunterricht und Hausarbeit gepflastert, und zu allem Unglück lastet die ganze Erwartung des schulischen Erfolgs in der Regel auf einem einzigen Mädchen oder Jungen als Folge der früher propagierten Ein-Kind-Politik. Den Stressfaktor des Gaokao mag man daran ermessen, dass in den Städten mit einem Prüfungszentrum der Verkehr um den Prüfungsort herum stillgelegt werden kann – und dass nach der Verkündigung der Ergebnisse die Selbstmordraten alljährlich in die Höhe schnellen, weil die Gescheiterten keinen Sinn mehr im Leben sehen. Evidenterweise kann man die Waldorfpädagogik als Gegenprogramm lesen: Malen und Handwerken statt Drill, Schulgarten und Theateraufführungen statt Paukschule, Tanzreigen statt Reih und Glied, ökologische Sensibilität angesichts der gravierenden Umweltprobleme in China. Und natürlich gehört die Eurythmie dazu, oder zumin-

---

10 Für den Juni 2013 war die Rede von „fünf Zentren für die Fortbildung zum Waldorf-Vorschullehrer und vier Zentren für die Fortbildung zum Grundschullehrer, und die Fortbildung zum Lehrer für die Gymnasial-Oberstufe beginnt gerade. Jedes Zentrum kann etwa 120 Lehrkräfte fortbilden, und sie sind alle ausgebucht"; https://www.goethe.de/ins/cn/de/kul/mag/2062 8795.html (27.12.2017). Für 2016 werden „dreijährige berufsbegleitende Ausbildungskurse" in Chengdu, Peking, Xian, Nanking, Guangzhou (Kanton) und Hongkong mit „über 800 Studenten" genannt; http://www.frss-ottersberg.de/schule/lehrerseminar/china.php (28.12.2017).
11 2010 entstand das „Chinesische Ausbildungs- und Mentoring Programm für Waldorferziehung" (=Waldorf Early Childhood Training and Mentoring Programm in China); ebd. Ein Verband der Waldorfkindergärten folgte 2011, das „Chinesische Forum für Waldorferziehung" (China Waldorf Early Childhood Education Forum); ebd. Die dritte Konferenz der Waldorflehrer tagte am 4. Mai 2012 in Xindu (Sichuan); https://www.goethe.de/ins/cn/de/kul/mag/ 20628795.html (27.12.2017). Eine Stiftung für Notfallpädagogik die „GuangDong Shanhaiyuan Charity Foundation", wurde 2013 gegründet; https://www.freunde-waldorf.de/newsblog/article/2013/06/13/einsatz-im-chinesischen-erdbebengebiet/ (27.12.2017).
12 https://www.goethe.de/ins/cn/de/kul/mag/20628795.html (27.12.2017).
13 http://www.waldorf-resources.org/de/artikel/anzeige/archive/2016/05/11/article/are-you-living-your-talk/a4785db0a036cd15e785a172456ef890/ (28.12.2017).

Abb. 4: Eurythmie(?)tänzerinnen an einer chinesischen Waldorfschule (2014).

dest ein Tanz, der so ähnlich aussieht, in jedem Fall aber chinesische Traditionen aufgreift: Die ätherischen Gewänder sind durch gardinenartige Stoffe mit Mustern ersetzt, die chinesischen Seidenschürzen und bunten Hüte würde man in Europa eher nicht finden, und ob anthroposophische Tänzerinnen in der Schweiz mit einem Headset singen würden?

Man kann jedenfalls Steiners Pädagogik, wenn man die autoritären Elemente relativieren würde, als Gegenentwurf zum klassischen chinesischen System lesen – aber möglicherweise ist die autoritäre Lehrerrolle in der Waldorfschule nicht nur ein Hindernis, sondern auch eine Gemeinsamkeit, ein Gelenksstück zwischen Dornach und Peking.

Wer etabliert nun die Waldorfschule als Gegenwelt zum staatlichen Unterricht? Die Antwort ist ziemlich klar: keine Waldorf-Strategen in Stuttgart oder Dornach, sondern chinesische Eltern aus bildungsbürgerlichen Milieus.[14] Aber die chinesische Situation ist kompliziert. Nehmen wir die Eltern. In der Regel können sie es sich leisten, die nolen volens teure und elitäre Waldorfschule den Weg zu bringen. Ein Waldorfkindergarten beispielsweise, der 2013 in Peking ge-

---

14 http://www.waldorftoday.com/2011/07/waldorf-is-booming-in-china/ (27.12.2017); http://www.waldorf-resources.org/de/artikel/anzeige/archive/2016/05/11/article/are-you-living-your-talk/a4785db0a036cd15e785a172456ef890/ (28.12.2017); http://www.frss-ottersberg.de/schule/lehrerseminar/china.php (28.12.2017).

gründet wurde, liegt in einem von Künstlern bewohnten Vorort. Die Gründungseltern hatten gerade eine Ausbildung als Waldorflehrer beendet oder absolvierten sie noch. Viele zogen nun in die Nähe der Waldorfschule und kauften alte Häuser, so dass sich 2014 von den 200 Haushalten des Vorortes „70 zur Waldorfschule zugehörig fühlen".[15] Hier waren offenbar chinesische Helikoptereltern unterwegs. Das scheint kein Einzelfall zu sein. Auch bei der Waldorfschule in Chengdu ist „ein kleines Dorf entstanden, in dem die ‚studienbegleitenden' Schülereltern ihren Wohnsitz genommen haben"; zugleich bilden sie eine Waldorf-Community, die auch organischen Landbau praktiziert.[16] Aber das ist noch längst nicht alles. Derartige hochengagierte Eltern artikulieren an manchen Schulen ihre Fürsorge durch detailliertes, tägliches Nachfragen: Was gab es zum Frühstück? Hat mein Kind die Hände vor dem Essen gewaschen? Konnte es seinen Mittagsschlaf halten? Manche sind auf die Idee gekommen, einen Fragebogen zu entwickeln, die Lehrer täglich ausfüllen sollen. Man kann das fürsorglichen Drill nennen. Eine Antwort der Schule darauf waren Erziehungsworkshops für Eltern und Großeltern.[17]

Hinter dieser elterlichen Fürsorge steht ein oft pragmatisches, man kann auch sagen utilitaristisches Verhältnis zur Anthroposophie in China: Sie muss als erstes nützlich sein. Und so lautet eine erste Frage dann schnell: „Aha, du arbeitest mit Anthroposophie. Welchen Einfluss hat das auf deine Gesundheit? Bist du gesund? Bist du diszipliniert? Lebst du das, was du predigst?"[18] Auch viele Waldorfeltern dürften den „ganzheitlichen" Unterricht in der Waldorfschule vor allem als Mittel sehen, mit weniger Stress den Gaokao zu bestehen. „Oftmals verlangen diese [Eltern] eine ziel- und ergebnisorientierte Beschulung, in deren Folge für die Lehrer eine intensive Elternarbeit zu leisten ist, nicht selten kommt es auch zu Auseinandersetzungen".[19] Dieser Satz dürfte in aller Zurückhaltung das Stresspotenzial für die Lehrer auf den Punkt bringen.

Viele Lehrer sind offenbar mit dem Pädagogikwechsel, den eine Waldorfschule mit sich bringt, überfordert. Die hohe Disziplin, die Lehrer aus dem etablierten Schulsystem kennen, bleibt offenbar auch für sie in der Waldorfschule eine Grundlage ihrer Arbeit. „In den Fällen, in denen Kinder doch einmal ermahnt werden und ihr Verhalten nicht ändern, stoßen die Lehrkräfte recht schnell an ihre Grenzen."[20] Schließlich gehören zur Schule natürlich noch die Schüler. Bei ihnen schlägt eine andere Seite der chinesischen Ein-Kind-Politik zu Buche. Die vergötterten Einzelkinder gelten in Waldorfkreisen oft als überbehütet und seien ohne Grenzziehungen aufgewachsen.[21] Hier erhoffen sich wohl

---

15 http://atrikon.de/upload/pdf/Bericht_aus_China.pdf [S. 6] (28.12.2017).
16 https://www.goethe.de/ins/cn/de/kul/mag/20628795.html (31.7.2017).
17 http://www.waldorftoday.com/2011/07/waldorf-is-booming-in-china/ (27.12.2017).
18 http://www.waldorf-resources.org/de/artikel/anzeige/archive/2016/05/11/article/are-you-living-your-talk/a4785db0a036cd15e785a172456ef890/ (28.12.2017).
19 http://atrikon.de/upload/pdf/Bericht_aus_China.pdf [S. 9] (28.12.2017).
20 Ebd., S. 6.
21 http://www.waldorftoday.com/2011/07/waldorf-is-booming-in-china/ (27.12.2017).

viele Eltern Rettung durch die Waldorfschule, die auch in China den Ruf besitzt, dass schwierige Kinder hier unterkommen können.[22]

Dass diese Spannungen einzelne Lehrer bis in die Alkoholabhängigkeit treiben können, verwundert nicht.[23] Elternwille, Schülerverhalten und Lehrerwille treffen nicht selten und einmal mehr konfrontativ aufeinander, und das führt zu recht unterschiedlichen Ausrichtungen der Schulen. Auf der einen Seite gibt es Schulen, die sich durch nicht-kognitive, musisch-handwerkliche Elemente von der chinesischen Tradition absetzen – von denen war gerade vor allem die Rede. Auf der anderen Seite findet man Schulen, die sich explizit mit autoritären Strukturen als Waldorfpädagogik empfehlen. In Guangzhou etwa wurde eine Waldorfschule „von einem Ehepaar für seine eigenen Kinder gegründet. In den Strukturen ist der Aufbau eher hierarchisch, die Leitung liegt in Händen eines Präsidenten. Dieser beklagt die seiner Ansicht nach geringe Führungsstruktur anderer, selbstverwalteter Waldorfschulinitiativen.[24]

Die chinesischen Behörden sehen diesen Boom der Waldorfschulen augenscheinlich mit einer Mischung aus Interesse und Skepsis. Sie schauen sich die Schulgründungen lange an, ehe sie die Entscheidung über eine Zulassung treffen. 2006 wurde der Kindergarten in Chengdu staatlich anerkannt, 2012 dann die schon acht Jahre existierende Schule. Zuvor hatten die staatlichen Aufseher eine dreijährige Phase genehmigt, in der sie Curriculum (in dem es übrigens auch Deutschunterricht geben kann[25]), Schulmanagement und das Schulgebäude prüften.[26] Die Weiterführung von Schulen nach der Eingangsphase scheint augenblicklich ein Nadelöhr zu sein. Fast wie ein Verzweiflungsakt mutet angesichts dieser Probleme die Überlegung an, für die Schulen in Guangzhou und Peking eine gemeinsame Oberstufe zu gründen[27] – immerhin liegen die beiden Städte mehr als 2000 km voneinander entfernt. Im Klartext bedeutet die Lücke zwischen Gründung und Genehmigung, dass die meisten Waldorfeinrichtungen in China ohne staatliche Akkreditierung arbeiten. Aber im Detail werden die Dinge noch komplexer. Da gibt es die regionalen Zuständigkeiten, die für sehr unterschiedliche Regelungen sorgen. Schwierig sind auch die unberechenbaren Zugriffe der Verwaltung. So wurden einige Schulen gezwungen, ihr Schulgelände wieder zu verlassen – aber als in einem Fall der Polizist, der den Auszug überwacht hatte, die Schule auf einem anderen Gelände fand, wies er die Waldörfler einfach an, sich an die Gesetze zu halten. In anderen Fällen half Vitamin B: Eltern oder Förderer in hohen Positionen haben Schulen geschützt. All das führt dazu,

---

22 https://meinfreiwilligendienst.de/einsatzstelle/765/beschreibung/3898/ (27.12.2017).
23 Ebd.
24 http://atrikon.de/upload/pdf/Bericht_aus_China.pdf [S. 9] (28.12.2017).
25 http://www.frss-ottersberg.de/schule/lehrerseminar/china.php (28.12.2017).
26 https://www.freunde-waldorf.de/waldorf-weltweit/einrichtungen-weltweit/china/chengdu/?gclid=EAIaIQobChMI-_iktNWq2AIVEDwbCh10dQUHEAAYASAAEgjE6fD_BwE (27.12.2017).
27 http://www.waldorf-resources.org/de/artikel/anzeige/archive/2016/05/11/article/are-you-living-your-talk/a4785db0a036cd15e785a172456ef890/ (28.12.2017).

dass man seitens der Waldorfschulen zentralisierte Strukturen nur mit Zurückhaltung errichtet hat.[28]

Vier Felder gelten als besonders sensibel: Politik, Religion, Sicherheit in der Schule und westliche Werte.[29] Am einfachsten ist vermutlich die Frage nach politischen Aktivitäten in einer Waldorfschule zu beantworten. Die Grenzen sind in China angesichts der Hegemonie der Kommunistischen Partei oder den mit westlichen Standards kaum vergleichbaren rechtlichen Regelungen eng gesteckt. Aber möglicherweise ist das für Waldorfschulen nur eine begrenzte Herausforderung. Denn auch in Europa sind die Waldorfschulen in der Regel nicht durch ein hohes politisches Engagement aufgefallen. Und die Sicherheit in der Schule? Ein aus dem Westen kaum einschätzbares Problem.

In Sachen Religion ist von Waldorfschulen in mehrfacher Hinsicht eine Gratwanderung gefordert. Natürlich will die Anthroposophie jetzt keine Religion sein, aber auch in China stellt sich offenbar leicht und nicht überraschend der Eindruck ein, dass sie eine solche ist. Doch selbst wenn man sich mit einer irgendwie religiösen Rolle arrangieren würde, gäbe es keinen eigenen Platz für die Anthroposophie im chinesischen Religionssystem, das nur fünf anerkannte Religionen (Taoismus, Buddhismus, Islam, Christentum, Katholizismus [sic]) kennt; deshalb fällt Anthroposophie leicht in die Rubrik Philosophie, wo auch Anthroposophen gerne ihren Ort suchen. Dahinter steht die Angst, dass eine religiöse Orientierung zur Schulschließung führen könnte.[30] All dies macht religiöse Unterweisung in Waldorfschulen, die eigentlich zu ihrem Kerngeschäft gehört, zu einem Eiertanz und nötigt intern zu einer Debatte über den Stellenwert religiöser Erziehung in der anthroposophischen Pädagogik.[31]

Ein letztes Konfliktfeld bildet die Spannung zwischen der deutsch-westlichen Prägung der Waldorfpädagogik und der chinesischen Kultur. Diese Auseinandersetzung spielt sich zum einen auf der Ebene der Eltern ab. Viele von ihnen erwarten offenbar, dass die Fäden zur traditionellen chinesischen Kultur, die insbesondere der Kulturrevolution zerschnitten wurden, in Waldorfschulen wiederhergestellt werden,[32] doch andere wollen genau das nicht.[33] Wie die Anpassung an den chinesischen Kosmos aussehen soll, ist in der momentanen Gründungsphase vielfach offen, es gibt nur bruchstückhafte Einsichten in den Schulalltag. Ein ganz praktisches Beispiel stellt das Auswendiglernen dar. Bildet es in Europa inzwischen eine hohe Hürde für Schülerinnen und Schüler, droht es aufgrund der Erziehungstradition in China schnell, Schüler zu langweilen – sie sind es gewohnt, zu memorieren. Ein anderes Beispiel betrifft die „heilige" Ruhe beim Essen im Waldorf-Kindergarten, die man auch in China eingeführt

---

28 http://www.waldorftoday.com/2014/04/resurgence-in-china/ (28.12.2017).
29 Ebd.
30 Ebd.
31 http://www.frss-ottersberg.de/schule/lehrerseminar/china.php (28.12.2017).
32 Ebd. und http://www.waldorftoday.com/2014/04/resurgence-in-china/ (28.12.2017).
33 http://www.waldorf-resources.org/de/artikel/anzeige/archive/2016/05/11/article/are-you-living-your-talk/a4785db0a036cd15e785a172456ef890/ (28.12.2017).

Abbildung 27: Zwei Motive auf der Tafel der Klasse 2 B: „Die wunderbare Reise des kleinen Nils Holgersson mit den Wildgänsen" und „Buddha"

Abb. 5: Tafelbild aus der Waldorfschule Cixin in Taiwan, Klasse 2B: die Reise des Nils Holgersson und der Buddha (ca. 2009/10).

hat. Hier stößt sie auf gegenläufige kulturelle Gewohnheiten – gilt doch lebhaftes Geplauder als Ausdruck einer gelungenen Mahlzeit ...[34] Schließlich und immer wieder lastet die Hierarchisierung von Rassen und Völkern, die Steiner kreiert hat, auf der Waldorfpädagogik, auch in China. Wenn man von dem eben genannten Ben Cherry den Satz liest: „Ich würde zum Beispiel sagen, dass das Ich in den Menschen im Westen tiefer inkarniert ist als im Osten",[35] womit er offenbar meint, dass soziale Strukturen in China eine größere Rolle spielen, ahnt man, wie schwer Steiners Erbe immer noch lastet, an dem man sich abzuarbeiten hat. „Der Westen" ist offenbar immer noch das Maß aller Dinge. Aber es gibt auch die produktiven Vorzeigeprodukte einer Waldorfpädagogik auf dem west-östlichen Diwan: Man verbindet die alte Tradition der Kalligraphie mit dem reformpädagogischen Malunterricht, gestützt auf ältere Erfahrungen in Taiwan.[36]

Nähere Einsichten über kulturelle Verknüpfungen besitzen wir von einer solchen Waldorfschule in Taiwan, allerdings ist das Land durch seine inzwischen demokratischen Strukturen und den Anschluss an den Westen nur begrenzt mit Mainland-China vergleichbar. Im Unterricht versuche man, regionale Traditionen und anthroposophische Pädagogik miteinander zu verbinden. Da findet sich beispielsweise die Geschichte von der „wunderbaren Reise des Nils Holgersson mit den Wildgänsen" mit Erklärungen in chinesischer Schrift und unmittelbar daneben das Bild eines meditierenden Buddha. Seine Aura ist ganz in der Steinerschen Ästhetik gestaltet, mit Pastellfarben und ohne scharfe Linien.

Im Geschichtsunterricht werden zudem die Krieger der chinesischen Terrakottaarmee behandelt, aber auch griechische Tempel. Dies klingt nach einer

---

34 http://atrikon.de/upload/pdf/Bericht_aus_China.pdf [S. 8] (28.12.2017).
35 http://www.waldorf-resources.org/de/artikel/anzeige/archive/2016/05/11/article/are-you-living-your-talk/a4785db0a036cd15e785a172456ef890/ (28.12.2017).
36 Ebd.

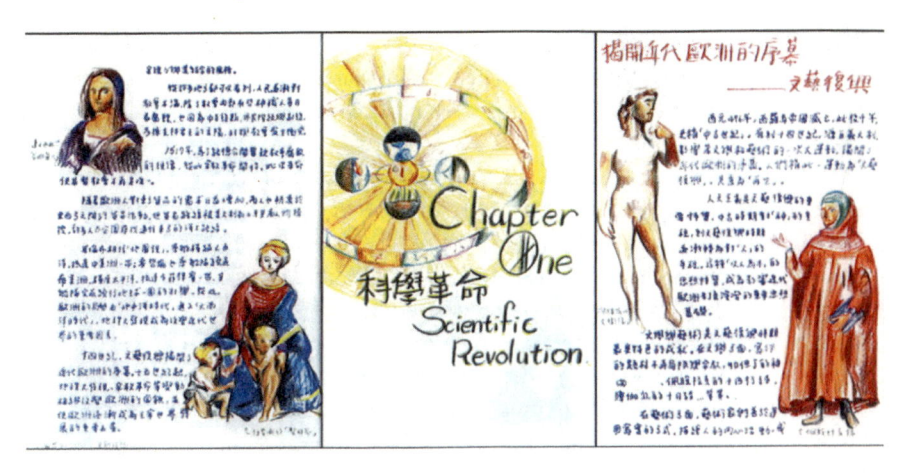

Abb. 6: Aus dem Epochenheft der Waldorfschule Cixin in Taiwan, Geographie, Klasse 8 (ca. 2009/10).

harmonischen Freundschaft zwischen chinesischen und europäischen Traditionen. Wenn man jedoch genauer hinschaut, stößt man noch auf viel mehr Europäisches, Steinersches aus dem frühen 20. Jahrhundert: in einem Epochenheft der 8. Klasse etwa auf Zeichnungen von Leonardo da Vincis Mona Lisa, Raffaels Madonna mit dem Stieglitz und Michelangelos David – verbunden durch die „Scientific Revolution"[37].

Das ist im Kern das eurozentrische Programm von kulturellem Fortschritt, für den „die Renaissance" und „die wissenschaftliche Revolution" stehen – allesamt, wie inzwischen klar ist, ziemlich ideologische Produkte der evolutionsverliebten Jahre um 1900. Die historischen Entwicklung, wie sie damals in Europa fixiert wurde – Antike, Mittelalter, Neuzeit –, wird zur Grundlage auch der Darstellung der chinesischen Geschichte. Deren Eigenheiten werden in dieses europäische Modell eingefüllt. Immerhin, kann man sagen.

Dazu kommen in Taiwan das Verbot von Radio und Fernsehen in der Schule und auch zu Hause, das Verbot von Kaugummis, Bonbons, Chips und Cola[38] oder das Oberuferer Weihnachtsspiel, welches – übertragen in lokale Sprachen – aufgeführt wird.[39] Dass zu besonderen Gelegenheiten Sprüche von Steiner rezitiert werden, gehört wie selbstverständlich zu der Identität einer solchen Schule. Und offenbar viel unbedarfter als in Deutschland, wo Anthroposophie keinesfalls explizit gelehrt werden soll, wird Steiner zum Unterrichtsgegenstand: etwa seine Ästhetiktheorie und seine Temperamentenlehre.[40] Of-

---

37 Ebd., 103-105.
38 Tang, Kung-Pei: Kulturübergreifende Waldorfpädagogik, Anspruch und Wirklichkeit – am Beispiel der Waldorfschulen in Taiwan, Diss. Würzburg 2011 (urn:nbn:de:bvb:20-opus-64714 [8.1.2019]), 55.
39 Ebd., 76.
40 Ebd., 73.

fensichtlich versucht man, lokale Traditionen aufzugreifen, aber der Markenkern, Steiners okzidentales Denken aus den Jahren um 1900 einschliesslich Evolutionslehre und anthroposophischer Esoterik, wird als waldorf-pädagogische Identität exportiert.

Aber man kann sich auch leicht vorstellen, dass dieser Synkretismus auf westlicher Grundlage nicht das letzte Wort ist. Man kann ja infrage stellen, dass solche linearen Modelle überhaupt Sinn machen. Dann würde es nicht ausreichen, das lineare Modell europäischer Prägung – Antike bis Gegenwart – durch eines chinesischer Prägung – erste Dynastien, Kaiserzeit, Volksrepublik – zu ersetzen. Doch solche Fragen reichen viel weiter ins Grundsätzliche. Was passiert eigentlich, wenn man ernst nimmt, dass es in großen Traditionen des Buddhismus nicht um die Entwicklung des „Ich" geht, sondern um dessen Zerstörung? Was geschieht mit islamischen Eltern in China, die merken, dass Steiner „den Christus" zum Gipfel der Religionsgeschichte bestimmt hat?

Christengemeinschaft/Christentum

Unter den Praxisfeldern der Anthroposophie nimmt die 1922 von Steiner inspirierte und faktisch auch gegründete Christengemeinschaft eine Sonderrolle ein, da sie keine praktische Anwendung im klassischen Sinn ist, wie die anthroposophische Landwirtschaft oder die Pädagogik, sondern in gewisser Weise eine Parallelorganisation zur Anthroposophischen Gesellschaft. Sie war von Steiner als Kultkirche konzipiert, die vornehmlich solchen Menschen, die noch nicht reif oder fähig zum Eintritt in die Anthroposophie seien, eine Heimat und einen Weg zu „höherer" Erkenntnis bieten sollte. Von ihrem konfessionellen Hintergrund her handelte es sich bei den Mitgliedern anfangs fast ausschließlich um Protestanten, und bis heute dürfte sich die Christengemeinschaft in Deutschland und der Schweiz relativ stark, vielleicht sogar mehrheitlich, aus dem protestantischen Milieu rekrutieren. Sie bietet das, was aufgrund von Steiners Tod nach 1925 in der Anthroposophischen Gesellschaft nicht mehr entstand: ein kultisch-ästhetisches Zentrum, welches Steiner wohl ursprünglich in den freimaurerischen Riten hatte schaffen wollen.

Das Grundgerüst der Christengemeinschaft bildet „der Kultus" mit den sieben Sakramenten der (spätmittelalterlich-) katholischen Tradition, die Steiner in anthroposophischem Geist überarbeitete und deutete: Taufe, Konfirmation (katholisch: Firmung), Beichte, Menschenweihehandlung (katholisch: Messe), Trauung, Priesterweihe, Letzte Ölung. Dabei entstand eine Theologie, die die Christengemeinschaft zu dem seltenen Beispiel einer christlichen Kirche mit „esoterisch" geprägter Theologie macht. Ihr Zentrum sieht sie in der „Menschenweihehandlung". Dort führe, so das Selbstverständnis der Christengemeinschaft, das Ritual von „dem Sich-Öffnen für das Wort Gottes (Evangelium), der Hingabe der menschlichen Seelenkräfte (Opferung), der Wandlung der dargebrachten Substanzen von Brot und Wein (Transsubstantiation), zur Vereinigung des Menschen mit dem Göttlichen (Kommunion)."[1] Anthroposophische Spezifika finden sich auch in den anderen sechs Sakramenten, am deutlichsten vielleicht in der Beichte. Sie wurde durch Reinkarnation entkernt. An die Stelle ihres früheren Zentrums, der Vergebung, setzte Steiner die persönliche „Selbsterlösung", bei der die Beichte nur noch als „kraftstärkendes" Sakrament helfe.[2] In aller Deutlichkeit kommt hier Steiners Anthropologie zum Tragen, in der der Mensch keinen Gott für die Vergebung mehr braucht, weil er selbst göttlich ist.

---

[1] https://www.christengemeinschaft.ch/allgemein/sakramente-und-feiern/menschenweihehandlung.html (15.4.2016).
[2] Zander: Anthroposophie in Deutschland, 1623f. 1658.

Immerhin – oder vielleicht muss man auch sagen: nur dann – soll in dem Fall, wo das Ausmaß der Sünde der Selbsterlösungsmöglichkeiten des Menschen übersteigt, „der Christus" (wie Steiner meist sagt), dem Menschen einen Teil seiner Schuld abnehmen. Auch sein Konzept der Dogmenfreiheit implantierte Steiner in der Christengemeinschaft, indem er den Priesterinnen und Priestern der Christengemeinschaft Lehrfreiheit zubilligte, von der aber der „Kultus" und das Credo ausgenommen waren. Deren Veränderung stehe auch der Priesterschaft auf absehbare Zeit nicht zu.

In ihrer Struktur ist die Christengemeinschaft hierarchisch organisiert. Die Priesterinnen und Priester, die die Gemeinden leiten, wählen die „Lenker" (in strukturell bischöflichen Funktionen), an der Spitze steht papstgleich der „Erzoberlenker". Sie besitzt darüber hinaus synodale Strukturen und im „Siebenerkreis" ein kollektives Leitungsorgan, das die Mitglieder durch Kooption rekrutiert und weitreichende Entscheidungsbefugnisse besitzt, etwa im Konfliktfall über die Zulassung zur Priesterweihe entscheidet. Zudem existiert seit Jahrzehnten eine jährliche Tagung für Mitglieder der Christengemeinschaft aus allen Ländern. Die Finanzierung erfolgt fast ausschließlich durch Spenden, doch viele Priesterinnen und Priester erhalten in einigen Bundesländern (etwa in Nordrhein-Westfalen) eine Entlohnung für den schulischen Religionsunterricht. Die Zentrale befand sich seit ihrer Gründung in Stuttgart, wurde aber 2004 nach Berlin verlegt. Ihren Nachwuchs bildet die Christengemeinschaft in Priesterseminaren aus. Neben das Ursprungsseminar in Stuttgart trat 2001 ein weiteres in Hamburg und 2004 ein drittes in Chicago. Dahinter steht nicht nur eine quantitative Expansion, sondern auch eine Richtungsentscheidung. Die beiden neuen Seminare indizieren eine gewisse Distanzierung von der traditionelleren Stuttgarter Ausrichtung. Das Chicagoer Seminar ist darüber hinaus ein Indiz, dass sich die Christengemeinschaft aus ihrem angestammten Verbreitungsgebiet, vor allem in Deutschland und daneben in Europa, zu lösen beginnt.

Das Verhältnis zur Anthroposophischen Gesellschaft ist, vorsichtig gesagt, nicht einfach und komplex. Die Spannungen gründen in einer höchst ambivalenten Zuordnung beider Vereinigungen. Rudolf Steiner und sein Werk – und damit die Anthroposophie – bilden bis heute einen Referenzhorizont der Christengemeinschaft. Zudem waren seit Beginn die meisten Priester und Priesterinnen auch Mitglieder in der Esoterischen Schule der Anthroposophischen Gesellschaft. Mehr als 90 Prozent von ihnen sollen das bis heute sein, sodass dieser Kreis wohl die höchste Zugehörigkeitsrate unter den „Töchtern" der Anthroposophie besitzt.[3] Insofern war und ist die Verbindung zur Anthroposophie konstitutiv. Wieweit Doppelmitgliedschaften mit der Anthroposophischen Gesellschaft existieren, ist unklar; man hört, zehn Prozent der Mitglieder der Christengemeinschaft seien dort auch Mitglieder, eine Priesterin vermutete, wenn man Mitglieder und Freunde einschließe, könnten es auch 50 Prozent

---

3 Vicke von Behr, in: Selg, Peter / ders.: Hundert Jahre Christengemeinschaft (I). Interview, in: Die Christengemeinschaft, 2018, Heft 5, 31-34, S. 31.

sein. Diese Verbindung mit der Anthroposophie steht nicht infrage, schon weil Steiners Werk grundlegend bleibt und die spezifische Identität gegenüber anderen christlichen Gemeinschaften garantiert. Andererseits betrachten die Priesterinnen und Priester ihre Gemeinschaft in der Regel nicht als anthroposophische, sondern als christliche Kirche, woraus ein unaufgelöstes Spannungsverhältnis zwischen der Verbindlichkeit von Steiners Vorstellungen und den tiefen theologischen Differenzen zu fast allen Kirchen der christlichen Ökumene resultiert.

Verschärft wird das spannungsvolle Verhältnis zwischen Anthroposophischer Gesellschaft und Christengemeinschaft durch eine weltanschauliche Konkurrenz. Braucht man eigentlich eine Art anthroposophischer Kirche, wenn Steiner doch ohnehin schon alle möglichen Inhalte gegeben und alle notwendigen Wege eröffnet hat? Noch zu Steiners Lebzeiten war dieser Konflikt aufgebrochen.[4] Als 1922 viele Anthroposophen nach der Gründung der Christengemeinschaft faktisch zur dieser wechselten, manche Zweige das Türschild „Anthroposophische Gesellschaft" durch eines mit der Aufschrift „Christengemeinschaft" ersetzten und sich die Vorstellung breitzumachen begann, die Christengemeinschaft sei nun die ideale Verbindung von anthroposophischer Theorie und ritueller Praxis und die „wahre" Anthroposophie, zog Steiner die Notbremse: Die Anthroposophie sei die „Mutter", die Christengemeinschaft nur die „Tochter". Das war eine klare Hierarchisierung. Damit stürzte er die gerade geborene Christengemeinschaft in eine abgrundtiefe Krise, doch hat Steiner umgehend versucht, zu trösten und die Demütigung abzumildern. Schlussendlich wurde er durch Friedrich Rittelmeyer, den ersten „Erzoberlenker" der Christengemeinschaft, beerdigt. Doch das große Aber bleibt: Anthroposophen, die heute der Meinung sind, die wahre Anthroposophie habe, gestützt auf objektive „höhere Erkenntnis", den bloßen Glauben und damit die religiöse Form einer Kirche längst hinter sich gelassen, berufen sich zu Recht auf Steiner. Für sie sind Mitglieder der Christengemeinschaft einfach „noch nicht so weit" und können deshalb als „minderbemittelte" Anthroposophen gelten. Im Ernstfall können sie bis heute einen Priester der Christengemeinschaft mit einer klaren Ansage konfrontieren: „Deine Aufgabe ist es doch, die Gemeindemitglieder in die Anthroposophische Gesellschaft zu führen ..."[5]

Diese Spannungen wurden in den neunziger Jahren einmal wieder schlagartig sichtbar, als die Vorträge Steiners zur Gründung der Christengemeinschaft und damit die Grundlagen der Ritualtexte in der „Gesamtausgabe" von Steiners Werken publiziert werden sollten. Taco Bay, der damalige Erzoberlenker, widersprach dieser Veröffentlichung dezidiert und explizit, vermutlich für die Mehrheit der Priesterinnen und Priester sprechend. Diese Texte könnten in der Christengemeinschaft nur persönlich weitergegeben werden und seien ein eso-

---

4 Zander: Anthroposophie in Deutschland, 1643-1649.
5 Laudert, Andreas: Abschied von der Gemeinde. Die anthroposophische Bewegung in uns, Basel: Futurum 2011, 90.

terisches Vermächtnis Steiners. Seitens der Christengemeinschaft konnte man diese Publikation, die dann zwischen 1993 und 2001 erfolgte, als arrogante Missachtung ihrer Interessen lesen, wenngleich auch für diese Vorträge Steiners die gleichen Probleme galten wie für die Gesamtausgabe von Steiners Schriften: Es gab bereits „graue" Ausgaben, und die Schutzfristen liefen ab. Jedenfalls druckte die Rudolf Steiner-Nachlassverwaltung Steiners Vorträge zur Gründung der Christengemeinschaft. Allerdings beinhaltete die Veröffentlichung wohl nicht alle Texte. Einige, die sich ausschließlich im Besitz der Christengemeinschaft befinden, sollen bis heute nicht veröffentlicht sein, etwa Gespräche von Priestern der Christengemeinschaft (und nicht nur Rittelmeyers[6]) mit Steiner.

Vor dem Hintergrund dieser Spannungen zählt man aufmerksam gemeinsame Projekte, etwa von Christengemeinschaft und „Goetheanum" in Dornach, wie die Jugendtagung der Christengemeinschaft im Juli/August 2007. Aber das Verhältnis zwischen beiden Organisationen bleibt grundsätzlich angespannt. Auf der einen Seite ist und bleibt Steiners Anthroposophie ein zentraler Identitätsfaktor, sodass ein Priester der Christengemeinschaft, Wolfgang Weirauch, noch 2012 sagen konnte: „Die Trennung von Christengemeinschaft und Anthroposophie ist nicht sinnvoll".[7] Zugleich aber sucht man stärker nach einem eigenständigen Profil, das man zudem benötigte, wenn man in der christlichen Ökumene enger vernetzt sein will (s.u.). Für Vicke von Behr, dem Erzoberlenker der Christengemeinschaft, wird unter Priestern aus diesem Bündel von Gründen das Verhältnis zur Anthroposophie „zunehmend zu einer Herausforderung".[8]

Heute ist aus der Vorfeldorganisation der Anthroposophie, auf die Steiner sie in den bitteren Auseinandersetzungen 1923/24 herabgestuft hatte, eine Gemeinschaft geworden, die die Muttergesellschaft an Anziehungskraft an manchen Stellen überholt hat. Harte Zahlenangaben sind ein schwieriges Geschäft, schon weil es neben den eingeschriebenen Mitgliedern den großen Kreis von Sympathisanten gibt, dessen Teilnahme am Gemeindeleben von sporadisch-locker bis hochintensiv reichen kann. Im Raum steht für Deutschland eine Zahl von 16.000 bis 20.000 Mitgliedern im Jahr 2010,[9] weltweit habe man in diesem Jahr 60.000 Mitglieder gezählt. Acht Jahre zuvor sollen es im deutschen Bereich ca. 11.000 eingeschriebene Mitglieder und 50.000 „Freunde" gewesen sein.[10] Die Christengemeinschaft dürfte jedenfalls in Deutschland und weltweit heute mehr feste Mitglieder an sich binden als die Anthroposophische Gesellschaft. Die darin zu Tage tretende Attraktivität gegenüber der Anthroposophischen Gesellschaft wird zumindest teilweise in der Kompensation des kultischen Defizits der Anthroposophie begründet liegen. Aber darüber hinaus spielt wohl auch

---

6 Rittelmeyer, Friedrich: Meine Gespräche mit Rudolf Steiner, hg. v. Archiv der Christengemeinschaft durch Wolfgang Gädeke, Stuttgart: Verlag Freies Geistesleben / Urachhaus 2016.
7 Weirauch, Wolfgang: Hat die Christengemeinschaft eine Zukunft? Fünf Gespräche mit einem Geistwesen, Flensburg: Flensburger Hefte 2012, 66.
8 Ebd., 31.
9 http://remid.de/info_zahlen/verschiedene/ (5.11.2015).
10 http://www.ezw-berlin.de/html/15_637.php (5.11.2015).

das Angebot zur Lebensführung eine Rolle, weil die Christengemeinschaft wichtige Passageriten, etwa bei Geburt, Erwachsenwerden und Tod offeriert, die die Anthroposophische Gesellschaft praktisch nicht mehr besitzt. Im anthroposophischen Milieu besitzt sie damit eine Monopolstellung. Weitere Anbieter wie das „Forum Freier Christen" oder die Zweige, die Steiners freimaurerische Rituale praktizieren, spielen nur eine randständige Rolle.

Aber es gibt auch Indikatoren krisenhafter Entwicklungen. Man findet Hinweise darauf immer wieder in den Publikationen der Christengemeinschaft, vor allem in einer Umfrage, die man 2010/2011 unter den Mitgliedsgemeinden durchgeführt hat und deren veröffentlichte Ergebnisse bemerkenswert offen Sonnen- und Schattenseiten zeigen. Auf der Habenseite wird ein enger Zusammenhalt sichtbar, vor allem aber die immense Bedeutung des Kultus. Ein Problem hingegen teilt sie mit praktisch allen weltanschaulich ausgerichteten größeren Vereinigungen: Junge Menschen kommen immer weniger. Für die Christengemeinschaft bedeutet das: Immer weniger kommen regelmäßig zum „Kultus", „vollbesetzte Kirchenbänke" werden zur Seltenheit.[11] Ihr Herzstück scheint zu wanken. „Wir brauchen weniger Ritus und mehr Leben", fordern deshalb Gemeinden in England und Nordamerika.[12]

Das bedeutet im Klartext: Säkularisierungseffekte wie allerorten. Stagnierende Mitgliederzahlen, die unvermeidlich zu einer Überalterung führen.[13] Im Hintergrund werden die Eigenarten der Christengemeinschaft zum Problem. Die Exotik der christengemeinschaftlichen Welt setzt vielfach eine Spirale in Gang, in der von innen gefühlte Weltfremdheit und der irritierte Blick von außen den Graben zwischen „der Welt" (von der in der oben genannten Befragung der Christengemeinschaft immer wieder die Rede ist) und den Gemeinden Schritt um Schritt vertiefen: Zu häufig wirke man „abgeschottet, isoliert und sektiererisch",[14] und „für die öffentliche Wahrnehmung sind wir fast unsichtbar. Noch nicht einmal phantasievolle Vorurteile gibt es über uns – die betreffen eher die Anthroposophie".[15] Folge: „In Deutschland sind Ausbreitung und Bauimpulse inzwischen deutlich abgeklungen", stattdessen müsse man sich bemühen, „die vorhandene Substanz zu erhalten".[16] Immerhin: Mit Stagnation steht die Christengemeinschaft gegenüber der Anthroposophischen Gesellschaft immer noch leidlich gut da.

---

11 Wagler, Barbara: Die Christengemeinschaft: Aus der Zukunft wirken – bewegen – erneuern (Teil 3), in: Die Christengemeinschaft, 89/2017, H. 4, 27-28, S. 27.
12 Offen gesagt. Frankly spoken. Umfrage Aus den Gemeinden – Für die Gemeinden. Enquiry From the Congregations – For the Congregations, hg. v. der Christengemeinschaft. The Christian Community, o.O., o.J. (Umfrage ca. Mitte 2010 – Mitte 2011), 57.
13 Ebd., 36.
14 Ebd., 22.
15 Ebd., 62.
16 Wagler, Barbara: Die Christengemeinschaft: aus der Zukunft wirken – bewegen – erneuern (Teil 2), in: Die Christengemeinschaft, 89/2017, H. 3, 28-29, S. 28.

Die Bildungshäuser der Christengemeinschaft dokumentieren diese Säkularisierungseffekte sozusagen empirisch. Das Haus Methorst nahe Kiel wurde 2008 nach 53 Jahren geschlossen, während das Haus Freudenberg am Starnberger See und das Haus auf dem Berge in Thüringen weiterhin existieren. Auch der christengemeinschaftliche Verlag Urachhaus, gegründet 1925, verlor Mitte der 1990er Jahre seine Selbständigkeit und ist in eine Verlagsgemeinschaft mit dem Verlag Freies Geistesleben übergegangen. Dahinter steht ein Konzentrationsprozess im Verlagswesen, weil klassische Leserschichten wegbrechen – eine Entwicklung, die nicht nur die Christengemeinschaft und ihr Umfeld betrifft.

Ins Mark der Christengemeinschaft treffen auch die Debatten um eine Änderung der Sprache des „Kultus".[17] Schon dass diese Debatte inzwischen geführt werden kann, ist ein Zeichen für das Leiden an den liturgischen Texten. Früher war eine Änderung des von Steiner übermittelten Textes ein Grund, Priesterinnen und Priester auszuschließen, wie es 1933 mit Herman Weideleuer und Gertrud Spoerri geschah. Heute diskutiert man darüber, ob nicht zumindest eine Synode den Text verändern könnte. Die fast 100 Jahre, die seit Steiners Tod vergangen sind, haben diese Sakralsprache nicht frischer gemacht. Der deutsche Text der „Menschenweihehandlung", den Steiner mit der Überarbeitung des katholischen „Schott" (der deutschen Übersetzung der tridentinischen Messe) in anthroposophischer Diktion geschaffen hatte, ist jedenfalls in seiner sakralen, expressionistischen Theatralik von der heutigen Sprachpraxis generationenweit entfernt. Ein Beispiel aus dem Text zur Opferung mag einige Eigenheiten illustrieren:

„Göttlicher Weltengrund, der gefügt hat aus seinen Wesensgliedern der Menschheit Wesen in dem Übersinnlichen, und der Du verwandelt hast das Gefügte, zu Dir wende sich mein Wollen; es entspringe dieses Wollens Kraft aus einem Fühlen, das sich eint mit Christus, der da lebt in Deinen Leben, und es lebe mein Denken in des Heiligen Geistes Leben durch alle folgenden Erdenkreise."[18]

Ist man diese weihevolle Rede gewohnt, dürfte sie ein tiefes Gefühl von Heimat und Abstand zur „profanen" Welt vermitteln, wenn man sie nicht kennt, ist sie von irritierender, distanzschaffender Fremdheit. Wenn man mit der rituellen Formel „Im Beginne ..." zu Jugendlichen komme, sei die Reaktion, so Wolfgang Weirauch, klar: „Die zeigen Dir einen Vogel, und das war's dann."[19] Käme es jedoch zu substantiellen Veränderungen der Kultussprache, wäre tiefgreifenden Folgen nicht auszuweichen. Die Christengemeinschaft würde in einem ersten Schritt Abschied nehmen, Kirche von und für Anthroposophen zu sein, was sie nach Steiners Willen zwar nie sein sollte, aber de facto war. Auch die Historisierungsfrage, also welche Aussagen Steiners zeitgebunden und damit disponibel

---

17 http://ezw-berlin.de/html/15_2501.php (1.12.2015).
18 Hapatsch, Hischam A.: Die Kultushandlungen der Christengemeinschaft und die Kultushandlungen in der freien Waldorfschule, München: Arbeitsgemeinschaft für Religions- und Weltanschauungsfragen 1996, 23.
19 Weirauch: Hat die Christengemeinschaft eine Zukunft?, 75.

sind und welche nicht zur Diskussion stehen sollen, wäre damit neu eröffnet. Die anthroposophische Bindung, die nicht nur zur liebgewonnenen Identität der Christengemeinschaft gehört, sondern auch ein Korsett ist, wäre damit freier diskutierbar. Aber das schafft auch Unsicherheit – und deshalb ist die Frage der Kultsprache so prekär. Diese Spannung wird bei zwei Personen gut sichtbar, bei dem ehemaligen Priester Andreas Laudert, der seinen „Abschied von der Gemeinde" genommen hat, und dem weiterhin amtierenden Priester Wolfgang Weirauch, der seine Überlegungen „Gespräche mit einem Geistwesen" (und damit meint er die Christengemeinschaft) nennt. Für Weirauch ist eine zentrale Wunde die verknöcherte Sprache des Rituals, die nicht nur im Gottesdienst Fremdheit schaffe,[20] sondern auch auf die alltägliche Kommunikation in der Christengemeinschaft abfärbe. Laudert hat dieses Problem in einer spitzen Kritik artikuliert: „Ihr Wort in Gottes Ohr: Es verstopft alle Gehörgänge."[21, 22]

Dazu treten interne Strukturprobleme. Die Vermehrung von Standorten habe oft „Ermüdungserscheinungen" nach sich gezogen und Priester, die größere Gebiete abdecken müssen, „ausgelaugt".[23] Als Krisengenerator erweist sich auch das Rollenverständnis vieler Priesterinnen und Priester. Da sind diejenigen, die sich oft aufopferungsvoll um ihre Gemeinden kümmern, aber es gibt auch andere, so Laudert, die sich in ihren Gemeinden wie „kleine Königinnen und Könige" aufführen und „ihre Gemeinden ... als persönlichen Besitz" betrachten.[24] Vergleichbares hört man auch mitten aus den Gemeinden: „Das größte Hindernis in der Gemeinde und der Christengemeinschaft ist die Zentralisierung der Priester bei allen Arbeiten und in allen Funktionen."[25] Es „planen, denken, sprechen und handeln die Priester. Die Gemeinde gehört passiv zu, hilft durch Ministrieren, und am Ende zahlt sie nur die Rechnungen. In persönlichen Gesprächen wird die Gemeinschaft oft lieber ‚Priestergemeinschaft' als ‚Christengemeinschaft' genannt."[26] Das alte Problem der Anthroposophie, die Symbiose von Hierarchie und Autorität, trifft auf ein gesellschaftliches Umfeld, das auf Partizipation gestimmt ist. Und deshalb fragen sich Gemeindemitglieder, ob „aus der Pfarrerschaft" „die aktivere, selbständigere und damit eventuell auch kritischere Gemeinde wirklich schon gewollt ist"[27] – im alltäglichen Leben sei es doch so, dass „das Miteinander ... wie gelähmt erscheint".[28] Auf der Habenseite hingegen findet sich ein offenbar nicht schlecht funktionierendes Netz finanzi-

---

20 Ebd., 11. 74f. 89.
21 Laudert: Abschied von der Gemeinde, 86.
22 Weirauch: Hat die Christengemeinschaft eine Zukunft?, 11. 29. 59-63. 67.
23 Ebd., 197.
24 Laudert: Abschied von der Gemeinde, 86.
25 Offen gesagt. Frankly spoken, 31.
26 Ebd., 31.
27 Ebd., 26.
28 Ebd., 60.

eller Solidarität, von „Konten- oder Gehaltsverbünden" oder gemeinsamen Baufonds für Kirchenbauten.²⁹

Aber all dies sind punktuelle Beobachtungen, ein verlässliches Gesamtbild ist schwer zu zeichnen. Empirische Erhebungen, wie sie für die Waldorfpädagogik existieren, gibt es für die Christengemeinschaft nicht. In der Außenperspektive kann man nur die antagonistischen Wahrnehmungen zusammenhalten: auf der einen Seite die relativ stabile, auch gegenüber der Anthroposophischen Gesellschaft attraktive Christengemeinschaft, auf der anderen Seite zeichnet Wolfgang Weirauch angesichts ihrer Probleme das Menetekel an die Wand, dass „es für die Christengemeinschaft in Deutschland in den nächsten Jahrzehnten relativ düster" aussehe, wenn sich nichts ändere.³⁰

Ein ganz eigenes Problemfeld bildet das Verhältnis der Christengemeinschaft zu anderen christlichen Kirchen. Bis heute ist sie nicht Mitglied in der „Arbeitsgemeinschaft christlicher Kirchen" (ACK), obwohl sie in einigen Orten, etwa in Berlin, den Gründungsprozess begleitet hat.³¹ Dies liegt an tiefen Differenzen zu den konsensfähigen Lehren der ACK-Mitgliedskirchen. In den ersten Gesprächen in den fünfziger Jahren stand die Taufe im Mittelpunkt, die von der Evangelischen Kirche in Deutschland nicht anerkannt wurde. In einer 2004 erschienenen Publikation „Zur Frage der Christlichkeit der Christengemeinschaft",³² die aus Gesprächen im Rahmen Württembergischen Landeskirche entstand, ist dann allerdings deutlich geworden, dass die Taufanerkennung nur die Spitze eines Eisbergs ist. Bei genauerem Hinsehen reichen die Unterschiede in die gesamte theologische Enzyklopädie: vom Gottesbild (unpersönliche, pantheisierende Züge in Steiners Konzeption des „Göttlichen", wohingegen in der Bibel die Bilder einer personalen Beziehung dominieren) über die Anthropologie (dualistische Trennung von Leib und Seele, wohingegen sich das Christentum in fast allen Reflexionstraditionen geweigert hat, den Körper von etwas Seelischem oder Geistigem zu lösen) bis zur Soteriologie (Einbeziehung von Reinkarnation und persönliche Selbsterlösung, wohingegen in praktisch allen christlichen Kirchen die Entlastung vom Zwang zur Selbsterlösung durch Vergebung und Gnade zentral ist). Vor diesem Hintergrund bildete eine Aufnahme in die ACK bislang keine realistische Perspektive.

In diesem ökumenischen Diskussionsprozess geht es auch einmal mehr um die Bedeutung von Rudolf Steiners Werk, für die Theologie der Christengemeinschaft etwa um die Frage, welche Verbindlichkeit Steiners Inhalte und die dahinterstehenden methodischen Verfahren, also die Wege zur Erlangung „höherer Erkenntnis", für die Christengemeinschaft haben sollen. Die Sache besitzt eine erhebliche Schärfe, denn Steiner hatte keinen Zweifel daran gelassen, dass

---

29 http://www.christengemeinschaft.org/dokumente/bruederlichkeit.html (15.4.2016).
30 Weirauch: Hat die Christengemeinschaft eine Zukunft?, 197.
31 http://www.christengemeinschaft.org/06_fragen.html (23.11.2015).
32 Zur Frage der Christlichkeit der Christengemeinschaft. Beiträge zur Diskussion, hg. v. Evangelischen Oberkirchenrat Stuttgart, Filderstadt 2004.

hellsichtige Anthroposophen weder Bibel noch Tradition benötigen würden, im Gegenteil: Sie seien die Herren der Bibelinterpretation. Die Wahrheiten in den Evangelien seien, so Steiner, nicht mit Hilfe „äußerer Dokumente", also biblischer Texten, zu erfassen, sondern nur durch „Selbstseher",[33] und konsequenterweise werde die Theosophie „die eigentliche Richterin sein über das, was in den Urkunden" – also den biblischen Schriften – „vorkommt".[34] Das bedeutet letztlich die Aufkündigung der Normativität der Bibel als einer zentralen Basis aller christlichen Gemeinschaften. Doch kommt dieser Abschied von der geschriebenen Bibel in der Christengemeinschaft in dieser Radikalität oft nicht an, weil viele ihrer Mitglieder betonen, dass die Bibel eine entscheidende Grundlage sei. Das Damoklesschwert einer Interpretation auf der Grundlage „höherer" Einsicht schwebt aber über dieser Debatte.

Verschärft wird das ohnehin schwierige Verhältnis zu den ACK-Kirchen durch die Lehrfreiheit der Priesterinnen und Priester und Laien. Denn auf dieser Grundlage tut sich die Christengemeinschaft in der Bestimmung gemeinsamer oder gar verbindlicher Lehrinhalte ausgesprochen schwer – weil man zwar als Organisation auftritt, aber als Organisation keine Position beziehen kann, insofern man eben eine weitgehende individuelle Lehrfreiheit postuliert. Zugleich, um alles noch ein wenig schwieriger zu machen, besitzen ihre Amtsträger in zentralen Bereichen, beim Credo der Christengemeinschaft sowie dem „Kultus" und seiner Sprache, die beide erhebliche Differenzen zu den Traditionen der ACK-Ökumene aufweisen, keinen Veränderungsfreiraum und sind an die von Steiner formulierten Inhalte gebunden, sodass die Lehrfreiheit in wichtigen Punkten streng begrenzt ist.

Aus dieser Sackgasse fixierter Lehrstrukturen versucht man augenblicklich herauszukommen. Die Bemühungen setzen bei dem Verhältnis zwischen Steiners „Offenbarungen", wie er seine „höheren Erkenntnisse" teilweise selbst nannte, und der Bibel ein. Wenn, wie es manche Priesterinnen und Priester erwägen, die Bibel der hermeneutische Schlüssel für die anthroposophischen Prägungen der Theologie der Christengemeinschaft ist und nicht umgekehrt, wenn man also Steiners Vorstellungen der Bibel unterordnen würde, könnte eine neue Ausgangslage entstehen. Vor diesem Hintergrund ist ein Papier zu einer „Theologie in der Christengemeinschaft" (und dezidiert nicht: Theologie der Christengemeinschaft) vom Mai 2007 zu lesen, das bezeichnenderweise zeitgleich in der Zeitschrift „Die Christengemeinschaft" und im „Materialdienst der Evangelischen Zentralstelle für Weltanschauungsfragen" erschien. Darin stehen revolutionäre Formulierungen im konservativen Mantel der Traditionsdeutung: Die „Inhalte der Anthroposophie" seien „– auch für die Priester der Christengemein-

---

33 Steiner, Rudolf: Das Lukas-Evangelium. Ein Zyklus von zehn Vorträgen, gehalten in Basel vom 15. bis 26. September 1909 (Gesamtausgabe, Bd. 114), Dornach: Rudolf Steiner-Verlag 2001, 171.
34 Ders.: Das Johannes-Evangelium im Verhältnis zu den drei anderen Evangelien, besonders zu dem Lukas-Evangelium. Vortragszyklus, gehalten zu Hamburg vom 18. bis 31. Mai 1908 (Gesamtausgabe, Bd. 112), Dornach: Rudolf Steiner-Verlag 1984, 28; dazu Zander: Anthroposophie in Deutschland, 827f.

schaft – kein verpflichtender Glaubens- oder Lehrinhalt". Vielmehr seien „die maßgeblichen Grundlagen der Theologie in der Christengemeinschaft … die biblische Offenbarung, der Wortlaut der Liturgie und die religiöse Erfahrung im Vollzug des Kultus".[35] Wenn einiges davon Konsens würde, wenn die Bibel vor die „höhere Erkenntnis" Rudolf Steiners träte, stünde man wirklich auf einer neuen Grundlage im Verhältnis von Christengemeinschaft und christlicher Ökumene. Michael Debus, bis 2007 Leiter des Stuttgarter Priesterseminars der Christengemeinschaft, hat aus derartigen Überlegungen im Juni 2008 die Erwägung abgeleitet, dass Steiners Offenbarungen auch als „Privatoffenbarung" lesbar seien –[36] also von mehr persönlicher als allgemeiner Verbindlichkeit, letztlich von nur relativer Bedeutung. Diese Umdeutung Steiners zu einer persönlichen Fundgrube dürfte zwar namentlich unter liberalen Anthroposophen ohnehin weit verbreitet sein, klingt aber, wenn sie so deutlich und offen artikuliert wird, für die aktuelle Anthroposophie immer noch ketzerisch. An ein weiteres Feld, die Frage der Erlösung, hat Günther Dellbrügger, ebenfalls Priester der Christengemeinschaft, gerührt: Gibt es einen Weg, Erlösung eher als Geschenk (und damit über Gnade) zu verstehen und weniger als Ergebnis notwendiger Selbsterlösung? Könnte auch das „höhere Erkennen" von der Gnade eingefangen werden?[37] Dies jedenfalls legt er nahe, und natürlich rührt er damit ebenfalls an das Herzstück von Steiners Erkenntnisanspruch und seiner Autonomieforderung an den Menschen.

Die spannendste und am schwersten zu beantwortende Frage betrifft auch hinsichtlich der Christengemeinschaft die Internationalisierung. Sie ist, wie die Anthroposophische Gesellschaft, weltweit verbreitet, aber zugleich tief deutsch geprägt. Bezeichnend für diese europäische Imprägnierung ist etwa der Befund, dass 2015 außerhalb der von Europäern kolonisierten Gebiete Amerikas, Australiens und Südafrikas nur eine einzige Gemeinde existiert – in Japan. Und würde man in außereuropäischen Gemeinden genauer hinschauen, sähe man, dass etwa diejenige in Windhoek in Namibia stark von deutschen Auswanderern geprägt ist, was vermutlich auch für andere Gemeinden außerhalb Europas gilt. Wie schwer der Sprung über den kulturellen Graben zu sein scheint, dokumentiert die Windhoeker Kirche, bei deren Architektur man kaum eine Chance hat, zu wissen, auf welchem Kontinent dieser Erde sich dieser Raum befindet, weil sie sich mit ihren Pastellfarben und ihrer Absage an rechte Winkel gegen Inkul-

---

35 Debus, Michael / Gödecke, Susanne / Hörtreiter, Frank / Roth, Johannes / Suckau, Arnold / Wiehle, Michael: Grundlagen einer Theologie in der Christengemeinschaft, in: Anthroposophie, Waldorfpädagogik, Christengemeinschaft. Beiträge zu Dialog und Auseinandersetzung, hg. v. A. Fincke (EZW-Text 190), Berlin 2007, 104-108, S. 108; auch: http://www.ezw-berlin.de/downloads/ezw_texte_190.pdf (15.4.2016).
36 Debus in der Wiedergabe durch Andrew Schäfer: „Die Anthroposophie sei letztlich eine Privatoffenbarung Rudolf Steiners und habe keinen Anspruch auf öffentliche Bedeutung." http://www.ezw-berlin.de/html/15_1858.php (15.4.2016).
37 Dellbrügger, Günther: Alles höhere Erkennen ist Gnade. Die Bedeutung des Religiösen für den Erkenntnisweg, Stuttgart: Urachhaus 2001.

Abb. 7: Altarraum der Kirche der Christengemeinschaft
in Windhoek, Namibia (August 2018).

turation zumindest architektonisch sperrt – es ist so wie in Deutschland, irgendwie regional und universal zugleich. Doch geht man vorsichtig auch andere Wege. Die Kölner Christengemeinschaft etwa zeigt in ihrer Kapelle ein stark abstrahiertes Gemälde, das immerhin noch in seinen Pastellfarben und dem impressionistischen Flair anthroposophische Gefühle weckt.

Die Internationalisierung betrifft auch den schon angesprochenen Bereich der Kultsprache der Christengemeinschaft. In dieser Sakralsprache sind Veränderungen schon aus Gründen der Übersetzung unausweichlich. Um nochmals Wolfgang Weirauch zu zitieren: „Und nun braucht der Urkultus eine Form, die nicht mehr deutsch ist."[38] Faktisch ist die Internationalisierung in vollem Gang. Der Text der Menschenweihehandlung wurde schon früh ins Englische übertragen, heute existieren vier englischsprachige Fassungen (in England, den Vereinigten Staaten, Australien und Südafrika). In England etwa übersetzt man „Kelch" mit „chalice", was den Amerikanern zu sakral und vorgestrig klingt, weshalb sie lieber von einem „cup" sprechen. Strukturell vergleichbare Probleme stellen sich in der Ukraine. Wenn man hier „Sakrament" mit dem klassischen griechischen „mysterion" übersetzt, so wie es aktuell passiert, ist man näher am Kirchenslawischen, als vielen lieb ist, denn diese traditionelle Sakralsprache

---
38 Weirauch: Hat die Christengemeinschaft eine Zukunft?, 17.

klingt so gar nicht nach Aufbruch und Erneuerung. Mithin verändern die Gemeinden außerhalb Deutschlands den Text ziemlich kreativ und passen ihn an die Gegenwartssprache an, während den deutschsprachigen Gemeinden aufgrund des von Steiner sakralisierten Textes die Hände gefesselt sind. Man wird vermutlich nur warten müssen, bis diese weltweite Freiheit auch die deutschsprachigen Gemeinden zu Veränderungen drängt. Aber selbst mit einer reformierten Liturgie hat es die Christengemeinschaft sichtlich schwerer als andere Töchter der Anthroposophie, außerhalb ihrer Ursprungswelt Fuß zu fassen, ihr „Kultus", ihr Ritual und ihre Theologie sind vermutlich noch immer zu europäisch, zu deutsch, zu sehr aus dem Holz des 19. Jahrhunderts geschnitzt, als dass ihr den Sprung in eine ganz andere Kultur leicht gelingen könnte.

Die Christengemeinschaft ist allerdings nur eine Facette des Verhältnisses von Anthroposophie und Christentum. Steiner hatte schon lange vor deren Gründung im Jahr 1922, genauer gesagt seit 1906, seine Theosophie christologisch aufgeladen und „den Christus" ins Zentrum der Religionsgeschichte gerückt. Damit entstand ein christlich geprägter Absolutheitsanspruch als ein Kennzeichen der (späteren) Anthroposophie. Welchen Stellenwert diese christliche Dimension bei Anthroposophen außerhalb der Christengemeinschaft besitzt, ist schwer zu sagen, aber aufgrund der dogmatischen Festlegung Steiners auf christologische Gehalte ist dieser Faktor kaum zu eliminieren. Es könnte sein, dass Anthroposophen, die Steiners Christusvorstellung für zentral halten, unter Anthroposophen dominieren und mit denjenigen, die sie zumindest nicht in Frage stellen, die überwiegende Mehrheit ausmachen. Das Interesse an der christlichen Deutung der Anthroposophie durch Judith von Halle oder Valentin Tomberg ist dafür wohl mehr als ein zufälliges Indiz. Fragen der Deutung „des Christus" bleiben somit Themen sowohl in der Christengemeinschaft als auch in der Anthroposophischen Gesellschaft.

Ein weiteres Kapitel in dem Knäuel von Anthroposophie und Christentum ist das Verhältnis zu nicht-christlichen Religionen, ein für die Anthroposophie ein noch größtenteils unbegangenes Gelände. Natürlich, Steiner hat sich zu allen großen und vielen kleinen Religionen geäußert, aber ebenso natürlich hat er sie immer in anthroposophischer Perspektive wahrgenommen. Den steinigen Weg, andere Religionen in ihrem Selbstverständnis ernstzunehmen und in ihrer Fremdheit in einem ersten Schritt einfach stehenzulassen, haben Anthroposophen fast noch nicht betreten. Wenn sie über „Esoterik" in den „Weltreligionen" sprechen,[39] trifft man auf wilde Projektionen, die sich in ihrer evolutionären Konzeption der Religionsgeschichte, in der alles auf das Christentum hinausläuft, Steiner und dem 19. Jahrhundert verdanken. Aber mit der zunehmenden Präsenz der Anthroposophie in Ländern, in denen das Christentum nicht hegemonial ist, wird sich die Wahrnehmung anderer Religionen, wie man hinsichtlich des Islam andeutungsweise sehen kann, ändern.

---

39 Esoterik der Weltreligionen, hg. v. V. Sease, Dornach: Verlag am Goetheanum 2010.

Von diesem Blick auf andere Religionen ist die Einbeziehung nichtchristlicher Religionen in die Anthroposophie zu unterscheiden, eine Praxis, die vermutlich eher auf Randbereiche beschränkt ist. So finden sich etwa bei Jens Heisterkamp, Chefredakteur von Info3, der sich für eine „trans-christliche Anthroposophie" einsetzte, 2009 Überlegungen, andere Strömungen als „gleichbedeutend" anzuerkennen[40] und das „ausgrenzende Dogma einer angeblichen Unvergleichbarkeit der Anthroposophie" aufzugeben.[41] Konsequenterweise möchte er die christlichen Inhalte der Anthroposophie substantiell relativieren: „Sind wir dazu bereit und willens, vieles von dem ‚Gewordenen' der Anthroposophie, beispielsweise ihre theosophischen Begrifflichkeiten, die festen Vorstellungen einer ‚geistigen Welt' oder ihre religiöse Bindung ans Christentum – all das einmal beiseite zu lassen zugunsten des radikal produktiven Quells von Anthroposophie im hervorbringenden Bewusstsein?"[42] Dahinter steht ein dem Spiritualismus nahestehendes Denken, das jede historische Konkretion, jede Anbindung an soziale Ausdrucksformen von Religion zugunsten des „Geistigen" in Frage stellen kann. Aber auch die theosophische Tradition kommt hier wieder zum Vorschein. Heisterkamp vollzieht eine Annäherung an die frühe Kritik des Eurozentrismus in der Theosophie und bei Steiner vor 1906, als er den Christus nur als einen „Initiierten" unter vielen anderen gedeutet hatte. Stattdessen baute Heisterkamp Brücken zu Ken Wilber, einem der Vordenker der New Age-Idee, oder zu Andrew Cohen, einem Theoretiker einer „evolutionären Erleuchtung". Beide erleichtern die Einbeziehung einer Esoterik jenseits des Christentums, wohingegen konservative Anthroposophen derweil fragen, ob Heisterkamp aus der Anthroposophie auswandere.

---

40 Heisterkamp, Jens: Anthroposophie im Aufgang. Von ewigen Quellen zu neuen Ufern – Rudolf Steiners dialogische Spiritualität. Ein anthroposophischer Neujahrs-Gruß, in: Info3, 2009, H. 1, 9-14 S. 13.
41 Ebd., 12.
42 Ebd., 14.

dm-Drogeriemärkte

1973 gründete der bekennende Anthroposoph Götz Werner seinen ersten „dm" (Drogeriemarkt). Mit aktuell (Ende 2017[1]) 3.500 Filialen, über 59.400 Mitarbeitern in Europa[2] und einem Umsatz von gut 10 Milliarden Euro (2015: 9 Mrd.[3]) ist seine Kette eines der größten „anthroposophischen" Unternehmen. Werner hatte die Chance ergriffen, die sich aus der Aufhebung der Preisbindung für Drogerien ergab, und seine Läden nach dem Discounter-Prinzip organisiert. Aber er war nicht nur billig, sondern bot auch ein beträchtliches Segment an hochpreisigen Produkten an. Als mitentscheidend für den nachhaltigen Erfolg gilt die Veränderung der Unternehmensstruktur, in der die Filialen vor Ort seit den 1990er Jahren größere Entscheidungsbefugnisse, etwa im Hinblick auf die Auswahl von Produkten oder die Organisation der Arbeit (Mitarbeiter durften etwa entscheiden, ob sie das Bargeld am Abend oder am nächsten Morgen zählten), erhielten.[4] Dies führte sogar dahin, dass die Preise in dm-Filialen nicht nur in einem Land, sondern auch in einer Stadt variieren können, bis zu 30 Prozent.[5] Dazu kamen kulturelle Angebote für die Mitarbeiter, etwa Theaterspielen – sofern sie das wollten –,[6] womit man nicht nur Arbeits- und Freizeitwelt einander annäherte, sondern sich auch eine alternative Corporate identity gab. Dieses Engagement für die Angestellten sei, wie das Handelsblatt meinte, „schon einzigartig für die Branche".[7]

Werner ist kein Geburtsanthroposoph, sondern hat im Laufe seines Lebens dort hineingefunden. In seiner Autobiographie rekonstruiert er seine Geschichte so, dass er eigentlich immer schon wie ein Anthroposoph gedacht habe,[8] aber dann durch mehrere Begegnungen Anthroposoph geworden sei. Die Erstbegegnung sei über die Gründung einer Waldorfschule gelaufen, die Kinder sollten es

---

1 https://www.dm.de/unternehmen/ueber-uns/zahlen-und-fakten/ (7.8.2018).
2 http://www.dm.de/de_homepage/unternehmen/zahlen-fakten/unternehmenszahlen/ (16.6.2015).
3 31 http://de.statista.com/statistik/daten/studie/233002/umfrage/umsatzentwicklung-des-dm-konzerns-weltweit-und-in-deutschland/ (4.5.2016).
4 http://www.manager-magazin.de/unternehmen/karriere/a-284159.html (15.2.2016).
5 http://www.handelsblatt.com/unternehmen/handel-konsumgueter/die-wahrheit-ueber-dm-ist-dm-billiger/6630552-2.html (6.5.2016).
6 http://www.manager-magazin.de/unternehmen/karriere/a-284159.html (15.2.2016).
7 http://www.handelsblatt.com/unternehmen/handel-konsumgueter/die-wahrheit-ueber-dm-und-der-rivale-schlecker/6630552-4.html (6.5.2016).
8 Vgl. Werner, Götz W.: Womit ich nie gerechnet habe. Die Autobiographie (2013), Berlin: Econ 2015, 60.

einmal besser haben.[9] Dann habe er einen anthroposophischen Unternehmensberater aus den Niederlanden, Hellmuth J. ten Siethoff, kennengelernt[10] und – immer seiner Selbstdarstellung zufolge – gelernt, Fragen gegen den Strom zu stellen.[11] Aber schon zuvor hatte er Graphologie angewandt (Charakterbewertung aufgrund von Schriftanalysen)[12] und das Genossenschaftsmodell von Gottlieb Duttweiler, dem Gründer der Schweizer Lebensmittelkette Migros, kennengelernt.[13] „Richtig warm geworden" sei er mit Steiners Texten aber erst durch seine zweite Frau.[14] Inzwischen gilt er als praktizierender Anthroposoph, der sich etwa der regelmäßigen Lektüre von vier Grundschriften Steiners widme. Manchmal gibt er einen Blick in die Tiefe seiner Überzeugungen preis, wenn er „Reinkarnation und Karma" für die Antwort auf die „Rätselfrage" nach dem Sinn des Lebens bezeugt[15] und im Gespräch mit Anthroposophen auch die Ökonomie damit verbindet: „Götz Werner scheute sich nicht davor, die Idee von Karma und Reinkarnation mit der Frage von Arbeit und Einkommen zu verknüpfen und zu fragen: ‚Wie kann man den Menschen wachküssen für diese Frage?'"[16]

Inzwischen deutet er grundlegende Elemente seiner Unternehmensführung anthroposophisch. Ziel seines Unternehmens sei es, wie er 1985 festhielt, „eine Humanisierung des Wirtschaftslebens auf der Grundlage der von Dr. Rudolf Steiner entwickelten anthroposophisch orientierten Sozialorganik anzustreben".[17] Die Prinzipien der Mitarbeiterführung, die in die Planung von Arbeitszeiten einbezogen werden, begründet er ebenso anthroposophisch wie seinen Einsatz für ein Grundeinkommen. In vielen Medien wird er als Unternehmer gelobt, etwa für „seinen bewusst unautoritären Stil der Unternehmensführung …, der sich auf den Grundsatz der ‚dialogischen Führung' stützte".[18] 2008 wurde er mit dem Bundesverdienstkreuzes am Bande ausgezeichnet, und zwischen 2003 und 2010 hatte Werner eine Professur an der Universität Karlsruhe als Leiter des Instituts für Entrepreneurship inne. Mit einem geschätzten Vermögen von über einer Milliarde Euro würde er zu den hundert reichsten Deutschen gehören, allerdings hat er dieses Kapital in eine Stiftung eingebracht.[19]

Doch seit 2012 zeigte sich, dass auch bei Werner Ethik und Ökonomie in ein Konkurrenzverhältnis kommen können. dm verlangte von Alnatura, das der Anthroposoph Götz Rehn führt, günstigere Konditionen und die Offenlegung der

---

9 Ebd.
10 Ebd., 60f.
11 Ebd., 63-67.
12 Ebd., 53f.
13 Ebd., 57.
14 Ebd., 65.
15 Ebd., 64.
16 http://www.themen-der-zeit.de/content/Anthroposophie_in_Bochum.1278.0.html (18.4.11).
17 Kolf, Florian: Erbitterter Kampf um eine Marke. Der Gerichtsstreit zwischen Alnatura und dm bringt heikle Details ans Licht, in: Handelsblatt, 1.2.2016, 16-17.
18 http://www.whoswho.de/bio/goetz-werner.html (6.2.2016).
19 http://www.spiegel.de/wirtschaft/soziales/grossspende-dm-gruender-uebertraegt-vermoegen-an-stiftung-a-712007.html (15.2.2016).

Preiskalkulation, zudem kürzte man eigenmächtig Rechnungsbeträge in Höhe von ca. 2 Millionen Euro.[20] Zwei Jahre später forderte Werner zusammen mit dem Anthroposophen Theodor Gutberlet, dem Inhaber der Lebensmittelkette Tegut, die beide in den 1980er Jahren die Kooperation mit Rehn aufgegleist hatten, diesen auf, die Markenrechte an Alnatura zurückzugeben; schon 2008 hatte allerdings Rehn diese Markenrechte an die Firma Alnatura übertragen, ohne seine Partner davon in Kenntnis zu setzten.[21] Ende 2014 informierte dm dann Alnatura, dass man deren Produkte durch eine eigene Biomarke ersetzen werde.[22] Offenbar kamen dabei Zulieferer in Schwierigkeiten.[23] Die Kontroverse zwischen dm und Alnatura landete dann vor Gericht, da Götz Werner für dm (und auch Wolfgang Gutberlet beteiligte sich) wegen der Markenrechte juristisch gegen Alnatura vorging, womit man erstinstanzlich scheiterte;[24] im Juni 2017 überließ man Alnatura die Markenrechte in einer außergerichtlichen Einigung.[25] Auch den Anspruch von dm, aufgrund von Verträgen, die Alnatura gekündigt hatte, weiterhin Einfluss auf Vertriebsentscheidungen von Alnatura nehmen zu können, wies ein Gericht zurück und verurteilte dm zudem zu einer Zahlung von 2,345 Millionen Euro für einseitig gekürzte Rechnungen.[26] Das sieht nach einer Niederlage für die dm aus, die sich gewaschen hat, wobei noch hinzukommt, dass sich Alnatura nun mit den größten Konkurrenten von dm verbündet hat.

Öffentlich wurde in diesem Zusammenhang zudem, dass es auch in der Unternehmensführung von dm weniger schöne Seiten gab. In manchen Filialen klagte man „über einen rauen Umgangston, über Willkür in der Führung, über Mobbing", und heraus kam auch, dass sich dm an dem Spiel mit „Mogelpackungen" – bei neuen Konfektionierungen gleicher Preis bei geringerem Inhalt ohne ausreichende Kennzeichnung – beteiligt hatte (obwohl man zuvor Produkte mit dem Hinweis aus dem Programm genommen hatte: „Gleicher Preis bei weniger Inhalt: Da streiken wir! dm").[27] Das Handelsblatt konnte sich nicht verkneifen, darauf hinzuweisen, dass dm sich laut Konzernwerbung „dem Gedanken der Mitmenschlichkeit und Partnerschaftlichkeit verpflichtet fühlt" und Götz Werner in seiner Autobiographie schreibe: „Wenn wir am Ende eines Jahres viel Gewinn gemacht haben, dann haben wir etwas falsch gemacht".[28]

---

20 Kolf, Florian: Erbitterter Kampf um eine Marke.
21 Ebd.
22 Ebd.
23 Kolf, Florian / Kapalschinski, Christoph: Drogeriemarkt ungeschminkt. Das Unternehmen dm pflegt sein freundliches Image. Doch im Markt zeigt sich der Händler knallhart, in: Handelsblatt, 21. 1. 2016, 18-19.
24 Kolf, Florian: Erbitterter Kampf um eine Marke.
25 https://www.alnatura.de/de-de/ueber-uns/presse/archiv-2017/einigung-gerichtliche-auseinandersetzung-markenrechte (23.9.2017).
26 http://www.zeit.de/news/2016-12/09/handel-urteil-im-streit-zwischen-alnatura-und-dm-erwartet-09052409 (13.1.2017).
27 Kolf / Kapalschinski: Drogeriemarkt ungeschminkt.
28 Ebd.

Dass im übrigen Rehn, der Inhaber von Alnatura, Werners Schwager ist, war offenbar auch kein Hindernis für das Vorgehen in Sachen Alnatura. Auch ein Engagement der inneranthroposophischen Prominenz führten letztlich nicht zur Friedensstiftung. Eine Schlichtung brachte zwar der 78jährige ägyptische Anthroposoph Ibrahim Abouleish, der eigens zu den beiden Unternehmern gereist war, zustande, da die drei offenbar lange miteinander bekannt waren. „Auf Initiative und Vermittlung von Sekem-Gründer Dr. Ibrahim Abouleish haben sich die Gründer von dm und alnatura Götz Werner und Götz Rehn versöhnt. Auf dieser Grundlage wurden die Anwälte beauftragt, die Auseinandersetzungen vergleichsweise beizulegen."[29] Doch offenbar hielt die Vereinbarung kaum länger als bis die Tinte trocken war. Götz Rehn schied aus dem Aufsichtsrat von dm aus.[30] Natürlich haben sich viele gefragt, wie es nach so langer Freundschaft zu einem so scharfen Bruch kommen konnte. Werner wohlgesonnene Insider meinen, der Grund liege in seinem Wechsel in den Aufsichtsrat: Danach hätten die harten Ökonomen das Ruder übernommen ...

Ob sich dm mit dieser Kabale selbst ein Bein gestellt hat, weil Alnatura jetzt mit der Konkurrenz expandiert, wird sich zeigen. Jedenfalls ist dm Branchenprimus in Deutschland im Umsatz geworden, weil man auf der Klaviatur der Kundenbedürfnisse mit hoher Sensibilität spielt, wie im Vergleich mit dem inzwischen insolventen Konkurrenten Anton Schlecker deutlich wird. „Im Grunde macht dm all das richtig, was Schlecker falsch machte":[31] Die Kunden haben das Gefühl, ökologisch korrekt und mit fair behandeltem Personal einkaufen zu können; Psychologen wissen, dass die hellen Wände einladend wirken und die breiten Gänge das Einkaufen nicht (wie bei Schlecker) zur Kampfzone werden lassen; im Preisvergleich zeigt sich, dass ein standardisierter Warenkorb bei dm auch nicht teurer ist als bei der Konkurrenz; und die Qualität dürfte in der Regel stimmen. Ein Schatten liegt allerdings auf dem Versprechen fair hergestellter Produkte. Diese gerechten Handelsstrukturen konnte auch dm nicht garantieren, der Kundenwunsch, möglichst alles zu haben, führte dazu, dass auch dm Produkte einkaufte, die mit Ausbeutung erkauft wurden.[32] Und schließlich steckt am Ende doch noch ein wenig „richtiger" Anthroposophie in der tiefschwarzen Bilanz von dm: Die Regale stehen nicht rechtwinklig im Raum, sondern schräg. Das macht den Parcours mit Kinder- und Einkaufswagen leichter und Produkte oft besser sichtbar.[33] Insofern hat Rudolf Steiner mit seinem Fai-

---

29 Kläsgen, Michael: Qualverwandtschaften, in: Süddeutsche Zeitung, 11.3.2016.
30 http://www.wiwo.de/unternehmen/handel/erich-harsch-warum-der-dm-chef-nichts-vom-online-handel-haelt/11077312.html (11.4.2016).
31 http://www.handelsblatt.com/unternehmen/handel-konsumgueter/die-wahrheit-ueber-dm-hier-bin-ich-mensch-hier-kauf-ich-ein-aber-warum/6630552.html (6.5.2016); die folgenden Informationen auch aus den drei weiteren hinterlegten Seiten.
32 http://www.handelsblatt.com/unternehmen/handel-konsumgueter/die-wahrheit-ueber-dm-naeherinnen-aus-bangladesh/6630552-3.html (6.5.2016).
33 Ebd.

ble für „abgeschnittene" Ecken nicht nur in der Waldorfpädagogik den Anthroposophen Freude bereitet.

Allerdings ist die Zeit des fröhlichen Wachstums zumindest in Deutschland vorbei. Der Markt ist fast gesättigt und praktisch aufgeteilt. Deshalb verlegt man sich nun stärker auf die Expansion im Ausland. Hart auf den Fersen folgt ihm Dirk Roßmann, der als Psychologie-Interessierter und Liebhaber literarischer Klassiker,[34] vor allem aber als Nietzsche-Anhänger[35] so etwas wie das Gegenteil des frommen Anthroposophen Werner ist. Beide waren befreundet, Werner habe zeitweilig versucht, ihn für Steiner zu gewinnen: „Er hat mir früher Bücher von Rudolf Steiner gegeben, aber da habe ich 20 Seiten gelesen und das nie verstanden."[36] Noch heute telefonieren sie gelegentlich, aber man habe sich, so Roßmann, „ein bisschen auseinandergelebt".[37] Derweil ist der dm-Konkurrent im Umsatz zweiter, aber im Ertrag habe man dm schon überholt.[38] Denn geschäftlich schenkt man sich nichts. Senkt dm die Preise, geht Rossmann darunter, bietet Rossmann ganz billig an, kaufen Werners Mannen das Sortiment auf, um es im eigenen Laden anzubieten.[39] Auf diesem ökonomischen Kampfplatz hat man die anthroposophische Kuschelzone verlassen.

---

34 Balzter, Sebastian: „Kapitalismus ist gut, aber brutal" [Interview mit Dirk Roßmann], in: Frankfurter Allgemeine Sonntagszeitung, 7.10.2018, S. 29.
35 Boldt, Klaus / ter Haseborg, Volker: Auf Messers Schneide [Interview mit Dirk Roßmann], in: Bilanz, Mai 2017, 16-27, 27.
36 Balzter: „Kapitalismus ist gut, aber brutal".
37 Boldt / ter Haseborg: Auf Messers Schneide, 20.
38 Ebd.
39 Ebd., 22.

Dogmen/Dogmenfreiheit

Steiner wollte keine Dogmen. Das hat er gebetsmühlenartig wiederholt. Jeder solle die Freiheit besitzen, selbst seine Weltanschauung zu bauen. Dafür gab es ganz banale Gründe: Steiner wollte sich vom Christentum abgrenzen, vom Katholizismus insbesondere – und da die Christen Lehren (griechisch: Dogmen) kennen, wollte er diese gerade nicht. Angesichts von Unfehlbarkeitsansprüchen (katholisch) und staatskirchlicher Orthodoxie (protestantisch) kann man auch das nachvollziehen. Aber gerade wegen dieses Antidogmatismus ist die Anthroposophie meist ein ziemlich dogmatisches Gelände geworden. Denn Dogmen kann man soziologisch als gemeinsam akzeptierte Überzeugungen verstehen, und die hat jede Vereinigung, auch die Anthroposophie. Wer sie aber leugnet, begibt sich der Möglichkeit, sie zu erkennen, über sie zu diskutieren und sie zu kritisieren. Und so wurde die Forderung nach Dogmenfreiheit zur Steilvorlage für die anthroposophische Dogmatik. Denn trotz der beanspruchten Dogmenfreiheit standen viele Lehren für Steiner schlicht nicht zur Disposition: Die Existenz des Geistigen ist das eherne Fundamentaldogma, letztlich aber gehören ein Menge weitere Vorstellungen zumindest für viele Anthroposophen in den Tabernakel der Dogmatik: von der Initiation bis zur Reinkarnation. Und die Anhänger haben die Grundlage für neue Dogmen produziert: Steiners Schriften sind die kanonische Basis der Anthroposophie.

Diese dogmatische Identitätsstiftung befindet sich bei näherem Hinsehen auf einem schwankenden Boden, weil Steiner sich zu unterschiedlichen Zeiten und in unterschiedlichen Lebenssituationen unterschiedlich geäußert hat: mal mit neuen Akzenten, mal erweiternd, und manchmal hat er früher Gesagtes auch ins Gegenteil revidiert. Für den frühen theosophischen Steiner war Jesus ein „Eingeweihter" unter vielen, als Anthroposoph sah er in „dem Christus" den Gipfel der religiösen Weltgeschichte. Kurz nach seinem Eintritt in die Theosophische Gesellschaft war er von der hohen Bedeutung des persönlichen „Geheimlehrers" („Gurus") überzeugt, aber im Laufe der Jahre hat er stattdessen lieber von der eher abstrakten „Geheimwissenschaft" gesprochen. Oder, um ein letztes Beispiel zu nennen: Am Anfang der 1920er Jahre war er überzeugt, man könne eine operative Krebstherapie durch Mistelgaben ersetzen, aber schon bald sah er ein, dass es ohne Operationen nicht gehen würde.[1] Spät in seinem Leben, 1924/25, hat er schließlich die sogenannten „Leitsätze" formuliert, wonach die Anthroposophie nur eine Methode sei, um geistige Erkenntnisse zu erlangen, frei von Inhalten. Diese aphorismenartigen Texte sind die Vorzeige-

---

1 Die drei Beispiele bei Zander: Anthroposophie in Deutschland, 790-798. 599f. 1500.

sätze einer antidogmatischen Anthroposophie. Aber sie stammen aus Steiners allerletzten Lebensjahren, als ihm geschwant haben dürfte, dass die erhoffte Objektivität der übersinnlichen Inhalte nicht zu erreichen war.

Allerdings wäre es zu einfach, die Anthroposophie als widersprüchliches Hybrid zwischen dem Anspruch auf individuelle Weltanschauungsproduktion und dann doch dogmatischer Praxis abzuqualifizieren. Jede Weltanschauungsgemeinschaft muss diesen Spagat zwischen den die Gemeinschaft konstituierenden Lehren und deren individueller Aneignung oder Umsetzung aushalten. Doch in der Anthroposophie ergibt sich diese Spannung mit besonderer Schärfe: Einerseits ist erkenntnistheoretisch der Anspruch auf absolute, „höhere" Erkenntnis nicht verhandelbar und deshalb strukturell dogmatisch, andererseits stellen Anthroposophen soziologisch diese Dogmatisierung infrage, weil sie in der Tradition liberaler Protestanten und im Gegensatz zu den großen Kirchen am Dogma der Dogmenfreiheit trotz ihrer faktisch dogmatischen Konstitution festhalten.

Der Anspruch auf Dogmenfreiheit ist ein Grund für die strukturellen Probleme in der Anthroposophischen Gesellschaft, mit Konflikten umzugehen. Wenn jedes Mitglied seine eigenen Lehren formulieren kann, womöglich immunisiert durch den Anspruch auf „höhere Erkenntnis", sind Konsensfindungsprozesse bei widersprüchlichen Positionen prinzipiell unmöglich und pragmatisch schwierig. Der kulturell etablierte Weg in diesem Dilemma, nämlich an Lehren festzuhalten und sie durch Auslegung zu dynamisieren, läuft letztlich dem Steinerschen Versprechen entgegen, dass es mit der Anthroposophie eine „objektive" Erkenntnis gebe: das Ende der Unsicherheit durch Interpretation und unterschiedliche Perspektiven. Der mögliche Kompromiss in der Akzeptanz differierender Deutungen wird deshalb von harten Anthroposophen immer wieder als „Verrat" diskreditiert. Drei Konsequenzen sind unübersehbar. Zum einen sind viele Auseinandersetzungen in der Anthroposophischen Gesellschaft harzig, weil sich die uneingestandenen dogmatischen Ansprüche wechselseitig paralysieren. Zum anderen gibt es natürlich genau diese pragmatische Relativierung, man „glaubt" halt an unterschiedliche Auslegungen; dies war schon immer ein Stück anthroposophischer Realität, aber deren Bedeutung dürfte momentan zunehmen. Schließlich: Man suchte immer wieder Beistand von außen. Es scheint, dass die Anthroposophen ihre inneren und äußeren Auseinandersetzungen besonders häufig vor die Schranken der Gerichte tragen. Schon der Streit um Steiners Erbe („Nachlassstreit") konnte in den vierziger und fünfziger Jahren des letzten Jahrhunderts nur mit Hilfe der Schweizer Justiz geklärt werden, und noch am 6. März 2007 durchsuchte die Solothurner Polizei die Computer im Goetheanum, als von der Justiz über die vereinsrechtliche „Konstitution" der Anthroposophischen Gesellschaft gestritten wurde.

Aber nichts geht ohne Janusköpfe. Denn die regulative Idee der Dogmenfreiheit ist vermutlich auch ein Grund für die hohe Binnenpluralität, die die Anthroposophie heute besitzt, kann sich doch jeder damit auf das Recht seiner eigenen Steinerauslegung berufen. Von Anthroposophen, die den Meister eng an seinen Texten entlang auslegen, bis zu Anhängern, die in seinem Werk nur methodische Anregungen sehen, blüht ein weites Spektrum, dessen Vielfalt für eine zahlenmäßig kleine Weltanschauungsgemeinschaft wie die Anthroposophische Gesellschaft bemerkenswert ist. Diese Pluralität findet sich bis in den Vorstand der Anthroposophischen Gesellschaft hinein, in dem etwa Sergej O. Prokofieff saß (gest. 2014), für den deftigste Polemik gegen Andersdenkende offenbar zur Bedingung seiner Identität gehörte, aber auch Bodo von Plato (abgewählt 2018), der die langsam in Gang kommende kritische Aufarbeitung der Geschichte der Anthroposophischen Gesellschaft mit angestoßen hat. Jeder, der seinen eigenen Weg gehen will, kann sich eben auf Steiners Postulat der Dogmenfreiheit berufen. Dass sich dabei Dogmatismus und Antidogmatismus die Hand reichen, ist auch Anthroposophen klar: Über „die Spannung zwischen dogmatischen Tendenzen in der AAG [Allgemeinen Anthroposophischen Gesellschaft] und beliebigem Relativismus"[2] konnte man auch in einer offiziösen anthroposophischen Publikation zur „Goetheanum-Welt-Konferenz" 2016 lesen.

---

2 https://www.goetheanum.org/fileadmin/aag/GV2017/GWK/Weltkonferenz_deutsch.pdf [S. 159] (16.12.2017).

Erkenntnis, höhere

Das Herz der Anthroposophie schlägt nicht in intellektueller Reflexion, nicht in den Organisationsstrukturen und auch nicht in den Praxisfeldern. Das Herzgewächs der Anthroposophie ist ihr Anspruch auf „höhere Erkenntnis". Steiner beanspruchte, Einblick in „übersinnliche Welten" zu haben, die Grenzen unserer physischen Wahrnehmung zu überschreiten und den schwankenden Boden der historischen Erkenntnis zu verlassen. Er sah sich als „Hellseher", der in zwei Dimensionen über seine spiritistischen Vorgänger, wo die Medien Geister zum Rapport empfingen, hinausging: Zum einen sollte jeder eigenständig „höhere Erkenntnis" erlangen und sie nicht vermittelt, etwa durch ein Medium, erhalten. Allerdings brach sich dieser Anspruch auf Autonomie an seiner eigenen Etablierung als ein Lehrer, neben dem es keine kritische Autorität gab. Zum anderen sollten es die Erkenntnisse in Verlässlichkeit und Objektivität mit den Ergebnissen der Naturwissenschaften aufnehmen können. Er wollte exakte „Clairvoyance" bieten, so empirisch wie die universitäre Wissenschaft sein und jedenfalls verlässlicher als die von Betrugsvorwürfen geschüttelten Medien des Spiritismus. Der Wissenschaftsanspruch der Anthroposophie, der bis heute vielen Anthroposophen heilig ist, hat hier eine wichtige Wurzel.

In diesem Anspruch auf übersinnliche Erkenntnis, auf „höhere" Einsicht in eine geistige Welt, man kann es nicht massiv genug betonen, liegt der Angelpunkt, das „absolute" Zentrum der esoterischen Theorie und Praxis der Anthroposophie. Mit dieser Fähigkeit des „Hellsehens" beanspruchte Steiner, die kosmischen Wirkungen des Pflanzenwachstums zu erkennen, die Reinkarnationsverläufe von Menschen einzusehen, die historischen Hintergründe des Ersten Weltkrieges zu erläutern oder die verborgenen Jahre des Lebens Jesu offenzulegen. Mit diesem „Wissen" versprach Steiner den Anthroposophen mehr als den „Glauben" und die Gewissheit der Christen. Sicherheit, und, dazu, unbegrenzte, allumfassende, totale Erkenntnis. Erkenntnisgrenzen sollte es nicht mehr geben. Anthroposophen verdeutlichen dieses toternste Kapitel gerne mit einem Wanderwitz: Nach unterschiedlichen Reinkarnationen stehen Martin Luther, Papst Johannes Paul II. und Rudolf Steiner vor Gott. Luther muss vor Gott treten und kommt nach zehn Minuten mit gesenktem Kopf wieder heraus: „Ich habe alles falsch gemacht." Auch der Papst tritt nach zehn Minuten tief betrübt vor die Tür: „Ich habe alles falsch gemacht." Schließlich tritt Steiner vor Gott, nach zehn Minuten öffnet sich die Tür, heraus tritt: Gott. Und der muss gestehen: „Nichts habe ich begriffen."

Aber nicht nur der Absolutheitsanspruch des Wissens, auch das Autoritätsproblem der Anthroposophie hat hier eine zentrale Wurzel. Höhere und höchste

Einsicht „schaut" man, weder diskutiert noch verhandelt man sie. Das gibt der Anthroposophie eine hohe weltanschauliche Stabilität, doch manchen Anthroposophen erscheint dieses Lehrgebäude „versteinert" und wie eine Todeszelle für die Entwicklung der Anthroposophie. Aber das Festhalten an Steiners Anspruch auf übersinnliche Erkenntnis, manchmal bis hin zur Buchstabengläubigkeit, hat mitgeholfen, die Anthroposophie ins 21. Jahrhundert zu retten. Damit konnte sie eine ganz eigenständige spirituelle Alternative anbieten und institutionalisieren, Praxisbereiche etablieren und letztlich eine Alternative zum Mainstream der europäischen Religionsgeschichte präsentieren. Dass man mit solchen Grenzen nicht nur Profil sichert, sondern zugleich seine Zielgruppen begrenzt, versteht sich von selbst.

Esoterische Schule

Rudolf Steiners Esoterische Schule, die unter unter Einschluss ritueller Handlungen zu höchster Erkenntnis führen sollte, existiert nicht mehr. Damit ist das spirituelle Herz, welches Steiner der Anthroposophie eingepflanzt hatte, sozusagen amputiert. Wer diese Wunde verstehen will, mag sich auf einen kleinen Ausflug in die Geschichte einlassen. Am 23. Oktober 1902, vier Tage, nachdem ihn die deutschen Adyar-Theosophen zu ihrem Generalsekretär gewählt hatten, wurde Rudolf Steiner von Annie Besant in die Esoterische Schule aufgenommen. Damit war er im spirituellen und machtpolitischen Zentrum der Theosophischen Gesellschaft angelangt. Hier traf sich – in ihren Augen – die Elite der Theosophie. Zwei Jahre später eröffnete er seine eigene Abteilung, in die er bald darauf, 1905, freimaurerische Riten integrierte. 1907 vereinbarte er mit Besant eine Verselbständigung der deutschen Schulungsarbeit. In den ersten beiden „Klassen" der Schule erhielten Mitglieder von Steiner Einzelunterricht, indem er ihnen Mantren oder Meditationsbilder gab, zudem hielt er Vorträge vor Gruppen. Der oberen, der dritten „Klasse" winkte der freimaurerische Ritus. 1914 schloss er seine Esoterische Schule, weil er befürchtete, die internationalen Verflechtungen der Freimaurerei könnten seine esoterische Arbeit in Misskredit bringen, vielleicht auch, weil es das –ziemlich sicher unzutreffende – Gerücht gab, in seiner Freimaurerei würden sexualmagische Praktiken gepflegt. Es sollte zehn Jahre dauern, bis Steiner sich darangab, die Esoterische Schule neu zu errichten. Zu ersten Schritten kam es nach der Weihnachtstagung 1923, als Steiner einige Zyklen von „Klassenvorträgen" hielt, aber eine vollständige Neuerrichtung, insbesondere die Schaffung neuer Rituale, verhinderte sein Tod. Steiner hat mithin sein ganzes theosophisch-anthroposophisches Leben hindurch versucht, für die überzeugtesten und engagiertesten Anhänger eine Esoterische Schule mit Riten zu errichten – und es am Ende doch nur halb geschafft. Diese Narbe ist bis heute geblieben.

Für die Schulungspraxis spielte eine Sammlung von schriftlichen Anweisungen, die Steiner unter dem Titel „Wie erlangt man Erkenntnisse der höheren Welten" (1904/05) veröffentlichte, eine wichtige Rolle: ein „Pfad" für die anthroposophische „Einweihung". Dass Steiner dieses Werk mehrfach überarbeitet und nie abgeschlossen hat und schlussendlich weitere Schulungsanweisungen verfasste, ist ein Indiz für zwei Dimensionen: Zum einen hat Steiner nie aufgehört, an seinen Büchern zu arbeiten, seine Gedanken zu revidieren und zu präzisieren, er blieb lebenslang auf der Suche nach der noch angemesseneren Form und noch klareren Darstellung seiner Inhalte; zumindest in dieser Hinsicht war er weit von einem Dogmatiker entfernt. Zum anderen aber dokumentieren die immerwährenden Überarbeitungen bis zu seinem Lebensende, welche Probleme ihm die Ausgestaltung dieses Kernstücks der Theosophie und späteren Anthroposophie bereitete, vielleicht auch, wie wenig er die Muße fand, die Dinge durchzuarbeiten. Steiner war halt im weiten Feld spiritueller Erfahrung ein Autodidakt, der nie eine solide Anleitung, etwa zur Meditation, erhalten hatte.

Was nun ist aus dieser gewaltigen Kraftanstrengung Steiners geworden? Die Anthroposophische Gesellschaft hat keinen Weg gefunden, die Schulungspraxis in ihrer Breite wieder aufleben zu lassen. Insbesondere an die „dritte Klasse", die rituelle, freimaurerische Praxis, die Steiner als offene Baustelle zurückgelassen hatte, traute man sich nicht heran. Dieser Kernbereich der Anthroposophie blieb eine große Leerstelle. Kognitive und ästhetische Erkenntnis, die Steiner in der Verbindung von Lektüre und Kult in der Waage zu halten versucht hatte, gibt es so nicht mehr. Anthroposophische Erkenntnissuche ist zu einem ziemlich verkopften Unternehmen geworden. Zwar ist dieses rituelle Defizit in der Anthroposophischen Gesellschaft beklagt worden, etwa als man in den sechziger Jahren des 20. Jahrhunderts den großen Saal des Goetheanum neu ausgestaltete und dabei keine Möglichkeit kultischer Zeremonien mehr vorsah.[1] Auch der ausgesprochen konservative Ausbau zwischen 1995 und 1998, ein Retrolook, der wohl eine Mysterienatmosphäre vermitteln sollte, führte an diesem Punkt nicht weiter. Selbst die Einrichtung einer (nur) „zweiten Klasse", die einige Anthroposophen 1993 forderten, nachdem die Texte der „ersten Klasse" veröffentlicht worden waren,[2] blieb das gescheiterte Projekt einer kleinen Minderheit. Neue Kulte entstanden nur in Randbereichen der Anthroposophie.

Vielmehr hieß und heißt Schulungsarbeit in den örtlichen Zweigen der Anthroposophischen Gesellschaft weitgehend Textlektüre und Reflexion. Dazu zählt vor allem die Lektüre von Steiners Texten, die in kleinen Gruppen gelesen, bedacht und in der Regel vom Zweigleiter kommentiert werden – eine kontroverse Diskussion ist in diesem Format nicht vorgesehen. Vermutlich trifft die Erinnerungen von Teilnehmern an Zweigabende, wo man Steiners Texte feierlich mit „Grabesstimme" vorträgt, in dem tiefen, gutturalen Tonfall und im würdevollen Duktus der anthroposophischen Sakralsprache, nicht immer die aktuelle Situation in derartigen Lesungen, dokumentiert aber die Tradition dieses ehrfürchtigen Leserituals. Daneben gab es immer eine individuelle Aneignung des anthroposophischen Denkens, bei der es beliebt ist, vier zentrale Werke Steiners (Die Philosophie der Freiheit, Theosophie, Wie erlangt man Erkenntnisse der höheren Welten, Geheimwissenschaft) als lectio continua meditativ zu lesen.

Schließlich und endlich existiert noch in Teilen eine richtige „Esoterische Schule". Ihr Zentrum ist die Verlesung die „Klassenvorträge", die Steiner nach der Weihnachtstagung 1924 hielt. In diesem Ritual findet sich noch ein wenig

---

[1] Zander: Anthroposophie in Deutschland, 1164f.
[2] http://www.perseus.ch/PDF-Dateien/Bericht_AAG_GV2011.pdf (29.4.2016) (= Der Europäer, 15/2011, Heft 8, S. 24).

von der auratischen Atmosphäre einer Initiation, denn sie stehen nur einem beschränkten Kreis offen. Die Lesungen haben einen klassischen Ort im Rahmen der Generalversammlungen in Dornach. Darüber hinaus gibt es seit den 1990er Jahren[3] „freigehaltene Klassenstunden". Eintritt erhält man, nachdem man als „Klassenmitglied" akzeptiert worden ist, mit der „Blauen Karte". Hier lesen „Lektoren" die „Klassentexte" oder halten freie Vorträge darüber oder bieten Gespräche an. Diese Lektoren werden von den Lektoren kooptiert und vom Vorstand der Allgemeinen Anthroposophischen Gesellschaft bestätigt. Sie müssen eigentlich, so die Erwartung, bei Klassenstunden an der Tür stehen und den Zugang kontrollieren, ehe sie die Klassentexte vorlesen und auslegen.[4] In den größeren Bundesländern dürfte es zwei bis drei Dutzend Lektoren geben, in Deutschland etwa 250, weltweit sind es wohl einige Hundert. Inzwischen gibt es auch eine „freie Hochschularbeit", in der man ohne Lektoren an den Klassentexten arbeitet.[5] Diese relative Freigabe hängt vermutlich damit zusammen, dass die Attraktivität der „Klassenstunden" (sehr?) stark zurückgegangen ist.

Die der Öffentlichkeit über Jahrzehnte unzugänglichen Klassentexte wurden 1992, nach Ablauf der gesetzlichen Schutzfrist, in der Gesamtausgabe publiziert. Aber die Unruhe in der Anthroposophischen Gesellschaft war groß, obwohl die Texte bereits in „grauen" Publikationen vorlagen. Das, was dann geschah, dokumentiert das letztlich bis heute unscharfe Verhältnis zwischen faktischer Geheimhaltung und dem Anspruch, den schon Steiner geäußert hatte (aber nie konsequent umgesetzt hatte). Es gab „eine informelle Vereinbarung, sich so zu verhalten, als habe die Veröffentlichung nicht stattgefunden. Die Redaktionen anthroposophischer Zeitschriften wurden gebeten, Klassentexte nicht, auch nicht ausschnittsweise, zu veröffentlichen. Um den ganzen Vorgang zu neutralisieren, wurde abgesprochen, über die Veröffentlichungstatsache und die angestrebte Schweigeregel selbst zu schweigen."[6] Man präsentierte also ein Schweigegebot, das zu verschweigen sei.

Neben der Arbeit mit den Klassentexten baten und bieten einzelne Anthroposophen eigene Schulungen an. Eine beträchtliche Resonanz besaß inneranthroposophisch seit den 1970er Jahren Herbert Witzenmann (1905-1988), der sich im Streit vom Vorstand der Anthroposophischen Gesellschaft distanziert hatte. Heute suchen Lektorinnen wie Anna-Katharina Dehmelt einen Zugang zu einer anthroposophischen Meditation auch außerhalb der esoterischen „Klasse" zu

---

3   http://www.perseus.ch/PDF-Europaer/JG_03/Europaer_09_1999.pdf (29.4.2016) (= Der Europäer, 3/1999, Heft 9/10, S. 45).

4   Kröner, Erhard / Geest, Alexander von der / Uhlenhoff, Rahel: Offizieller Abschlussbericht der Urteils-Findungs-Kommission. Eingesetzt vom 21. Mai 2006 bis zum 10. Oktober 2008 durch die Mitgliederversammlung der Anthroposophischen Gesellschaft in Deutschland e.V., o.O., o.J.; http://www.tiny-mundo.de/static/pdf/abschlussbericht.pdf (27.2.2016), S. 44.

5   Röschert, Günther: Gibt es eine lektorenfreie anthroposophische Hochschularbeit?, in: Anthroposophie. Vierteljahresschrift zur anthroposophischen Arbeit in Deutschland, Nr. 281, Michaeli 2017, 254-256, S. 254.

6   Ebd., 254.

eröffnen.⁷ Aber vielfach interessieren sich die „jüngeren" Anthroposophen, die 20- bis 40jährigen, eher für Meditationsangebote außerhalb des anthroposophischen Kanon. Dies jedoch führt schnell aus der Anthroposophie hinaus. Denn in dem Augenblick, wo etwa die Zeitschrift „Info3" für die Akzeptanz einer New Age-Spiritualität wirbt, wird zugleich der Stellenwert von Steiners höherer Erkenntnis mitverhandelt und relativiert.

Andere Anthroposophen haben die Esoterische Schule einfach neu eröffnet, beispielsweise Willi Seiß (1922-2013), der Gründer der „Freien Hochschule am Bodensee" und der „Freien Hermetisch-Christlichen Studienstätte". Er beanspruchte, eigene Offenbarungen zu besitzen, in der Tradition von Valentin Tomberg, der „in nahezu ständigem geistigen Kontakt zu Rudolf Steiner gestanden" habe und dessen Werke Seiß in seinem Achamot-Verlag herausgab.⁸ Wie Tomberg habe auch er selbst übersinnliche Erkenntnisse erhalten, allerdings, und dies macht eine besondere Pointe aus, seien die Inhalte ihm, Seiß, „vollbewußt, insbesondere durch Rudolf Steiner, geistig mitgeteilt" worden, weitere „Individualitäten aus dem in ‚Wie erlangt man Erkenntnisse der höheren Welten?' bezeichneten übersinnlichen Raum" hätten dies ebenfalls getan. Steiner, der bei Seiß „als Meister Jesu angesprochen" werde, gerät so zum Begründer einer fortlaufenden Offenbarung, die die neuen Offenbarungsempfänger wie Seiß aufwertet und die Dornacher Orthodoxie und Steiners Werk in der Gesamtausgabe relativiert.

Die Krise der esoterischen Schulung in der Anthroposophischen Gesellschaft behebt ein solcher Zugang nur partiell. Es bleibt vielmehr dabei, dass in einer Zeit, wo außerhalb der Anthroposophie die Nachfrage nach Meditation boomt, dieses Interesse im Gehäuse der Anthroposophischen Gesellschaft nur wenige zeitgemäße Angebote findet. Das hat viele Gründe, ich nenne drei: Die Klassenstunden der organisierten Anthroposophie haben Teil an der Krise der Anthroposophischen Gesellschaft, denn spirituell interessierte Menschen, Anthroposophen wie Nicht-Anthroposophen, suchen selten eine geheimbündlerische Organisation und gehen einfach außerhalb der Anthroposophie auf Suche. Sodann gelten zu viele Ergebnisse anthroposophischer „Geistesforschung" selbst unter überzeugten Anthroposophen als nicht wirklich überzeugend. In der Außenperspektive löst sich ohnehin ein großer Teil der Ergebnisse, die Steiner als Ergebnis seiner „höheren Erkenntnis" beanspruchte und seinen Schülerinnen und Schülern in Aussicht gestellt hatte, von Atlantis bis zur Einsicht in Reinkarnationsbiographien, im Säurebad der historischen Kritik auf. Schließlich sehen sich viele Anthroposophen am Anspruch höherer Erkenntnis scheitern. „Bei genauerem Hinsehen wird der anthroposophische Weg von manchen, die ihn gehen, so gesichert, dass sie meinen, sie hätten keine Geisterfahrungen. Überhaupt scheint die Schulung erfolglos zu sein oder – vorsichtiger ausgedrückt – wie es in einem hektographierten anthroposophischen Artikel heißt:

---

7 http://www.infameditation.de/institut/anna-katharina-dehmelt/ (6.4.2016).
8 http://www.fhab.de/hochschulfrage (6.4.2016).

„Der Erfolg bleibt im Verborgenen". „Nach Jahren fleißigen Strebens kommt Enttäuschung auf: ‚Offenbar hält mich die übersinnliche Welt nicht für würdig."

Viele Anthroposophen ziehen sich angesichts dieser Schwierigkeiten, nicht zuletzt hinsichtlich der ganz konkreten „Erkenntnisse" der esoterischen Schulungsarbeit, auf eine Deutung zurück, die schon der späte Steiner gelehrt hatte und für viele Anthroposophen zu einer Art Schibboleth ihres anthroposophischen Selbstverständnisses wurde: „Anthroposophie ist ein Erkenntnisweg, der das Geistige im Menschenwesen zum Geistigen im Weltall führen möchte."[9] Die Anthroposophie sei kein Inhalt, sondern ein Weg, die Methodik seines Erkenntnisweges bilde das unverrückbare Fundament der Anthroposophie. Aber die Erfolgsgeschichte der Anthroposophie hängt nicht nur am Weg, sondern bislang an den Inhalten, nicht zuletzt an seinen konkreten, detailgenauen Hinweisen Steiners für die Praxis. Doch in den Augen konservativer Anthroposophen verraten die Liberalen mit dem Rückzug auf die Methodik das Vermächtnis der konkreten, auf Inhalte gestimmten Anthroposophie, für die Liberalen hingegen retten die Konservativen mit ihrem Festhalten an zeitgebundenen Inhalten die Anthroposophie zu Tode. Welche Folgen die konsequente Alternative, die Umstellung auf „Methodik" hätte, ist nur schwer abzuschätzen. Noch besitzen jedenfalls konservative und liberale Anthroposophen in den Inhalten der Anthroposophie einen Minimalkonsens, wenngleich sie in deren Interpretation weit auseinandergehen. Anthroposophie als Weg würde jedenfalls eine anthroposophische Identität nurmehr auf einer ziemlich luftigen Metaebene bedeuten. Die Esoterische Schule, die Steiner im Blick hatte, wäre das nicht mehr. Ob das schlimm wäre, ist eine andere, unter Anthroposophen heute durchaus umstrittene Frage.

---

9 Steiner, Rudolf: Anthroposophische Leitsätze (1924/1925) (Gesamtausgabe, Bd. 26), Dornach 1998, 14.

Eurythmie

Die Anthroposophie sah ihr Zentrum immer im Kopf, im Denken, letztlich in einem vom Körper unabhängigen Geist. Der Körper war nicht als zentraler Akteur vorgesehen, im Verlauf der Reinkarnationen etwa galt er als austauschbar. Wohl auch deshalb kam der Tanz, die Eurythmie, von außen auf Steiner und die Anthroposophie zu, als 1911 eine junge Frau, Lory Smits, während einer Lebenskrise Steiners Rat erbat und in einer Bewegungstherapie Hilfe suchte. Daraus entstand die Eurythmie als anthroposophische Version des Ausdruckstanzes im frühen 20. Jahrhundert: Das Geistige sollte im Tanz sichtbar werden. Auf der Bühne gehen – nein: schweben – vor allem Frauen und recken ihre Armen in scheinbar willkürlichen, in Wahrheit aber präzise vorgegebenen Formen. In Haltungen von Armen und Händen sollten Buchstaben „materialisieren". Und in den weiten Umhängen aus leichten, quasi kaum noch materiellen Stoffen der Tänzerinnen (Männer waren und sind Randphänomene) konnte man den Ätherleib sehen – wenn man wollte. Dabei blieb der weibliche Körper, der im „modernen" Tanz des frühen 20. Jahrhunderts zum zentralen Medium des Ausdrucks wurde, hinter den Kleidern versteckt, nachgerade verdrängt. Konsequenterweise waren Körperkontakte zwischen den Tänzerinnen nicht vorgesehen. Die Verführungen der Sinnlichkeit sollen den Zugang zum Geistigen nicht behindern. Wenn es ein „gnostisches" Ballett gibt, dann ist es dieses.

Mit diesem Traditionspaket ging die Eurythmie ins 20. Jahrhundert, und es braucht nicht viel Phantasie, um sich vorzustellen, dass die Eurythmie in einer körperbezogenen Kulturtechnik, wie sie das Ballett par excellence ist, einsam blieb.[1] Sie hat aus dem weiterentwickelten Tanz, etwa dem Tanztheater, kaum Impulse aufgenommen und sich recht ergeben an Steiners dogmatische Vorgaben gehalten. Als Gegenreaktion fordern heute selbst Eurythmistinnen, sich freizutanzen und die Eurythmie „endlich aus ihrem Imitatoren-Dasein zu erlösen."[2] Umgekehrt, in der Perspektive des Tanztheaters, sieht die Situation nicht viel anders aus. Die wirbelnde Entwicklung des Balletts im 20. Jahrhun-

---

[1] S. etwa Parr, Thomas: Eurythmie – Rudolf Steiners Bühnenkunst, Diss. Dornach: Philosophisch-anthropologischer Verlag am Goetheanum 1993, 196f. 233-237.

[2] Hallaschka: Die Eurythmie aus ihrem Imitatoren-Dasein erlösen, in: Die Drei – Zeitschrift für Anthroposophie, Frankfurt a.M.: mercurial 1996, H. 9, S. 899; s. auch Specht, Peter: Zur Krise der Eurythmie. Wie geht Ihr mit den nicht bestandenen Luftproben um?, in: Info3 1999, Heft 4, 26-27, S. 26.

dert verdankt der Eurythmie praktisch nichts. Diese Isolation beklagen Anthroposophen höchst selbst: „Befinden wir uns in einer Art ‚okkulter Gefangenschaft', berufsgruppendynamischer Lethargie, in einem Teufelskreis", fragt der Heileurythmist Theodor Hundhammer, die den Grund dafür bilde, dass der „Durchbruch" immer noch nicht gelungen sei?[3] All das macht offenbar nicht glücklich. Wenn einige empirische Zahlen stimmen, sterben Eurythmistinnen früher als andere Anthroposophen.[4]

Die aktuelle Situation ist schwer zu durchschauen, allemal von außen. Nach Steiners Tod wuchs die Eurythmie in bescheidenen Ausmaßen, aber kontinuierlich und auch international. 1992 konnten in Deutschland der Berufsverband der Eurythmisten gegründet und 39 Eurythmie-Einrichtungen gezählt werden.[5] Zu dieser Erfolgsgeschichte gehört auch, dass die Eurythmie fest im anthroposophischen Milieu verankert ist. Mit ihren pastellfarbenen Umhängen und der ätherischen Performance hat sie sich ein unverwechselbares Profil zugelegt und in der anthroposophischen Medizin oder Heilpädagogik ihren festen Platz. Auch in den Waldorfschulen zählt sie zum Pflichtprogramm: „Eurythmie ist obligatorisch, muss mitgemacht werden. Wer nicht Eurythmie macht, wird aus der Schule ausgeschlossen", hatte schon Rudolf Steiner dekretiert.[6] Dass ein Waldorfschüler seinen Namen tanzen können muss, gehört heute zum cartoonreifen Szenenwissen. In der Innenperspektive mancher Anthroposophen gibt es gleichwohl in der Schule bei den „Beteiligten eine hohe Akzeptanz von [sic] der pädagogischen Eurythmie",[7] eine Einschätzung, die manche Ehemalige bestätigen. Eurythmie kann in der Schule ein Ort der Konzentration der Körperarbeit sein, vielleicht insbesondere für Mädchen, die sie sich offenbar weniger gegen die Eurythmie sperren. Aber die ganze Realität dürfte anders aussehen. Von der Ambivalenz zwischen „Genuss" und „Dressurakt" sprach 1990 der Waldorflehrer Christoph Lindenberg,[8] das „am meisten gehasste" Fach wird es in der Waldorf-kritischen Studie von Paul-Albert Wage-

---

3 Auftakt, Märzheft 2015, S. 25; http://www.eurythmie-info.de/PDF/AUFTAKT_1-2015-DRUCK-LOW.pdf (11.7.2016).
4 Wer braucht keine Eurythmie?, in: Erziehungskunst, November 2012; http://www.erziehungskunst.de/artikel/waldorf-weltweit/wer-braucht-keine-eurythmie/ (11.12.2012).
5 Parr: Steiners Bühnenkunst, 169.
6 Steiner, Rudolf: Konferenzen mit den Lehrern der Freien Waldorfschule in Stuttgart 1919 bis 1924, Dornach: Rudolf Steiner-Verlag 1975 (Gesamtausgabe, Bd. 300a), 120.
7 Häggmark, Kjell Johan: Die Akzeptanz der pädagogischen Eurythmie in einer Waldorfschule aus der Perspektive der Schüler, Eltern und Lehrer, Masterarbeit, September 2013; abstract auf http://www.eurythmie-info.de/BV_2012_Master_Haeggmark.html (11.12.2015).
8 Lindenberg, Christoph: Riskierte Schule – die Waldorfschulen im Kreuzfeuer der Kritik, hg. v. F. Bohnsack / E.-M. Kranich: Erziehungswissenschaft und Waldorfpädagogik – der Beginn eines notwendigen Dialogs, Weinheim/Basel: Beltz 1990, 350-367, S. 360. 361.

mann genannt.⁹ Seitdem und bis heute ist die Kritik an diesem Schulfach nicht abgerissen.¹⁰

---

9 Wagemann, Paul-Albert: Praktische Erfahrungen mit der Waldorfpädagogik, hg. v. M. Kayser / ders.: Wie frei ist die Waldorfschule. Geschichte und Praxis einer pädagogischen Utopie, Berlin: Christoph Links 1991, 28-191, S. 53.
10 Wagner, Arfst: Die Auferstehung der Eurythmie aus ihrer Ohnmacht. Interview mit Volker Frankfurt, in: Flensburger Hefte, H. 73, Flensburg: Flensburger Hefte 2001, 19-31, S. 27: „In den Waldorfschule hat die Eurythmie heute große Probleme." 2012 antworten in einem Interview die Beteiligten ohne Rückfrage auf die Frage: „Warum mögen Schüler dieses Fach nicht immer?"; Wer braucht keine Eurythmie?, in: Erziehungskunst, November 2012; http://www.erziehungskunst.de/artikel/waldorf-weltweit/wer-braucht-keine-eurythmie/ (11.12.2012).

Frankreich

Frankreich tickt in religiösen Dingen ganz eigen. Zumindest in der Theorie gibt es – anders als in Deutschland, Österreich oder den meisten Schweizer Kantonen – eine strikte Trennung von Religion und Staat. Aber in der Praxis betreibt die „grande nation" dann doch eine aktive Religionspolitik. Dies bekam auch die Anthroposophische Gesellschaft in Frankreich zu spüren. 1998 installierte der französische Staat eine Kommission für den „Kampf gegen die Sekten" (Mission interministérielle de lutte contre les sectes), und die stufte die Anthroposophie genau hier ein, als Sekte. Insbesondere die wirtschaftlichen Vernetzungen in der „galaxie anthroposophique" beäugten die Kommissionsmitglieder misstrauisch: Hier sollte die Bank Nouvelle économie fraternelle, „gewisser Informationen" zufolge, wie man raunte, eine Art Spinne im Netz sein.[1] Ihre geringe Grösse – 1225 Mitglieder zählte man 2018[2] – hat die Anthroposophie dabei nicht geschützt.

Frankreich bestätigt damit, dass die Anthroposophie in romanischen, katholischen Ländern viel schwächer ist als beispielsweise in protestantischen Gebieten Deutschlands oder in Nordeuropa. Auch die Zahl der Waldorfschulen, 14 waren es 2018 (dazu kamen 21 Kindergärten), zeigt, wie überschaubar die anthroposophische Welt in Frankreich ist. Bezeichnend ist, dass in der Anfangszeit besonders viele Schulen im protestantischen Elsass entstanden. Aber inzwischen verteilen sich die expandierenden anthroposophischen Einrichtungen über ganz Frankreich: Ausbildungsangebote für Lehrer und Lehrerinnen, Verbände für anthroposophische Medizin, Heilpflanzenkulturen, der biodynamischen Landbau, nicht zuletzt biodynamisch arbeitende Winzer.

In welche Aufregung die französische Welt das Thema Anthroposophie weiterhin versetzen kann, zeigte sich 2017, als der französische Präsident Emmanuel Macron die in Belgien geborene Französin Françoise Nyssen zur Kultusministerin berief. Die Verlegerin hatte, nachdem ihr Sohn Antoine seinem Leben in Folge von Schulstress 2012 ein Ende gesetzt hatte, bei Arles die École Domaine du Possible gegründet, eine Schule, die „das Mögliche" wolle. Geleitet wurde sie von Henri Dahan, Generalsekretär der Fédération Française Steiner-Waldorf. Seine Feststellung, dass man keine richtige Steiner-Schule sei, sondern sich nur in Steiners Pädagogik verankere,[3] hat man in Frankreich nicht so richtig geglaubt, wohl zu Recht, denn Nyssens Ehemann Jean Paul Capitani meinte, dass

---

1 http://www.ladocumentationfrancaise.fr/var/storage/rapports-publics/024000086.pdf (19.9.2018), S. 97.
2 Mitteilung von Claudia Achour, Société anthroposophique en France, vom 18. September 2018.
3 https://www.lemonde.fr/education/article/2016/10/10/la-possibilite-d-une-ecole_5010966_1473685.html (19.9.2018).

diese weiche Positionierung den Vorurteilen in Frankreich gegenüber „Spiritualismus und alternativen Schulen im Allgemeinen und gegenüber Steiner im Besonderen" geschuldet sei.[4] Auch in der Schule sahen einige das so. In der Zeitung Le Monde wurde 2018 eine Schülerin zitiert, derzufolge die Lehrer von Nyssens Erziehungseinrichtung bestritten, dass es sich um eine Steiner-Schule handele, aber, so das Mädchen, „c'est 100 % Steiner", man mache das gleiche wie in einer Steiner-Schule. Und wenn dann noch eine Winterfeier im Dezember, in der Schule „Spirale des Advent" genannt, in Le Monde als „initiatische Zeremonie" vorgestellt wurde, sollten die französischen Leser wissen, wo man sei: in einer „atmosphère occultiste".[5] Libération, die liberale Tageszeitung, versuchte einige Wochen später zu besänftigen: Wachsamkeit angesichts des Okkultismus sei schon angesagt – aber eine Verteufelung auch nicht.[6]

Françoise Nyssens Zeit als Ministerin war allerdings im Oktober 2018 schon wieder zu Ende. Aufgrund einer Reihe von Unregelmäßigkeiten, unter anderen hatte sie ihre denkmalgeschützte Verlagsresidenz in Lyon ohne Baugenehmigung ausgebaut, war sie im Amt nicht mehr tragbar. Aber ihre Schule bleibt. Diese war für sie offenbar mehr als eine pädagogisch-praktische Reaktion auf den Tod ihres Sohnes gewesen. In der Begegnung mit der Anthroposophie oder parallel dazu hatte sie eine Art spiritueller Konversion erlebt: „Weder gläubig noch getauft, denke ich, dass heute der Engel unseren Weg erleuchtet."[7] Sie ist nicht die erste, die über die anthroposophische Praxis in eine weltanschauliche Nähe zur Anthroposophie gekommen ist.

---

4 Rundbrief, hg. v. d. Pädagogischen Sektion am Goetheanum, Michaeli 2016, Nr. 58, S. 20.
5 Malet, Jean-Baptiste: L'anthroposophie, discrète multinationale de l'ésotérisme, in: Le Monde diplomatique, Juli 2018, 16f., S. 17.
6 https://www.liberation.fr/checknews/2018/10/30/l-anthroposophie-est-elle-une-secte_16 88775 (31.10.2018).
7 „Ni croyante, ni baptisée, je pense qu'il est aujourd'hui l'ange qui éclaire notre chemin." https://www.la-croix.com/Culture/Livres-Idees/Livres/Francoise-Nyssen-editrice-bienveillante-2014-10-10-1219515 (19.9.2018).

Freimaurerei

Damals, vor 1914, gipfelte Steiners Esoterische Schule in einer Einweihung vermittels freimaurerischer Riten. Hier sollten die überzeugten Mitglieder wichtige maurerische Stufen (Lehrling, Geselle, Meister) durchlaufen und so in die höchste theosophische Erkenntnis eingeweiht werden. Aber mit dem Ersten Weltkrieg bekam Steiner kalte Füße, fürchtete eine maurische Weltverschwörung und hatte Angst, nicht ausreichend als deutschnationaler Patriot zu gelten. Er beendete die rituelle Arbeit und schloss die Esoterische Schule gleich ganz. Erst 1923 begann er, sie wieder zu eröffnen, doch starb er, bevor er der Anthroposophie erneut Rituale einpflanzen konnte. Seitdem klafft im Herzen der Anthroposophischen Gesellschaft ein recht tiefes Loch, das man oft nur deshalb nicht sieht, weil viele Anthroposophen gar nicht wissen, dass Steiner mehr wollte als Textlektüre und gesellschaftliche Arbeit.[1]

Immerhin gab und gibt es homöopathische Versuche unter Anthroposophen, Rituale nachzuschaffen. Der intern bekannteste und in Deutschland möglicherweise einzige anthroposophische Zweig, der kultische Rituale betrieb, war der Christian Rosenkreutz-Zweig in Hamburg. Hier hatte Lothar-Arno Wilke einen Memphis-Misraimkult (basierend auf einem freimaurerischen Hochgrad-Ritual von über 90 Graden, das schon Steiner bearbeitet hatte), zwischen 1985 und 1995 praktiziert.[2] Aber das geschah im Kielwasser eines Konflikts mit der Anthroposophischen Gesellschaft. Schon 1963 war der Hamburger Zweig ausgeschlossen worden, doch scheiterte die Anthroposophische Gesellschaft vor Gericht daran, den Hamburgern die Führung des Namens „Anthroposophische Gesellschaft" zu verbieten.[3] Zudem hatte man Wilke die Veröffentlichung der damals noch geheimen „Klassentexte" (Steiners esoterische Vorträge von 1924) im Jahr 1965 übelgenommen, die Wilke mit der ohnehin fehlenden Geheimhaltung begründet hatte, da „er sich selbst überzeugen konnte, dass die vollständige Ausgabe der Klassenstunden in der Bibliothek des Vatikans stand, und in diversen Zirkeln kursierte".[4]

---

1 Zum ganzen Komplex s. Zander: Anthroposophie in Deutschland, 961-1015.
2 http://www.christian-rosenkreutz-zweig.de/downloads/RB_sa_3-6.pdf (27.3.12); Gould-Bässler, Elisabeth u.a.: In Erinnerung Lothar-Arno Wilke, in: Mitteilungen für die Mitglieder der Anthroposophischen Gesellschaft Christian Rosenkreutz Zweig Hamburg e.V., Michaeli 2002, 1-6, S. 5.
3 Ebd., 5; Lothar-Arno Wilke, in: Lothar-Arno Wilke http://biographien.kulturimpuls.org/list.php (5.11.2015).
4 Gould-Bässler u.a.: In Erinnerung Lothar-Arno Wilke, 5.

Weitere Anthroposophen, die mit freimaurerischen Praktiken unterwegs sind, muss man mit der Lupe suchen. Relativ offen sprach man in anthroposophischen Kreisen über Frank Dieter Neubauers „Misraim-Dienst" in anthroposophischem Geist im norwegischen Lillehammer, der zumindest zwischen 2000 und 2010 existiert haben dürfte. Und vor etwa zehn Jahren arbeiteten anthroposophisch interessierte Maurer aus Schweden an einem ähnlichen Projekt. Schließlich praktizieren Gruppen, die sich im Umkreis des „Forum Kultus" bewegen, Riten, die als „freie christliche" Sakramente verstanden werden und ohne Priester oder einen Meister vom Stuhl arbeiten, jedoch einzelne Elemente aus Steiners Freimaurerriten besitzen (etwa wenn Gottesdienste an vier Altären gehalten werden).

Und was macht die Anthroposophische Gesellschaft? Beim Wiederaufbau des Goetheanum hat man nach dem Zweiten Weltkrieg diskutiert, ob man den großen Saal wieder so einrichten solle, dass nicht nur Theater gespielt, sondern auch freimaurerische Zeremonien abgehalten werden könnten, so, wie Steiner es vorgesehen hatte – Ergebnis: negativ.[5] Vielfach behilft man sich heute, indem man die Zweige als „Mysterienstätten" und die Lektüre von Steiners Texten als Ersatz für die fehlende Praxis der Esoterischen Schule deutet. Doch letztlich ist die Anthroposophische Gesellschaft zu der Konzentration auf kognitive Erkenntnisverfahren protestantischer Prägung zurückgekehrt, die Steiner für seine Theosophen hatte überwinden wollen.

Gleichwohl ist zumindest die Idee einer kultischen Praxis, die ja hinter den freimaurerischen Zeremonien steckt, in der heutigen Anthroposophie nicht ganz untergegangen. Denn Steiner hatte in den Jahren, als die Esoterische Schule geschlossen war, kultische Riten für die Waldorfschulen geschaffen. Dies ist keine Freimaurerei, aber etwas strukturell Ähnliches sollten sie vermitteln. Doch heute werden sie längst nicht mehr in allen Waldorfschulen praktiziert. Oft wissen nur wenige Kinder aus hochanthroposophischen Elternhäusern, dass sich hinter einer Tür oder einem Vorhang der Altar und die Utensilien für die „Opferfeier" befinden, die eher an eine katholische Messe als an freimaurerische Riten gemahnt.[6] Und noch ein zweites Erbstück gibt es. Letztlich wurde die anthroposophisch inspirierte Kirche, die Christengemeinschaft, die Erbin des anthroposophischen Ritualprogramms. Auch dies ist kein freimaurerischer Ritus, wenngleich auch hier einige wenige Einsprengsel der maurerischen Vorkriegspraxis entstammen.[7]

---

5 Zander: Anthroposophie in Deutschland, 1146f. 1162.
6 Ebd., 1134-1136.
7 Ebd., 1659.

Globalisierung

Demeter-Produkte werden in Ägypten, Namibia, Neuseeland, Brasilien und Südafrika produziert, die Christengemeinschaft hat ein Priesterseminar in Chicago eröffnet und Waldorfschulen, von denen sich ohnehin drei Viertel außerhalb Deutschlands befinden (zumeist allerdings in Europa) kann man heute auch in Ägypten, Argentinien, Armenien, Australien, Brasilien, Chile, China, Guatemala, Indien, Israel, Japan, Kanada, Kasachstan, Kenia, Kirgisistan, Kolumbien, Mexiko, Namibia, Nepal, Neuseeland, Peru, Philippinen, Südafrika, Südkorea, Tadschikistan, Taiwan, Tansania, Thailand und in den Vereinigten Staaten von Amerika besuchen.[1] Hinter diesen Länderlisten steht nicht nur eine rasante Ausbreitungsgeschichte, sondern auch eine Transformation der Anthroposophie, eine möglicherweise auf Dauer tiefgreifende. Aber was genau in diesem Prozess passiert, ist für mich nicht überschaubar. Klar scheint allenfalls, dass es dabei antagonistische Entwicklungen gibt. Einerseits existiert noch eine Prägung durch die deutsche Tradition, wenn etwa in der Waldorfschule im südafrikanischen Windhoek die Schüler das Martinsspiel (mit afrikanischen Elementen) spielen oder auf der ägyptischen Sekem-Farm Goethes Märchen eurythmisch getanzt wird. Auf der anderen Seite bleibt es gar nicht aus, dass fremde Kulturen die Waldorftradition verändern, wenngleich offenbar zur Zeit nur homöopathisch, etwa wenn in Taiwan die Figur des Buddha – auf einem Bild in anthroposophischen Pastellfarben – im Unterricht einen prägnanten Platz findet (s. unter: China). Umgekehrt kommt die Welt ins anthroposophische Deutschland. Bei der „Goetheanum-Welt-Konferenz" 2016 war die Hälfte der Teilnehmer – nur oder immerhin oder nur – deutschsprachig, in der Dornacher Weltkonferenz der Waldorflehrer ist das Englische dabei, dass Deutsche an den Rand zu drängen.

In diesem Globalisierungsprozess bleiben nicht nur für die Waldörfler, sondern für alle Anthroposophen mehr Fragen als Antworten: Was wird aus der für Steiner zentralen Christologie, wenn sie in nichtchristlichen Kulturen gelehrt wird? Konkret: Wie geht man mit der Anthroposophie in islamischen Ländern um, wo die christologische Ausprägung der Anthroposophie ziemlich schnell zu Konflikten mit dem orthodoxen Mehrheitsislam führen dürfte, wie man sie bei Ibrahim Abouleish, dem Gründer der Sekem-Initiative, spüren kann? Was tut man, wenn chinesische Eliten die „stressfreie" Waldorfschule nur als leistungsfähigere Alternative zur staatlichen Pauk-Schule betrachten? Wie frei werden Anthroposophen, wenn die in Deutschland starken Rechtfertigungszwänge gegen-

---

1 http://www.waldorfschule.de/service/schulverzeichnisse/ (13.2.2016).

über einer orthodoxen Steiner-Interpretation wegfallen? Was wird aus dem Herzstück der Anthroposophie, ihrem Anspruch auf übersinnliche Erkenntnis, das in einer sehr spezifischen europäischen Religionsgeschichte gewachsen ist? Wie werden Anthroposophen den Spagat zwischen Identitätssicherung und Veränderung durch fremde Traditionen handhaben? Darauf gibt dieses Buch keine Antwort, allenfalls (und immerhin in vielen Stichworten) Hinweise, wohin die Reise gehen könnte.

Halle, Judith von

Judith von Halle, eine 1972 als Jüdin geborene Berliner Anthroposophin mit dem Mädchennamen Behrend, beansprucht seit April 2004, Stigmata, also die Wundmale Christi, an Händen, Füßen und Brust zu tragen[1] Genau in ihrem 33. Lebensjahre sei dies geschehen, also im Sterbealter Jesu.[2] Mit Handschuhen zeigt sie sich seitdem in der Öffentlichkeit, und natürlich wecken die verdeckten Hände mit ihrem Gestus der Zurückhaltung gerade die Neugier. Ehe sie die Stigmata bekam, soll sich bereits ein weiteres körperliches Phänomen gezeigt haben: Sie vertrage keine Nahrung mehr und nur noch wenig Wasser, und dieser Zustand bestehe seitdem fort.[3] Seit 2005 publiziert von Halle in fast jedem Jahr zur Christologie in anthroposophischer Perspektive, unter anderem: „Und wäre Er nicht auferstanden ..." (2005), „Von den Geheimnissen des Kreuzweges und des Gralsblutes" (2006), „Von Krankheiten und Heilungen und von der Mysteriensprache in den Evangelien" (2007), „Der Weihnachtsgedanke der Isis-Horus-Mythe" (2009), „Rudolf Steiner – Meister der weißen Loge" (2011), „Die Templer" (2013), „Die Johannes-Individualität" (2017). Aber „ich bin ja eigentlich Architektin im Beruf", sagt sie abwinkend, und noch 2014 habe sie für Wolfgang Gutberlet, der bis 2013 Besitzer der Firma Lebensmittelkette Tegut war, einen Gebäudekomplex erstellt.[4] Jüngst ist der erste Band ihrer Autobiographie erschienen, in der man kaum Konkretes und schon gar keine Namen, dafür aber so manches über „diesen *eigentlichen Menschenwesenskern*" und „die Lebenszauberkraftgestalt und den Seelenkräfteleib" erfährt.[5]

Mit ihrem Auftreten, insbesondere mit ihren Stigmata, spaltete sie die Anthroposophische Gesellschaft. Dabei ging es natürlich nicht nur um Inhalte, sondern auch um Menschliches – Allzumenschliches. Ihretwegen stritt man sich im Berliner Zweig über die Schlüsselhoheit zu Räumen und Computern, damit fing vie-

---

[1] Kröner, Erhard / Geest, Alexander von der / Uhlenhoff, Rahel: Offizieller Abschlussbericht der Urteils-Findungs-Kommission. Eingesetzt vom 21. Mai 2006 bis zum 10. Oktober 2008 durch die Mitgliederversammlung der Anthroposophischen Gesellschaft in Deutschland e.V., o.O., o.J.; http://www.tiny-mundo.de/static/pdf/abschlussbericht.pdf (27.2.2016), 29.

[2] http://www.forumkultus.de/informations-texte/bemerkungen/anthro-infos/index.html#024c2496e30b60402 (25.2.2016).

[3] http://www.spiegel.de/spiegel/a-568508.html (25.2.2016).

[4] Halle, Judith von: Interview door Michael Gastkemper op 19 oktober 2014 / Interview mit Michael Gastkemper mit Judith von Halle, Stichtse Vrije School in Zeist, Privatdruck, o. O., o. J. S. 28 (Zitat). 48. Eine gekürzte Version findet sich in der niederländischen anthroposophischen Zeitschrift „Motief" vom Februar 2017.

[5] Halle, Judith von: Schwanenflügel. Eine spirituelle Autobiographie, Dornach: Verlag für Anthroposophie 2016, 93.

les an.⁶ Im Hintergrund stand von Halles symbiotisches Verhältnis zu Peter Tradowsky, den man zu Steiners Lebzeiten einen „Medienführer" genannt hätte: Der gebe seiner ehemaligen Sekretärin – wie Kritiker meinten – Worte und Begriffe. Er ist ohnehin für die Konfliktgeschichte der Berliner Anthroposophen eine prominente Figur, hatte er doch schon in den siebziger Jahren heftige Konflikte im dortigen Zweig entzündet. 2006 gehörte er zu den Gründern des Berliner Christian-Morgenstern-Zweigs als „Freie Vereinigung der Anthroposophie",⁷ die bis heute nicht zu den offiziellen Berliner Zweigen der Anthroposophischen Gesellschaft zählt.⁸

Die Konflikte um Judith von Halle ließen sich nicht auf Berlin beschränken, die Stigmatisierte wurde ein Thema für die ganze Anthroposophische Gesellschaft – und wie. Die Ausschläge im anthroposophischen Emotionsthermometer waren gigantisch: Man unterstellte sich wechselseitig falsche Erkenntnis, man befürchte eine katholische Unterwanderung, in Dornach waren für Judith von Halle über Jahre die Türen verschlossen, und wenn es in Diskussionen über sie hoch herging, „brüllte" man sich auch einmal an.⁹ Einige hielten die Wundmale für eine trickreiche Selbstinszenierung, vulgo Betrug: Man könne „dagegen etwas tun" und die Stigmata „abwaschen", habe eine führende Anthroposophin gesagt, und belegt ist die Nachfrage: „Wollen sie die Stigmata nicht wieder wegbekommen?"¹⁰ Aber auch die Anhänger rüsteten auf. Manche sollen Judith von Halle für die Reinkarnation von Ita Wegman, Steiners Geliebte seiner letzten Lebensphase und Mitbegründerin der Medizin in der Anthroposophie, gehalten haben.¹¹

Immerhin nahm man nicht nur Zuflucht zu der klassisch-anthroposophischen Lösung, den Streit nicht über das unschlagbare Argument wahrer „höherer Erkenntnis" zu beenden, sondern versuchte, eine Meinungsbildung zu ermöglichen. Man setzte eine „Urteilsfindungskommission" unter der Leitung Rahel Uhlenhoffs ein.¹² Die Gespräche zwischen 2006 und 2008 sollen, wie man hört, manche Mitglieder bis an den Rand eines Nervenzusammenbruchs gebracht haben, aber am Schluss stand ein Ergebnis, das sich sehen lassen kann: In dem Bericht kamen unterschiedliche Positionen zu Wort, man gab auch Äußerungen und Wahrnehmungen wider, die in ihrer emotionalen Schärfe vermutlich einfach wehtun, und enthielt sich eines abschließenden Urteils. Für die

---

6 Kröner u.a.: Offizieller Abschlussbericht der Urteils-Findungs-Kommission, 71–76.
7 http://www.freie-vereinigung.de/gruendung.html (29.2.2016); dazu kryptisch http://www.spiegel.de/spiegel/a-568508.html (25.2.2016).
8 http://www.agberlin.de/aktuelles/ (29.2.2016).
9 Kröner u.a.: Offizieller Abschlussbericht der Urteils-Findungs-Kommission; http://www.tinymundo.de/static/pdf/abschlussbericht.pdf (27.2.2016).
10 http://www.anthroposophische-gesellschaft.org/uploads/media/Detlef_Hardorp_Richtigstellung.pdf (29.2.2016).
11 http://community.zeit.de/user/ameliziesen i%C3%9F/beitrag/2010/01/31/das-wunder-von-dornach (25.2.2016).
12 Kröner u.a.: Offizieller Abschlussbericht der Urteils-Findungs-Kommission; http://www.tinymundo.de/static/pdf/abschlussbericht.pdf (27.2.2016).

Gesprächskultur in der Anthroposophischen Gesellschaft könnte dieser Prozess ein Modell sein, die oft dogmengesteuerten Totschlagsdebatten durch einen diskursiveren Stil zu ersetzen. 2012 kam es dann während einer Vertragsveranstaltung zu einem öffentlichen Gespräch Judith von Halles mit Mitgliedern des Vorstands der Anthroposophischen Gesellschaft,[13] was nicht nur im Blick auf das Faktum einer Diskussion bemerkenswert war, sondern auch hinsichtlich der Tatsache, dass es im Vorstand der Allgemeinen Anthroposophischen Gesellschaft in Dornach kontroverse Positionen zu von Halle gab und man diese öffentlich machte – und all das, nachdem man aus dem Vorstand zu dieser Angelegenheit lange Zeit überhaupt nichts gehört hatte.[14] In der Folge publizierte die Vereinszeitschrift „Das Goetheanum" durchaus positive Besprechungen der Schriften Judith von Halles,[15] inzwischen dürfte sie in Teilen des anthroposophischen Milieus gut gelitten sein und ist sogar auf dem Dornacher Hügel mit ihren Anhängerinnen und Anhängern zu sehen.

Warum aber die ganze Aufregung? Zwei Dimensionen dürften eine entscheidende Rolle gespielt haben. Zum einen ging es um die esoterische Deutung der Stigmata und damit um Frage, was eigentlich anthroposophische Erkenntnis sei. Diesen Zusammenhang muss man Außenstehenden wohl erläutern. Wer Stigmata besitze, hat in der etablierten anthroposophischen Deutung eine altertümliche Form des Kontaktes mit dem Geistigen. Eine „Somnambule" hat man sie deshalb in diesem Zusammenhang genannt,[16] was im anthroposophischen Denken eine glatte Abwertung ist. Es bestehe „die Gefahr, ein altspirituelles, körpergebundenes Geistverhältnis zu betonen, das heute nur unzeitgemäß sein kann".[17] Übersetzt: Gegenüber dem Fortschritt, den Rudolf Steiner gebracht habe, nämlich eine rein geistige Erkenntnis zu ermöglichen, seien von Halles Stigmata ein Rückschritt. Zum anderen stand die Frage, ob es sich bei den Stigmata um psychosomatisch erklärbare Phänomene oder gar Betrug handele, im Raum. Letzlich ging es in beiden Dimensionen um die Frage, ob die Stigmata der Beweis einer übersinnlichen Erfahrung seien, jenseits der „rein geistigen" und deshalb immer irgendwie unfassbaren und oft sehr subjektiven „höheren Einsicht". Die Erwartung solcher „Beweise" für höhere Erkenntnis durchzieht letztlich die anthroposophische Welt, und dies gibt der causa von Halle einen Teil ihrer Dynamik. Frau von Halle ist wohl nicht repräsentativ, aber sicher indikativ für Anthroposophen, denen an „unmittelbarer" Erfahrung liegt. Ihre Stigmata richten den Fokus auf eine Erfahrung jenseits bloßer Reflexion, sie versprechen, wie auch Steiner in seinem Schulungsweg, demgegenüber verlässliche,

---

13 http://www.themen-der-zeit.de/content/Erkennen_und_Erleben_an_der_Schwelle.1683.0.html (25.2.2016).
14 Kröner u.a.: Offizieller Abschlussbericht der Urteils-Findungs-Kommission, 34.
15 Etwa: Das Goetheanum, 92/2013, H. 4, S. 14.
16 http://www.themen-der-zeit.de/content/Erkennen_und_Erleben_an_der_Schwelle.1683.0.html (25.2.2016).
17 Kröner u.a.: Offizieller Abschlussbericht der Urteils-Findungs-Kommission, 35; http://www.tiny-mundo.de/static/pdf/abschlussbericht.pdf (27.2.2016).

"objektive", bewiesene, sichtbare Wirkungen „höherer Welten". Stigmata wären dafür eigentlich der ideale Beweis, sie gelten aber aus mehreren Gründen als nicht publicityfähig: Stigmata sind nicht kanonkonform, da es sie bei Steiner nicht gibt, und sie gelten in der reinen Lehre als atavistisch, sozusagen als unaufgeklärte Esoterik. Und sie sind zu katholisch.

Hier liegt der zweite wunde Punkt. Mit ihrem protestantischen Hintergrund trägt die Anthroposophie eine Art Hassliebe zum Katholischen mit sich herum. In den Versuchen, spirituelle Phänomene auch objektivierend (wie bei den handfesten Stigmata) zu erfassen, ist man einigen katholischen Traditionen ausgesprochen nah. Schon Ita Wegman hatte in den zwanziger Jahren einen Emissär zu der ebenfalls stigmatisierten Therese von Konnersreuth geschickt, insofern hat der leicht sehnsüchtige Blick auf diese Art von katholischen „Wundern" in der Anthroposophie Tradition. Dass von Halle 2013 ein Buch über eine andere stigmatisierte Genossin aus dem 19. Jahrhundert publizierte, die 2004 seliggesprochene Nonne Anna Katharina Emmerick, ist dann schon fast konsequent. Dahinter stehen vielleicht frühe Berührungen mit dem katholischen Milieu; die Judith von Halle hat ein katholisches Gymnasium in Berlin besucht und dort auch die Morgenmesse.[18]

Jedenfalls ist und bleibt von Halles „Katholisieren" unter Anthroposophen ein Spiel mit dem Feuer:

> „Um es deutlich zu sagen: Stigmatisierungen können nichts anderes als äußere Manipulationen sein. Ein Auferstehungsleib kann nicht bluten (Menschenkunde[19]) .... Es war und ist ein Instrument der katholischen Kirche, mithilfe von Stigmatisierungen und Marienerscheinungen ihren Machtanspruch besonders beim einfachen Volk glaubhaft durchzusetzen. Was Frau von Halle betreibt, ist genau diese katholische Methodik. Warum sie das tut, darüber mag man spekulieren. Die nächstliegende Erklärung ist natürlich, dass bei ihr eine Borderline-Störung vorliegt. Es kann sich aber auch ganz banal um eine ziemlich intelligent gemachte Unterwanderung von Seiten des Vatikan respektive seiner Geheimorganisation Opus Dei handeln."[20]

Aber dies ist eben nicht die ganze Anthroposophie. Ein anderer Anhänger Steiners fand den katholischen Umgang mit Stigmata „vorbildhaft":

> „Ich hätte mich am liebsten wie die katholische Kirche verhalten. D. h. jetzt wird erst einmal drei Jahre darüber geschwiegen. Und in diesen drei Jahren wird geprüft, handelt es sich um eine echte Stigmatisierung, handelt es sich um eine Psychose, handelt es sich um schwarze Magie oder was ist es. Das muss man doch rauskriegen können.[21]

Muss man – im katholischen Verständnis – nicht.

---

18 Von Halle: Schwanenflügel, 212.
19 Gemeint ist wohl Steiners Menschenkunde, vielleicht sogar dessen „Allgemeine Menschenkunde als Grundlage der Pädagogik" von 1919.
20 http://community.zeit.de/user/ameliziesen¡%C3%9Fbeitrag/2010/01/31/das-wunder-von-dornach (25.2.2016).
21 Kröner u.a.: Offizieller Abschlussbericht der Urteils-Findungs-Kommission, 38.

Heilpädagogik

Menschen mit Behinderung galten Rudolf Steiner als „seelenpflegebedürftig". Für sie rief er im Juni 1924 die Heilpädagogik ins Leben, als letztes Praxisfeld, bevor er ausgemergelt starb. Wieder war die Initiative für eine Anwendung der Anthroposophie von außen gekommen, und wieder wurden Vorträge, die er nachgerade im Vorbeigehen gehalten hatte, zur Grundlage einer anthroposophischen Praxis. In ihr gehen medizinische Therapie und pädagogische Förderung ineinander über, und das dürfte dem anthroposophischen Selbstverständnis nach „ganzheitlicher" Betreuung entsprechen. Daraus sind inzwischen Hunderte von Einrichtungen erwachsen. 2007 kam man zwischen eigenständigen Häusern und Förderklassen in Schulen auf 630 Einrichtungen weltweit,[1] 2013 auf 700 Angebote in fast 50 Ländern.[2] In Deutschland sollen 187 Einrichtungen existieren (März 2016),[3] 42 in der Schweiz.[4] Ein großer Einzelverband ist dabei die von Karl König 1939 gegründete Camphill-Bewegung, die besonders stark in der englischsprachigen Welt vertreten ist.

Solche Initiativen stellen heutzutage ein hohes Ideal von Eigenständigkeit für behinderte Menschen auf, etwa die Dorfgemeinschaft Münzinghof, in einem kleinen Weiler in Mittelfranken gelegen, östlich von Nürnberg, ziemlich weit weg von der nächsten größeren Siedlung. Münzinghof will „Heimat" sein

> „für Menschen, die auf Grund ihres anders-Erscheinens daran gehindert werden, in Würde und größtmöglicher Selbständigkeit zu leben, [für] Menschen, die durch das Stigma der ‚geistigen Behinderung' in ihrem Recht auf freie Wahl des Lebensortes, auf Partnerschaft und Familie, auf angemessene Arbeit, auf freie Entfaltung ihrer Persönlichkeit, auf Teilhabe am Leben in der Gemeinschaft benachteiligt, bevormundet, behindert werden."[5]

Im Hintergrund steht Steiners Überzeugung, dass jeder Mensch ein geistiges Zentrum besitze, welches vielleicht in unserer Perspektive „behindert" ist, aber „in Wahrheit" habe das göttliche „Ich" nur entschieden, seinen ganz eigenen Weg zu gehen. Zugleich verbirgt sich hinter der Hochschätzung des Geistes eine

---

[1] http://www.mistel-therapie.de/Dateien/PDF/Anthroposophische_Heilpaedagogik_und_Sozialtherapie.pdf (3.3.2016), Liste wohl nicht vollständig.
[2] Frielingsdorf, Volker / Grimm, Rüdiger / Kaldenberg, Brigitte: Geschichte der anthroposophischen Heilpädagogik und Sozialtherapie. Entwicklungslinien und Aufgabenfelder 1920 bis 1980, Dornach/Oberhausen: Verlag am Goetheanum 2013, 464.
[3] http://www.verband-anthro.de/index.php/cat/4/title/Einrichtungen (3.3.2016). 2008 wurden noch 215 Einrichtungen gezählt, die Vergleichbarkeit der Zahlen ist unklar.
[4] http://www.vahs.ch/5.html?&no_cache=1 (3.3.2016).
[5] http://www.muenzinghof.de/leitbild.aspx (3.3.2016).

tiefsitzende Körperdistanz: „Ich habe stets bemerkt", schrieb Steiner schon 1915, „dass ja nur der physische Körper das Gebrechen hat, dass aber die dem physischen Körper zu Grunde liegende Geistgestalt voll intakt ist. Für mich ist diese Geistgestalt eben eine Realität, geisteswissenschaftlich nachweisbar, wie für den Chemiker im Wasser der Wasserstoff."[6] Von einer solchen Aussage gelangt man leicht zum weltanschaulichen Herzstück der anthroposophischen Heilpädagogik, der Reinkarnationsvorstellung, deren Bedeutung im Umgang mit Menschen mit Behinderung sehr viel deutlicher sichtbar ist als etwa in Waldorfschulen oder in der anthroposophischen Medizin – wenn man genauer hinschaut. Heute findet man jedenfalls leicht anthroposophische Heilpädagogen, für die gilt, dass der „Reinkarnationsgedanke" zwar „hochbedeutsam" sei,[7] aber man darauf verzichte, „öffentlich damit zu argumentieren" – weil Nicht-Anthroposophen dann meinen würden, das anthroposophische Menschenbild hänge von einem „Glaubensinhalt" ab.[8] Sehr viel offener geht die „Konferenz für Heilpädagogik und Sozialtherapie", die an der Medizinischen Sektion in Dornach angesiedelt ist, mit dem Thema Reinkarnation in der Heilpädagogik um. Sie

> „sieht im Menschen ein Wesen, das jenseits seiner irdischen Biographie an einer Entwicklung teilhat, die schon vor seiner Geburt währte und auch nach dem Tod fortsetzen wird. Im Leben sucht der Mensch Entwicklungsschritte und die Möglichkeit zu wirken, wie dies nur auf der Erde möglich ist. Die leiblichen Grundlagen, Temperament und Intelligenz, aber auch der soziale Umkreis bilden ein Gefäß, eine Art ‚Kleid' für diese Entwicklung. Ein Verständnis dafür fordert einen höheren Standpunkt, von dem aus auch ein Lebenslauf als Kunstwerk und Bildungsgang verstanden werden kann."[9]

Wie ein Brennglas bündelt dieser Text zentrale Themen der anthroposophischen Esoterik: Evolution[10] („Entwicklungsschritte"), „höhere" Erkenntnis („höherer Standpunkt"), das Leben als „Kunstwerk", fokussiert in der Idee, wie Steiner gerne sagte, „wiederholter Erdenleben" (hier: „Entwicklung ... nach dem Tod") – das ist in aller Offenheit das okkultistische Hintergrundprogramm der anthroposophischen Heilpädagogik.

Diese reinkarnatorische Logik, in der es um die Abarbeitung einer Schuld aus einer vorherigen Existenz oder um die Vorbereitung auf ein besseres künftiges Leben geht, erklärt in anthroposophischer Perspektive die Entstehung einer Behinderung und gibt ihr „Sinn": Die Folgen der Reinkarnationsidee würden „jeder

---

6 Rudolf Steiner, Brief an Willy Schlüter, Redakteur der „Zeitschrift für Krüppelfürsorge", zit. nach Frielingsdorf u.a.: Geschichte der anthroposophischen Heilpädagogik, 58.
7 Cuno, Martin: Die Reise zum Mittelpunkt der Inklusion, in: Die Drei, 81/2011, 62-66, S. 62.
8 Ebd., 62f.; konkret geht es an dieser Stellung um Inklusion.
9 http://www.khsdornach.org/Was-ist-anthroposophische-Heil.29.0.html (3.3.2016). Erster Satz ohne Reflexivpronomen so im Original.
10 Explizit: Verband für anthroposophische Heilpädagogik, Sozialtherapie und soziale Arbeit e.V. Unser Verständnis vom Menschen; http://www.verband-anthr solche Initiativeno.de/index. php/cat/11/aid/4/title/Unser_Verstaendnis_vom_Menschen (28.1.2009).

Daseinsform ihre eigene unverwechselbare Sinndimension" verleihen.[11] Reinkarnation wird als das Ergebnis eines autonomen Handelns begriffen, es gibt blindes Schicksal mehr, das den Menschen irgendwohin wirft. Behinderung ist Selbstverantwortung und als solche eigenverantwortlich konzipiert: Behinderte Menschen haben sich konsequenterweise ihren Autismus oder ihr Down-Syndrom oder eine Existenz mit deformierten oder fehlenden Körpergliedern selbst ausgesucht. Sie sind, je nach Perspektive, ein autonomer Homo faber oder selbst schuld.

Wie die Praxis hinter solchen Leitbildern aussieht, ist eine weniger leicht zu beantwortende Frage, weil die Einrichtungen unterschiedlich geführt sein dürften. Natürlich wird man dankbar sein, dass es Einrichtungen gibt, in denen „normale" Menschen für solche mit Behinderung sorgen. Aber die Bewertungen schwanken. Einerseits hört man ein hohes Lob, wenn die aufopferungsvolle Arbeit eher den Eindruck einer Familie als einer „Anstalt" macht oder wenn Behinderte bei handwerklichen Arbeiten einfach glücklich zu sein scheinen. Andererseits ist die Kritik vor allem an autoritären Strukturen, in der „Seelen" mehr „gepflegt" als gefördert werden, unüberhörbar.[12] Kathrin Taube, die in einer anthroposophischen Einrichtung gearbeitet hatte, monierte 1994 derartige Strukturen: Es sei in der Einrichtung, über die sie sprechen konnte, gerade nicht um die Eigenständigkeit der dort lebenden Menschen gegangen, sondern um eine autoritäre Betreuung von oben, in der die „Nichtbehinderten" immer wüssten, was für die „Behinderten" am besten sei.[13] Dazu kommen Skandale wie derjenige um die „Alte Ziegelei" im Brandenburgischen Rädel 2008, wo die Auseinandersetzung über einen autoritären Führungsstil und Gewaltanwendung gegenüber den anvertrauten Kindern vor den Gerichten landete.[14]

Letztlich ist die Bindung an fast 100 Jahre alte therapeutische Konzepte, die die Ausrichtung an Rudolf Steiner und der Ursprungsphase mit sich bringt, ein unübersehbares Problem. Denn Steiners Vorstellungen tragen nicht nur auf der Oberfläche die esoterische Patina des frühen 20. Jahrhunderts, sondern sind es teilweise auch im Kern, etwa wenn er, um nur ein Beispiel zu nennen, Hydrozephalie („Wasserkopf") in der „Unmöglichkeit" begründet sieht, dass „die Ich-Organisation und der astralische Leib in den physischen und Ätherleib hineinfah-

---

11 Frielingsdorf u.a.: Geschichte der anthroposophischen Heilpädagogik, 106.
12 S. ebd., 98f.
13 Taube, Kathrin: Ertötung aller Selbstheit. Das anthroposophische Dorf als Lebensgemeinschaft mit geistig Behinderten, München: AG SPAK Publikationen 1994.
14 Dem Rundfunk Berlin-Brandenburg wurde untersagt, zentrale Vorwürfe der Gewaltanwendung gegen Kinder zu wiederholen; http://www.nna-news.org/reports/de/091211-01DE_RAEDEL-VERFAHREN-EINGESTELLT.html (22.4.2016). Aber auch die Leiterin Angelika Gilde, gegen die sich die Vorwürfe vor allem richteten, musste die Einrichtung verlassen, die von einem neuen anthroposophischen Trägerverband (Parceval Jugendhilfe Verbund) übernommen und weitergeführt wurde; http://www.openpr.de/news/241215/Neuanfang-in-Raedel.html (22.4.2016). S. auch http://web.archive.org/web/20110826111635/http://rudolf-steiner.blogspot.com/2008/08/kindesmisshandlung-und-terror-pr.html (3.3.2016); https://www.psiram.com/ge/index.php/KJHE_Alte_Ziegelei_R%C3%A4del (3.3.2016).

ren" und somit ein „radikaler Fall von Infantilismus" vorliege.¹⁵ Vielleicht hat die anthroposophische Heilpädagogik angesichts derartiger Äußerungen fast ein wenig Glück gehabt, wenn sie von der „akademischen Fachwissenschaft" weitgehend ignoriert werde, wie Anthroposophen monieren.¹⁶ Letztlich wird man sich wohl jede heilpädagogische anthroposophische Einrichtung, ähnlich wie jede Waldorfschule, genau ansehen müssen: Wie sie geführt wird und wie die Theorie in der Praxis ankommt – oder eben auch nicht.

Einen Einschnitt bedeutete für die „Seelenpflege" die Behindertenrechtskonvention der Vereinten Nationen im Jahr 2008. Denn sie forderte Inklusion: nicht Beheimatung (oder, in einer alternativen Perspektive: Gettoisierung) in eigenen Lebenswelten, sondern die Integration in der „normalen" Welt. Das bedeutete für die anthroposophische Heilpädagogik eine Herausforderung, weil sie auf Absonderung statt auf Integration gesetzt hatte, ganz im Zeitgeist des frühen 20. Jahrhunderts. Man findet ihre „Heime",¹⁷ wie man gerne sagt, deshalb mit Vorliebe an abgeschiedenen, ruhigen Orten – wie den Münzinghof. Inklusion aber bedeutet meist das Gegenteil, Einbindung ins alltägliche Leben, Integration von Kindern in reguläre Klassen, Auflösung von „Sonderschulen". Ich will an dieser Stelle nicht darüber diskutieren, ob Inklusion oder Exklusion für Menschen mit Behinderung besser ist – Eltern mit behinderten Kindern wissen, dass jedes Kind seine eigenen Bedürfnisse hat und dass in unterschiedlichen Lebensabschnitten die eine oder eben die andere Variante angemessen sein kann. Allerdings „wissen" wir oft viel zu schnell, was „Behinderte" (nicht) können, weil wir Menschlichkeit viel zu schnell an Maßstäben von „Normalität" messen, die ein viel zu kleines Segment des Menschenmöglichen für „das" Menschliche hält. All dies sind große Anfragen an das Konzept der zurückgezogenen „Seelenpflege" in der anthroposophischen Heilpädagogik, weil sie bei aller liebevollen Zuwendung tief in der Fürsorge-Ideologie des 19. Jahrhunderts, verschärft durch das Autoritätsgefälle „übersinnlicher" Erkenntnis, steckt. Das Argument in der aktuellen Debatte, dass die Inklusion außerhalb von speziellen Behinderteneinrichtungen oft scheitere, zieht nicht zwingend, denn oft ist man schlicht nicht bereit, die zusätzlichen finanziellen Mittel bereitzustellen (etwa für Betreuungspersonal), die man zu einer gelingenden Inklusion einfach braucht.

Diese Debatten greifen inzwischen auch in den anthroposophischen Theoriehaushalt ein. Jedenfalls hat sich mit dem Wandel des außeranthroposophischen Betreuungsideals die anthroposophische Theoriebildung verändert. Plötzlich steht die Forderung nach Inklusion auch in anthroposophischen Stellungnahmen als Ideal im Raum,¹⁸ sogar von „Steiners Inklusionsideal"¹⁹ ist jetzt die Rede. Nun kann man im traditionellen anthroposophischen Ideal des Rück-

---

15 Steiner, Rudolf: Heilpädagogischer Kurs. Zwölf Vorträge, gehalten in Dornach vom 25. Juni bis 7. Juli 1924 vor Ärzten und Heilpädagogen, Dornach: Rudolf Steiner-Verlag ⁴2010, 112f.
16 Frielingsdorf u.a.: Geschichte der anthroposophischen Heilpädagogik, 104.
17 http://www.khsdornach.org/Was-ist-anthroposophische-Heil.29.0.html (3.3.2016).
18 http://www.waldorfschule.de/waldorfpaedagogik/inklusion-und-heilpaedagogik/ (3.3.2016).
19 Cuno, Martin: Die Reise zum Mittelpunkt der Inklusion, in: Die Drei, 81/2011, 62-66, S. 63.

zugs in ein beschauliches „Heim" mit ein wenig hermeneutischer Flexibilität auch Inklusion immer schon angezielt sehen, aber in der Außenperspektive passiert etwas ganz anderes, eine grundlegende Transformation von Steiners Vorstellungen, fast eine Wende um 180 Grad, von der schützenden Abgrenzung zur offenen Inklusion. Liberale Anthroposophen sehen dies als eine kreative Fortschreibung im Geiste Steiners, konservative Anthroposophen als Verrat an seinen Ideen.

Historische Kritik

Für Außenstehende ist es kaum zu verstehen, dass ein Teil der anthroposophischen Welt in panische Aufregung verfällt, wenn sich nachweisen lässt, dass Rudolf Steiner Vorstellungen nicht unmittelbar aus „höheren Welten" bezogen hat, sondern tief mit seiner Zeit und Umwelt verbandelt war. Dies zu erkunden, ist eine der Hauptaufgaben der historischen Kritik. Dazu ein paar Beispiele. Zentrale Vorstellungen Steiners kamen aus der Theosophie, und das nicht zu knapp: von der Anthropologie mit Astral- und Ätherleib über Reinkarnation und Rassenlehre bis zur Kosmologie der planetarischen Evolution. Und natürlich hat er sich in der zeitgenössischen Naturwissenschaft, die ihm so viel bedeutete, bedient, etwa bei Ernst Haeckel, von dem er unter anderem die Idee des „biogenetischen Grundgesetzes" übernahm, wonach der menschliche Embryo noch einmal die Stammesgeschichte wiederhole.[1] Auch der Okkultismus seiner Zeit war ihm lieb und teuer. So schätze er zeitweilig den französischen Okkultisten Eliphas Lévi, aus dessen Schrift „Dogme et rituel de la haute magie" (Dogma und Ritual der hohen Magie) er Elemente für seinen freimaurerischen Ritus entnahm und deren Bilder er zur Illustration theosophischer Vorstellungen benutzte.[2] Dass schließlich die Waldorfpädagogik Wurzeln in der Reformpädagogik besitzt, von der koedukativen Erziehung bis zum Schulgarten, ist kein Geheimnis. Derartige Verknüpfungen sind historisch normal, Steiner ist keine Ausnahme in der durchaus kreativen Verarbeitung – und das ist gar nicht negativ gemeint – seiner Quellen zu einer neuen Weltanschauung. Seine Vorstellungen hat Steiner nicht einbetoniert, sondern vieles im Laufe seines Lebens neu bedacht, manches in neue Zusammenhänge gestellt, einiges revidiert – oder auch verdrängt. Seine Bücher sind in ihren unterschiedlichen Auflagen ein Paradies für die historische Kritik, wenn man die unentwegte Veränderung seiner Texte und damit seiner Vorstellungen nachvollziehen will.

Und doch erschüttern Erkenntnisse über Steiners Vernetzung mit seiner Umwelt die anthroposophische Welt, und das mit einer gewissen Verlässlichkeit. Heftig traf die Polemik etwa 1970 den Waldorflehrer und Anthroposophen Christoph Lindenberg, der auf Steiners Veränderungen in Erst- und Zweitauflagen hingewiesen hatte, mit denen er plausibel belegen konnte, dass Steiner auf seinem Weg in die Theosophie frühere Vorstellungen (etwa „des Christus") ein-

---

[1] Zander: Anthroposophie in Deutschland, 1412.
[2] Ebd., 1008. 1071.

schneidend verändert hatte.³ Die Auseinandersetzungen müssen, wie Zeitzeugen berichten, für Lindenberg von einer tief verletzenden Schärfe gewesen sein. Ein Einstieg in eine historische Forschung wurde damals verpasst, Lindenberg ging diesen Weg nur vorsichtig weiter. Als er 1997 seine umfangreiche Steiner-Biografie veröffentlichte,⁴ lieferte er in vielen Fällen eine hagiographische Darstellung – als wäre sein kritischer Geist gebrochen. Wie wenig allerdings die Wunden des Jahres 1970 bei seinen Kritikern verheilt waren, hatte 1995 Ammon Reuveni, Redaktionsmitglied des Goetheanum, der offiziösen Zeitschrift der Anthroposophischen Gesellschaft, deutlich gemacht, als er Lindenberg unter dem Titel „Scheinwissenschaftlichkeit und Dogmatismus" erneut frontal angriff und ihm unterstellte, sich mit Aussagen auf der Grundlage der historischen Kritik als *„unfehlbare* anthroposophische Autorität" zu inszenieren.⁵ Aber die Zeiten hatten sich geändert, vielen war klar, dass man mit der Immunisierung gegenüber der historischen Kritik nicht mehr weiterkommen würde, schon deshalb, weil historisch-kritische Methoden außerhalb der Anthroposophie zur ganz „normalen" Analyse historischer Gegenstände gehören. Inneranthroposophische Kritik brandete auf,⁶ die Redaktion des Goetheanum musste 1996 zurücktreten.⁷ Aber die neue Ära brach erst langsam an, und so traf eine ganz ähnliche Reaktion noch 2009 den Info3-Redakteur Felix Hau, als er Steiners autobiographisches Narrativ seiner „Einweihung" infragestellte.⁸

Das Ende der unbefragten Dominanz einer spirituellen, von historischer Kritik unbeleckten Steiner-Exegese kam 2007 mit der Studie „Anthroposophie in Deutschland".⁹ Dies war der Versuch, Steiner aus der Außenperspektive und mit den üblichen historiographischen Methoden zu verstehen, getrieben von viel Neugier, woher eine esoterische Welt wie die anthroposophische stammt und wie sie funktioniert. Dabei wurde klar, was für Außenstehende nicht anders sein konnte: Natürlich war auch Rudolf Steiner ein Kind seiner Zeit. Sein Wissen, seine Ideen, seine Praxis kamen, soweit sie der Geschichtswissenschaft zugänglich sind, nicht irgendwoher, nicht einsam aus höheren Welten, nicht aus dem Jenseits der Geschichte, sondern aus der Zeit um 1900. Dies bedeutet nicht, Steiner und sein Werk als Abziehbild des Okkultismus im frühen 20. Jahrhundert oder als populärwissenschaftliche Ausgabe der zeitgenössischen damaligen Naturwissenschaften zu diskreditieren, sondern deutlich zu machen, dass man Steiner nicht ohne die Vernetzungen mit seiner kulturellen Umwelt verstehen

---

3 Lindenberg, Christoph: Individualismus und offenbare Religion. Rudolf Steiners Zugang zum Christentum (¹1970), Stuttgart: Freies Geistesleben ²1995.
4 Ders.: Rudolf Steiner. Eine Biographie, 2 Bde., Stuttgart: Freies Geistesleben, Urachhaus 1997.
5 Reuveni, Ammon: Scheinwissenschaftlichkeit und Dogmatismus. Wie man Biographie und geistige Forschung Rudolf Steiners umschreibt, in: Das Goetheanum, 74/1995-96, 125-131, S. 131.
6 Vgl. etwa Günter Röschert in: Die Drei, 6/1995, Beiheft.
7 Vgl. Das Goetheanum, 74/1995-96, 562.
8 https://ycms.info3.de/artikel_1492.shtml (18.2.2016).
9 Zander: Anthroposophie in Deutschland; für die Biographie ders.: Rudolf Steiner. Die Biografie, München/Zürich: Piper 2016.

kann, ja mehr noch, dass man ihn in diesen Kontexten viel besser und zum Teil überhaupt erst versteht. Er wird als kreativer Kopf sichtbar, der viel las, vieles in Gesprächen erfuhr, Altes durch Neues interpretierte (und umgekehrt), der den etablierten philosophischen Idealismus des 19. Jahrhunderts mit der frischen Theosophie der Jahre um 1900 amalgamierte, der natürlich auf Vorlagen zurückgriff und gleichzeitig Unerwartetes schuf. Steiners Leistungen und seine Schwächen erkennt man erst, wenn man sich traut, ihm historisch-kritisch bei der Arbeit über die Schulter zu schauen.

Die Reaktion auf die Studie war umwerfend, man verliert schnell den Überblick über die Rezensionen,[10] über die Auseinandersetzungen im Internet, über die Versuche, das Ganze als Plagiat auszuweisen. Allenfalls bei dem halben Dutzend monographischer „Widerlegungen" reichen die Finger beider Hände zum Zählen. Die Folgen dieses Buch sind allerdings ziemlich klar. Für die Scientific community war es der Ausgangspunkt einer neuen wissenschaftlichen Beschäftigung mit der Anthroposophie – wobei selbstverständlich Wissenschaftlerinnen und Wissenschaftlern klar ist, dass jedes Wissen nur interpretiertes und kein „objektives" Wissen ist, dass jede Interpretation nur eine mögliche Perspektive darstellt, dass wissenschaftliches Wissen immer Wissen auf Zeit ist und dass es keinen Menschen gibt, der keine Fehler macht. Das gilt selbstredend auch für die „Anthroposophie in Deutschland".

Für die Anthroposophie aber war es, so darf man wohl sagen, ein kleines Erdbeben, mit einem zweifachen Resultat. Da gab es zum einen diejenigen Anthroposophen, die hellauf entsetzt waren: Ein scheinwissenschaftliches Machwerk, der Versuch, die Anthroposophie zu „erledigen", ein fehlendes Verständnis für die „eigentliche" spirituelle, übersinnliche Dimension der Anthroposophie, so lauteten noch die milderen Verdikte. Andere Anthroposophen aber verloren die Fassung und bemühten die größtmögliche deutsche Keule, den Nationalsozialismus: Lorenzo Ravagli glaubte, es gehe um eine „totale Demontage Rudolf Steiners", indem diesem „verheimlichte persönliche Motive" unterstellt würden, ein Vorwurf, „den schon Dietrich Eckart, der Mentor Adolf Hitlers", gegen Steiner erhoben habe;[11] und Peter Selg meinte eine „nahezu faschistoide Terminologie" zu entdecken.[12] Zum anderen aber gab und gibt es Anthroposophen, die sich auf die historische Kritik einlassen, ohne Steiner als spirituellen Mentor aufzugeben. Von manchen war auch die Klage zu vernehmen, dass eigentlich die Anthroposophen selbst diese Kritik hätten leisten müssen, aber der innere Konformitätsdruck sei vielleicht zu groß gewesen. Zu diesen offenen Anthroposophen

---

10 Teilsammlung vor allem von Reaktionen außerhalb der Wissenschaft auf: http://www.geistesschulung.de/anthro/zander1.htm (25.2.2016).
11 Neider, Andreas: Koloss auf tönernen Füßen – Helmut Zanders opus magnum. Im Gespräch mit Lorenzo Ravagli, in: Anthroposophie weltweit. Mitteilungen aus der anthroposophischen Arbeit in Deutschland, September 2007, S. I-II, hier: S. II (Lorenzo Ravagli in der Wiedergabe Neiders).
12 Selg, Peter: Helmut Zander und seine Geschichte der anthroposophischen Medizin, in: Der Europäer, 12/2007, November-Heft, 20-25, S. 21.

kann man ohne Anspruch auf Vollständigkeit Felix Hau, Redakteur bei der Zeitschrift Info3, zählen, Jens Heisterkamp, dort Chefredakteur, David Marc Hoffmann, jetzt Leiter der Rudolf Steiner-Nachlassverwaltung, Bodo von Plato, ehemals Mitglied im Vorstand der Anthroposophischen Gesellschaft, Günther Röschert, der als Privatgelehrter in diesem Feld arbeitet, und Robin Schmidt von der „Forschungsstelle Kulturimpuls". Jedenfalls ist seit 2007 viel in der Anthroposophischen Gesellschaft passiert. Vermutlich hätte es die Öffnung des Rudolf Steiner-Archivs oder eine kritische Ausgabe seiner Werke irgendwann ohnehin gegeben, aber ohne diese Anthroposophiegeschichte vermutlich nicht so schnell.

Warum diese ganze Aufregung? Um das zu verstehen, kehre ich noch einmal zu der Kritik Reuvenis an Lindenberg zurück. Reuveni hatte den Finger in eine offene Wunde des anthroposophischen Selbstverständnisses gelegt: das Verhältnis von historischer und hellseherischer Methode. Er forderte, den historischen („äußeren") Fakten „eine *untergeordnete Stelle*" gegenüber hellseherischen Einsichten zuzumessen.[13] Demgegenüber biete Lindenberg nur einen „Dogmatismus der Äußerlichkeit".[14] Der springende Punkt ist hierbei, dass sich Reuveni damit meines Erachtens zu Recht auf Steiners theosophisch-anthroposophisches Selbstverständnis berufen konnte. Steiners Weltanschauung war letztlich eine große Kampfansage an den historisch-kritischen Umgang mit der Geschichte, die immer nur interpretiertes und der Interpretation bedürftiges, relatives und damit unsicheres Wissen zur Verfügung stellt, welches das Bedürfnis nach existenzieller Eindeutigkeit nicht erfüllen kann. Dagegen suchte Steiner Sicherheit, nicht nur Gewissheit. Diese wollte er durch seinen Weg zu „höherer" Erkenntnis garantieren, denn dieses Wissen ist für ihn jenseits der historiographischen Kenntnisse angesiedelt.[15] Hier liegt, wie mehrfach angesprochen, der Großkonflikt zwischen Rudolf Steiners Überzeugungen und derjenigen Wissenschaft, wie sie heute an den Universitäten betrieben wird.

Reuveni artikulierte mit seiner Auffassung eine vermutlich bei vielen Anthroposophen tiefsitzende Angst, das Fundament ihrer Weltanschauung, ihres Glaubens, zu verlieren. Historisierung, also die Einsicht, dass alles, was Menschen tun und denken, eine Geschichte hat, gilt dann als ein Verrat an Steiners Ideen, als Generalangriff auf seine geistige Schau. Man fürchtet, die „übersinnliche" Erkenntnis werde zu schlichter Geschichte depotenziert. Angesichts des Bedrohungsgefühls, das diese (sinnliche) Begründung der „übersinnlichen" Erkenntnisansprüche mit sich bringt, reagieren viele Anthroposophen, als habe man sie persönlich verletzt. Für sie kann eine historisch-kritische Kontextualisierung als „eigentümlich aggressive und destruktive, hämische und höhnische Linie" im Umgang mit Steiners Werk (so Peter Selg) erscheinen.[16] Viele Anthro-

---

13 Reuveni: Scheinwissenschaftlichkeit und Dogmatismus, 126.
14 Ebd., 30.
15 S. exemplarisch Zander: Anthroposophie in Deutschland, 827.
16 Selg: Helmut Zander und seine Geschichte der anthroposophischen Medizin, 21.

posophen gehen davon aus, dass die Kritiker Steiner und die Anthroposophie schlicht nicht verstehen und/oder für die höhere und damit letztgültige Erkenntnis noch nicht reif seien. Viele, ich weiß nicht wie viele Anthroposophen neigen deshalb dazu, an Vorstellungen oder gar am Wortlaut Steiners einfach festzuhalten, ohne sie der historischen Kritik anzusetzen. Diese Haltung führt zu einem identitätsstarken und sicher nicht vom Untergang bedrohten Fundamentalismus. In einer pluralistischen Gesellschaft ist dies ein Weg, das eigene Profil in einem Markt von Möglichkeiten scharf zu halten. Aber in dem Moment, wo die historisch-kritischen Anfragen im Raum stehen, lässt sich die Frage nicht mehr aus dem Raum schaffen, was bei Steiner „übersinnlich" ist.

Doch diese Frage ist überhaupt kein Gegenstand historisch-kritischer Geschichtsschreibung, weil diese nicht den Anspruch erhebt, über die Existenz oder gar die „Wahrheit" „übersinnlicher" Einsichten zu entscheiden. Die dahinterstehenden klassischen Debatten etwa über Differenz von Darstellung und Deutung, also zu dem seit dem 19. Jahrhundert diskutierten Werturteilsproblem, kommen bei Anthroposophen, den konservativen allemal, meist nicht an. Vielmehr wird schon die Beschreibung der Abhängigkeit von Steiners Vorstellungen leicht als dessen Hinrichtung verstanden. Vielleicht liegt das Problem aber nicht nur in der Angst vor der Zerstörung „übersinnlicher" Inhalte, sondern auch in der emotionalen Sperrigkeit der historisch-kritischen Theorie. Die Trennung von Beschreibung und Wertung ist ein kühles Geschäft, denn „Sinn" stellt sich nicht unmittelbar, sondern nur über subjektive Reflexion ein und erzeugt nur nach langer intellektueller Anstrengung emotionale Wärme. Und wenn man diesen Weg ginge: Eine zu erwartende Friedensdividende der Historisierung Steiners, nämlich der Anschluss an die aktuelle akademische und gesellschaftliche Deutungskultur und der Auszug aus dem anthroposophischen Deutungsgetto, würde zugleich die gegenwärtige anthroposophische Identität verunsichern. Insofern ist das Fremdeln mit dem universitären Milieu in der Anthroposophie hinsichtlich der Aufarbeitung der eigenen Geschichte zumindest psychologisch verständlich. Und deshalb ist es auch wenig verwunderlich, dass Steiners Leben und Werk ein weitgehend unkritischer Bezugspunkt geblieben ist: Anthroposophen haben bislang keine kritische Biographie ihres Gründers geschrieben und nur in Ansätzen eine kritische Geschichte der Anthroposophie.

In der Regel wählt man andere Auswege. So kann man eine Art Historisierung durch die Hintertür praktizieren, indem man Steiners Werk selektiv rezipiert – und einfach nicht mehr thematisiert, was stört. Dieser Weg wird seit vielen Jahrzehnten beschritten, allerdings meist unter Ausklammerung der Reflexion darauf, was dies im Blick auf die Konsistenz oder die Irrtumsmöglichkeit Steiners heißt. Um dazu einige Beispiele zu nennen: Die Rassentheorie wird in ihren hierarchisierenden Elementen negiert und als Konzeption kultureller Pluralität gedeutet; die Selbsterlösung wird in der Christengemeinschaft als Element der anthroposophischen Weltanschauung bestritten oder marginalisiert, während man zugleich eine Gnadentheologie aus Steiners Äußerungen herauszieht und diese in den Vordergrund rückt; in der Medizin werden potenziell toxisch wirkende Medikamente nicht explizit ausgeschlossen, sondern einfach nicht mehr angewandt. Eine derartige punktuelle Wahrnehmung, die liberale wie konservative Anthroposophen verwenden, ist – natürlich – kein anthroposophischer Sonderweg, sondern der kulturelle Normalfall.

Hochschulen

Steiners Herz schlug für die Wissenschaft. Auf Augenhöhe mit ihr wollte er seine Anthroposophie zu einer kulturprägenden Einrichtung machen. Als wissenschaftlicher Philosoph, als der er sich auch verstand, verteidigte er seine Theosophie auf dem Philosophenkongress 1911 in Bologna, setzte er sich als Anthroposoph mit dem Psychologen Max Dessoir auseinander und betreute die Studenten der weitgehend gescheiterten anthroposophischen Hochschulgruppen. 1922 schließlich, als er die Anthroposophische Gesellschaft neu organisierte, sah er ihren Nukleus in der „Freien Hochschule für Geisteswissenschaft". Allerdings verstand Steiner darunter etwas ganz anderes, als wir es unter diesem Titel vermuten würden, nämlich das Herzstück einer „Esoterischen Schule". Hier sollten sozusagen Wissenschaftler des Übersinnlichen herangebildet werden: unter anderem in den „Sektionen" Anthroposophie, Medizin, Pädagogik, Kunst, Mathematik und Astronomie, Naturwissenschaften und in einer Sektion für „das Geistesstreben der Jugend". Steiner zielte also nicht auf eine weltanschaulich neutrale Forschung, sondern auf die Plausibilisierung anthroposophischer Perspektiven, ihm ging es um den Nachweis der Realität geistiger Wirkungen. Diese „Hochschule für Geisteswissenschaft" existiert mit ihren Sektionen in Dornach bis heute, mit einem im Kern unveränderten Selbstverständnis, nämlich Wissenschaft auf der Grundlage spiritueller Bildung zu betreiben:

> „Voraussetzungen zur Hochschulmitgliedschaft sind die Vertrautheit mit den Grundlagen der Anthroposophie und eine meditative Praxis im Sinne der anthroposophischen Geisteswissenschaft, die Bereitschaft zur Zusammenarbeit und zu einem Engagement für die Anthroposophische Gesellschaft sowie für eine Repräsentanz der Anthroposophie."[1]

Doch das ist nur die Oberfläche. Im Zentrum der Dornacher Hochschule findet sich bis heute die „Erste Klasse",[2] mit der Steiner 1922 begann, die Esoterische Schule wieder aufzubauen.

Aber die Rolle der Sektionen der „Freien Hochschule für Geisteswissenschaft" geht weit über die Verwaltung von Steiners spirituellem Erbe hinaus. Die Leiter und Leiterinnen ihrer Sektionen besitzen in Teilen des anthroposophischen Milieus eine hohe Reputation als autoritative Interpreten von Steiners praxisbezogenem Denken. Dass man unter den Veröffentlichungen der „Naturwissen-

---

[1] http://www.goetheanum.org/Freie-Hochschule-fuer-Geisteswissenschaft.300.0.html (4.1.2016).
[2] https://www.goetheanum.org/erste-klasse/ (24.6.2017).

schaftlichen Sektion" Artikel zur „Wissenschaft im Gespräch mit den Göttern" findet, ist dann kaum noch überraschend.[3] Allerdings hat das, was in Dornach als wissenschaftliche Arbeit beansprucht wird, an einem entscheidenden Punkt nichts mit den tun, was an staatlichen Universitäten erforscht wird, Wissenschaft als spirituelle Praxis hat dort keinen Platz.

Neben der Dornacher Hochschule gibt es weitere anthroposophische Bildungseinrichtungen, insbesondere seit der zweiten Hälfte des 20. Jahrhunderts, die im Rahmen staatlicher Anerkennung weitgehend die im öffentlichen Bildungssystem üblichen Konzeptionen und Standards übernommen haben. Die 1967 gegründete Kunsthochschule Ottersberg wurde 1984 staatlich anerkannt, das 1928 gegründete Stuttgarter Waldorflehrer-Seminar erhielt 1999 diese staatliche Anerkennung. Von zwei Experimenten, die scheiterten, weil man Anthroposophie mit Wissenschaft (so, wie sie die akademische Welt in Deutschland versteht) verwechselte, ist an anderer Stelle zu sprechen: von der pädagogischen Hochschule Mannheim (s.u.) und dem ökologischen Studiengang an einer Hochschule Kassel-Witzenhausen (s. unter: Landwirtschaft).

Die Spannbreite einer möglichen anthroposophischen Ausrichtung kann man an der Stuttgarter und der Ottersberger Hochschule andeutungsweise ermessen. Stuttgart ist schon durch die Ausrichtung auf die Waldorfpädagogik als dezidiert anthroposophische Einrichtung ausgeflaggt. Sie gilt unter Anthroposophen als eher konservative Ausbildungsstätte, in der, wie ehemalige Studierende berichten, Steiner im Zentrum der Lehrerausbildung stand: verpflichtende Lektüre seiner Werke und Vorbehalte gegenüber pädagogischer Literatur, die von der Anthroposophie zu weit wegführe. Man braucht, um zu glauben, dass es dort relativ dogmatisch zugehe, nicht die Hinweise ehemaliger Studierender. Noch das „Leitbild" aus dem Jahr 2010 dokumentierte die zuinnerst anthroposophische Festlegung. Da war schon im ersten Satz von „anthroposophisch erweiterter Menschenerkenntnis" die Rede, weiter ging es mit „Erkenntnisarbeit" und der Absicht, „im angehenden Pädagogen ganzheitlich menschenbildende Kräfte [zu] entwickeln"[4] – und so schrieb es sich eine ganze Seite lang fort. Das ist in der Terminologie harte Steiner-Orthodoxie, und danach wird sich auch die Praxis ausgerichtet haben. Aber die Zeiten ändern sich (dazu gleich mehr), dieser Text ist inzwischen von der Website verschwunden. Statt des „Leitbildes" findet sich jetzt ein „Forschungsleitbild", das nicht mehr mit anthroposophischen Vorstellungen beginnt, sondern korrekt Wissenschaftssprache präsentiert:[5] „pädagogische Anthropologie", „forschungsfundierte Lehrerbildung", „bildungswissenschaftlicher Diskurs". Und auch der Umgang mit dem Werk Steiners ist jetzt auf die neue Linie gebracht: „Außerdem werden Wirkungsannahmen Rudolf Stei-

---

3 Arncken, Torsten: Wissenschaft im Gespräch mit den Göttern, in: Forschungsinstitut am Goetheanum. Naturwissenschaftliche Sektion. Sektion für die Landwirtschaft: Jahresbericht 2017, Dornach 2018, 10-15.
4 http://www.freie-hochschule-stuttgart.de/_downloads/2009-10/FHS_Leitbild110310.pdf (1.3.2012).
5 http://www.freie-hochschule-stuttgart.de/forschung/forschungsleitbild/(14.1.2017).

ners in Bezug auf Pädagogik und die Umsetzung von Steiners Vorschlägen in die Didaktik untersucht." Das ist eine Wendung um knappe 180 Grad. Aber Steiners Geist war nicht verschwunden. Denn gleichzeitig sollte es 2015 weiterhin um „das Erkenntnisleben" gehen, mit dem man „seelisch-geistige Bewegungsstrukturen erfassen" und „die innere Anwesenheit objektiver Gesetzmäßigkeit" erforschen können soll.[6] Natürlich wüsste man gerne, wie die Konversion von der harten zur milden Steiner-Exegese zu Steiner-Forschung in der Praxis funktioniert. Auf einer Seite zur Studienbewertung in Internet sah jedenfalls ein Student noch 2014 zu wenige „praxisbezogene Lehrveranstaltungen mit anthroposophischen Inhalten" und viele Diskussionen „über mögliche ‚Eingeweihte', ‚Inkarnationsfragen' und das Festlegen des eigenen Temperamentes".[7] Und auch in den wenigen und kurzen positiven Voten aus dem Jahr 2016 kann man Kritik an der allzu anthroposophischen Ausrichtung finden: „So viel Eurythmie braucht kein Mensch in der Klassenlehrer-Ausbildung".[8]

Ein ganz anderer Ort, natürlich vom Gegenstand her, aber auch von der Ausrichtung, ist Ottersberg.[9] Hier steht kein anthroposophisches Praxisfeld im engeren Sinn im Zentrum, vielmehr wird hier Kunst unter Einbeziehung anthroposophischer Ideen gelehrt. Stark anthroposophisch ist beispielsweise die Kunsttherapie ausgerichtet, aber es gibt auch Bemühungen, anthroposophische und nichtanthroposophische Ansätze deutlich voneinander abzugrenzen.[10] Eine Brückenfunktion besitzt die hochschulübergreifende Arbeitsgruppe zur anthroposophischen Kunsttherapie, in der nicht nur Anthroposophen sitzen. Insgesamt ist „gefühlt" die Hälfte der Dozentenschaft und vielleicht ein Viertel der Studierenden anthroposophisch ausgerichtet, wobei allerdings Letztere gerade wegen der anthroposophischen Dimensionen und nicht wegen darüber hinausgehender Angebote kommen dürften. „Das Anthroposophische" scheint in Ottersberg ein fester, aber zugleich diskutierter Anteil des Selbstverständnisses zu sein.

Inzwischen sind weitere Hochschulen dazugekommen, vor allem die 1982 gegründete Universität Witten-Herdecke. Hinter dieser Einrichtung mitten im Ruhrgebiet standen überzeugte Anthroposophen, insbesondere die Mediziner Gerhard Kienle und Konrad Schily (dessen Bruder Otto Bundesinnenminister wurde). Konrad Schily stammt aus einem anthroposophischen Elternhaus und steht der Anthroposophie nach eigenem Bekunden sehr nahe, ist aber aus der

---

[6] http://www.freie-hochschule-stuttgart.de/portrait/geschichte.php (6.7.2015).
[7] https://www.studycheck.de/studium/waldorfschule/fh-stuttgart-4880/bericht-92365 (14.1.2017).
[8] https://www.studycheck.de/studium/waldorfschule/fh-stuttgart-4880/bericht-54244 (14.1.2017); Rechtschreibung so im Original.
[9] Seitenweise. 40 Jahre Kunsthochschule Ottersberg, hg. v. P. de Smit u.a., Ottersberg 2008.
[10] Henn, Wolfram: Anforderungen an die Vermittlung anthroposophischer Konzepte an einer Hochschule, Vortrag auf der Tagung „Anthroposophie und Wissenschaft", Ottersberg, 22.-23. September 2011.

Anthroposophischen Gesellschaft ausgetreten.[11] Witten-Herdecke war ursprünglich als rein private Hochschule konzipiert, mit den Schwerpunkten in den Bereichen Medizin, Ökonomie und Bio- und Kulturwissenschaften. Anders als in öffentlichen Universitäten sollte es ein allgemeinbildendes Studium geben, in dem, wie Konrad Schily einmal augenzwinkernd meinte, geldversessene Ökonomiestudenten auf sozial überengagierte Sozialarbeiter treffen sollten. Das Herz von Witten-Herdecke aber schlug in der Medizin, deren Studiengang im Jahr 2000 genehmigt wurde.[12] Insbesondere hier wollte man vieles anders machen und hat das auch getan: Das „Studium fundamentale" sollte die Folgen der Spezialisierung, nämlich die interdisziplinäre Sprachlosigkeit, überbrücken, in der Medizin sollte die Zweiteilung in Theorie und Praxis der Vergangenheit angehören, und das Laboratorium das zugehörige Gemeinschaftskrankenhaus Herdecke sein. Ein solches Spital war natürlich eine Conditio sine qua non für eine Medizinerausbildung, aber möglicherweise auch finanziell attraktiv. Eine kleine wissenschaftliche Alternativwelt entstand, mit 1067 Studierenden im Jahr 2008, die sich bis Juli 2015 auf 2107 Studierende praktisch verdoppelt hatte (davon 1450 in der „Fakultät für Gesundheit").[13] Aber quantitativ bleibt sie ein Zwerg in einer Universitätslandschaft, in der schon medizinische Fakultäten in der Regel ein Mehrfaches der gesamten Studierendenzahl von Witten-Herdecke vorweisen. Eigentümer der Universität ist eine Gesellschaftergruppe. In ihr spielt heute die Software AG-Stiftung die Hauptrolle, ihr gehören 53,45 % der Anteile. Gut 21 % besitzt die Universitätsstiftung, knapp 5 % das Gemeinschaftskrankenhaus.[14]

Aber 2005 goss der Wissenschaftsrat Wasser in den Wein dieses Universitätsmodells, mitten in ihr Zentrum, in die Medizinerausbildung. Nach dem Lob über innovative Dimensionen in der Ausbildung fällte er hinsichtlich der Forschungsleistungen und angesichts der inzwischen veränderten Anforderungen an kommende Ärzte ein vernichtendes Urteil: „In der Humanmedizin sind die Forschungsleistungen äußerst gering." Und: die Universität Witten-Herdecke „verfügt über keine überzeugenden Vorstellungen zur inhaltlichen wie personellen Bewältigung des deutlich erweiterten Lehr- und Lernspektrums." Deshalb sei die „Medizinerausbildung in ihrer derzeitigen Form" zu beenden.[15] In Witten-Herdecke brachte man einen Veränderungsprozess auf den Weg, der die Mängel beseitigen sollte. Aber 2008 drohte dennoch das Aus, denn die Finanzierung wankte. Die Droege International AG, die mit 12 Millionen Euro helfen wollte, sprang als weißer Ritter wieder ab, weil man im Blick auf „Businesspläne" nicht übereinkam,[16] das Land Nordrhein-Westfalen, dessen Finanzmittel man

---
11 http://www.ruhrnachrichten.de/leben-und-erleben/kultur-region/Konrad-Schily-schaetzt-ihn-als-grossen-Anreger;art1541,1201199 (17.3.2016).
12 https://www.uni-wh.de/gesundheit/humanmedizin/ (21.3.2016).
13 http://www.uni-wh.de/universitaet/presse/fakten/#c26215 (11.3.2016).
14 http://www.uni-wh.de/universitaet/universitaetsleitung/gesellschafter/ (24.3.2016).
15 http://www.wissenschaftsrat.de/download/archiv/6768-05.pdf (1.12.2017).
16 http://www.spiegel.de/unispiegel/studium/0,1518,573576,00.html (23.8.2008).

entgegen der früheren Ansprüche auf Staatsfreiheit inzwischen annahm, drohte wegen einer chaotischen Rechnungsführung – „achtzehnmal habe man die Universität erfolglos aufgefordert, verlässliche und testierte Wirtschaftspläne für 2009 vorzulegen"[17] – Mittel in Höhe von 4,5 Millionen Euro, immerhin 15 Prozent des Etats, zu streichen. Aber letztlich rettete sich Witten-Herdecke. Man dünnte nichtmedizinische Fächer aus, um die Mittel der Medizin zuzuführen, aber entscheidend war, dass am Ende doch ein Finanzier einsprang: die Software-AG, deren Gründer, Peter Schnell, überzeugter Anthroposoph ist. Sie ist seit 2009 „Hauptinvestorin" und seit 2013 „Mehrheitsgesellschafterin" und beansprucht, mit ihrer ökonomischen Position auch Einfluss auf die Universität zu nehmen: „Mit diesem Gewicht kann und wird die Stiftung auch eine aktive Rolle bei der zukünftigen Gestaltung der Universität übernehmen."[18] Inzwischen scheint die Medizin gesichert zu sein – und durchaus erfolgreich: Im Ranking des Centrums für Hochschulentwicklung und in den Bewertungen der Studierenden belegt die Universität vordere Plätze,[19] und der ehemalige Bundesgesundheitsminister Daniel Bahr kam offenbar gerne zu einem Besuch nach Witten-Herdecke, nicht ohne den Hinweis zu hinterlassen: „Ich bin ein Anhänger der Anthroposophie".[20]

Wieder einmal kann man fragen: Was ist anthroposophisch an einer anthroposophischen Einrichtung, hier: der Universität Witten-Herdecke? Natürlich sind es die Wurzeln: Es waren überzeugte Anthroposophen, die Witten-Herdecke ins Leben riefen. Aber bei den curricularen Eigenheiten wird es schon schwieriger. Zwar kann man ein Studium fundamentale oder eine flache Hierarchie anthroposophisch begründen und einfärben, aber das ist wohl nicht die ganze Antwort. Steiners Menschenbild in der Medizin wäre schon ein härterer Punkt, doch die Einbeziehung seiner Lehren ist freiwillig, und diejenigen Studierenden, die entsprechende Angebote wahrnehmen, sind offenbar ein kleiner Kreis. Das weltanschauliche Herzstück ist wohl das „Institut für Integrative Medizin", an dem Peter Heusser seit 2009 den „Lehrstuhl für Medizintheorie, Integrative und Anthroposophische Medizin" innehat – aber auch die Wahrnehmung dieses Angebots ist freiwillig. Immerhin können sich Mediziner und Studierende „medizinaffiner Fächer" von Pharmazie bis Kunsttherapie im „integrierten Begleitstudium anthroposophische Medizin" „um die Erkenntnisse der Gesetzmäßigkeiten der seelischen und geistigen Anteile des Menschen" bemühen und die „gezielte Verwendung anthroposophischer Therapien: natürlich basierte Heilmittel, äußere Anwendungen, künstlerische Therapien, Heileu-

---

17 http://www.faz.net/s/RubD16E1F55D21144C4AE3F9DDF52B6E1D9/Doc~EF6B7D5022E654C8 28C45781728EA5341~ATpl~Ecommon~Scontent.html (19.12.2008).
18 http://www.software-ag-stiftung.de/themen/altenhilfe/beispielprojekte/projekt/universitaet-witten-herdecke/, (21.3.2016).
19 http://www.uni-wh.de/universitaet/die-uwh-stellt-sich-vor/auszeichnungen/ (17.3.2016).
20 http://www.derwesten.de/staedte/nachrichten-aus-wetter-und-herdecke/minister-tourt-durch-ender-klinik-id7685706.html, (21.3.2016).

rythmie, biographisch orientiert Gesprächsberatung" kennenlernen.[21] Ob diese Angebote von mehr als nur einer Minderheit der Medizinstudierenden genutzt wird, ist unklar. Vielleicht liegt das Feld der intensivsten, wenn auch oft unterschwelligen Einbeziehung anthroposophischer Ideen im Gemeinschaftskrankenhaus. Hier füllen Lehreinheiten von einzelfallbezogener Diagnose und Therapie („Coginition based Medicine") über die „Einführung in die anthroposophische Patientenbetrachtung" bis zu „Meditation und Aufmerksamkeitsübungen als Instrumente selbst geführter Persönlichkeitsentwicklung" (Sommersemester 2016) den Studiengang.[22] Zudem kommen in der Behandlung diejenigen Medikamente vor, die als typisch anthroposophisch gelten, nicht zuletzt Mistelpräparate in der Krebstherapie, allerdings, wie es das anthroposophische Selbstverständnis will, komplementär zu schulmedizinischen Mitteln. Doch anthroposophisch dürften nicht nur derartige medizinische Praktiken sein. Wenn man mit Menschen spricht, die die Krebstherapie in Witten-Herdecke gemacht haben, treten oft Elemente in den Vordergrund, die in den Weichbereich der Medizin gehören: die Bereitschaft, auf den Patienten zuzugehen, etwa die „harte" Chemotherapie mit den alternativmedizinischen Therapeutika zu kombinieren. Und in dem Fall, dass dem Tode geweihte Patienten bereit sind, auf Lebenszeit zu verzichten, kann man auf eine hohe Bereitschaft stoßen, schulmedizinische Mittel zu relativieren. Diese Haltungen wird es auch in onkologischen Stationen nichtanthroposophischer Krankenhäuser geben, aber in anthroposophischen Einrichtungen werden sie von PatientInnen gerne dem anthroposophischen Markenzeichen zugeordnet.

Was allerdings die Universität Witten-Herdecke über die Medizin hinaus „anthroposophisch" macht, ist schon unter Anthroposophen umstritten. Die überwiegende Mehrzahl der Hochschullehrer sind keine Anthroposophen, die Zahl der Anthroposophen habe sogar seit der Gründung abgenommen, vermuten manche. Vielleicht war das zumindest eine Zeit lang auch eine Folge der Haltung von Konrad Schily, der einer dogmatischen Ausrichtung der Universität auf die Anthroposophie kritisch gegenübergestanden haben soll. Das anthroposophische Profil war jedenfalls auch jenseits der Medizin oft luftig, man könnte auch sagen, wenig dogmatisch, weshalb viele Anthroposophen denn auch Witten-Herdecke für „verloren" hielten. Aber das muss nicht das letzte Wort sein. Mit der Stiftung der Software AG ist inzwischen eine Art anthroposophischer Ökonomie Teil der Universität, und die Neigung, Menschen in Führungspositionen zu berufen, denen man nachsagt, mit der anthroposophisch engagiert zu sein, habe, wie Insider meinen, zugenommen.

Inzwischen hat Witten-Herdecke eine Schwester bekommen (die zugleich für die Stuttgarter Hochschule eine Konkurrenz ist): im Rheinland, in Alfter (Gemeinde Bornheim, nahe Bonn), eine gute Autostunde vom Ruhrgebietsstandort

---

21 https://www.uni-wh.de/gesundheit/anthroposophische-medizin-ibam/, (21.3.2016).
22 http://www.uni-wh.de/gesundheit/anthroposophische-medizin-ibam/veranstaltungen/, (21.3.2016).

Witten entfernt, gibt es die Alanus-Hochschule, die 1973 als nach Nachwehe der 68er-Bewegung gegründete, lange Zeit ziemlich beschauliche Einrichtung,[23] in der die Kunstvermittlung im Zentrum stand, hat seitdem einen rasanten Wachstumsprozess hingelegt und ihr Fächerspektrum massiv erweitert, unter anderem um Pädagogik und Philosophie. 2002 wurde sie als Kunsthochschule staatlich anerkannt und 2010 für zehn Jahre akkreditiert.[24]

2014 waren in Alfter 992 Studierende eingeschrieben, 2017 dürften es über 1500 gewesen sein. Inzwischen gibt es eine Kooperation mit der Universität Bonn (s.u.) und eine weitere mit der 2009 gegründeten „Kueser Akademie für Europäische Geistesgeschichte",[25] einer außeruniversitären wissenschaftlichen Forschungseinrichtung, in der auch ehemalige Alfterer Professoren (Silja Graupe, Harald Schwaetzer) tätig sind, die aber nicht deren anthroposophischem Spektrum zuzurechnen waren. Alfter stieg mit der Verleihung des Promotionsrechtes für den Fachbereich Bildungswissenschaft im gleichen Jahr in die Oberklasse der Bildungsinstitutionen auf – nicht zufällig in den Jahren, als Andreas Pinkwart Wissenschaftsminister in Nordrhein-Westfalen war, der mit Bornheim-Merten eine „heimatliche Verbundenheit" dokumentierte[26] und dem enge Beziehungen zu Mitgliedern der Universitätsleitung schon aus Zeiten vor der Gründung der Hochschule nachgesagt werden; dem Gründungsdirektor Marcelo da Veiga hielt Pinkwart die Laudatio bei dessen vorzeitigem Ausscheiden aus diesem Amt im März 2017.[27]

Für die Pädagogik ist inzwischen ein ganz neuer Campus entstanden, bei dessen Finanzierung wiederum Peter Schnell mit seiner Software AG-Stiftung seit 2002 die entscheidende Rolle gespielt hat. Auch in anderen Feldern sind anthroposophische Stiftungen für Alfter aktiv: Drittmittel kamen lange auch von der Damus-Donata-Stiftung,[28] die gleichfalls im anthroposophischen Feld tätig ist. Seit 2004 wird die gesamte Hochschule von einer Stiftung getragen, deren Mitglieder die Software AG-Stiftung, GLS Treuhand und Alnatura sind und die ein Stiftungsvermögen von ca. 3,8 Millionen Euro im Jahr 2009 verwaltete.[29] Das darüber hinausreichende Netz der Unterstützer liest sich in der Version vom März 2015 wie das Who-is-Who der anthroposophischen Stiftungswelt: „Dem Kreis der Förderer der Hochschule gehören unter anderem Alnatura, der Bund der Freien Waldorfschulen, Dennree, dm-drogerie markt, die GLS Gemeinschafts-

---

23 S. die Beiträge in: Alanus-Hochschule der musischen und bildenden Künste Alfter. Der Gründungs-Impuls, hg. v. M. Wagner, o. O., o. J. (2008?), bes. S. 20.
24 http://www.ihdsl.de/2015/03/22/alanus-hochschule-fuer-kunst-und-gesellschaft-wikipedia/ (11.7.2016).
25 http://www.kueser-akademie.de/sides/kontakt/wir1000.html (11.7.2016).
26 http://www.igr-nrw.de/gefahr/rettung/2005/Prof.%20Andreas%20Pinkwart.pdf, (21.3.2016).
27 http://www.rundschau-online.de/region/bonn/alfter/festakt-und-offizieller-titel-alanus-gruendungsrektor-marcelo-da-veiga-geehrt-26166990 (20.4.2017).
28 http://www.wissenschaftsrat.de/download/archiv/9895-10.pdf (21.3.2016).
29 Die Angaben schwanken. 3,8 Millionen Euro im Jahr 2009 http://www.wissenschaftsrat.de/download/archiv/9895-10.pdf (21.3.2016); 7 Millionen für das Jahr 2007 (Erziehungskunst, 71/2007, 1159).

bank, die Mahle Stiftung, die Software AG-Stiftung, Wala Heilmittel, die Waldorfstiftung und Weleda an."[30] Aber zentral ist die Stiftung der Software AG, ohne die Alfter wohl nicht überleben könnte. Auch deshalb traf der unerwartete Rückzug dieser Stiftung aus den Bereichen Schauspiel, Architektur und Philosophie im Frühjahr 2018 die Hochschule hart.[31] Die Software AG wollte sich auf die Waldorfpädagogik konzentrieren und griff damit im Grund höchst konservativ in die Hochschule ein – den sie beschnitt sie gerade an den Punkten, wo die Alfterer besonders innovativ waren.

Wie bei Witten-Herdecke kann man die Frage stellen, was anthroposophisch an dieser Hochschule ist. Dabei hat man eine andere Entscheidung getroffen als Witten, wo man auf den anthroposophischen „Geist" ohne Verankerung in der Universitätsverfassung vertraut hatte. In Alfter hingegen ist in den Statuten festgeschrieben, dass der Bezug auf Rudolf Steiner und damit auf die Anthroposophie konstitutiv zu dieser Hochschule gehöre: Zur „Freiheit von Forschung und Lehre ... zählt sie auch den kritischen philosophischen und künstlerischen Diskurs zu den Ideen Rudolf Steiners, die zu ihren identitätsbildenden Wurzeln gehören".[32]

Möglicherweise wollte man den Wittener „Fehler", die Anthroposophie aus der Hochschulverfassung herausgehalten zu haben, nicht wiederholen. Allerdings könnte man mit dieser Fokussierung auf die weltanschaulichen Prägungen von Alfter übersehen, dass diese Hochschule nicht in einer Orientierung auf die Anthroposophie aufgeht. Auf viele Lehrstühle hat man Dozenten berufen, die der Anthroposophie nicht nahestehen, etwa als man in der Philosophie einen Cusanusspezialisten mit katholischem Hintergrund nach Alfter holte. Wichtiger aber scheint mir ein anderer Punkt zu sein, wenn mich meine begrenzte Einsicht nicht täuscht: Es gibt in Alfter den Versuch, die üblichen wissenschaftlichen Standards zu übernehmen, nicht zuletzt hinsichtlich der anthroposophischen Themen selbst. Beispiele dafür sind ein empirisch arbeitender Sozialwissenschaftler wie Dirk Randoll oder, ins Herz der anthroposophischen Weltanschauung gehend, ein Erziehungswissenschaftler wie Jost Schieren. Letzterer versucht, die anthroposophische Schule nicht vom Zentrum ihrer esoterischen Konstitution her zu denken, die sich letztlich weitgehend einer Diskussion entzieht, sondern von den goetheanischen Elementen her: Pädagogik als ästhetische Praxis, Bildung durch anschauenden Unterricht. Bis in die Erkenntnistheorie hinein reicht Schierens Anspruch auf einen kritischen Umgang mit Steiner. Wenn er hinsichtlich des „Geistigen" von „individuellen (kon-

---

30 http://www.ihdsl.de/2015/03/22/alanus-hochschule-fuer-kunst-und-gesellschaft-wikipedia/ (11.7.2016).
31 http://www.general-anzeiger-bonn.de/region/vorgebirge-voreifel/alfter/Der-Alanus-Hochschule-in-Alfter-fehlt-Geld-article3837999.html (13.12.2018).
32 Hochschulordnung der Alanus-Hochschule vom 31.10.2008, Präambel; https://www.alanus.edu/fileadmin/downloads/studieren/studienordnungen/allgemein/Hochschulordnung_Oktober_2015. pdf (24.3.2016).

ditionierten) Bezügen" auf den allgemeinen Geist spricht,[33] ist die Nähe zu kantianischen Positionen und die Distanz zu Steiners Konzepten objektiver Erkenntnis deutlich – und der Versuch, die Waldorfpädagogik auf eine wissenschaftlich diskutable Ebene zu bringen.[34]

Zugleich behält die Waldorfpädagogik einen eindeutig anthroposophischen Bezug, in der Steiners Vorstellungen tief stecken. An genau dieser Stelle vollzieht sich momentan in Alfter einer der spannendsten Prozesse in der anthroposophischen Hochschullandschaft, aber dazu muss man einen Blick auf eine gescheiterte Hochschulgründung werfen. 2010 hatte der Wissenschaftsrat einer pädagogischen Hochschule, die in Mannheim entstehen sollte, die Akkreditierung verweigert. Es bestehe die Gefahr, so die Kernbotschaft, „eine spezifische, weltanschaulich geprägte Pädagogik im Sinne einer außerwissenschaftlichen Erziehungslehre zur Grundlage einer Hochschuleinrichtung zu machen", also etwas salopp übersetzt: Man müsse damit rechnen, dass Überzeugungen an die Stelle von Wissenschaft gesetzt würden. Wer im Kleingedruckten liest, stößt auf weitere Probleme: Der anthroposophische Klassenlehrer – noch zeitgemäß? Ein mickriger Bücherbestand und geringe Finanzmittel – kann man damit die wissenschaftlichen Standards halten? Und immer wieder: Fände eine solche Einrichtung aus dem anthroposophischen Getto heraus?[35]

Diese Kritik sah man in der Alanus-Hochschule als eine Steilvorlage sowohl für die eigene Positionierung im Feld der Ausbildung von WaldorflehrerInnen als auch für eine Veränderung des Umgangs mit Wissenschaft im Rahmen der Anthroposophie. In Reaktion auf die Kritik des Wissenschaftsrates hieß es, man wolle in Alfter die Möglichkeiten der „Diskussion und Kooperation zwischen Erziehungswissenschaft und Waldorfpädagogik" ausloten.[36] Das bedeutet zwischen den Zeilen, dass man das abgelehnte Mannheimer Programm ähnlich kritisch sah wie der Wissenschaftsrat – und natürlich die Chancen für Alfter realisierte, die sich aus dieser Ablehnung ergaben, nämlich sich zu einem Big Player in der Waldorflehrer-Ausbildung zu machen. Das Mannheimer Experiment endete schließlich in Alfter, 2014 übernahm die Alanus-Hochschule mit einer Art Zweigstelle die dortige Ausbildung;[37] auch die Ausbildung in Kassel scheint sich Alfter angenähert zu haben. Damit hatte Alfter Flagge im anthroposophischen Pädagogik-Milieu gezeigt, und zwar gegenüber der Stuttgarter pädagogischen Hochschule, die – vorsichtig gesagt – einen anderen Weg zu präferieren scheint (oder schien?). Dieser haben sich inzwischen die Ausbildungsstättin

---

33 Schieren, Jost: Das Menschenbild der Waldorfpädagogik; Vortrag auf der Tagung „Anthroposophie und Wissenschaft", Ottersberg, 22.-23. September 2011.
34 http://www.rosejourn.com/index.php/rose/article/viewFile/77/104 (10.1.2012).
35 www.wissenschaftsrat.de/download/archiv/1010-11.pdf (6.7.2015).
36 http://www.alanus.edu/kunst-forschung/kunst-forschung-wissenschaftliche-forschungsprojekte/forschungsprojekte-biwi-details/details/waldorfpaedagogik-und-erziehungswissenschaft.html (6.7.2015).
37 http://www.alanus.edu/presseo/pressemitteilungen/mitteilungen-details/details/neuer-standort-der-alanus-hochschule-in-mannheim.html (8.2.2016).

in Berlin und Hamburg angelagert, wohingegen das große Seminar in Witten-Annen sich offenbar unabhängig positioniert.

Die Waldorflehrer-Ausbildung in Alfter ist der vielleicht spannendste Versuch, Steiners Pädagogik aus der Isolation herauszuführen,[38] in die sie geraten ist, schlicht weil sie sich in ihrer Fixierung auf Steiners hundert Jahre alte Vorstellungen und deren autoritärer Grundstruktur nicht bewegte, während sich in ihrem Umfeld die Gesellschaft von Heroenkultur und Obrigkeitsstaat verabschiedete. Zur Alfterer Einbindung der Waldorfpädagogik in eine Hochschule, in der auch Nicht-Anthroposophen unterrichten, gehört auch der Versuch, die Waldorf-Realität durch empirische Untersuchungen wahrzunehmen, sowie die Entscheidung, Kritik nicht von vornherein zu eliminieren. All dies sind Schritte, die man in der Waldorf-Welt über fast hundert Jahre praktisch nicht kannte. Aber zumindest an einem Punkt ist dieses Unternehmen noch nicht ganz über den Berg. Die Professoren und Professorinnen, die man im Bereich Pädagogik berief, hätten vermutlich häufig, vielleicht sogar in der Mehrheit, an einer staatlichen Universität keine Chance. Viele Hochschullehrer in Alfter sind altgediente Lehrer oder stammen aus inneranthroposophischen Zusammenhängen, oft ohne postdoktorale Wissenschaftserfahrung an einer Universität, oft mit dünnen Publikationslisten.[39] Man kann in Rechnung stellen, dass das Probleme einer Anfangsphase sind, und kann auch darüber nachdenken, ob man für eine praxisorientierte Hochschule vielleicht andere Hochschullehrer benötigt als an der Universität, aber gleichwohl: Hier haben wissenschaftliche Ambitionen und wissenschaftliche Biographien noch nicht ganz zueinander gefunden.

Im Hintergrund der Alfterer Reformziele stehen nicht nur die Bemühungen um eine „reine" Wissenschaft, sondern auch ziemlich bedrohlich die juristischen Anfragen an die Waldorflehrer-Ausbildung. Unüberhörbar steht die Frage im Raum, wieweit die staatliche Schulaufsicht über die Waldorflehrerausbildung, die immerhin mit Artikel 7 des Grundgesetzes begründet wird, funktioniert. Hermann Avenarius, Emeritus für Öffentliches Recht mit einem Schwerpunkt auf Bildungsrecht, stellte die Verfassungskonformität der traditionellen Waldorflehrer-Ausbildung ganz generell in Frage.[40] Dahinter steht das Problem, dass offenbar nur etwa die Hälfte der Waldorflehrer eine staatliche Ausbildung besaß (während man seitens des Bundes der Freien Waldorfschulen von 85 Prozent sprach).[41] Verschärfend kommt hinzu, dass die Probleme bei der Nachwuchsrekrutierung offensichtlich sind: weil viel mehr Waldorfschulen gegründet werden, als die Lehrerseminare Lehrerinnen und Lehrer ausbilden können,

---

38 S. Jost Schieren: Waldorfpädagogik im akademischen Kontext, https://www.alanus.edu/studium/fachbereiche-gebiete/bildungswissenschaft/berichte-und-standpunkte/berichte-details/details/waldorfpaedagogik-im-akademischen-kontext.html (8.2.2016).

39 https://www.alanus.edu/studium/fachbereiche-gebiete/bildungswissenschaft/mitarbeiter/fachbereiche-und-gebiete-bildungswissenschaft-mitarbeiter-hochschullehrer.html (8.2.2016).

40 Fromm, Rainer / Krauß, Dietrich: Manuskript, Beitrag: Kritik an Waldorf-Lehrern – „Wir haben die meiste Zeit gesungen", Frontal 21, Sendung vom 10. März 2009.

41 Ebd.

weil Waldorfschulen schlecht bezahlen und weil die Arbeitsbelastung deutlich höher ist, als in öffentlichen Schulen sein dürfte, fehlt oft der qualifizierte Nachwuchs. Hier könnte Alfter ein Weg sein, die Kuh der fehlenden und schlecht ausgebildeten Waldorflehrer vom Eis zu bringen.

Allerdings braucht es sicher noch Zeit und Überzeugungskraft, die Zweifel der außeranthroposophischen universitären Wissenschaft sind weiterhin beträchtlich, was man angesichts der fehlenden Wissenschaftlichkeit vieler anthroposophischer „wissenschaftlicher" Einrichtungen in der Pädagogik und angesichts der gescheiterten Mannheimer Hochschulgründung nur allzugut verstehen kann. Ein Schritt, an dem man ablesen kann, dass man in Alfter bereit ist, den Spagat zwischen anthroposophischer Orientierung und Wissenschaft nach den üblichen Standards ernst zu nehmen, dürften Kooperationsverträge mit der Hochschule Niederrhein (für Promotionsverfahren) und vor allem mit der Universität Bonn aus dem Jahr 2015 sein. Das letztgenannte Abkommen enthält eine Vielzahl von Vereinbarungen, von der Unterstützung des betriebsärztlichen Dienstes durch die Bonner Universität bis zur Mitwirkung der Hochschule Alfter bei der Bonner Wissenschaftsnacht. Das ist ein wenig wissenschaftspolitische Lyrik, aber eine weitere Vereinbarung hat es in sich: Denn „zudem stellt die Bonner Universität ein Mitglied im Promotionsausschuss des Fachbereichs Bildungswissenschaft der Alanus-Hochschule".[42] Das bedeutet nicht mehr und nicht weniger, als dass sich Alfter bei den Promotionen in die Karten sehen lässt. Auch wenn Waldorfpädagogik im Zentrum einer Dissertation stünde, müsste sie die Kriterien des allgemeinen Wissenschaftsstandards erfüllen. Das wäre ein echter Ausbruch aus dem Getto, wenn die Kontrolle durch die Bonner Universität nicht in einem formalisierten Prozess des Durchwinkens versandet. In welchem Ausmaß diese Kooperation allerdings freiwillig war, ist eine ganz andere Frage. Denn 2010 hatte der Wissenschaftsrat vorgeschlagen, die Erteilung des Promotionsrechtes an Bedingungen zu knüpfen. Das war einerseits ein verpflichtendes Reglement des Hochschulrechtes, keine anti-anthroposophisches Sonderregelung. Aber man kann auch jeden Satz als das fleischgewordene Misstrauen gegenüber dem, was in der Anthroposophie Wissenschaft heißt, deuten:

> „1. Das Promotionsrecht ist befristet auf fünf Jahre zu erteilen und auf den Fachbereich Bildungswissenschaften (Dr. paed.) zu beschränken. 2. Die Mitwirkung eines Universitätsprofessors im Promotionsausschuss der Alanus Hochschule ist zwingend in der Promotionsordnung festzuschreiben, ebenso wie die Auslegung der begutachteten Dissertation an der jeweils beteiligten Universität und an der Alanus Hochschule. 3. Als Zweitgutachter einer Promotionsarbeit ist ein Professor einer Universität zu bestellen." 4. Bei einem „Dissens über die ausreichende Leistung" sollte durch die Beauftragung eines dritten Gutachters, der „ein Universitätsprofessor sein muss", „sichergestellt [sein], dass die ‚Universitätsseite' indirekt

---

42 https://www.uni-bonn.de/Pressemitteilungen/206-2015 (29.2.2016).

eine bestimmende Position in der Qualitätssicherung einer Promotion und des -verfahrens einnehmen könnte".[43]

Sollte Alfter einmal Universität werden, was man anzielt, aber aktuell, 2018, nicht realisierbar ist, wäre man allerdings nicht mehr auf das hinkende Promotionsrecht angewiesen, das in Nordrhein-Westfalen für Hochschulen vorgeschrieben ist.

Insgesamt sind die Aussichten für Alfter sind nicht schlecht. Wenn die Verwissenschaftlichung der Waldorfpädagogik Schule machte, wenn es gelänge, in ein belastbares Verhältnis zur universitären Pädagogik zu kommen, wenn die empirischen Erhebungen, die Dirk Randoll anstellt, wirklich einen Blick auf die Waldorfschulrealität ermöglichen, dann hätte die Waldorfpädagogik an der Alanus-Hochschule bislang unbekannte Perspektiven.

Alfter ist inzwischen neben Witten zum zweiten Big Player in der anthroposophischen Hochschullandschaft aufgestiegen. So hoch, dass man in den schwierigen Zeiten von Witten-Herdecke, wo man im schlimmsten Fall das Ende der Universität befürchtet hatte, überlegte, die Kulturwissenschaften nach Alfter zu transferieren und Witten-Herdecke mehr oder minder auf die Medizin zu reduzieren. Aber dazu ist es nicht gekommen, Witten-Herdecke und Alfter sind fortlebende Geschwister, mit allen Zuneigungen und Animositäten, die in einer Familie so üblich sind.

Ein noch weitgehend ungeöffnetes Kapitel ist auch im Bereich der Hochschulen die Internationalisierung. Eine Ausbildungsstätte für Waldorflehrer befindet sich auch an der Donau-Universität in Krems, die sich auf (berufsbegleitende) Weiterbildung spezialisiert hat. Die Waldorf-Studiengänge wurden 2007 eingerichtet und werden in Verbindung mit der Hochschule in Alfter durchgeführt. Es handelt sich also um eine in einer staatlichen Universität angesiedelte Ausbildung. An einer solchen Einrichtung stellt sich natürlich in besonderer Weise die Frage, wie man mit den okkulten Inhalten von Steiners Pädagogik umgeht, etwa in den „Grundlagen der Waldorfpädagogik" oder der „Eurythmie"?[44] In den Curricula erfährt man zwar, dass die universitären Standards gewahrt bleiben sollen und man ein „kritisches Bewusstsein über pädagogische Ansätze" fördern wolle.[45] Aber was heißt das konkret im Blick auf das Ziel einer „höheren Erkenntnis" oder das von Steiner geforderte Wissen des Lehrers über die Reinkarnationen seiner Schüler und Schülerinnen? Die Website liefert hier keine Informationen, ebensowenig war darüber durch Nachfragen zu erfahren. Die in diesem Studiengang stark engagierte Professorin Monika Kil war im übrigen von September bis November 2018 Kanzlerin der Alanus-Hochschule, ehe sie

---

43 Wissenschaftsrat: Stellungnahme zur Akkreditierung der Alanus Hochschule, Alfter, 7. 5. 2010, http://www.wissenschaftsrat.de/download/archiv/9895-10.pdf (21.3.2016), S. 13f.
44 https://www.donau-uni.ac.at/imperia/md/content/donau-uni/mitteilungsblaetter/2007/duk_mb_5007.pdf (1.8.2018), § 8.
45 Ebd., Nr. 123, § 1.

aufgrund inhaltlicher Differenzen diesen Posten wieder aufgab;[46] in dem Lebenslauf auf ihrer Website findet sich zu diesem Intermezzo kein Wort – Stand Dezember 2018.

Interessanterweise überlegte die ebenfalls in Krems angesiedelte Kirchlich-pädagogische Hochschule, die von den katholischen Bistümern Wien und St. Pölten sowie von evangelischen, orientalischen und orthodoxen Kirchen getragen wird, im Jahr 2018, eine Waldorflehrer-Ausbildung einzurichten, allerdings nur als einen Schwerpunkt in der Ausbildung für die Primarstufe.[47] Auch in diesem Fall war eine Kooperation mit Alfter angezielt und auch hier spielte (wie auch an der Donau-Universität) der Alfterer Pädagoge Carlo Willmann eine wichtige Rolle. Im Prozess der „Einreichung" wurden allerdings die Konsequenzen genau dieser anthroposophischen Inhalte kontrovers diskutiert; offensichtlich ist man hier sensibel im Blick auf mögliche Eigenheiten der Waldorfpädagogik. Zu dieser Kooperation ist es (bislang) nicht gekommen.

Schließlich gibt es auch eine Expansion außerhalb Europas. 2009 wurde im Rahmen der ägyptischen Sekem-Gruppe die „Heliopolis University for Sustainable Development" gegründet,[48] die drei Fakultäten, für Ingenieurswissenschaft, Betriebs- und Volkswirtschaft sowie für Pharmazie umfasst.[49] Dass diese Hochschule etwas mit Anthroposophie zu tun haben könnte, erfährt man auf der Website nicht unmittelbar. Man muss schon ein wenig Hintergrundkenntnisse haben, muss wissen, dass Sekem ein Fundament aus anthroposophischen Ideen besitzt und dass dessen Gründer, Ibrahim Abouleish, der dem Trägerverein vorstand,[50] sich als muslimischer Anthroposoph verstand (s. unter: Islam), dass dessen Sohn, Helmy Abouleish, im Kuratorium einsitzt,[51] dass die Alanus-Hochschule als Partner aufgelistet ist,[52] ebenso wie die Universität Witten-Herdecke, die sich am Aufbau beteiligt hat.[53] Ob das der Beginn eines globalen Netzes anthroposophischer Hochschulen ist, muss sich noch zeigen.

---

46 http://www.general-anzeiger-bonn.de/region/vorgebirge-voreifel/alfter/Alanus-Hochschule-braucht-eine-neue-Leitung-article3985874.html (13.12.2018).
47 http://www.kphvie.ac.at/neues-an-der-kph/kph-news/article/kph-wienkrems-startet-ab-herbst-mit-waldorfpaedagogik.html (1.8.2018).
48 http://www.sekem.com/hu.html; http://www.hu.edu.eg/ (25.6.2016). Zu den älteren Planungen einer Akademie s. Abouleish, Ibrahim: Die Sekem-Vision. Eine Begegnung von Orient und Okzident verändert Ägypten, Stuttgart/Berlin: Mayer ³2005, 177f.
49 http://www.hu.edu.eg/faculties/ (15.7.2016).
50 http://www.hu.edu.eg/about/board/ (15.7.2016).
51 http://www.anthromedia.net/de/artikel-dateilansicht/article/heliopolis-university-for-sustainable-development/ (15.7.2016).
52 http://www.hu.edu.eg/about/partners/ (15.7.2016).
53 http://www.dreigliederung.de/news/04080500.html (25.6.2016).

Islam

Das Verhältnis der Anthroposophie zum Islam ist einmal mehr von einer Bürde Steiners gekennzeichnet, seiner evolutionären Religionsgeschichte, die im Christentum den Höhepunkt aller Entwicklung sieht. Konsequenterweise finden sich negative Äußerungen zum Islam, denen kaum positive zur Seite stehen, in Steiners Werk allerorten, hier zwei Beispiele aus den zwanziger Jahren:

> „Nach dem Christentum – das ist ganz klar für den, der die Begründung des Christentums kennt – kann eine neue Religion nicht mehr begründet werden."[1] „Die mohammedanische Lehre ... kennt nur die starre Lehre: Es gibt nur einen Gott, Allah, und nichts, was neben ihm ist, und Mohammed ist sein Prophet. – Von diesem Gesichtspunkt aus ist die mohammedanische Lehre die stärkste Polarität zum Christentum, denn sie hat den Willen zum Beseitigen aller Freiheit für alle Zukunft, den Willen zum Determinismus, wie es nicht anders sein kann, wenn man die Welt nur im Sinne des Vatergottes vorstellt."[2]

Das war ein tiefer Griff in die Stereotypen des frühen 20. Jahrhunderts.

Was macht eine sich global verbreitende Anthroposophie mit solchen Äußerungen? Einmal mehr fehlen verlässliche Untersuchungen darüber. Man findet, natürlich, Anthroposophen, die Steiners hierarchische Sicht weitertragen: „Jeder Moslem, jeder Mensch ist in seinem innersten Wesen ein Christ", meint Günther Röschert. „Am besten wäre es, der Christ lehrte den Moslem den Islam und versuchte dann, den Islam weiter zu entwickeln."[3] Aber zugleich gibt es, wenn man so sagen darf, anthroposophische Muslime (oder muslimische Anthroposophen). Der bekannteste ist Ibrahim Abouleish, der Gründer der biodynamischen Sekem-Farm in Ägypten), der als „gläubiger Muslim" gilt.[4] Er begründete seine Vision einer alternativen Agrikultur auf der Website von Sekem in einer muslimischen Perspektive: Die Natur zeige in der zum Kulturland gewordenen Wüste „the hidden praise of God": „Trees give shade, the land turns green, fragrant flowers bloom, insects, birds and butterflies show their devotion to God, the creator, as if they were citing the first Sura of the Qu'ran."[5] Von Anthro-

---

[1] Steiner, Rudolf: Das Sonnenmysterium und das Mysterium von Tod und Auferstehung. Exoterisches und esoterisches Christentum, zwölf Vorträge gehalten 1922 in verschiedenen Städten, (Gesamtausgabe, Bd. 211), Dornach: Rudolf Steiner-Verlag ²1986, 139.
[2] Ders.: Vorträge und Kurse über christliches Wirken. V: Apokalypse und Priesterwirken (Gesamtausgabe, Bd. 346), Dornach: Rudolf Steiner-Verlag 2001, 107.
[3] Röschert, Günter: Für die Sache Gottes. Der Islam in anthroposophischer Sicht, Quern-Neukirchen: Novalis ²2010, 103.
[4] http://www.dreigliederung.de/essays/2009-11-003.html (25.6.2016).
[5] http://www.sekem.com/aboutus.html (25.6.2016).

posophie und Rudolf Steiner ist hier mit keinem Wort die Rede, und wenn ich es recht sehe, fallen die Begriffe auch auf den anderen Teilen der Website nicht.

Aber natürlich gibt es diese Dimension bei Abouleish. Michaela Glöckler, die ehemalige Leiterin der medizinischen Sektion am Goetheanum, die ihn in Ägypten besucht hat, berichtet: „Seit er in Ägypten lebt, übersetzt er mit einer Gruppe von Menschen jeden Tag einen Abschnitt aus dem Koran und interpretiert ihn aus anthroposophischer Sicht, so dass sie ihn verstehen und etwas damit anfangen können."[6] Was heißt nun „anthroposophische Sicht", wenn man weiß, welch hohen Stellenwert „der Christus" in Steiners Anthroposophie besitzt? In einem Vortrag am Goetheanum, also in der Schweiz, hatte Abouleish im Jahr 2000 seine Perspektive auf das Verhältnis von Islam und Christentum erläutert: „Im Islam ist das Göttliche, Allah",[7] heißt es dort eingangs. Die Rede vom „Göttlichen" kann man natürlich als Anspielung auf die bildkritische Tradition im Islam lesen, aber eben auch als Aufnahme der Rede von „dem Göttlichen" bei Steiner, welches dieser in der Regel – anders als der Koran – pantheisierend verstand. Abouleishs anthroposophischer Islam wäre dann durch Steiners philosophischen Monismus geprägt.

Aber dann wird er konkreter christlich, Abouleish kommt zu einem der großen Streitthemen, der Trinität, worin viele islamische Interpretationen einen christlichen Polytheismus sehen. Für Abouleish liegt hier kein Problem: „Wer die 99 Namen Allahs meditiert", die er in drei Gruppen, sozusagen trinitarisch, ordnet, „entdeckt darin das Trinitätsprinzip".[8] Dies hat wenig mit dem Trinitätsverständnis der christlichen Tradition zu tun, entschärft aber die Trinitätskontroverse, indem er strukturelle Gemeinsamkeiten zwischen beiden Religionen unterstellt. Dann kommt er zu einem weiteren anthroposophischen Lehrstück des anthroposophischen Christentums, der Wiederverkörperung: „Die Reinkarnation ist ... ein zentrales Thema im Koran und ist in vielen Suren enthalten."[9] Das sehen nun fast alle Theologen sowohl im sunnitischen Islam (der in Ägypten vorherrscht) als auch in der Schia anders, und das aus guten Gründen. Gleichwohl gibt es auch Reinkarnationsvorstellungen im Islam, aber fast ausschließlich in kleinen schiitischen Gruppen, die damit vermutlich auf vorislamische Vorstellungen zurückgreifen. Das aber bedeutet noch nicht, dass es belastbare Argumente für eine Reinkarnationslehre im Koran gebe. Sodann ordnet Abouleish den Islam in Steiners Evolutionsgeschichte ein: „Mohammed" sei gekommen, „um den keimenden Ich-Impuls zu unterstützen und die Menschen für den neuen Bewusstseinsschritt vorzubereiten".[10] Das allerdings funktioniert nur, indem Abouleish Steiners konkrete negative Aussagen über Mohammed

---

6 http://www.anthroposophie-lebensnah.de/lebensthemen/anthroposophie/anthroposophie-und-religion/ (25.6.2016).
7 Abouleish, Ibrahim: Islam und Anthroposophie, in: Esoterik der Weltreligionen, hg. v. V. Sease, Dornach: Verlag am Goetheanum 2010, 57-66, S. 58.
8 Ebd., 59.
9 Ebd., 60.
10 Ebd., 61.

und den Islam ignoriert und den Islam positiv in die Fortschrittsgeschichte einordnet.

Schließlich kommt er zu Christus selbst: Seit der Taufe Jesu „gibt es Träger des Christus-Impulses. Sechshundert Jahre danach lebt dieser Impuls in neuer Form individualitäts- und gemeinschaftsbildend auf, um uns auf das moderne abrahamitische Zeitalter vorzubereiten durch den Propheten Mohammed, so daß wir ihn Mohammed, Träger des Christus-Impulses nennen können."[11] „Mohammed, Träger des Christus-Impulses" – das ist nun eine Interpretation, die zuinnerst von Steiner geprägt ist und zugleich der klassischen Selbstinterpretationen des Islam diametral entgegenläuft, in der Mohammed ein eigenständiger Prophet ist, wenngleich Isa, Jesus, im Koran die höchste Anerkennung unter den Vorläuferpropheten Mohammeds genießt. Über diese Aussage muss es Kontroversen gegeben haben, jedenfalls interpretierte sich Abouleish später und meinte, dass der „‚Christus-Impuls' mit christlicher Konfession nichts zu tun hat, sondern ein Entwicklungsimpuls ist".[12] Er setzte ihn sodann mit dem „islamischen Impuls" gleich: „Der Christus-Impuls ist ein Entwicklungsimpuls und dieser ist heute überall zu sehen. Man kann auch sagen, der islamische Impuls, denn [sic] der ist ja nichts anderes als ein Christus-Impuls in einem anderen Gewand. Wenn man richtig schaut und es genau studiert, bedeutet es Menschheitsentwicklung."[13] Abouleish hat sicher den irenischen Willen, Gemeinsamkeiten zwischen Christentum und Islam starkzumachen, allerdings behebt er das Problem nicht, dass der Islam wie ein Produkt der christlichen Tradition erscheint. Jedenfalls wird mit solchen Äußerungen klar, dass er Positionen vertritt, die im Umfeld eines orthodoxen Islam kaum vermittelbar, wenn nicht gar gefährlich für ihn und sein Projekt sind. Spannenderweise, aber nicht überraschend, scheinen seine christologischen Interpretationen denn auch in seinen arabischsprachigen Veröffentlichungen zu fehlen, wie mir eine des Arabischen mächtige Kollegin sagte (und soweit sie Abouleishs Texte gelesen hatte).

---

11 Ebd., 66.
12 http://www.geistigenahrung.org/ftopic69876-35.html (25.6.2016).
13 Sekem-Insight, Nr. 67, Januar 2008; http://www.sekem.com/assets/in0801de.pdf (25.6.2016).

Israel

Die Anthroposophie blüht unter Juden in Israel durchaus respektabel – obwohl Steiners Antizionismus und Antijudaismus – er hielt das Judentum im Rahmen der Evolution für überholt –unübersehbar ist. Seit Steiners Lebenszeit gab es immer wieder Juden, die sich für Theosophie und Anthroposophie interessierten.[1] Auch mit der Entstehung des Staates Israel findet man in Palästina Juden, die sich Rudolf Steiner zuwandten. Die ersten Gruppen etablierten sich in den 1950er Jahren.[2] Sie interessierten sich vornehmlich für höhere Erkenntnis und wussten von Steiners Judentumskritik lange Zeit schlicht nichts.[3]

Seit 1954 gibt es in Israel einen Zweig der anthroposophischen Gesellschaft.[4] Inzwischen boomen auch die Waldorfschulen, bei denen Steiners Antijudaismus und die starke Prägung durch das Christentum eigentlich Anlass zu bohrenden Nachfragen geben müssten – die es aber offenbar nicht in großem Ausmaß gibt. Ein Grund für deren Attraktivität dürfte auch in Israel das Angebot einer alternativen Pädagogik, von der man eine stressfreie Erziehung erwartet, sein.

Eine ähnliche Antwort liefert in Israel ein Kibbuz, in dem man sich um Behinderte kümmert, Kfar Rafael. Hier waren die (ursprünglich oft religionsdistanzierten) Kibbuzim, die dieses Dorf gründeten, am Gesamtpaket von Steiners Weltanschauung interessiert und nahmen die christlichen Elemente als Teil des anthroposophischen Gesamtpakets mit.[5] Wenn man die Kibbuzgemeinschaft an einem Morgen in der Adventszeit Johann Sebastian Bachs Choral „Wachet auf, ruft uns die Stimme" singen hört, auf Deutsch,[6] darf man sich durchaus über diese interkulturellen Beziehungen wundern.

Eine mit dem Schleier der Geheimhaltung vernebelte Präsenz von Anthroposophen betrifft die Elitesoldaten der Einheit 269, der 1976 die spektakuläre Befreiung von israelischen Geiseln im ugandischen Entebbe gelang. In ihr diente

---

[1] Dazu die Forschungen von Boaz Huss; vergleiche im Überblick sein Werk „Mystifying Kabbalah" (im Druck, 2019).
[2] Boaz Huss: The Secret Doctrine of the Jews: Jewish Theosophists and the Kabbalah (in Vorbereitung).
[3] Zander, Helmut: Transformations of Anthroposophy from the Death of Rudolf Steiner to the Present Day, in: Theosophical Appropriations: Esotericism, Kabbalah, and the Transformation of Traditions, hg. v. J. Chajes / B. Huss, Beer Sheva: Ben-Gurion University 2016, 387-410, S. 397f.
[4] Lubelsky, Isaak: Theosphy and Anthroposophy in Israel. An Historical Survey, in: Contemporary Alternative Spiritualities in Israel, hg. v. Sh. Feraro u.a., New York 2017, 135-154, S. 145.
[5] Zander: Transformations of Anthroposophy, 387-410.
[6] Ebd. 398.

später eine überproportional hohe Anzahl von Anthroposophen, mindestens zwölf Männer, die meist aus dem (allerdings erst 1982 gegründeten) anthroposophischen Kibbuz Harduf stammten.[7]

---

7 Levy, Yonathan: Kommando 269. „Die Einheit", in: Info3, 2018, Januar, 19-23.

Konstitutionsdebatte

Seit etwa 2002 geriet die „Allgemeine Anthroposophische Gesellschaft" in eine Grundsatzdebatte über ihr Selbstverständnis, die sie in einem für Außenstehende nur schwer nachvollziehbaren Ausmaß in Atem gehalten hat. Eigentlich fing alles scheinbar harmlos und gut gemeint an. Der Dornacher Vorstand wollte institutionelle Reformen in die Wege leiten. So sollte etwa der Vorstand unter Einbeziehung von Mitgliedern aus den Landesvorständen neu zusammengesetzt werden, um der Globalisierung Rechnung zu tragen. Zudem beabsichtigte man, die Dornacher „Hochschule" organisatorisch zu verselbstständigen, die nicht zuletzt finanziell an die „Allgemeine Anthroposophische Gesellschaft" angeschlossen war. Schließlich, und an diesem Punkt brachen dann die Konflikte sichtbar aus, wollte man die Anthroposophische Gesellschaft ganz grundsätzlich neu organisieren.[1]

Das dahinterliegende Problemknäuel und die damit verbundenen Kämpfe versteht man, wie so häufig, leichter mit einer historischen Rückblende. 1923 hatte Steiner, frustriert von der Verknöcherung weiter Teile der Anthroposophischen Gesellschaft, aber auch unfähig, divergierende Strömungen zu moderieren, seine Gesellschaft auf der sogenannten Weihnachtstagung „neu" gegründet und dabei etwa die Vorstandszuständigkeiten revidiert.[2] Zugleich hatte er die Esoterische Schule wieder eröffnet, die er vor dem Ersten Weltkrieg geschlossen hatte, und sie in die neugegründete „Freie Hochschule für Geisteswissenschaften" inkorporiert. Zugleich aber bestand der 1913 gegründete Bauverein des Johannesbaus (heute: Goetheanum) weiter, aus dem rechtlich die Anthroposophische Gesellschaft entstand.

Diese historisch gewachsene Unübersichtlichkeit sollte im neuen Jahrtausend entflochten werden. Aber die Gegner der angezielten Veränderungen sprachen der Allgemeinen Anthroposophischen Gesellschaft ab, die Intentionen Steiners zu vertreten und stellten infrage, ob die „geistige" Substanz der „Weihnachtstagungsgesellschaft" überhaupt in die Allgemeine Anthroposophische Gesellschaft (die ja rechtlich in der Nachfolge des Bauvereins steht) übergegangen sei. Die „Wiederbelebung" der „Weihnachtstagungsgesellschaft" lasen die Kritiker als Ausdruck einer machtpolitischen Arroganz des amtierenden Vorstandes, agierten allerdings mit einer juridischen Antwort nicht minder macht-

---

[1] Materialien bis 2005 unter: http://www.christian-rosenkreutz-zweig.de/Seiten/Geschichte_f.html (27.3.2012).
[2] Zander, Helmut: Rudolf Steiner. Die Biografie, München/Zürich: Piper 2016, 428-435.

bewusst.³ Sie fochten die „Wiederbelebung" der „Weihnachtstagungsgesellschaft" durch die Allgemeine Anthroposophische Gesellschaft im Dezember 2002 durch eine „Gesellschaft Gelebte Weihnachtstagung" an, deren Vertreter schon länger Kritik an der Anthroposophischen Gesellschaft übten. Sie erhielten 2005 vom Obergericht Solothurn Recht. Damit entschied kein anthroposophisches Gremium, sondern ein öffentliches Gericht für die Anthroposophen über ihr organisatorisches und in diesem Kontext inhaltliches Selbstverständnis: 1925 sei die „Weihnachtstagungsgesellschaft" durch eine „konkludente" Fusion mit dem Bauverein verschmolzen worden.⁴ Nachdem die Auseinandersetzungen mit diesem Richterspruch nicht endeten, wurden 44 Mitglieder des Vereins „Gelebte Weihnachtstagung" aus der Allgemeinen Anthroposophischen Gesellschaft am 31. März 2007 ausgeschlossen⁵ – offenbar empfand die Mehrheit der Mitgliederversammlung die jahrelange Dauerkritik nur noch als Obstruktion. Dass dieser Ausschluss rechtens war, musste – wiederum – ein Gericht klären.⁶

Den Ausschluss einer derart großen Gruppe aus einer Gesellschaft, die hinsichtlich ihrer Inhalte beansprucht, keine Dogmen zu besitzen, hatte es lange nicht mehr gegeben. Die Motive sind nicht leicht zu durchschauen. Teilweise dürften alte Konflikte im Hintergrund gestanden haben. Der Hamburger Christian-Rosenkreuz-Zweig, der das Anliegen der Kritiker unterstützte, war schon 1965 aus der Anthroposophischen Gesellschaft ausgetreten oder ausgeschlossen worden.⁷ Aber alte Rechnungen waren wohl nur ein Teil der Wahrheit. Der Anspruch auf eine spirituelle Organisation („Weihnachtstagung") stand, jedenfalls in stereotypen Gegensätzen, gegen eine bürokratische Institution („Bauverein"). Doch in der Distanz des Rückblicks wird noch etwas anderes klar: Hier hatte eine alte Generation – vielleicht darf man sagen: eher dogmatisch orientierter Anthroposophen – gegen eine neue Generation, die eher pragmatisch dachte, verloren.

Nach der jahrelangen „Konstitutionsdebatte" war die Anthroposophische Gesellschaft jedenfalls vom Streiten und nach den tiefen Verletzungen erschöpft. Es ist denkbar, dass in der Folge dieser Auseinandersetzungen eine Entwicklung eingesetzt hat, die die ursprünglich intendierte Transformation auf der Grundlage der jetzigen Rechtslage in die Wege leitet, nämlich die Anpassung der Organisationsstruktur der Anthroposophischen Gesellschaft an eine veränderte gesellschaftliche Situation. Es ging jedenfalls auf den Generalversammlungen seit

---

3 http://www.themen-der-zeit.de/content/Basler_zeitung.303.0.html (27.3.2012).
4 http://www.info3.de/ycms_alt/printartikel_1489.shtml (27.3.2012).
5 http://anthroposophie.info/797.html?&tx_ttnews[tt_news]=484&tx_ttnews[backPid]=362&cHash=acad77175e (27.3.2012); www.nna-news.org/news/de/index.cgi/2007/03/19www.nna-news.org/news/de/index.cgi/2007/03/19 (17.9.2008); www.nna-news.org/cgi-bin/dada/mail.cgi/.../20080311102003/www.nna-news.org/cgi-bin/dada/mail.cgi/.../20080311102003/ (17.9.2008).
6 http://www.themen-der-zeit.de/content/Noch_einmal_Gelebte_Weihnachtstagung.682.0.html (27.3.2012).
7 http://www.christian-rosenkreutz-zweig.de/downloads/RB_sa_3-6.pdf (27.3.2012).

dem Ende der Konstitutionsdebatte offenbar ruhiger zu, pragmatischer eben. Man besprach Probleme und verhandelte nicht mehr nur die Wahrheit. Jedenfalls bis zur Generalversammlung im Jahr 2018, als in der Generalversammlung der Anthroposophischen Gesellschaft zwei eher offene Vorstandsmitglieder abgewählt wurden.

Die Konstitutionsdebatte war aber nicht nur eine Auseinandersetzung um Prinzipien oder Macht, sondern auch ein exemplarischer Indikator für die schwierige Konfliktkultur unter Anthroposophen. Ihr Kernproblem sind Argumentationsformen, die mit latenten Absolutheitsansprüchen, hier: dem „Geist" Steiners, argumentieren, die keine Kompromisse vorsehen und so zur Paralyse führen. In einer solchen Situation ist die Versuchung groß, die Konfliktlösung nach außen, auf die Gerichte, oder auf formaljuristische Fragen zu verlagern. „Höhere" oder „unmittelbare" Einsichten sind letztlich nicht verhandlungsfähig. Die Religionsgeschichte kennt diesen Typus des unlösbaren Konfliktes angesichts unvermittelbarer Wahrheitsansprüche sehr gut. In der Anthroposophischen Gesellschaft ist dieser „geistige" Konflikt auf komplizierte Weise mit ihrer vereinsmäßigen Organisationsstruktur verbunden. Diejenigen, die den „Geist" der Anthroposophie reklamieren, brauchen „eigentlich" keine Institution und betrachten sie eher als äußere Hülle. Aber gegen ihren Willen stabilisieren sie diese Strukturen, weil eben auf inhaltlicher Ebene Lösungen schwierig oder unmöglich sind und dann die Organisation als letzte Bastion der „Wahrheit" verteidigt wird.

Kunst

Anthroposophie gilt oft als Vortragsweltanschauung oder als Lesereligion – angesichts der produzierten Textmassen aus nachvollziehbaren Gründen. Aber man könnte sie ebenso gut als ästhetischen Kosmos betrachten, als eine Welt aus Malerei, Musik, Architektur, Theateraufführungen und Tanz. Damit hat Steiner der Anthroposophie ein unverwechselbares Kleid geschneidert, an dem man schon von ferne anthroposophische Kunst erkennt, bis heute. Aber diese Verbindung von Kunst und Weltanschauung hat im 20. Jahrhundert immer wieder die abgezirkelte Welt der Anthroposophie verlassen.

Am bekanntesten ist vielleicht das Wechselverhältnis von Anthroposophie und Malerei vor dem Ersten Weltkrieg. Noch zu Steiners theosophischen Zeiten hatte sein Denken Wassily Kandinsky fasziniert. Doch für Kandinsky war es eine promiskuitive Lebensabschnittspartnerschaft, allerdings in einer wichtigen Phase, als er seinen Weg zur Abstraktion ging. Piet Mondriaan, eine weitere Ikone der klassischen Avantgarde, hielt nur interessiert Ausschau, er blieb Blavatskys Theosophie verbunden. Und inhaltlich waren beide mit ihrer Abstraktion von Steiners Vorstellungen zur Malerei weit entfernt. Denn dieser hatte noch zu seinen Lebzeiten einen Malstil kanonisiert, der durch eine impressionistische Gegenständlichkeit, pastellfarbene Töne und die Zurückdrängung der Linie zugunsten der Fläche gekennzeichnet war. Inhaltlich war das im Großen und Ganzen ein Erbe des Symbolismus aus dem frühen 20. Jahrhundert, wo die Gegenstände als Zeichen für die Welt des Geheimen und Religiösen standen. Bei diesem Programm ist die anthroposophische Malerei geblieben. Wer sich heute anthroposophische Zweigräume oder Bilder anschaut, wer in den Werbeheften von Weleda blättert oder den großen Saal im Goetheanum betrifft, stößt immer wieder auf diese leicht impressionistischen Flächen in Pastelltönen, die, wenn es ganz ernst wird, die Transparenz zum Geistigen symbolisieren sollen. Den Weg der Avantgarde um 1900 zur nicht gegenständlichen Abstraktion die anthroposophische Malerei damals und bis heute nicht gegangen, Steiner wollte das nicht. Ein Beispiel für die Konsequenzen dieser anti-abstrakten Festlegung ist die Künstlerin Hilma af Klint, die zu den ganz frühen „Abstrakten" zählt, aber in dem Augenblick, wo sie in Steiners Gravitationsfeld kam, ihren Weg zugunsten der anthroposophischen Konkretion verließ.

Nach dem Zweiten Weltkrieg beanspruchte die Anthroposophie Joseph Beuys als einen der ihren, irgendwie nicht zu Unrecht, doch auch irgendwie nicht zu Recht. Die Bücher in seiner Bibliothek enthalten viele, oft annotierte Werke Steiners und in seinem Konzept der sozialen Plastik machte er explizite Referenzen auf die Anthroposophie. Aber zugleich weigerte er sich, der Anthroposophischen Gesellschaft beizutreten. Und dann war noch keine Rede vom katholischen Beuys, der mit dem Jesuiten Friedhelm Mennekes zusammenarbeitete. Beuys' Anthroposophie ist ein weiterhin unaufgearbeitetes Kapitel, das daran leidet, dass Anthroposophen ihn vereinnahmen und Außenstehende oft nicht mit intimer Kenntnis hinsichtlich seiner anthroposophischen Vorstellungen gesegnet sind[1] (und man sich an die völkischen Gemeinsamkeiten zwischen Beuys und Steiner vielleicht nicht herantraut[2]). Geht man ins spätere 20. Jahrhundert, merkt man, dass das Interesse von Künstlern und Künstlerinnen an Steiners Ideen bis in die Gegenwart nicht aufgehört hat. Aber oft geht es, wenn überhaupt, um eine Teilidentifikation mit der Anthroposophie, die man oft nur als Steinbruch nutzt, den man mit einer interessierten Unverbindlichkeit betreten und auch wieder verlassen kann.[3]

Steiners Architekturvorstellungen sind im Gegensatz zur Malerei weitgehend im Dunstkreis der Anthroposophie verblieben. Er hatte immer die Vision, seinen Ideen ein ganz eigenes Gehäuse zu geben. Die freimaurerischen Logenräume waren der Beginn einer eigenständigen anthroposophischen Architekturgeschichte. Ihren ersten Höhepunkt aber bildete der seit 1913 gebaute Johannesbau im schweizerischen Dornach, der 1917 in Goetheanum umbenannt wurde und 1922 abbrannte. Mit ihm versuchte Steiner, einen milden vereinfachten Jugendstil als anthroposophische Kunst zu etablieren. Doch dabei blieb es nicht. Die nach dem Ersten Weltkrieg entstandenen Häuser sowie das neu errichtete Goetheanum dokumentierten einen wenig dogmatischen Umgang Steiners mit seinen älteren Stilvorstellungen und Materialien: Statt Holz wurde jetzt mit (nicht brennbarem) Beton gearbeitet, und an die Stelle der organischen Muster des Johannesbaus traten im Goetheanum die polyedrischen Stilelemente, frei von rechten Winkeln, die Steiner dem zeitgenössischen Expressionismus entlehnt hatte. Für die betonharte Fixierung dieser zweiten Stilphase waren dann seine Anhänger verantwortlich, das nicht-rechtwinklige Bauen stieg zu einem höchst dogmatisierten Identitätsfaktor anthroposophischer Architekturen auf. Über Jahrzehnte gab es keine Waldorfschule, bei denen Winkel über 90 Grad nicht dominiert hätten, kein Zweighaus, in den man nicht versuchte, den rechten Winkel zu vermeiden (etwa indem man bei alten Häusern in Tür- und Fensterstürze Hölzer in die Ecken setzte, die den rechten Winkel brachen). Bis heute hat sich daran wenig geändert. Diese fixierte Architektursprache schuf Wärme, man konnte sich im Reich der fehlenden rechten Winkel immer gleich anthroposophisch zu Hause fühlen. Aber diese Architektursprache bildete auch die Mauern eines anthroposophischen Gettos, das eine Ausstrahlung der anthroposophischen Architekturtradition verhinderte. Natürlich

---

1 Vgl. aber die Informationen bei Riegel, Hans Peter: Beuys. Die Biographie, Berlin: Aufbauverlag 2013, 100-110. 125-131. 279-283. 367f.
2 S. ebd. 400.
3 Vgl. Rudolf Steiner und die Kunst der Gegenwart, hg. v. M. Brüderlin / U. Groos, Köln: DuMont 2010.

gab es vereinzelte Wirkungen über die anthroposophischen Grenzen hinaus, etwa möglicherweise bei Hans Scharoun, aber wenn es Einflüsse auf ihn gab, muss man auch sagen, dass er die anthroposophischen Vorgaben transformierte oder hinter sich ließ. Im anthroposophischen Raum selbst lockert man erst in den letzten Jahren diese Bindung an ein nicht-rechtwinkliges Bauen – langsam. Besonders schwer tut sich damit offenbar die Christengemeinschaft, bei der Raum eine sakrale Qualität besitzt, die Veränderungen blockiert. Ein besonderes Dokument der Beharrung ist der „Große Saal" im Goetheanum in Dornach, der 1996/98 in einer Art Retrolook die Initiationsatmosphäre der Gründerzeit wieder aufleben lassen sollte; diese Rekonstruktion wäre wohl schon heute nicht mehr mehrheitsfähig. Anders sieht es bei den Waldorfschulen aus, wo man statt des klassischen Formenkanons manchmal „ökologische" Bauformen findet, die den Geist des anthroposophischen Bauens ausdrücken sollen. Konkret stemmen sich diese Schulen nicht mehr rigide gegen rechte Winkel und verarbeiten an Stelle des durch das Goetheanum geheiligten Beton (wieder) Holz.

Schließlich das anthroposophische Theater. Die „Mysteriendramen", die Steiner selbst verfasst hatte, waren ein Herzstück anthroposophischer Esoterik. Sie sollten in spirituellen Biographien der Bühnenfiguren den Weg in die geistige Welt erfahrbar machen. Aber ihr sperriger Inhalt und Steiners eigenwillige Sprache waren hohe Hürden für eine Rezeption in der „exoterischen" Welt. Bis heute sind diese Theaterstücke in der anthroposophischen Welt eingeschlossen geblieben. Ein klein wenig wird diese Grenze durch die Aufführungen von Goethes Faust, der als eine Art Mysteriendrama gedeutet wird, perforiert. In Dornach gibt es eine lange und bis heute bestehende Tradition, beide Teile in einem gewaltigen Kraftakt aufzuführen. Aber in der Inszenierung und in der Sprache wirken diese Darbietungen wie ein Fossil – vielleicht müsste man eher sagen: wie eine sakrale Inszenierung, die man nicht beliebig ändert und nicht jedem Zeitgeist anpasst. Schließlich ist der Faust für viele Anthroposophen ein Initiationstheater. Als man in der Session 2017 die Inszenierung modernisierte, blieben die Besucherzahlen so weit unter den Erwartungen, dass ein hoher finanzieller Verlust entstand und mit zur Vorstandskrise der Anthroposophischen Gesellschaft beitrug.

Landwirtschaft

„Mein" anthroposophischer Bauernhof liegt am Hang eines mittelgroßen Berges. Uns begrüßt sehr freundlich ein Bauer, der in seinem ersten Leben Schlosser war. Er hatte die Vision, etwas mit der Natur zu machen und sich auf das fremde Feld der Landwirtschaft begeben. Auf der Wiese vor seinem Haus steht ein Indianerzelt, in dem er mit den Kindern manchmal übernachtet, weil er in Amerika einige Monate das „ursprüngliche" Indianerleben studiert hat. Wir erhalten als Willkommengruß ein Glas Wasser mit Holunderblütensirup, der natürlich vom eigenen Hollerbaum stammt. Und überhaupt kommt alles, was man im kleinen Hofladen kaufen kann, aus der eigenen Herstellung oder zumindest von den Demeter-Höfen in der Nähe. Ein anthroposophischer Bauernhof ist eben ein „Organismus", eine Art autonomes Lebewesen, eine Enklave der Selbstversorgung. Bei der Hofführung nähert sich uns ein Bulle, dessen Rist mannshoch ist, mit unglaublich großen Hörnern, und trotzdem darf er sich in einem weiten Pirk frei bewegen, genauso wie die Milchkühe um ihn herum, alle nur durch ein überschaubares Holzgatter von uns getrennt. Enge Boxen, in denen Kühe ein Leben lang nur stehen oder liegen können, gibt es hier nicht, Hörner werden hier nicht ausgebrannt. Dass uns die Hühner fast über die Füße laufen, nimmt man schon nicht mehr als bemerkenswert wahr. Auf einem Feld am Hügelrand wächst ein irgendwie mickriger Weizen. Ja, hören wir, der Ertrag lasse sich mit demjenigen einer konventionellen Landwirtschaft nicht vergleichen, aber ansonsten würde hier allenfalls Gras wachsen. Woher er das Saatgut habe? Von einem anthroposophischen Bauernhof, der, erläutert er, sich auf die Zucht von Saaten spezialisiert habe, die auch ohne Kunstdünger und in schwierigen Lagen wüchsen und mit denen man dem Saatgutmulti Monsanto/Bayer die Stirn biete.

Unter einem Dachüberstand erregt ein großer, leicht konischer Bottich unsere Aufmerksamkeit. Hier, erklärt der Bauer, ein wenig zurückhaltend und ein ganz klein wenig verschmitzt, hier würden die homöopathisch verdünnten Düngemittel nach Anweisung Rudolf Steiners gerührt, erst in die eine und dann in die andere Drehrichtung und wieder zurück, genauso, wie es der Doktor 1924 vorgeschrieben hatte. Und mit einer ganz ernst gezwinkerten Ironie fügt er beim Weggehen an: „Das ist unser Gottesdienst." Am Schluss der Führung zögert der Bauer einen Moment, als wir an einem kleinen Anbau vorbeigehen, und winkt uns mit dem Kopf doch hinein. Aber – „bitte schalten Sie doch das Handy aus". Wir steigen in einen gemauerten Keller mit Lehmboden hinab, in dessen Mitte sich freistehend eine Art großer Kiste befindet. Der Bauer öffnet die Deckel, einzelne Kompartimente kommen zum Vorschein. Ummantelt von einer

Torfschicht blicken wir auf verschiedene Erden. Hier lagern die Substanzen, die später einmal, in Dünger verwandelt, auf die Felder ausgebracht werden sollen. Aber warum der Keller, warum der Torfmantel, warum das Handyverbot? Der Strahlen wegen, erfahren wir. Alle Strahlung durch den Äthermüll der Gegenwart von Stromleitungen bis WiFi soll ferngehalten werden, Torf eigne sich dafür besonders gut. In diesem Keller sollen sich die kosmischen Kräfte der Erde für den Dünger wirken können.

Aber diese Welt ist alles andere weltverloren. Vielmehr beansprucht sie Antworten auf die realen Probleme der Agro-Technologie zu besitzen, die immer wieder mit pestizidgesättigter Rucola überrascht und mit Schnitzeln, die in der Pfanne auf die Hälfte ihrer Größe schrumpfen. Wer hingegen die Wahrscheinlichkeit steigern will, biologische Nahrungsmittel zu speisen, darf getrost zu Produkten aus der anthroposophischen Landwirtschaft greifen. Anthroposophische Bauern gelten als kompromisslose, manchmal fundamentalistische Ökologen, die besonders konsequent im Einhalten sowohl ihrer ökologischen Kriterien als auch der weltanschaulichen Grundlagen sind. Kein Mineraldünger, keine Antibiotika, keine High-Tec-Kühe mit 50.000 oder 100.000 l Milchproduktion pro Jahr. Von den Problemen mit dem Einhalten der Standards hört man natürlich auch, aber selten. Und eigentlich ist ein biodynamischer Hof als landwirtschaftlicher Betrieb unter Niveau beschrieben. Letztlich sind diese Höfe der Ausdruck eines alternativen Lebenskonzeptes, in dem es nicht (nur) um gute Ernährung, sondern auch um den „geistigen" Gesamtzusammenhang der Natur geht.

Diese „Tochter" der Anthroposophie gründete Steiner kurz vor seinem Tod 1924. Schon zwei Jahre später entstand ein „Versuchsring" anthroposophischer Landwirte, 1930 der Demeter-Bund, in dem bis heute die anthroposophischen Landwirte zusammengeschlossen sind.

Der Schwerpunkt lag dabei auf dem Pflanzenbau, da der agrarische Großbetrieb im schlesischen Koberwitz, der nichts mit einem überschaubaren „Betriebsorganismus" gemein hatte und den Steiner bei seinen Vorträgen zur Landwirtschaft im Blick hatte, nur nebenbei Tierhaltung betrieb.[1] Schon in den zwanziger und dreißiger Jahren war die biologisch-dynamische Landwirtschaft ein Unruheherd im Agrarsektor, etwa weil sie die Spielregeln änderte, indem sie Endverbraucher einbezog, was damals schlicht nicht vorgesehen war, und mehr noch mit ihrer Anti-Mineraldünger-Praxis, wodurch sie auch den Finger auf die undurchschaubaren Beziehungen zwischen Politik und Agrarchemie legte.[2]

In der Zeit des Nationalsozialismus kam es zu einer Blüte anthroposophischer Höfe, als bodenorientiertes Denken bei Anthroposophen, nationalsozialistische Autarkiepolitik und esoterische Interessen führender Nationalsozialis-

---

1 Zander: Anthroposophie in Deutschland, 1582-1586.
2 Uekötter, Frank: Die Wahrheit ist auf dem Feld. Eine Wissensgeschichte der deutschen Landwirtschaft, Göttingen: Vandenhoeck und Ruprecht ([1]2010) [3]2012, 237.

Abb. 8: Nahrungsmittel mit dem Label „Demeter" (2018).

ten (Rudolf Hess, Heinrich Himmler) zusammentrafen – ein ziemlich braunes Kapitel in der Geschichte der anthroposophischen Landwirtschaft.[3]

Ende 2017 besaßen in Deutschland 1.529 Erzeuger eine Zertifizierung von Demeter[4] (Österreich 169 Betriebe,[5] Schweiz 293 Betriebe[6]) eine Zahl, die in den letzten Jahren eher langsam gewachsen ist.[7] Von den 20.174 Ökobetrieben im Jahr 2010 waren 1.387 Demeter angeschlossen, das waren 6,3 Prozent; diese be-

---

[3] Staudenmaier, Peter: Between Occultism and Nazism. Anthroposophy and the Politics of Race in the Fascist Era, Leiden: Brill 2014.
[4] Mitteilung von Eva Müller, Demeter e.V., Büro Berlin, vom 20.6.2018.
[5] Mitteilung von Demeter International vom 26.6.2018.
[6] Mitteilung von Eva-Maria Wilhelm, Demeter Schweiz, vom 22.6.2018. Demeter International gibt für den gleichen Zeitraum nur 280 Betriebe an.
[7] Zehn Jahre zuvor, 1998, hatte man 1317 Betriebe gezählt; http://www.demeter.de/verbraucher/landwirtschaft/unsere-hoefe (29.3.2016). Die gleiche Zahl findet sich auch schon für 2008. Am 1.1.2003 sollen es 1336 Betriebe und 2011 1387 Höfe gewesen sein. Die Zahlen für 1998 zählte man 1317 Betriebe; Angaben für 1998 und 2003 von Marion Rhein vom Demeter-Bund vom 2. April 2004; für 2011 nach: Zahlen, Daten, Fakten: Die Bio-Branche 2011, hg. v. Bund ökologische Lebensmittelwirtschaft, http://www.boelw.de/uploads/media/pdf/Dokumentation/Zahlen_Daten_Fakten/ZDF2011.pdf (26.3.2016), S. 8. Die Zahl von 1500 Höfen für 2016 findet sich unter: http://bio-markt.info/kurzmeldungen/demeter-auf-wachstumskurs.html (30.3.2016).

wirtschafteten allerdings 9,7 % der ökologisch bewirtschafteten Flächen,[8] denn es gibt darunter auch eine Reihe sehr großer Betriebe. Angesichts des rasanten Wachstums der Biobranche bedeutet dies einen beträchtlichen Rückgang des Anteils von Demeter am Gesamtvolumen. Noch in den 1970er Jahren war Demeter Marktführer gewesen, hatten biodynamisch arbeitende Verbände und Bauern zu den Vorreitern von Forschungskooperationen mit staatlichen Stellen gehört,[9] ehe man durch neue Anbieter wie Bioland (gegründet 1971) und Naturland (seit 1982) seine marktbeherrschende Stellung verlor. Demeterhöfe liegen regional sehr unterschiedlich verteilt, etwa ein Drittel findet man in Baden-Württemberg und ein weiteres Drittel in Bayern. Neben Demeter sind weitere Marktnamen mit anthroposophischem Hintergrund für Nahrungsmittel etabliert, etwa Bauck, Naturata, Spielberger oder Voelkel. Weltweit gibt es biodynamische Produzenten in den rund 50 Ländern[10] (2008 waren es noch 38 Länder), deren Umsatz auf über 220 Millionen Euro geschätzt wird[11] (die gleiche Größe, die man auch für 2008 angegeben hatte[12]). Die wichtigste Käufergruppe sind die liberalen „postmateriellen" Nach-68er; dazu kommen „moderne Performer, oft leistungs- und technikorientiert, sowie Menschen aus der „bürgerlichen Mitte".[13] Als ein internationales Vorzeigeprojekt gilt die ägyptische Sekem-Farm, davon gleich mehr. Neben den Höfen existiert seit 1950 das „Institut für Biologisch-Dynamische Forschung" in Darmstadt und seit 1973 ein Schwesterinstitut in Frick (Aargau/Schweiz).

Wie wird man anthroposophischer Bauer? Es scheint, dass häufig nicht enttäuschte konventionelle Landwirte, sondern fachfremde Quereinsteiger, alternativkulturelle Überzeugungsakteure biodynamische Höfe gründeten. Dies jedenfalls hört man hinter vorgehaltener Hand. Bei den Auszubildenden scheint es hingegen gar keine Zweifel zu geben, dass sie in der Regel von irgendwoher, jedenfalls nicht von einem Bauernhof, kommen: „Fast alle Auszubildenden hatten vorher noch nie eine Harke in der Hand"[14] – so der Klartext von Jan-Uwe Klee, Mitglied der Bäuerlichen Gesellschaft e.V., einer anthroposophischen Vereinigung. Größer wird man sich den Unterschied zu den universitären Ausbildungszentren nicht vorstellen dürfen, wo zu einem großen Teil der Nachwuchs aus Bauersfamilien ausgebildet wird. Aber diese irgendwie idealistischen Fremdeinsteiger sind zugleich das innovative Potenzial der anthroposophi-

---

8 http://www.boelw.de/uploads/media/pdf/Dokumentation/Zahlen__Daten__Fakten/ZDF2011.pdf (26.3.2016), S. 8.
9 Uekötter: Die Wahrheit ist auf dem Feld, 417.
10 http://www.demeter.de/verbraucher/ueber-uns/demeter-international (30.3.2016).
11 http://www.demeter.de/verbraucher/ueber-uns/demeter-markenzeichen (30.3.2016).
12 http://www.demeter.de/presse/demeter-marktplatz-bei-der-bionord-%E2%80%93-kooperation-und-qualit%C3%A4tsdifferenzierung-als-erfolgsfaktor (30.3.2016).
13 Olbrich-Majer, Michael: Demeter-Kunden: Individualisten und dennoch typisch? Was sagt die Marktforschung, in: Biologisch-Dynamisch im Dialog. Impulse, Kritik, Perspektiven, hg. v. dems. / Forschungsring e.V., Darmstadt: Lebendige Erde 2008, 65-74, S. 68f.
14 Nauhaus, Constanze: Mach mir den Hof, in: taz. Thema | Anthroposophie, 6./7. April 2013, S. 27.

schen Landwirtschaft. Sie wagen Dinge, die ein „normaler" Landwirt nie machen würde. Allerdings ist gar nicht so leicht zu sagen, wer oder was eigentlich ein anthroposophischer Landwirt ist. Nicht alle Biodynamiker verstehen sich als Anthroposophen, nicht alle Anthroposophen, die sich als Biodynamiker verstehen, sind Mitglied im Demeter-Bund. Und nicht jeder, der Demeter-zertifizierten Bauernhof bewirtschaftet, hält sich an die Vorschriften, wie man die Präparate herstellen und anwenden muss, das ist im Detail auch kaum kontrollierbar. Insbesondere die Fremdeinsteiger, die Landwirtschaft ohne Weltanschauung betreiben wollen, bereiten Sorgen, etwa die Demeter-Bauern, die aus ganz unspirituellen Gründen Biodynamiker werden, weil, wie man sorgenvoll hört, sie bei Demeter vor allem ein lukratives Marktsegment sehen und sich nur notdürftig – wenn überhaupt – um Steiners Weltanschauung kümmern. Deshalb gibt es unter anthroposophischen Landwirten unruhige Debatten: Was ist heute noch ein „wahrer" biodynamischer Bauer?

Eine Antwort lautet wie in Waldorfpädagogik und Medizin auch für die Landwirtschaft: Das Wissen um konkrete Wirkungen beziehen Anthroposophen erstmal aus Steiners geistiger Schau. Dies betrifft selbstredend die weltanschauliche Hochebene, wonach geistige, kosmische Wirkungen für das Wachstum von Pflanzen und Tieren verantwortlich seien. Doch diese Überzeugungen sind zumindest insoweit geerdet, als dass man sehr genau hinschaut (wie es natürlich auch sehr viele nicht-anthroposophische Bauern tun). Wenn eine Bäuerin eine Pflanze mit Details beschreibt, die man selbst nach intensivem Betrachten nur langsam wahrnimmt, dann ahnt man, dass Anthroposophen hohe ästhetische Wahrnehmungsfähigkeiten entwickeln können. Aber dieses Hinschauen ist, wie bei allen ästhetischen Betrachtungen in der Anthroposophie, nicht der Freude an der Schönheit der Natur geschuldet, sondern Ausdruck einer eigenen Erkenntnistheorie: Die wahren Zusammenhänge der Natur erkenne man nicht in der Materie, nicht in den Genen, sondern in der „lebendigen Form". Ästhetische Verwandtschaften, nicht nur genetische Ähnlichkeiten konstituieren für die anthroposophischen Landwirte den Zusammenhang der Natur. Dabei werden sie sozusagen Ärzte der Natur. Alexander Gerber, Vorsitzender des Demeter-Verbandes, hat diese weltanschauliche Dimension präzise beantwortet. Auf die Frage „Wofür machen wir die Landwirtschaft überhaupt?" antwortete er:

> „Die einen sagen, wir machen Landwirtschaft, um die Erde zu heilen, und gute Lebensmittel fallen dabei als Nebenprodukt an. Die anderen sagen, unsere Aufgabe ist es, Lebensmittel für die Entwicklung des Menschen zu erzeugen. Wenn wir das richtig machen, dann heilen wir auch die Erde. Für mich ... sind [das] einfach zwei Seiten einer Medaille."[15]

Auch in vielen Details halten sich biodynamische Landwirte gerne an Steiner, von der Düngung mit Hornmist bis zur Konzeption des Hofes als „Betriebsorganismus", vom Verzicht auf Mineraldünger und Pestizide bis zum Verdikt gegen-

---

15 Alexander Gerber (Interview), in: Demeter-Journal, 2016, Heft 1, S. 26.

über gentechnisch veränderten Pflanzen oder Tieren (und Pflanzen, die durch Zellfusion entstanden sind[16]), finden sich die Vorlagen in Steiners esoterischer Verbindung von Erde und Kosmos. Und deshalb sähen sie ihr Saatgut auch nach kosmischen Konstellationen aus. Maria Thuns jährlich erscheinendes Büchlein „Aussaattage" dürfte zu den meistverkauften anthroposophischen Büchern überhaupt gehören, was auch bedeutet, dass nicht nur Anthroposophen sich bei Maria Thun bedienen. Das Ergebnis gibt anthroposophischen Landwirten am Ende Recht, jedenfalls insoweit Demeter-Produkte immer wieder für ihre Qualität ausgezeichnet werden. Auch die Kunden sehen das ähnlich: Demeter besaß 2012 das höchste Verbraucher-Vertrauen von allen Öko-Labeln –[17] und einzelne Demeter-Betriebe finden sich alljährlich unter den Preisträgern.

Aber die Demeter-Welt ist keine Festplatte von fixierten Antwortdateien, die man – sei es mit oder ohne Berufung auf Steiner – einfach nur herunterladen müsste. Auch unter Demeter-Bauern wird kontrovers diskutiert: Darf man Hybridsaatgut verwenden? Kann Milchtierhaltung heißen, junge Kälber unmittelbar nach der Geburt von ihren Müttern zu trennen? Wie weit darf die Homogenisierung von Milch gehen, wo es doch schon bei mechanischer Beanspruchung zur Zerkleinerung des Milchfetts kommt, etwa beim Abpumpen oder beim Transport in die Molkereien?

Aber auch im weltanschaulichen Heiligtum gibt es Veränderungen. „Elementarwesen" scheinen in den letzten Jahrzehnten eine rasante Karriere in der anthroposophischen Landwirtschaft gemacht zu haben. Natürlich hatte schon Steiner von Elementarwesen gesprochen und etwa die Undinen dem Wasser oder den Salamander dem Feuer zugeordnet, aber im landwirtschaftlichen Kurs spielten sie noch nicht mit. Inzwischen aber gehören sie zum lebenden Inventar. Auch außerhalb der Landwirtschaft, etwa in der Waldorfwelt, gilt: „Ohne Elementarwesen läuft nichts!"[18] Und so kann man in einem Text über biodynamischen Präparate aus dem Jahr 2016 lesen, dass im Rahmen einer „Wahrnehmungsschulung von Kraftplätzen" auf einem Bauernhof es beispielsweise um die Frage geht, „wie Elementarwesen eurythmisch und mit Sprüchen Rudolf Steiners unterstützt werden" können.[19] Kopfzerbrechen bereitet manchen anthroposophischen Bauern allerdings das neuerdings auftauchende „Christus-Elementarwesen".[20] Denn die konstitutive Verbindung von Anthroposophie und Christentum, wie sie Rudolf Steiner festgezurrt hatte, ist auch unter anthropo-

---

16 http://www.demeter.de/sites/default/files/public/pdf/cmsfragen+antwortendemeter1.pdf (30.3.2016).
17 http://www.info3-magazin.de/oko-und-soziallabel-demeter-am-glaubwurdigsten/ (30.3.2016).
18 Mayer, Thomas: Ohne Elementarwesen läuft nichts!, In: Erziehungskunst, April 2011; http://www.erziehungskunst.de/artikel/geist-der-natur/ohne-elementarwesen-laeuft-nichts/ (13.1.2016).
19 Sedelmayr, Ambra u.a.: Die biodynamischen Präparate im Kontext. Individuelle Zugänge zur Präparatearbeit – Fallstudien der weltweiten Praxis (August 2016), hg. v. der Sektion für Landwirtschaft am Goetheanum, Dornach Februar 2017, 58.
20 Mayer: Ohne Elementarwesen läuft nichts!

sophischen Landwirten längst nicht mehr unumstritten. Auch das altbackene Geschlechterverhältnis ist ins Rutschen gekommen. Wie klassisch darf die Geschlechteraufteilung sein, die es auf Demeterhöfen noch oft geben soll? Und wie soll man sich ökologiepolitisch positionieren? Auf einer Welle des Verständnisses von Naturschutz mitschwimmen, wo es um schlichtes Bewahren gehe, obwohl man als Anthroposophin doch auf Fortschritt, auf die Evolution des Geistigen und damit auf die Veränderung der Natur verpflichtet sei? Welchen Stellenwert besitzt neben dem ökologischen das gerechte Wirtschaften, von dem bei Steiner noch kaum die Rede war? Und auch intern rumort es: Funktioniert eigentlich die Zertifizierung so, dass die Standards von Demeter und die Ideen Steiners gewahrt bleiben? Wie geht man mit den (offenbar nicht wenigen) Demeter-Bauern um, die die biodynamischen Präparate nicht oder nur locker anwenden? Und immer wieder und lauter ist die Frage zu hören, warum die Errechnung der gerade genannten Aussaattage nach Maria Thun immer noch von großer Geheimniskrämerei umgeben sind? (Aber natürlich, wenn jeder selber rechnen könnte, wäre das Geschäftsmodell dahin...)

Ein besonders schmackhaftes Problem stellt sich bei den anthroposophischen Winzern: Ist es eigentlich ethisch zulässig, aus Demeter-Trauben eine kulturell akzeptierte Droge namens Wein zu machen? Und macht es „esoterisch" Sinn? In Steiners Augen war jedenfalls Alkoholgenuss ziemlich hinderlich für einen guten Umgang mit seinen Reinkarnationen und eine Art notwendiges Übel in der Evolutionsgeschichte des Geistigen. Aber hier hat die Praxis einschließlich Ökonomie die Ideen längst überholt. Mit biodynamischen Überzeugungen entstehen gute Weine, mithin kann man hier gutes Geld verdienen. Das wiederum führt zu den üblichen Unschärfen. Wirtschaftet man biodynamisch wegen der esoterischen Ideale oder wegen der guten Weine oder wegen des finanziellen Gewinns? Bei einer Tagung frankophoner Winzer, die Steiners Lehren nutzen, stellte sich 2017 jedenfalls heraus, das ein beträchtlicher Teil, „gefühlt" ein Drittel (vielleicht auch mehr), mit Anthroposophie nicht viel oder nichts am Hut hatte, aber die Ergebnisse überzeugend fanden. Dies ist eine Art Säkularisierung der Anthropsophie. Dass in der biodynamischen Winzerei gute Weine entstehen können, sahen auch externe Fachleute. Der Gault Millau-Winzer des Jahres 2016 in Deutschland hieß Peter Jakob Kühn aus Oestrich-Winkel, der mineralisch klare, ausgesprochen trockene Rieslinge produziert und ein strenger Biodynamiker ist.[21] Diese Auszeichnung im Rheingau zu erhalten, dem Mekka der Önophilen von den Binger Benediktinerinnen bis zu Schloss Johannisberg, das heißt schon etwas. In Deutschland wächst die Gruppe der biodynamisch Überzeugten, um die 40 Weingüter könnten es 2017 gewesen sein. Weltweit zählt Demeter in diesem Jahr 616 Winzer zu den seinen.[22] Aber damit ist der anthroposophische Beitrag zum Alkoholkonsum noch nicht ausgeschöpft,

---

21 http://www.weingutpjkuehn.de/biodynamie-wingert/ (30.3.2016).
22 https://www.demeter.de/verbraucher/landwirtschaft/weinbau/weltweit/statistic (12.4.2017).

denn von der Deutschen liebsten Alkoholprodukt, dem Bier, das es auch mit dem Demeter-Versprechen gibt, könnte man auch noch sprechen.

Wie die Demeter-Welten ökonomisch bestehen, ist für Außenstehende schwer zu durchschauen. Auf der einen Seite hatten und haben anthroposophische Landwirte aufgrund ihrer hohen Standards große Probleme durch die Billigkonkurrenz ökologischer Nahrungsmittel etwa mit dem EU-Bio-Siegel, wo eben – beispielsweise – doch Antibiotika verabreicht werden dürfen, halt nur nicht prophylaktisch. Auf der anderen Seite sind Kunden bereit, für Produkte mit dem Demeter-Siegel höhere Preise zu zahlen.[23] Oder: Auf der einen Seite hört man Klagen, dass die Milchpreise die Kosten nicht mehr decken, auf der anderen Seite gibt es Stimmen, dass man die Nachfrage in Deutschland nicht mehr decken könne und nach neuen Demeter-Bauern suche. Wenn es ganz vertrackt läuft, weil gerade zu viele Demeter-Produkte auf dem Markt sind, werden sie billiger verkauft (und dann nicht unter dem Logo „Demeter", um den Preis der Marke zu sichern). Sie sind in einem solchen Fall einfach zu teuer, wie es 2004 mit 60 Prozent der Kartoffelernte von Demeter in der Schweiz passierte.[24]

Ein anderes Problem bringt das Ideal des kleinbäuerlichen Familienbetriebs mit sich. Es stößt häufig an seine Grenzen, etwa wenn man doch Futter zukaufen muss, eine der großen Schwachstellen der ökologischen Landwirtschaft überhaupt. „Eigentlich" sollte es dieses Problem in der anthroposophischen Landwirtschaft nicht geben, denn aufgrund ihres „organischen" Verständnisses versuchen ja Demeterhöfe, sich als autarke Einheiten zu konstituieren und auf Einfuhren etwa von fremden Futtermitteln und insoweit auf eine vernetzte Landwirtschaft zu verzichten. Wenn jedenfalls irgendein Bauer weiß, was seine Tiere fressen, dann am ehesten ein anthroposophischer. Doch wenn in einem Jahr die Heuernte schlecht ausfällt, muss man wie im Jahr 2007 contre cœur zukaufen.[25]

Auch die lieben Nachbarn bereiten anthroposophischen Bauern Sorgen. Schon die Nähe zu konventionell bewirtschafteten Agrarflächen stellt Ökolandwirte vor riesige Probleme, weil durch Wind und Wasser leicht die Agrarchemie von nebenan auf die Demeter-Felder kommt. So findet man hin und wieder Demeter-Produkte, die mit Nitrofen belastet waren.[26] Und funktioniert wirklich jede Schädlingsbekämpfung in der biodynamischen Welt nur mit „guter Natur"? Offenbar nicht, jedenfalls dürfen auch Demeter-Landwirte nach Verbandsvorgaben Kupfer als Gifte gegen Schnecken und Insekten nutzen, wenngleich in geringerem Ausmaß als etwa bei EU-Bio, auch im Weinbau dürfte ohne Kupfer

---

23 http://www.boelw.de/uploads/media/pdf/Dokumentation/Zahlen__Daten__Fakten/ZDF2011.pdf (26.3.2016), S. 11.
24 Theurillat, Marc: Jeder Kauf eine Bestellung. Wie die Konsumenten der „Demeter"-Bewegung helfen können, in: Das Goetheanum, 83/2004, H. 25, S. 6.
25 http://www.anthromedia.net/de/artikel-dateilansicht/article/getreidemangel-demeter-erlaubt-bis-zu-30-bio/ (30.3.2016).
26 Nitrofen auch bei Demeter, in: Lebendige Erde, 2002, H. 4, S. 57.

nichts gehen.²⁷ Und letztlich finden sich auch bei Demeter Tendenzen zu einer industriellen Agrarwirtschaft, etwa in Brandenburg, wo es Höfe mit fast 500 ha (Gut Peetzig), fast 800 ha (Landgut Preetzschen) oder das „Ökodorf Brodowin" mit 1400 ha gibt.²⁸

Kontroversen gibt es auch um die wissenschaftliche Erforschung der biodynamischen Landwirtschaft. Die Debatte um den empirischen Nachweis der anthroposophischen Anbaumethoden wird seit Jahren zwischen Anthroposophen und universitären Landbauforschern verhandelt, mit, wenn ich es recht sehe, festen Fronten. Beide Seiten führen dabei empirische Ergebnisse an, um ihre Positionen, also den Nutzen oder die Wirkungslosigkeit biodynamischer Landbaumethoden, zu belegen.

Als großer Erfolg für die anthroposophische Seite galt in dieser Kampfzone die Einrichtung eines Fachgebietes Biologisch-Dynamische Landwirtschaft an der Universität Kassel (Standort Witzenhausen) im Jahr 2005, auf dessen Lehrstuhl man den niederländischen Anthropologen Ton Baars berief. Finanziert wurde der Stiftungslehrstuhl im wesentlichen von Anthroposophen, allerdings auch von anderen Organisationen wie der Eden-Stiftung, die mit der 1893 gegründeten Oranienburger „Obstbaukolonie" zusammenhängt, oder von Claus Hipp, dem ökologisch orientierten, aber überzeugt katholischen Hersteller gleichnamiger Babynahrung.²⁹ Doch kam der Lehrstuhl mit dramatischer Geschwindigkeit negativ in die Schlagzeilen und bestätigte alle Vorbehalte über das fehlende Verständnis von Anthroposophen für die universitäre Wissenschaftskultur. Dass die Berufungsverhandlung nicht besonders durchschaubar war, wie Kritiker bemängelten, ist im Universitätsbereich nicht immer eine unerwartete Meldung. Ernster nehmen muss man schon die dabei gegenüber der fachlichen Qualifikation von Baars und einer anthroposophischen Kollegin, Angelika Ploeger, geäußerten Vorbehalte, die sich zu einem großen Anteil auf weltanschaulich eingestufte Literatur bezogen.³⁰

Wirklich fatal war aber der Umgang der Witzenhausener Anthroposophen mit den weltanschaulichen Positionen, nicht nur, weil es sie gab – dies ist bei der Dialektik von Erkenntnis und Interesse nicht vermeidbar –, sondern weil sie mit ihren Wurzeln in „höherer" Einsicht kaum diskutierbar waren. Und so wurde die Sache dramatisch, als die weltanschaulichen Überzeugungen kaschiert und über Personalentscheidungen an inhaltlichen Debatten vorbei stabilisiert wurden. Baars hatte im Sommersemester 2006 die Veranstaltungen „Goetheanistische Wissenschaft und Pädagogik" und „Biologisch-dynamische Nutztierhaltung" angeboten.³¹ Hier fand sich die für die Anthroposophie nicht besonders bemerkenswerte Formulierung, „im Biologisch-Dynamischen unterscheide

---

27 http://www.zeit.de/2002/24/200224_oeko-skandal_xml/komplettansicht (30.3.2016).
28 http://www.demeter.de/verbraucher/regionen/berlin-brandenburg (25.6.2016).
29 http://129.143.8.2/biotech/editorials/235.htm (15.4.2008).
30 Ebd.
31 http://kassel-zeitung.de/cms1/index.php?/archives/1497-Fachgebiet-Biologisch-Dynamische-Landwirtschaft-der-Uni-Kassel-in-Frage.html (16.4.2008).

sich die Ansicht über die Evolution von den sonst üblichen (Neo-Darwinistischen) Meinungen". Nach Anfragen seitens des „Spiegel" zu dieser Frontstellung gegenüber dem Mainstream der evolutionstheoretischen Debatten, mit denen Baars in die Nähe evangelikaler Leugner der Evolution und ihrer aktuellen Deutung geriet, ging Baars' komplette Website vom Netz. Als sie wieder zugänglich wurde, waren diese Äußerungen gelöscht. Nun fehlten auch andere Bezüge auf die anthroposophische Esoterik, etwa die Hinweise auf die Beschäftigung einer Lehrstuhlmitarbeiterin mit „Lebens- oder Ätherkräften".[32] All dies war Teil eines weitreichenden anthroposophischen Hintergrundes, wie man auch in der Ringvorlesung 2007/08 zu Grundfragen der „biodynamischen" Landwirtschaft sehen konnte, wo weit über die Hälfte der Vortragenden dem anthroposophischen Umfeld angehörten, während, soweit ich die Liste der Vortragenden beurteilen kann, keine engagierten Kritiker auftauchten. Zugleich brodelte im Hintergrund die universitäre Kritik. Sie wurde unüberhörbar, sowohl innerhalb der Universität Kassel als auch bei externen Gutachtern, als sich die Scientific community gegen die Verlängerung von Baars' Anstellung aussprachen.[33] Von den Stiftern des Lehrstuhls verteidigten nur die anthroposophischen die Wissenschaftlichkeit seiner Arbeit.[34] Schließlich zog die Universität Kassel die Notbremse und beendete den Schwerpunkt biodynamische Landwirtschaft. Der Fachbereich Ökologische Agrarwissenschaften existiert bis heute, aber auf der Website gibt es praktisch keine Hinweise mehr auf das anthroposophische Intermezzo, es ist einer damnatio memoriae verfallen.

Eine der spannendsten Fragen betrifft schließlich einmal mehr die Folgen der Auswanderung der anthroposophischen Landwirtschaft aus dem Ursprungsland Deutschland.

Auch hierzu fehlen Untersuchungen, deshalb nur einige Beispiele. Man muss nicht überrascht sein, dass Prinz Charles, der königliche Güter auf Ökologie umgestellt hat, Steiners vorausschauendes landwirtschaftliches Denken bewundert hat.[35] Vielleicht ist die Verbindung zur Maharishi-Universität in Iowa schon überraschender. Sie geht auf Maharishi Mahesh Yogi (1918-2008) zurück, einen dem Neuhinduismus zuzurechnenden indischen Guru, der in den 1960er Jahren mit seiner „transzendentalen Meditation" bekannt wurde, in der er den Anspruch erhob, alle menschlichen Bedürfnisse vom seelischen Wohlbefinden bis zur tiefen Erkenntnis abzudecken. Er gründete 1973 diese Universität, an der im Herbstsemester 2015 nach eigenen Angaben knapp 1.500 Studierende eingeschrieben waren.[36] Sie bot in Zusammenarbeit mit der „Demeter Association"

---

32 http://www.spiegel.de/spiegel/print/d-49612762.html (30.3.2016).
33 http://www.nna-news.org/news/de/index.cgi/2010/11/15#101115-01DE_PROFESSUR-BIO-DYNAMISCHE-LANDWIRTSCHAFT (20.1.2011).
34 http://www.hna.de/lokales/witzenhausen/stifter-befuerworten-biologisch-dynamisch-1002987.html (30.3.2016).
35 https://www.facebook.com/camphillnorthamerica/posts/968534503231533 (10.4.2017).
36 https://www.mum.edu/about-mum/inside-story/enrollment-numbers/ (25.6.2016).

Abb. 9: Produkte der anthroposophischen Farm Kumhoek in Namibia (August 2018).

einen „Biodynamic Agriculture Course" zum Preis von 1.650 $ pro Semester an.[37] Konsequenterweise wird Steiners landwirtschaftlicher Kurs als eine zentrale Lektüre ausgewiesen, aber die „transzendentale Meditation" gilt ebenfalls als

---

37 https://www.mum.edu/academic-departments/sustainable-living/continuing-education/biodynamic-agriculture-course (25.6.2016).

integraler Bestandteil der landwirtschaftlichen Unterweisung.[38] Immerhin wirbt man damit, dass diese meditative Unterrichtung kostenlos sei, während sie ansonsten Geld kostet, in den USA kommt man leicht auf gut 1.000 $ für die Einführung[39] (in Deutschland auf knapp 1.200 € für den zwölfmonatigen Grundkurs[40]).

Das zweite Beispiel, viel berühmter und schon ein Teil des anthroposophischen Establishments, ist die Farm „Sekem" (oft mit „Lebenskraft aus der Sonne" übersetzt) in Ägypten nahe Kairo, die 1977 von Ibrahim Abouleish (1937-2017) gegründet wurde. Abouleish, ein Kind aus vermögenden Elternhaus, hatte seit 1956 großtechnische Chemie in Graz studiert und dort auch seine Frau kennengelernt, die aus einem katholischen Milieu stammte und die er auch katholisch heiratete.[41] Die Beziehung zwischen christlichen und islamischen Vorstellungen, die damit zum Thema wurde, hat Abouleish sein Leben lang stark über Gemeinsamkeiten bestimmt. In Österreich traf er auch auf die Anthroposophie in Gestalt von Martha Werth, die ihn wie eine Schulmeisterin die „Philosophie der Freiheit" lernen ließ.[42] Sie „war für mich eine Art Einweihungsbuch",[43] bekannte er. Auch die Evangelienauslegung und Steiners „Kernpunkte der sozialen Frage" habe er gelesen.[44] Nach Ägypten kehrte Abouleish nach einer längeren Lebensphase im Westen „zurück", wie es in vielen biographischen Notizen heißt, um seine anthroposophische Landwirtschaft aufzubauen. Inzwischen ist Sekem allerdings mehr als nur eine biodynamische Landwirtschaft mit immerhin fünf Bauernhöfen und etwa 2.000 Beschäftigten,[45] sondern eine Holding, zu der unter anderem Vertriebsorganisationen und Erziehungseinrichtungen zählen, die seit 2007 zu knapp 20 Prozent der GLS Gemeinschaftsbank und der Triodos Bank gehören.[46] Für sein Lebenswerk erhielt er 2003 den „Right Livelihood Award", den „alternativen Nobelpreis".

---

38 https://www.mum.edu/academic-departments/sustainable-living/continuing-education/biodynamic-agriculture-course%3c (25.6.2016).
39 http://www.tm.org/course-fee (25.6.2016).
40 http://de.tm.org/grundkurs (25.6.2016).
41 Abouleish, Ibrahim: Die Sekem-Vision. Eine Begegnung von Orient und Okzident verändert Ägypten, Stuttgart/Berlin: Mayer ³2005, 40. 48.
42 Ebd., 53-56.
43 http://www.dreigliederung.de/essays/2009-11-003.html (25.6.2016).
44 Ebd.
45 https://www.gls.de/privatkunden/ueber-die-gls-bank/organisation/gls-beteiligungs-ag/gls-sekem-fonds-bio/ (25.6.2016).
46 https://de.wikipedia.org/wiki/Sekem (25.6.2016); s. auch https://www.gls.de/privatkunden/ueber-die-gls-bank/organisation/gls-beteiligungs-ag/gls-sekem-fonds-bio/ (25.6.2016).

Lectorium Rosicrucianum

Überraschung?! Was macht das Lectorium Rosicrucianum, eine Vereinigung, die sich auf die Rosenkreuzer der frühen Neuzeit zurückführt, in einem Buch über die Anthroposophie? Ein Teil der Antwort lautet: Man hat gemeinsame Vorstellungen. Das Selbstverständnis des Lectorium als „gnostische Geistesschule" lässt an Steiners Esoterische Schule denken, die Verwurzelung in einer „hermetischen Weisheitslehre" an Steiners Überzeugungen, die Anthroposophie wurzele in den Mysterienkulten der Antike.[1] Und beim Menschenbild sind sich die neuen Rosenkreuzer und Steiner im Prinzip einig: „Der Mensch ist eine sterbliche Persönlichkeit mit einem unsterblichen göttlichen Kern"[2] – das hätte Steiner in etwa auch so sagen können. Aber natürlich reichen derartige Übereinstimmungen und Ähnlichkeiten nicht aus, das Lectorium zwischen anthroposophische Buchdeckel zu packen.

Ein Blick in die Geschichte hilft entscheidend weiter. Das Lectorium Rosicrucianum hat seinen Ursprung in dem Rosicrucian Fellowship, von dem man sich in den 1930er Jahren trennte. Diese Vereinigung war wiederum von Carl Louis Fredrik Graßhoff (1865-1919) gegründet worden, der sich das Pseudonym Max Heindel zugelegt hatte. Mit ihm stehen wir an der entscheidenden Gelenksstelle. Graßhoff war 1904/05 Vizepräsident der Adyar-Theosophie für Kalifornien gewesen, aber offenbar noch unter dem Namen Graßhoff zwischen November 1907 und März 1908 Mitglied in Steiners Esoterischer Schule. Steiner beklagte sich schon bald, Graßhoff habe „viele meiner Vorträge und Zyklen abgeschrieben", nachdem er sich offenbar die Mitschriften von Mitgliedern ausgeliehen hatte. 1909 veröffentlichte er unter dem Namen Heindel „The Rosicrucian Cosmo-Conception, or Mystic Christianity", in dessen Vorwort er seine Beziehung zu Steiner explizit eingestand – aber in den folgenden Auflagen sucht man dieses Geständnis vergebens. Gleichwohl: Dieses Buch ist tief von Steiners oben genannten Ideen geprägt. Es wurde zu einer wichtigen Grundlage des im gleichen Jahr gegründeten Rosicrucian Fellowship, von wo aus Steiners Vorstellungen ins Lectorium Rosicrucianum kamen.[3] Insofern kann man sagen, dass das Lectorium ein „illegitimes" Kind der Anthroposophie Rudolf Steiners ist.

Aber natürlich wollte das Lectorium Rosicrucianum nie eine Tochter Rudolf Steiners sein, sondern als eigenständige Tradition im esoterischen Feld gelten.

---

1 https://www.rosenkreuz.de/faq/02-welcher-geistigen-str%C3%B6mung-geh%C3%B6rt-sie-an (8.10.2018).
2 https://www.rosenkreuz.de/index.php/node/1846 (8.10.2018).
3 Zander: Anthroposophie in Deutschland, 844; Lamprecht, Harald: Neue Rosenkreuzer. Ein Handbuch, Göttingen: Vandenhoeck & Ruprecht 2004, 207.

Aus diesem Grund hat man Heindels plagiatartige Nutzung von Steiners Texten über Jahre und Jahrzehnte verschwiegen, verdrängt oder verleugnet. Das konnte auf Dauer nicht gutgehen, in der wissenschaftlichen Literatur und in der okkultistischen Szene sind die Abhängigkeiten seit langem bekannt. Aber viel bemerkenswerter ist, dass die verfeindeten Geschwister inzwischen öffentlich Kontakt aufgenommen haben. Eine erste gemeinsame Veranstaltung von Anthroposophen und Mitgliedern des Lectorium Rosicrucianum wurde 2018 publik.[4]

---

4 Bracker, Klaus J.: ‚Stiftung Rosenkreuz', ‚Lectorium Rosicrucianum' und anthroposophischen Bewegung. Eine kurz gefasste, erste Orientierung, in: Die Drei, April 2018, 59-63.

Masern

„In der letzten Woche war es wieder soweit", liest man 2013 mit einem vielleicht leise resignativen Unterton in der anthroposophischen Zeitschrift Info3: „Das ist ja mal wieder typisch: Masernausbruch an der Waldorfschule!" Es scheint, als seien Waldorfschulen die Hauptquartiere von Masernepidemien,[1] jedenfalls brechen sie mit schöner Regelmäßigkeit von dort aus. Crissier in der Schweizerischen Romandie 2009, Freiburg im Breisgau 2011, Erftstadt im Rheinland 2013, Werder in Brandenburg 2015, Biel/Bienne in der Schweiz 2019, alle Jahre wieder – natürlich nicht nur in ungeraden Jahren. Was hier genau abläuft, zeigt die Masernepidemie im März/April 2008 recht exemplarisch, die von der Waldorfschule Salzburg-Mayrwies ausging. Die Schule musste von den Behörden geschlossen werden,[2] schon weil die Epidemie auf viele Menschen außerhalb des anthroposophischen Milieus übergesprungen war. Eine übervorsichtige Maßnahme der Behörden? Wohl nur in europäischer Perspektive, wo die Masern dank einer hohen Impfrate fast ausgestorben, jedenfalls beherrschbar sind. Hirnhautentzündungen, Organschäden, Todesfälle sind für uns weit weg. Aber in anderen Teilen der Welt sieht das anders aus. Weltweit gibt es hunderte von Maserntoten, vor allem Kinder, wir sprechen über eine dramatische Todesursache. Auch in Salzburg erkrankten über 100 Kinder, viele schwer, einige mussten in Krankenhäusern behandelt werden. Angesichts dieser Zahl von Masernkranken, die in Österreich üblicherweise jährlich kaum 20 Personen überschreitet, war das beträchtlich. Und natürlich ist das kein österreichisches Problem. Da es keine geographischen Grenzen für Krankheitserreger gibt, dürften anthroposophische Schulen mitverantwortlich für die europaweite Verbreitung von Masern sein.[3]

Wie kam es zu diesem Seuchenausbruch in Salzburg? Die einfache Antwort lautet: Aufgrund der Impffeindschaft vieler anthroposophischer Eltern, die ihre Impfkritik mit dem Glauben an Steiners Auffassungen begründen und ihre Kinder ungeimpft in die Waldorfschule schickten. Die Impfrate soll in der Waldorf-

---

1 Eine ganze Liste findet sich in der esoterikkritischen Website Psiram: https://www.psiram.com/ge/index.php/Masernausbr%C3%BCche_an_Waldorfschulen (9.7.2015). S. auch Eurosurveillance: An ongoing multi-state outbreak of measles linked to non-immune anthroposophic communities in Austria, Germany, and Norway, March-April 2008 (www.eurosurveillance.org/edition/v13n16/080417_4.asp [9.7.2015]).

2 Stadt Salzburg – Aktuell. Masern in der Rudolf-Steiner Schule: Sperre bis 6.4. verlängert (http://www.stadt-salzburg.at/internet/die_stadt_salzburg/t2_141279/p2_238037.htm [31.3.2008]).

3 Eurosurveillance: An ongoing multi-state outbreak of measles linked to non-immune anthroposophic communities in Austria, Germany, and Norway, March-April 2008 (http://www.eurosurveillance.org/edition/v13n16/080417_4.asp [9.7.2015], S. 2).

schule Mayrwies unter 20 Prozent gelegen haben.[4] Die Eltern machten dabei von ihrer Freiheit Gebrauch – ein Impfzwang besteht in Österreich ebensowenig wie in Deutschland –, ihre Kinder krankwerden zu lassen, in der Erwartung, dass sie gestärkt aus dem Kampf mit den Masern hervorgehen. Der Bund der Freien Waldorfschulen sekundierte, er scheute vor einer Impfempfehlung zurück.[5] Und die Mediziner? Der in Deutschland approbierte (und möglicherweise ohne rechtliche Grundlage in Österreich handelnde) anthroposophische Schularzt in Salzburg, Stefan Görnitz, wird mit der Aussage zitiert: „Jede Krankheit bietet immer auch eine Chance"[6] – und ließ die Eltern entscheiden.[7] Schließlich die Gesellschaft Anthroposophischer Ärzte in Deutschland? Sie publizierte 2008 eine Masern-Leitlinie, in der man sich breit über mögliche positive Wirkungen der Masern ausließ, Stärkung von Abwehrreaktionen hervorhob und ganz im Denkstil Steiners Argumente gegen eine Impfung zusammentrug: „Die geistig-seelische Individualität des Kindes ringt mit den von den Eltern abstammenden Vererbungskräften und will den Leib individualisieren."[8] Gefahren wurden nicht unterschlagen (etwa durch einen verringerten Allergieschutz), auch tödliche nicht, aber die Problemspitzen blieben ungesagt, etwa dass die Todeswahrscheinlichkeit in mitteleuropäischen Ländern laut der Weltgesundheitsorganisation bei mindestens 1:2000 liege und bei Menschen mit abgeschwächten Immunreaktionen auf 1:30 hochschnellen könne.[9] Die soziale Problematik scheint dramatisch kleingeredet: „Auf das Risiko der Ansteckung Dritter ... muss ... hingewiesen werden".[10] Aber wie soll man damit umgehen, wenn ansteckende Kinder nicht rechtzeitig erkannt werden und andere, möglicherweise tödlich, gefährden? Da keine Impfpflicht vorliegt, muss man natürlich Elternentscheidungen respektieren, aber die Rechtfertigung erscheint doch ziemlich weit weg von sozialer Verantwortung. Vielmehr ventilierte man in der Leitlinie der anthroposophischen Ärzte intensiv die Chancen und lobte „potenzierte homöopathische und anthroposophische Arzneimittel" als „eine wesentliche Säule der Masernbehandlung".[11] Vielleicht kommt die Logik dieses Textes am deutlichsten in einer Alternative zur Sprache, die am Ende zwischen der „Thera-

---

4 http://www.mvticker.de/mv/news_id1092_guenter_ruehs_steht.html (20.1.2008).
5 Stellungnahme des Bundes der Freien Waldorfschulen in Österreich: www.waldorf.at/aktuelletexte/Presseaussendung%20Bund%203.4.08.htm (15.4.2008).
6 http://www.mvticker.de/mv/news_id1092_guenter_ruehs_steht.html (20.1.2008).
7 „Ich empfehle ein individuelles Vorgehen und respektiere die Entscheidung der Eltern." Lager, Claudia: Schularzt: „Man sucht Schwarzen Peter", in: Die Presse, Print-Ausgabe, 3.4.2008.
8 Gesellschaft Anthroposophischer Ärzte in Deutschland, Masern-Leitlinie; www.anthroposophischeaerzte.de/fileadmin/gaad/PDF/Aktuelles/Leitlinien/Masern-Leitlinie_2009.pdf (9.7.2015).
9 https://www.rki.de/DE/Content/Infekt/EpidBull/Merkblaetter/Ratgeber_Masern.html#doc 2374536bodyText8 (9.7.2015).
10 Gesellschaft Anthroposophischer Ärzte in Deutschland, Masern-Leitlinie; www.anthroposophischeaerzte.de/fileadmin/gaad/PDF/Aktuelles/Leitlinien/Masern-Leitlinie_2009.pdf (9.7.2015).
11 Ebd., 7.

pie der Masern" und „der freien Impfentscheidung"[12] gleichwertig unterscheidet. Das ist nun in etwa das Gegenteil der Position der Ständigen Impfkommission der deutschen Ärzteschaft, die in Deutschland die letzte Entscheidung in Impfempfehlungen zu verantworten hat, und der Weltgesundheitsorganisation. Beide haben sich dezidiert für eine Impfung ausgesprochen.

All das hat natürlich wieder mit Steiner zu tun. Er hatte unter den Ärzten in seiner Theosophischen Gesellschaft mit den Impfverweigerern aus der Lebensreformbewegung zu tun und stärkte die Kritik an der Schulmedizin, ohne aber ein dogmatisches Impfverbot auszusprechen. Aber letztlich konnte sich jeder aus seinem Werk in seinem Sinn bedienen, und das bedeutet eben auch eine Unterstützung der Impfgegner. An diesem Problem wird klar, in welche Spannungen selbst professionelle anthroposophische Ärzte und Ärztinnen im Bereich der Komplementärmedizin kommen können. Für Anthroposophen realisiert sich die Freiheit einer mündigen Krankheitsbewältigung als „Chance" auch bei Masern. Angesichts von hunderten von Maserntoten pro Jahr weltweit ist das ein Luxusproblem von Gesellschaften, in denen durch die mehrheitliche Impfbereitschaft der Eltern die Masern selten geworden sind. Nicht zu impfen ist eine Freiheit, die zu respektieren ist, die aber (vielleicht zu leichtfüßig) einkalkuliert, dass sie andere gefährdet.

Aber die Lage hat natürlich auch mit anthroposophischen Ärzten zu tun. Im Kontext der Zweiten nationalen Impfkonferenz in Deutschland hatte Freimuth Hessenbruch, Allgemeinmediziner mit anthroposophischer Zusatzqualifikation, 2011 behauptet, in Deutschland seien 500 Personen an Impffolgen gestorben. Wolfram Hartmann, Präsident des Berufsverbandes der Kinder- und Jugendärzte, hielt die Zahlen mit Berufung auf Daten des Statistischen Bundesamtes für falsch: „Würden die behaupteten Zahlen tatsächlich stimmen, dann müssten Impfprogramme sofort gestoppt und Impfempfehlungen geändert werden."[13] Konkret rechnen Mediziner mit einem Todesfall bei 1000 Masernerkrankten und einem Todesfall bei einer Million Impfungen (wobei bei vielen Toten möglicherweise Vorerkrankungen vorliegen).[14]

Belastbarere Zahlen gibt es hingegen für die Toten aufgrund der Spätfolgen von Masernerkrankungen. Insbesondere an der „masernassoziierten subakuten sklerosierenden Panenzephalitis", einer entzündlichen Gehirnerkrankung, die nach einer Maserninfektion auftritt und immer tödlich endet, starben zwischen 2007 und 2017 mindestens 280 Kinder, und die Dunkelziffer ist unklar, weil die Krankheit nicht meldepflichtig ist.[15] Etwas konkreter hört sich das folgendermaßen an: 2015 stirbt ein anderthalb jähriger Junge in Berlin: „Das Kind war gegen

---

12   Ebd., 8.
13   http://www.aerztezeitung.de/politik_gesellschaft/article/642044/verunsicherung-dubioser-zahl-impf-todesfaellen.html (7.11.2011).
14   https://www.laborjournal.de/epaper/LJ_16_01.pdf [S. 18f.] (31.10.2018); vgl. dazu https://www.pei.de/SharedDocs/Downloads/bundesgesundheitsblatt/2013/2013-sicherheit-impfstoffe-masern-mumps-roeteln.pdf?__blob=publicationFile&v=6 (31.10.2018).
15   http://dipbt.bundestag.de/dip21/btd/19/003/1900320.pdf (13.10.2018).

alles geimpft, nur nicht gegen Masern", meinte der damalige Gesundheitssenator Mario Czaja;[16] 2016 ereilt der Tod Aliana aus Bad Hersfeld. Hirnhautentzündung, Grund: Maserninfektion im Wartezimmer;[17] im Mai 2017 überlebt eine 37jährige Mutter von drei Kindern in Essen nicht: Sie war nicht mehr ausreichend gegen Masern geimpft.[18] Weltweit starben 2015 70.000 Menschen an Masern. Bei einer „Herdenimmunität" – die gilt bei einer Impfrate von 95 % der Bevölkerung als gegeben – wäre die Krankheit wohl verschwunden. Aber diese Quote ist in Deutschland noch nicht erreicht (86 % der Dreijährigen sind geimpft[19]), und in anderen europäischen Ländern sinkt sie. Hingegen gelten die Masern in Ländern wie Sri Lanka und Algerien als ausgerottet. Impfrate: 99 Prozent.[20]

---

16 https://www.morgenpost.de/berlin/article137738470/Kleinkind-stirbt-an-Masern-Der-Junge-war-nicht-geimpft.html (23.5.2017).
17 https://www.welt.de/wissenschaft/article159764430/Die-Spaetfolgen-von-Masern-koennen-toedlich-sein.html (23.5.2017).
18 http://www1.wdr.de/nachrichten/ruhrgebiet/essen-todesfall-nachrichten-masern-100.html (23.5.2017).
19 http://dipbt.bundestag.de/dip21/btd/19/003/1900320.pdf (13.10.2018).
20 https://correctiv.org/recherchen/keime/artikel/2017/03/13/impfungen-masern/ (23.5.2017).

Medizin

„Unser Anliegen ist, die Individualität der Patienten in ihren geistigen, seelischen und leiblichen Dimensionen und in deren Zusammenhängen zu erfassen. Dem medizinischen, therapeutischen und pflegerischen Handeln möge der Leitsatz dienen: Unterstütze den kranken Menschen darin, seine individuellen Möglichkeiten zu verwirklichen, die ihm eigenen gesundenden Kräfte zu verstärken, sich mit seinem erkrankten Seelisch-Leiblichen auseinander zu setzen und mit seinem Schicksal und seiner Umwelt neue Verwirklichungsmöglichkeiten zu erlangen." (aus dem Leitbild des Gemeinschaftskrankenhauses Berlin-Havelhöhe)[1]

Wer möchte hier nicht Patient sein? An einem Ort, wo man der Anonymität der Medizin entronnen ist und als Mensch wieder im Mittelpunkt des Geschehens steht? Wo die „Heil*kunst*" herrscht, wie es schon Rudolf Steiner gefordert hatte, und keine Medizintechnik? Wo sich Patienten, Pfleger und Ärzte gemeinsam und auf Augenhöhe um die Genesung kümmern (weshalb sich ein anthroposophisches Spital gerne „Gemeinschaftskrankenhaus" nennt). Schließlich: Wo es weniger um Krankheit als vielmehr um die „gesundenden Kräfte" geht? Bei dem Soziologen Aaron Antonovsky (1923-1994) haben sich Anthroposophen für dieses Konzept einen Begriff besorgt: Salutogenese. Das Gesundwerden, nicht die Fixierung auf die Krankheit soll im Mittelpunkt stehen, der Mensch ein selbstverantwortlicher Patient werden und am Ende die Sinngebung der Krankheit und des Heilungsprozesses eine entscheidende Rolle spielen. Aus solchen Visionen ist der Stoff gemacht, aus dem die anthroposophische Medizin lebt. Natürlich ist ein Einwand wohlfeil: Funktioniert diese Eigenverantwortung? Welcher medizinische Laie kann schon eine Magnetresonanztomographie-Aufnahme in eine verlässliche Diagnose verwandeln, wer deren Ergebnis in eine verantwortbare Therapie überführen? Wo bleibt die Eigenverantwortung bei einer Krebsdiagnose, wo nur hochspezialisierte Fachleute mögliche Heilungswege kennen? Nein, alleine kann das natürlich kaum ein medizinischer Laie.

Umgekehrt kann man eine fast rhetorische Frage stellen: Wer möchte schon gerne in einem Krankenhaus liegen, in dem man vor lauter Apparaten keine Ärzte mehr sieht? Wer ist zufrieden, wenn die Orthopädin bei einem Menschen, der wie ein Fragezeichen in die Praxis kommt, die Rückenwirbel wieder einrenkt, ohne zu fragen, ob die Patientin vielleicht ein psychisches Problem hat? Aus solchen Geschichten ist der andere Stoff gemacht, gegen den die anthroposophische Medizin lebt. Und sie hat damit Recht: Denn eine Behandlung, in der der Mensch nur noch ein Rädchen in der Hightech-Therapie-Maschinerie ist, in

---

[1] www.havelhoehe.de/Leitbild.html (9.11.2011).

der seine Psyche längst verlorenging und nur noch als Bandscheibe existiert, die an den richtigen Platz weggeordnet werden muss, ohne dass die ganze Person in den Blick kommt, ist der große Schlagschatten der modernen Medizin. In einer anthroposophischen Arztpraxis hingegen kann es sein, dass bei einem Hautausschlag am Anfang die Ärztin in die Iris schaut, nach den Lebensgewohnheiten fragt und ihn bittet, seine Gangart zu demonstrieren – und so den Anspruch umzusetzen versucht, dass der Mensch ganzheitlich behandelt wird.

Aber bei dieser berechtigten Kritik an der „Apparatemedizin" gilt es, die Proportionen im Auge zu behalten: Die massive Verlängerung unserer Lebenserwartung verdanken wir nicht alternativen Therapien, sondern der naturwissenschaftlich orientierten Medizin. Im Klartext: Die durchschnittliche Lebenszeit stieg von etwa 35 Jahren im Jahr 1800 auf etwa 45 Jahre ein Jahrhundert später und ist heute in Deutschland bei rund 80 Jahren angelangt. Ohne dramatisch verbesserte Hygienebedingungen, ohne Antibiotika, ohne Intensivstation, ohne hochspezialisierte Ärzte hätten wir noch eine Lebenserwartung wie zu „guten alten Zeiten". Vielmehr ist die alternative Medizin[2] ist ein Kind des späten 19. Jahrhunderts, als die großen Erfolge der „Schulmedizin" zugleich deren Grenzen sichtbar machten, wenn eben der „ganze" Mensch aus dem Blick geriet oder die Therapieschäden den Therapiegewinn zunichtemachten. Deshalb wurde in der Lebensreformbewegung das Impfen verteufelt, die Homöopathie hoch geschätzt, die Pflanzenmedizin als Ausweg gewiesen und die Elektrotherapie gelobt. Man badete, gern auch in der Sonne, kochte Mistelsäfte und erhoffte sich Heilung im Bergstollen mit radioaktiver Strahlung. Auch Rudolf Steiner und seine Anhängerinnen hatten die Probleme der Universitätsmedizin im Blick und den alternativmedizinischen Ausweg vor Augen. Aber zugleich hat er die Bedeutung der wissenschaftlichen Medizin zumindest in der Theorie ohne Wenn und Aber anerkannt. Und so hat die Medizinerin Ita Wegman – die zugleich die große Liebe seiner letzten Jahre war – in engster Kooperation mit Steiner eine Medizin auf den Weg gebracht, die heute noch existiert.

Die anthroposophische Medizin ist inzwischen zu einem weitverzweigten Netz geworden. Neben den Ärzten, die ganz oder teilweise nach Steiners Vorgaben therapieren oder zumindest Medikamente anthroposophischer Provenienz

---

2 Schon mit den Begriffen gerät man in die Kampfzone. Alternativmedizin, verstanden als das, was die Standardmedizin ablehnte, hatte einmal einen durchaus positiven Klang: als Praxis im blinden Fleck der Standardmedizin – Homöopathie etwa. Heute möchten Vertreter alternativer Praktiken auf Augenhöhe mit der Standardmedizin wahrgenommen werden und keine Alternative mehr sein, also lieber deren fehlender Teil sein: Komplementärmedizin oder integrative Medizin. Das sehen aber viele klassische Mediziner überhaupt nicht so und sehen, etwa fehlender Nachweise wegen, die komplementäre oder integrative Medizin nicht auf gleicher Höhe – und natürlich sind in der Praxis die Grenzen oft porös. Klar ist jedenfalls: Standardmedizin, Komplementärmedizin oder integrative Medizin sind Begriffe mit je eigener normativer Prägung und Begriffswaffen im Kampf um Anerkennung. Ich nutze vor allem die Begriffe Standard- und alternative Medizin, die im Selbstverständnis der Anthroposophie als „Komplementärmedizin" zusammengehören. „Integrative Medizin" vermeide ich, weil mir hier die normative Prägung am höchsten scheint.

verabreichen, führte der anthroposophische Ärzteverband 2016 zehn Krankenhäuser oder Stationen in Deutschland auf,[3] dazu kamen noch fünf in der Schweiz.[4] Zu diesen Einrichtungen gehören das Gemeinschaftskrankenhaus der Universitätsklinik in Witten-Herdecke (Ruhrgebiet), mit Einschränkungen (s. u.) das Spital in Richterswil (Kanton Zürich), die Klinik Arlesheim (nahe Basel), die Kliniken in Filderstadt und Öschelbronn (Baden-Württemberg) und das Berliner Krankenhaus Havelhöhe. In anderen europäischen Ländern gibt es keine vergleichbare Präsenz: eine weitere Klinik findet sich noch in Schweden, jeweils eine therapeutische Einrichtung in Italien und Großbritannien.[5] Nicht eingerechnet sind anthroposophisch ausgerichtete Stationen in nichtanthroposophischen Kliniken und Ärzte mit einer anthroposophischen Zusatzqualifikation. Dazu treten anthroposophische Ärzteverbände, „Forschungsinstitute" und Patientenorganisationen. Schließlich gibt es den Versuch, eine Institution zu schaffen, die den garstigen Graben zwischen universitärer Wissenschaft und anthroposophischer Medizin überwinden sollte, das „Dialogforum Pluralismus in der Medizin". Initiiert vor allem von dem verstorbenen Präsidenten der Bundesärztekammer, Jörg-Dietrich Hoppe, und ausgewogen mit Anthroposophen und Nicht-Anthroposophen setzt, wird es heute von anthroposophischen oder Anthroposophie-nahen Medizinern dominiert.

Insgesamt handelt es sich bei der anthroposophischen Medizin um ein quantitativ überschaubares Nischensegment. Von den ca. 315.000 Ärzten insgesamt, die 2007 in Deutschland approbiert waren, sollen etwa 4.000 regelmäßig anthroposophische Medikamente angewandt haben[6] – das macht knapp 1,3 Prozent. Diese Landschaft besitzt keine fest geschlossenen Außengrenzen, sondern ist, und hier wird die anthroposophische Medizin für viele Menschen erst interessant, über ein Kapillarsystem mit der Gesellschaft außerhalb der Anthroposophie verbunden. Deshalb bilden Anthroposophen nur eine Minderheit der Patienten in anthroposophischen Kliniken.

Und vermutlich ist auch nur eine Minderheit der Ärztinnen und Ärzte in den anthroposophischen Krankenhäusern der Anthroposophie tief verbunden – was sich so schnell auch nicht ändern dürfte. Die Rekrutierung überzeugter Anthroposophinnen und Anthroposophen ist nicht einfach, ein Problem, welches letztlich alle anthroposophischen Praxisbereiche haben und das mit deren Wachstum zunimmt. In vielen medizinischen Einrichtungen ist die Klage zu vernehmen, dass man zu sehr auf die Einstellung anthroposophisch nicht sozialisierter Menschen angewiesen sei und es somit schwierig werde, das anthroposophische Profil, den anthroposophischen Geist, zu wahren. Michaela Glöckler, von 1988 bis 2016 Leiterin der medizinischen Sektion am Goetheanum, hat

---

3 http://www.gaed.de/index.php?id=2 (24.5.2016).
4 http://www.anthro-kliniken.de/schweiz.html (24.5.2016).
5 http://www.anthro-kliniken.de/ (24.5.2016).
6 http://www.aerztezeitung.de/medizin/fachbereiche/sonstige_fachbereiche/alternativmedizin/article/465312/gibt-anthroposophische-arzneien-bald-sonderstatus-zulassungen.html?sh=186&h=420958036 (24.5.2016).

das Problem ungeschminkt benannt. Sie „machte deutlich, dass für die Anthroposophische Medizin Nachwuchs gefunden werden müsse. Sie zeigte auf, dass die bisherige Ausbildung zwar auf Interesse stößt, aber angesichts der Aufgaben entmutigt habe".[7]

Das beeinträchtigt den Erfolg der anthroposophischen Einrichtungen nicht, weil viele Patientinnen und Patienten um diese weltanschaulichen Dimensionen kaum wissen und an dem alternativmedizinischen Segment der Medizin in Steiners Geist interessiert sind. Letztlich steht hinter diesem Interesse eine massive Änderung in den Erwartungen der Menschen im Verhältnis von universitärer und alternativer Medizin. Auf die Standardmedizin will kaum jemand verzichten, aber man möchte mehr, eine sanftere Medizin, die die Seele nicht vergisst. Das deutlichste Dokument dieser Gesinnung hat die Schweizer Bevölkerung präsentiert, als sie in einer Volksabstimmung am 17. Mai 2009 alternativmedizinische Praktiken guthieß, so dass heute in die schweizerischen Bundesverfassung steht: „Bund und Kantone sorgen im Rahmen ihrer Zuständigkeiten für die Berücksichtigung der Komplementärmedizin." (Art. 118a) Ein anderes Beispiel ist die Etablierung der Forschungsförderung im alternativmedizinischen Bereich. 1982 gründeten Karl Carstens, damals noch Bundespräsident, und seine Frau Veronica, Ärztin für Innere Medizin und Naturheilkunde, eine Stiftung zur Förderung von Naturheilkunde und Homöopathie. Diese brachte 2008 eine Professur für Komplementärmedizin an der Berliner Charité auf den Weg, deren erste Inhaberin, Claudia Witt, 2013 an die Universität Zürich berufen wurde, auf einen Lehrstuhl für – und die Umschreibung zeigt, wohin sich dieses Feld bewegt – „komplementäre und integrative Medizin". Begriffe wie integrierte, integrative oder ganzheitliche Medizin dokumentieren das neue Selbstbewusstsein, auf Augenhöhe mit der etablierten Standardmedizin den Mehrwert einer Medizin wie der anthroposophischen vertreten zu können.

Aber auch an der Universität Rostock gibt es inzwischen einen Stiftungslehrstuhl für Naturheilkunde, und die Technische Universität München beherbergt ein „Kompetenzzentrum für Komplementärmedizin und Naturheilkunde". Und natürlich darf der „Lehrstuhl für Medizintheorie, Integrative und Anthroposophische Medizin" von Peter Heusser an der Universität Witten-Herdecke nicht ungenannt bleiben, mit dem dort das „Integrierte Begleitstudium Anthroposophische Medizin" verbunden ist.

Die Erfolgsformel der anthroposophischen Medizin liegt in dem Anspruch, nicht nur Alternatives, sondern auch Standardmedizin zu bieten. Ein anthroposophischer Arzt benötigt eine universitäre medizinische Ausbildung, um zusätzlich anthroposophische Medizin praktizieren zu dürfen. Viele Menschen wollen heute genau diese Kombination. Sie wollen die klassische Medizin und sehen zugleich deren Grenznutzen: Wir werden unsere durchschnittliche Lebenserwartung in den nächsten hundert Jahren nicht noch einmal verdoppeln, sondern sehen uns vielmehr vor brennende Fortschrittsfolgen gestellt: koma-

---

7 http://anthrowiki.at/Anzahl_der_Anthroposophen_weltweit (2.11.2015).

töse Patienten, demente Alte, körperlich fitte und mental depressive Menschen, Finanzierungsprobleme der bestmöglichen Versorgung ... In diesem Rahmen nimmt die Akzeptanz der Medizin zu, die alternative Methoden einbezieht, auch in der Wissenschaft. Die anthroposophischen Einrichtungen gehören dabei zu den Vorreitern. Sie haben durch ihre Institutionalisierung die Impulse der Lebensreformbewegung aus dem späten 19. ins frühe 21. Jahrhundert tradiert, hier liegt ihr historisches Verdienst. Dass dies unter glücklich Umständen geschah – der deutschsprachige Raum war das Eldorado der Lebensreformbewegung, und die anthroposophische Klientel war immer finanzstark genug, sich solche Zusatzbehandlungen auch ohne Kassenfinanzierung leisten zu können –, muss nicht verschwiegen werden. Aber am Ende zählt, dass Anthroposophen im 20. Jahrhundert zu denen gehörten, die alternatives Denken in der Medizin bereithielten, als ihnen der Trend entgegenkam.

Diese Einbeziehung der „Schulmedizin", wie es damals hieß, hatte Rudolf Steiner verankert. Er war auch in medizinischen Belangen ein wissenschaftsgläubiger Mensch. Diese Perspektive unterschied ihn von einer großen Zahl verbitterter Medizinkritiker, nicht zuletzt unter seinen Anhängern. Rudolf Steiner wollte beides, „Radiothermbäder" und Chirurgie, „elektrische Behandlung" und chemisch hergestellte Medikamente, universitäre Ausbildung und die Sensibilität für alternative Behandlung. Steiner wollte das Beste aus diesen so oft verfeindeten Heilbehandlungen sichern. Mit dieser Ausrichtung sollte die anthroposophische „Heilkunst" eine „Erweiterung" der konventionellen Medizin sein, eine „Komplementärmedizin" – so das heutige Zauberwort, und klassische und alternative Medizin miteinander verknüpfen. In dieser Verbindung feindlicher Schwestern liegt ein wichtiger (neben der Institutionalisierung wohl wichtigste) Grund für die Erfolgsgeschichte der anthroposophischen Medizin. Ein anthroposophischer Arzt, der im Gesundheitssystem approbiert werden will, kommt an der Universität nicht vorbei. Im weltanschaulichen Kern bezieht er allerdings seine Überzeugungen aus einer anderen, „höheren" Welt. Auch für die anthroposophische Medizin sollte die Einsicht in „übersinnliche" Wirkungszusammenhänge grundlegend sein, und deshalb liegt hier für Anthroposophen bis heute der Schlüssel zum Verständnis der anthroposophischen „Heilkunst" verborgen. Falls etwa Mistelpräparate gegen Krebs helfen, liegt das für Anthroposophen nicht (nur) an Zytokinen und Lektinen, die möglicherweise Reproduktionsvorgänge von Krebszellen unterbrechen, sondern auch an übersinnlichen Wirkungen, die Rudolf Steiner „geisteswissenschaftlich" entdeckt zu haben beansprucht.

Aber es gibt auch schärfere Anfragen an den alternativmedizinischen Bereich in der anthroposophischen Medizin. Neben den kontrovers diskutierten Wirkungen finden sich die mutmaßlich oder real schädlichen. Dazu zählt ein Dauerbrenner der Kritik an alternativmedizinischen Therapien, die zu späte Nutzung etablierter medizinischer Praktiken; die unter Anthroposophen verbreitete Impfkritik ist dafür ein Beispiel. Aber es gibt auch die nicht erst längerfristig problematischen Therapien. Steiner hatte etwa nichts dagegen, Metalle wie Blei oder Quecksilber einzusetzen.[8] Heute wissen wir, dass deren krankmachende Wirkungen sehr schnell eintreten können. Die Hoffnung also, alternativmedizinische Heilmittel würden wenigstens nicht schaden, wenn sie denn schon nicht nützen, trifft so einfach nicht zu. Ein weiteres Problemfeld bilden widersprüchliche Angaben zu Wirkungen,[9] ein nochmals anderes sind Praktiken, die die angezielten Wirkungen zunichtemachen. Wenn man etwa pflanzliche Wirkstoffe über 100 °C erhitzt, wird das, was naturwissenschaftlich nachweisbar wirken könnte, zerstört.[10]

Die Entwicklung zur Komplementärmedizin war der anthroposophischen Medizin allerdings nicht in die Wiege gelegt worden, denn Steiner war medizinischer Laie, der sich bei der Behandlung von Kranken mit esoterischen und übersinnlich begründeten Ratschlägen nicht zurückhielt: von der (im Prinzip toxischen) Behandlung mit Schwermetallen bis zur (im Regelfall schadlosen) Anwendung hochpotenzierter Homöopathica. Aber in diesem Schwellenraum zwischen universitärer und alternativer Medizin dürften sich die Schwerpunkte in den Jahrzehnten nach Steiners Tod fast unmerklich, aber in der Summe deutlich zugunsten einer stärker empirischen Medizin verschoben haben. Heute ist es kaum denkbar, dass eine anthroposophische Ärztin am Krankenbett stünde und wie weiland Steiner eine Krankheit diagnostizierte: „Seine weltenschauenden Augen sahen geradeaus. ... Und jetzt kamen langsam die Worte: ‚Ich sehe, was ihm fehlt, – ich sehe, was ihm fehlt.'"[11] Wenn man solche Berichte aus den 1920er Jahren liest, wird deutlich, wie weit sich die anthroposophische Medizin aus dem Einfluss des esoterischen Denkens herausgelöst hat. Das gilt im übrigen auch für die genannten Bleitherapien, die möglicherweise heute weniger als früher Verwendung in etablierten anthroposophischen Einrichtungen finden.[12]

Heute dürfte sich das Problem zumindest in vielen Einrichtungen ganz anders stellen: Wo ist für die alternative Medizin noch Platz? Möglicherweise hat die Standardmedizin in vielen anthroposophischen Einrichtungen, insbesondere in Krankenhäusern, einen zu großen, einen identitätsbedrohenden Einfluss erhalten. Es kann sich heute niemand mehr leisten, in der Krebstherapie auf Mistelpräparate zu setzen und auf Chemotherapie oder chirurgische Eingriffe zu verzichten. Und so erhält man in Witten-Herdecke heute Standardmedizin plus Anthroposophie. Vielleicht hatte man in den Geburtsjahren der anthroposophischen Medizin noch größere Hoffnungen für Mistelpräparate, von denen Steiner zeitweilig die Vision hatte, sie könnten die Tumorchirurgie komplett ersetzen, aber diese Hoffnungen haben sich aufgelöst, und einen Verzicht auf „Schulmedizin" gab es ohnehin nie. Vielmehr droht auch der komplementäre Teil in den Augen vieler anthroposophischer Mediziner ein Anhängsel zu

---

8   Burkhard, Barbara: Anthroposophische Arzneimittel. Eine kritische Betrachtung, Eschborn: Govi-Verlag 2000, 22-29. 68-71.
9   Ebd., 18f.
10 Ebd., 71f.
11 Zit. nach Zander: Anthroposophie in Deutschland, 1556.
12 S. Burkhard: Anthroposophische Arzneimittel, 167.

werden. Die Zunahme der standardmedizinischen Praxis in manchen anthroposophischen Einrichtungen hat noch weitere Gründe. Einer ist ganz praktisch: Die oft fehlende Möglichkeit, alternativmedizinische Leistungen bei der Krankenkasse abzurechnen, ist banal, wirkt aber effektiv. Und Fallpauschalen führen dazu, dass die arbeitsintensiven Dimensionen der anthroposophischen Medizin, etwa im Gesprächsbereich, kaum finanziert werden. Ein weiteres Problem ist die unterschiedliche Verfügbarkeit anthroposophischer Verfahren. Für den internistischen Bereich etwa sind sie reichlich vorhanden, für die Chirurgie hingegen kaum. Das kann dazu führen, dass sich in der Paracelsus-Klinik in Richterswil, die einen Schwerpunkt der Handchirurgie besitzt, in diesem Segment kaum anthroposophische Eigenheiten finden, wohingegen sie in der Geburtsabteilung stark präsent sind.[13]

Anthroposophische Krankenhäuser können in eine fatale Spannung zwischen Standard- und Alternativmedizin geraten. Die schulmedizinischen Anforderungen sind oft so dominant, dass sich anthroposophische Mediziner fragen, ob man die Komplementarität der anthroposophischen Medizin noch garantieren kann. Das kann dazu führen, dass Menschen, die dezidiert alternativmedizinische Therapien wünschen und die anthroposophischen Einrichtungen zu konventionell finden, in „harte" alternativmedizinische Bereiche auswandern. Schließlich und endlich das Dauerproblem der Finanzierung. Fallpauschalen, bei den (gesetzlichen) Krankenkassen nicht abrechnungsfähige Leistungen, zu geringe Größe setzen vielen anthroposophischen Krankenhäusern zu das Paracelsus-Spital in Richters will etwa stellt Operationsräume auswärtigen Operateure zur Verfügung, die teilweise über Belegarztverträge die Auslastung der Betten sicherstellen. Wenn dann noch, wie in Richterswil, das Krankenhaus eine Tochtergesellschaft der NSN medical AG ist, die keinen anthroposophischen Hintergrund hat, werden die Grenzen der Eigenständigkeit eines anthroposophischen Spitals sichtbar.

Patienten merken von diesen ökonomischen Zwängen oft wenig. Für sie sind meist die „weichen" Faktoren entscheidend für das Profil anthroposophischer Krankenhäuser. Sie zeigt sich beispielsweise in einer stärker patientenzugewandten Therapie, so zumindest eine häufig vorzufindende Wahrnehmung. Angesichts von Krankenkassen, die die Beratung von Patienten kaum noch vergüten, und von Ärzten, die einfach keine Zeit mehr für das Gespräch finden, ist diese Zuwendung, sofern sie stattfindet, ein echter Mehrwert. So habe ich eine Patientin kennengelernt, die in dem Augenblick, wo sie mit den Mitteln der universitären Medizin „austherapiert" war, dem Triemli, dem berühmten Zürcher Universitätsspital, den Rücken gekehrt hat und sich in den letzten Lebensmonaten lieber in Richterswil als in dem universitären Spital hat behandeln lassen.

Auch in der Pflege scheint ein Mehrwert anthroposophischer Einrichtungen wahrgenommen zu werden. Dahinter steht ein Anspruch auf flache Hierarchien

---

13 Heller, Matthias: Anthroposophische Medizin am Paracelsus-Spital in Richterswil, Magisterarbeit Universität Zürich (Religionswissenschaftliches Seminar) 2010.

im Verhältnis von Pflegern und Pflegerinnen und von Ärztinnen und Ärzten, um zu dokumentieren, dass die Heilung oder Linderung eben nicht nur am ärztlichen Personal hängt. In Witten-Herdecke hatte man mit fast gleichen Gehältern begonnen, und bis heute dürfte die Gehaltsspreizung dort geringer sein als in nicht-anthroposophischen Krankenhäusern.

In der medizinischen Zunft sieht man das Projekt anthroposophische Medizin oft anders. Die Kritik ist unüberhörbar, manchmal verstehbar, manchmal schrill. Eine „Druiden-" oder „Schamanenmedizin" sahen Joachim Müller-Jung, Ressortleiter Wissenschaft in der Frankfurter Allgemeinen Zeitung, und Erland Erdmann, hoch dekorierter Kölner Kardiologe, 2002 am Werk,[14] „Magie als Kassenleistung" identifizierten zwei weitere Medizinprofessoren, Klaus-Dietrich Bock und Manfred Anlauf, ein Jahr später.[15] Warum dieser Aufschrei? Hier treffen unterschiedliche Wissenschaftskulturen in der Begründung und Erforschung medizinischer Verfahren aufeinander, Hellsehen und (versus) Empirie: Sind „hellseherisch" postulierte Wirkungen empirisch nachweisbar? Wo liegen Placeboeffekte vor – und wenn, wieweit sind sie ein Indikator für einen psychosomatischen Befund? Kann man Wirkungen anthroposophischer Arzneimittel, wenn sie denn wirken, auch ohne Steiners Überbau erklären? Dieses „Empirieproblem" lässt sich letztlich auf die Frage zurückführen, ob Steiners „hellseherische" Einsichten auch dann Anspruch auf Geltung besitzen sollen, wenn sie nicht mit den Verfahren der universitären Medizin nachprüfbar sind. Was ist mit Therapien, die nur in Einzelfällen oder bei kleinen Gruppen wirken? Hier liegt der Hase im Pfeffer. Viele empirische Mediziner fuchst es, dass Anthroposophen deshalb besondere Nachweismethoden für sich fordern (in der Sicht vieler Universitätsmediziner: einen Rabatt), etwa indem sie postulieren, dass anthroposophische Anwendungen nur individuell wirkten und sind deshalb nicht in intersubjektiven („doppel-blind") Verfahren überprüfbar seien. Dass ist klarerweise die Flucht der anthroposophischen Medizin aus den extrem hohen und extrem teuren Standards der Arzneimittelforschung, die Heilmittelwirkungen kalkulierbar machen und verhindern, dass die Kranken zu Versuchsobjekten unausgegorener Medikamente werden. Aber was ist, wenn es individuelle Wirkungen wirklich gibt, wie sie schon ein Ahnvater der Alternativmedizin, Samuel Hahnemann, der Erfinder der Homöopathie, seinen Ärzten ins Stammbuch schrieb? Und könnte es sein, dass nicht ein anthroposophisches Arzneimittel, sondern die Patientenbetreuung hilft? Und die Medikamente zumindest nicht schaden? Und zumindest in einigen Fällen helfen?

In dieser Auseinandersetzung spiegelt sich mehr als ein Problem der anthroposophischen Medizin, hier geht es um die Konzeption der modernen Medizin überhaupt. Es geht um die Rolle der empirischen Nachweismethoden, die ins

---

14 Erdmann, Erland: Schamanenmedizin in der Positivliste, in: Frankfurter Allgemeine Zeitung, 20.12.2002, S. 12; Müller-Jung, Joachim: Ärzte gegen Druiden, in: Frankfurter Allgemeine Zeitung, 17.3.2003, S. 34.
15 http://www.faz.net/aktuell/wissen/medizin-aerzte-gegen-druiden-192310.html (14.1.2017).

Zentrum der universitären Medizin gehören und ihre Erfolgsgeschichte mitbegründet haben. Methoden wie das genannte Doppel-Blind-Verfahren, bei dem weder die Patienten noch die Ärzte wissen, ob sie ein Placebo bekommen respektive verabreichen und in dem nur eine dritte Gruppe über das Wissen verfügt, welche Pille ein Heilmittel enthält, gehören zum Kern einer Medizin, in der Wirkungen nachweisbar gemacht werden: jenseits der begrenzten Erfahrungen einzelner Ärzte und jenseits der Hoffnungen von Patienten. Damit hat die Medizin Quacksalber überführt, also Gefahren vom Markt genommen und neue Heilmittel gefunden, mithin Fortschritt produziert. Jeder, der behauptet, darauf verzichten zu können, lädt sich eine gewaltige Begründungslast auf und droht, unseriös zu werden. Das gilt auch für die anthroposophischen Medikamente. Es gibt allerdings, wie gesagt, Medikamente, die nicht bei jedem und nicht in jeder Situation wirken. Das bedeutet keinen Freibrief für den anthroposophischen Verzicht auf einen empirischen Nachweis, sondern nur, dass die empirischen Nachweise enger gefasst werden müssen. Aber es gibt auch Placebos, die wirken, Medikamente, die „keine" sind und trotzdem heilen. Es gibt Schmerzen, die verschwinden, wenn man an ein Medikament glaubt, oder ein Immunsystem, das sich wieder regeneriert, nur weil sich bei gleichbleibender Medikamentierung das Lebensumfeld eines Menschen geändert hat. Es gibt die spontanen Heilungen nach einer Wallfahrt oder einer Trance: Das ganze Feld der psychosomatischen Phänomene eben. In dieses Feld gerät man auch mit vermutlich der Mehrzahl der anthroposophischen Heilmittel, bei denen Effekte mit quantitativen Methoden oft nicht nachweisbar sind. Wenn sie dann doch wirken, tauchen erneut schwierige Fragen auf: Sind es Wirkungen im Einzelfall? Oder psychogene Wirkungen? Oder doch am Ende mit klassischen Mitteln nachweisbare Effekte?

Natürlich gibt es sie, die potentiellen Problemzonen der Alternativmedizin. Dabei muss man genau hinschauen: In Krankenhäusern sind sie angesichts der hohen Kontrolldichte vermutlich kleiner als bei Ärzten, die im anthroposophischen Milieu eine medizinische Eigenwelt aufbauen können, und nochmals größer werden sie bei freischwebenden Laien sein, die im anthroposophischen Geist therapieren. Zu diesen Gefahren gehört, wie bei vielen Alternativtherapien, die Gefahr, zu lange mit wirkungslosen oder in ihrer Wirkung begrenzten Medikamenten gegen Krankheiten anzugehen, gegen die die Medizin ansonsten probate Mittel zur Verfügung stellt. Dies kann bei Mistelpräparaten, die als spezifisch anthroposophische Therapeutika gegen Krebs gelten, der Fall sein, sofern sie nicht als Adjuvans eingesetzt werden, sondern als alleinseligmachende Heilmittel. Auch die hochgelobte „Ganzheitlichkeit" hat ihre schwachen Seiten, weil psychosomatische Konzepte besonders mit Steiners körperdistanzierter, dualistischer Anthropologie konkurrieren, in der der Geist respektive die Seele als letztlich körperunabhängige Größen agieren. Zudem tat (und tut) sich die Anthroposophie mit vielen psychotherapeutischen Verfahren schwer, weil man ihr – insbesondere Freuds Psychoanalyse – „materialistische" Züge unterstellte.

Auch in anderen Feldern der anthroposophischen Medizin stößt man auf potentielle Konfliktfelder. In der anthroposophischen Palliativmedizin gibt es im Rahmen der Sterbebegleitung einen weltanschaulichen Überhang, wenn man versucht, unter Berufung auf Steiner auf die Gabe von Schmerzmitteln zu verzichten, da der Mensch mit vollem Bewusstsein „über die Schwelle des Todes" treten soll. Das Ergebnis sind Fälle, in denen Menschen trotz großer Schmerzen keine ausreichenden Mittel zur Linderung erhalten. Bekannt ist mir ein Fall, wo in einer Schweizer anthroposophischen Klinik eine todkranke Patientin, die dorthin notfallmäßig eingewiesen worden war, mit multiplen Hirnmetastasen trotz großer Schmerzen, die schwer auszuhalten waren, keine ausreichenden Schmerzmittel erhielt. Sie wurde deshalb mit Hilfe der Angehörigen in eine nichtanthroposophische Palliativ-Klinik verlegt, wo sie nach kurzer Zeit schmerzfrei war. Auch wenn in der Frage der Schmerztherapie von Sterbenden ein weiter Entscheidungsspielraum vorbehalten bleibt: von der weitgehenden konsensuellen Position der universitären Medizin, Schmerzen auf jeden Fall zu vermeiden, ist man in der anthroposophischen Theorie weit entfernt. Ob in der Praxis die Dinge zumindest in der Palliativmedizin oft anders aussehen, weil in der Pflege (wo eine große Zahl der Pflegekräfte, wohl oft die Mehrzahl, keine Anthroposophinnen sind) dann doch alles getan wird, um Schmerzen zu vermeiden, ist eine andere Frage.[16] Das andere Beispiel ist die schon kurz angesprochene Maserntherapie. Von der Weltgesundheitsorganisation bis zum Robert Koch-Institut in Deutschland zielen die Empfehlungen der Universitätsmedizin darauf, diese Krankheit auszurotten, anthroposophische Mediziner hingegen unterstützen oft Eltern, die nicht impfen wollen. Damit respektiert man zwar individuelle Entscheidungen, aber um den Preis, andere Menschen potenziell zu gefährden.

In all diesen Feldern stellt sich immer wieder die Frage: Wie weit reicht wo Steiners weltanschaulicher Arm? So können anthroposophische Ärzte ganz grundsätzlich diskutieren, ob man überhaupt medizinisch heilen dürfe, weil der Patient mit seinem Karma eine Krankheit im Verlauf der Reinkarnationen selbstbestimmt gewollt habe.[17] Mit dem Karmadenken kann man das Verbot therapeutischer Eingriffe begründen, weil ja der Patient genau dieses Schicksal frei gewählt habe. Doch lässt sich mit Steiners Karmatheorie auch das Gegenteil fordern. Das Argument, man müsse den Menschen zu einem besseren Karma verhelfen, kann Eingriffe rechtfertigen, und überdies nehme der Kranke mit der Einwilligung ja sein Schicksal selbst in die Hand. Aber man kommt in der anthroposophischen Medizin eben um die Debatte nicht herum, ob es überhaupt ein Eingriffsrecht gebe. Eine ähnliche Ambivalenz findet sich beim Schwangerschaftsabbruch (den Steiner noch „Unterbrechung" nannte): Das sei, so Steiner, kein so großes Problem für die Mutter und den Fötus, das werde sich karmisch

---

16 Karschuck, Philip-Emanuel: Die Transformationsgeschichte anthroposophischer Praxisfelder nach dem Tod Rudolf Steiners (1861-1925) am Beispiel der Palliative Care, Diss. Freiburg i. Üe. 2017.
17 Zander: Anthroposophie in Deutschland, 1578.

bald wieder richten – womit man einen Schwangerschaftsabbruch legitimieren kann, wohingegen der abtreibende Arzt mit größeren Konsequenzen zu rechnen habe – so dass sich für ihn eine Abtreibung nicht empfehle.[18] Letztlich kann man mit Steiners Auffassungen Abtreibung legitimieren oder verwerfen, letztlich unterschiedliche, gar gegensätzliche Handlungen begründen.

Aber in der Auseinandersetzung um die anthroposophische „Heilkunst" geht es um mehr als nur um medizinische und ethische Fragen, es geht auch um Ökonomie, um den Zugang zum Markt für Arzneimittel und um kassenfinanzierte Therapien. Hier hat die anthroposophische Medizin sich durch erfolgreiche Lobbyarbeit Sonderrechte erstritten, die klassischen Medizinern ein Dorn im Auge sind. Denn seit 1978 sind anthroposophische Heilmethoden in Deutschland als „besondere Therapierichtung" anerkannt und damit von der empirischen Wirksamkeitsprüfung, wie sie in der universitären Medizin üblich sind, befreit; in der Schweiz ist die Situation vergleichbar. Mit der Öffnung vor allem von privaten Krankenkassen auf alternativmedizinische Mittel scheint hier eine gewisse Ruhe eingekehrt zu sein. Allerdings dürfte die Akzeptanz anthroposophischer Heilmittel und Therapien seitens Kassen auch pekuniär und nicht nur medizinisch oder als Respektierung des Patientenwillens begründet sein, denn man hofft, dass alternativmedizinische Behandlungen kostengünstiger sind. Andererseits ist weiterhin offen, in welchem Ausmaß die EU-Gesetzgebung dieses deutsche Sonderrecht auf Dauer schützen wird, nachdem der Europäische Gerichtshof 2007 derartige Ausnahmen bei der Zulassung mit Blick auf die niederländische Situation infragegestellt hatte. Das oberste Gericht der Niederlande hat am 5. Dezember 2008 denn auch entschieden, dass Anthroposophica nicht mehr für den Arzneimittelmarkt registriert werden können, soweit sie nicht zu den homöopathischen oder pflanzenmedizinischen Pharmazeutica gehören. Die anthroposophische Lobbyarbeit zielt nun darauf ab, anthroposophische Mittel unabhängig von dieser Einordnung zuzulassen.[19] Damit kommt man in den höchst komplizierten Bereich der Rechtsfragen im Umfeld der anthroposophischen Medizin.[20] Hier geht es um Geld, um viel Geld. Wirklich reich werden, manchmal überleben kann man mit der Hinzuziehung alternativmedizinischer Mittel nur, wenn man an die Finanzen der Krankenkassen kommt. In diesem Feld spielt die Schweiz eine Vorreiterrolle, weil die verfassungsmäßige Verankerung der Komplementärmedizin ein Argument bietet, an diesen riesigen Topf der öffentlichen Finanzierung zu kommen. Dass die Krankenkassenfinanzierung zu einer Überlebensfrage werden kann, dokumentiert die Situation

---

18 Steiner, Rudolf: Meditative Betrachtungen und Anleitungen zur Vertiefung der Heilkunst. Vorträge für Ärzte und Studierende der Medizin. Weihnachtskurs, acht Vorträge, Dornach 2. bis 9. Januar 1924. Osterkurs, fünf Vorträge, Dornach 21. bis 25. April 1924. Erster Rundbrief, 11. März 1924. Abendzusammenkunft Dornach, 24. April 1924 (Gesamtausgabe, Bd. 316), Dornach: Rudolf Steiner-Verlag 2003, 228.
19 https://www.medsektion-goetheanum.org/home/koordinationderfachbereiche/arzneimittel-rechtsfragen/?view=8 (3.6.2016).
20 Zuck, Rüdiger: Das Recht der anthroposophischen Medizin, Baden-Baden: Nomos 2007.

in Arlesheim, wo das „Klinisch-Therapeutische Institut" (seit 1971: Ita Wegman-Klinik) im April 2014 mit der benachbarten, 1963 gegründete Lukas-Klinik, die sich auf Krebstherapie spezialisiert hatte, zur Klinik Arlesheim AG fusionieren musste, mit Dutzenden von Kündigungen. Letztlich wohl, weil die Kosten anders nicht zu bewältigen waren.[21]

Diese Schlaglichter machen klar, dass man in der anthroposophischen Medizin nicht einfachhin treu Steiners Ideen ausführt, sondern zwischen dem Druck der Standardmedizin und den Bedingungen der Finanzierung massiven Veränderungsprozessen unterliegt. Dazu kommt ein interner Druck auf Modifikationen, weil Steiners Vorgaben eine unzureichende Basis für die gegenwärtige Medizin bilden. Manches ist schlicht überholt und steht trotz potenziell „hellsichtiger" Begründung zur Disposition, anderes hatte er einfach nicht im Blick. Ein Beispiel für letzteres ist die Palliativmedizin im Sterbeprozess, die durch die Erfolge der Medizin am Ende des 20. Jahrhunderts zu einem Massenphänomen wurde. Hier kamen starke Anstöße aus christlich motivierten und staatlichen Einrichtungen, ehe man auch in der Anthroposophie seit den 1990er Jahren diesen Bereich besetzte – mit der Folge, diesen Bereich anthroposophisch neu erfinden zu müssen. Was dann etwa hinsichtlich des Verhältnisses von Weltanschauung und Therapie passierte, ist hoch spannend. Hier hätte man erwarten können, dass Steiners Vorstellungen von den Stadien des Sterbeprozesses für die Mediziner zentral werden würde, dass die Idee, wie Ätherleib und Astralleib sich vom physischen Leib, wie es die theosophische Vorstellung vorsah, lösen, ihr ärztliches Handeln beeinflussen würde – und das schließlich der Eintritt in den Prozess der Reinkarnation ein Rolle spielen müsste. Aber genau das geschah nicht. Die weltanschaulichen Dimensionen kommen in der Literatur für Ärzte kaum vor, die spirituelle Seite wurde an die Pflege und an die Priester der Christengemeinschaft delegiert. So entstand ein ganz neues Segment anthroposophischer Medizin, in dem die weltanschauliche Seite bei den Ärzten partiell wie „säkularisiert" erscheint.[22]

Der jüngste Versuch, die anthroposophische Medizin aus dem anthroposophischen Getto zu befreien und sie mit der universitären Welt zu verbinden, ist der „‚Masterplan' zur Akademisierung der anthroposophischen Medizin" aus den Jahren 2008 und 2013. Das ambitionierte Programm sah 2008 folgendermaßen aus:[23]

1. Einrichtung von fünf universitären Lehrstühlen (z. B. Bern, Witten-Herdecke, Berlin, Freiburg i. Br., Holland)
2. Habilitationsförderung für ca. zehn Habilitationen

---

21 http://www.basellandschaftlichezeitung.ch/basel/baselbiet/klinik-fusion-in-arlesheim-ita-wegman-rettet-lukas-vor-dem-aus-127478619 (4.4.2016).
22 Karschuck, Philip-Emanuel: Die Transformationsgeschichte anthroposophischer Praxisfelder nach dem Tod Rudolf Steiners (1861-1925) am Beispiel der Palliative Care, Diss. Freiburg i. Üe. 2016.
23 ‚Masterplan' zur Akademisierung der anthroposophischen Medizin, zusammengestellt von Harald Matthes, August 2008, 5.

3. Wissenschafts- und Methodenkonzept der anthroposophischen Medizin
4. Experimentelle Grundlagenforschung „zur Absicherung der anthroposophisch-menschenkundlichen Grundkonzeption"
5. klinische Forschung
6. Etablierung eines Masterstudiengangs für anthroposophische Medizin
7. Forschungsförderstrukturen

Eine der Gründe für dieses Engagement waren die genannten massiven personellen Engpässe. „Derzeit [2013] können weniger als 50% der niedergelassenen anthroposophischen Arztsitze bei Ausscheiden durch die Altersgrenze durch anthroposophisch ausgebildete Ärzte wiederbesetzt werden. Auch in den anthroposophischen Kliniken sind die Bewerber überwiegend ohne tiefere anthroposophisch medizinische Kenntnis."[24]

Im Hintergrund stehen aber auch weiterhin Akzeptanzprobleme der anthroposophischen Medizin in der Wissenschaftswelt. Deshalb versuchte man, Lehrstühle vor allem außerhalb von Witten-Herdecke zu etablieren. 2008 sah man die Gründe für die fehlende Anerkennung ganz auf Seiten der etablierten akademischen Einrichtungen: „Die anthroposophischen Vorstellungen von Mensch und Natur sind nicht oder wenig kommensurabel mit den Theorien konventioneller Naturwissenschaft; dies liegt nicht primär an der Anthroposophie, sondern an ... konzeptionellen Fehlkonstruktionen im Korpus der herkömmlichen Naturwissenschaft.[25] Als wollte man das akademische Unbehagen bestätigen, fand sich 2013 die metaphernreiche Forderung nach weltanschaulicher Orientierung, dass nämlich die Lehrstuhlvertreter „in der Anthroposophischen Medizin stehen und aus der Anthroposophie heraus schöpfen und wirken" sollen.[26] Immerhin gab es in diesem Jahr auch das explizite Bekenntnis, dass „die anthroposophisch medizinischen Konzepte empirisch naturwissenschaftlich ausgearbeitet und die anthroposophischen Therapieverfahren einer wissenschaftlichen Evaluation unterzogen werden" sollen.[27] Die Ergebnisse dieses Programms blieben zwar von den Zielvorstellungen des Jahres 2008 ein gutes Stück entfernt, können sich aber angesichts der Probleme der Etablierung von akademischen Professuren sehen lassen. 2018 gab es vier Lehrstühle, in denen anthroposophische Medizin eine wichtige Rolle spielt: in Witten-Herdecke der „Lehrstuhl für Medizintheorie, Integrative und Anthroposophische Medizin" an der Fakultät für Gesundheit (David Martin); in Bern die Professur „Anthroposophisch erweiterte Medizin am Institut für Komplementärmedizin" (Ursula Wolf); an der Charité in Berlin die „Arbeitsgruppe Integrative und Anthroposophische Medizin" am Institut für Sozialmedizin (Harald Matthes), und an der Universität Frei-

---

24 ‚Masterplan II' zur Forschung in der anthroposophischen Medizin, zusammengestellt von Harald Matthes, Peter Heusser und Alfred Längler, Berlin, Juli 2013, 13.
25 ‚Masterplan' [I], 28.
26 ‚Masterplan II', 6.
27 Ebd., 14.

burg im Breisgau der Bereich „Anthroposophisch Medizinische Forschung" am Institut für Infektionsprävention und Krankenhaushygiene (Carsten Gründemann). Die Finanzierung ist allerdings oft prekär, in Berlin und Freiburg wären die Lehrstühle ohne die Mittel anthroposophischer Stiftungen momentan nicht überlebensfähig.[28]

Aber am Ende geht es für die Patienten um eine ganz praktische Frage: Sind anthroposophische Klinken nun schlecht oder gut – oder gar besser als ihre Konkurrenz? Eine solche Entscheidung ist ohne solide empirische Vergleichsuntersuchungen pure Spökenkiekerei. Aber vielleicht geben Erfahrungsberichte von Patientinnen und Patienten einen Anhaltspunkt. Als die Techniker-Krankenkasse 2007 die Zufriedenheit von Patienten in Krankenhäusern erheben ließ, lagen die drei großen anthroposophischen Einrichtungen in Deutschland (Filderklinik, Havelhöhe, Herdecke) über dem Durchschnitt, die beiden ersten sogar in der Spitzengruppe.[29] Ein etwas anderes Bild vermitteln Bewertungen im Internet, etwa in dem Portal „Klinikbewertungen". Natürlich sind derartige Berichte subjektiv geprägt, von Repräsentativität kann nur in sehr eingeschränktem Maß die Rede sein, und selbstverständlich sagt die Patientenzufriedenheit noch nichts über die medizinischen Heilerfolge aus. Aber einen Fingerzeig dürften die Urteile gleichwohl geben. Ich greife nochmals die drei gerade genannten anthroposophischen Kliniken heraus, mit Bewertungen vom 27. Mai 2016.[30] Alle drei Krankenhäuser schneiden nicht schlecht ab. In Filderstadt beträgt die Patientenzufriedenheit 72,5 % (also knapp drei Viertel der PatientInnen haben sich unter dem Strich positiv geäußert). Aber neben den schlechter benoteten Konkurrenzspitälern gab es auch die besser eingeschätzten Alternativen: etwa das in der Stuttgarter Nachbarschaft der Filderklinik gelegene Diakonie-Klinikum, welches auf eine Zufriedenheitsquote von traumhaften 92,3 % kam. Ähnlich war die Situation in Berlin. Das Klinikum Havelhöhe zählte 66,2 % zufriedener Patienten, aber zwei nahegelegene evangelische Krankenhäuser standen besser da: das Martin Luther-Krankenhaus mit 73,5 % und das Immanuel-Krankenhaus 76,8 %. Hingegen musste sich der zwei Stadtteile weiter gelegene Benjamin Franklin Campus der Charité mit einer Zufriedenheitsquote von 33,1 % zufriedengeben. Schließlich das Gemeinschaftskrankenhaus Herdecke: Es zählte 64,5 % zufriedener Patienten. Das benachbarte katholische St. Elisabeth-Krankenhaus wurde jedoch mit 81,1 % herausgehoben, wohingegen die großen be-

---

28 In Berlin ist es vor allem die Software AG Stiftung. Weitere Mitarbeiter der Arbeitsgruppe wie wissenschaftliche Mitarbeiter, Study Nurses und Dokumentare finanzieren sich über Studiengelder des Bundesministeriums für Bildung und Forschung und zu einem geringen Teil durch Mi Dabei kann man auf einige sub 8); in Freiburg kommen die Gelder vor allem von zwei anthroposophischen Stiftungen, der Software AG Stiftung und dem Damus-Donata e.V., außerdem vom Schweizerischen Nationalfonds und dem Bundesministerium für Wirtschaft und Energie (Mitteilung von Carsten Gründemann vom 1.8.2018).
29 http://www.damid.de/presse-und-termine/pressemitteilungen/pressemitteilungen-archiv/48-pressemitteilungen-2008.html (3.6.2016).
30 Daten nach http://www.klinikbewertungen.de/ (27.5.2016).

rufsgenossenschaftlichen Kliniken „Bergmannsheil" nur 43,2 % zufriedener Patienten zählten.

Was das genau bedeutet, wird nur im Blick auf Details klar. Sieht man beispielsweise die Bewertungen in der Klink Filderstadt durch, fällt auf, dass es oft euphorische Bewertungen gab, wenn es um die Geburt ging, aber die Kritiken sich bei klassischen Krankheitsbildern häuften: von Problemen bei der Diagnose eines Harnwegsinfektes über Klagen bei der Wundversorgung nach einem Kaiserschnitt bis zu einem Todesfall nach einer Bauchspiegelung.[31] Es stellt sich der Eindruck ein, dass auch bei anthroposophischen Kliniken das Schwarzweiß-Muster von gut und schlecht nicht greift. Man wird, wie immer, genau hinschauen müssen, ob eine anthroposophische Klinik eine gute Wahl ist.

---

31 http://www.klinikbewertungen.de/klinik-forum/erfahrung-mit-filderklinik-filderstadt (27.5.2016).

Nationalsozialismus

Die Aufarbeitung des Nationalsozialismus in der Anthroposophie – und um diese Wirkungen nach 1945 geht es im folgenden vor allem – ist eine Geschichte, wie man sie in Deutschland häufiger findet. Am Anfang war die Stille nach dem Sturm, das Aufatmen, das Grauen überstanden zu haben. Dann kann das Bewusstsein, zu den Opfern zu gehören, und in der Tat: 1935 hatten die Nationalsozialisten die Anthroposophische Gesellschaft verboten. Manche Mitglieder mussten in Haft, Gebäude wurden enteignet (wie das Stuttgarter Logenhaus mit dem Ritualraum für die freimaurerischen Zeremonien), Archive wurden gestohlen, sodass noch heute wichtige Mitgliederlisten der Frühzeit im Sonderarchiv in Moskau liegen, weil die Sowjetarmee ihrerseits die SS-Archive abschleppte. Ja, als erstes und ohne Abstriche, Anthroposophen waren Opfer eines totalitären Regimes.

Und wie immer war das nicht alles. Zuerst misstraute ein Pädagoge, kein Anthroposoph, diesem Bild, Achim Leschinsky, der 1983 das Bild der Waldorfschulen in der NS-Zeit infrage stellte.[1] Dann kam ein Anthroposoph, Arfst Wagner, der seit 1991 verstörendes Material publizierte, etwa über die Kooperation von Anthroposophen mit Nationalsozialisten und (vorsichtige?) Beifallskundgebungen für das nationalsozialistische Deutschland aus dem Dornacher Vorstand.[2] Die Reaktionen auf diese Enthüllungen waren so, wie man sie in Deutschland seit 1945 gut, aber zu diesem Zeitpunkt immer seltener kannte: Nestbeschmutzer war noch ein freundliches Schimpfwort, und grosso modo galt: abwiegeln und verdrängen. Derweil brannte es in der anthroposophischen Welt ganz in der Nähe der NS-Debatte, beim Thema Rassismus. Jutta Ditfurth hatte 1992 dazu wenig erfreuliches Material ausgegraben. Im anthroposophischen Alltagsleben hatte diese Unruhe nicht zwingend positive Irritationen zur Folge. Ein Versuch von Uwe Werner, Archivar der Anthroposophischen Gesellschaft, 1999 das Material zu sammeln und zu deuten, war ehrlich gemeint, nicht unkritisch, aber am Ende doch nicht kritisch genug.[3] Doch für weite Teile des anthroposophischen Milieus dürfte die Zeit des Nationalsozialismus auch nach diesen Debatten „irgendwie" Vergangenheit gewesen sein. Noch in diesem Jahrtausend konnte man – so der ehemalige Priester der Christengemeinschaft, Andreas Laudert –, auf die unbe-

---

1 Leschinsky, Achim: Waldorfschulen im Nationalsozialismus, in: Neue Sammlung, 23/1983, 255-283.
2 Dokumente und Briefe zur Geschichte der anthroposophischen Bewegung und Gesellschaft in der Zeit des Nationalsozialismus, hg. v. A. Wagner, 4 Bde., Rendsburg: Lohengrin 1991-1992.
3 Werner, Uwe (unter Mitwirkung von Christoph Lindenberg): Anthroposophen in der Zeit des Nationalsozialismus (1933-1945), München: Oldenbourg 1999.

darfte Selbstverständlichkeit eines Lebens im Nationalsozialismus in der Erinnerungskultur stoßen: „Bei Kaffee und Kuchen bekommt er vom Gastgeber stolz und arglos Fotos gezeigt, auf denen dieser den Betrachter fröhlich in SS-Uniform entgegenlacht. Kein Wort dazu, auch nicht von der beschwingt weitere Anekdoten beisteuernden Ehefrau."[4]

Dann, 2014, kam Peter Staudenmaier, der über ein scheinbar abgelegenes Thema schrieb, über die biodynamische Landwirtschaft im Nationalsozialismus.[5] Er nutzte intensiv die Archivbestände im Bundesarchiv, vieles, was die SS geraubt und in ihrem Reichssicherheitshauptamt deponiert hatte. Das Ergebnis seiner Analyse war die „Normalisierung" der Rolle von Anthroposophen im Nationalsozialismus: Es gab die Opfer, dies stellt auch Staudenmaier nicht infrage. Aber er dokumentiert auch die Mitläufer, die Parteimitglieder, die SS-Mitglieder, und die schiere Menge der Belege macht klar, dass es hier nicht um irregeleitete einzelne geht, sondern um deutsche Normalität nach 1933. Aber die schmerzhafteste Wunde hat Staudenmaier im Herzen der Anthroposophie, in ihren Überzeugungen, offengelegt: Es gab enge weltanschauliche Berührungspunkte zwischen anthroposophischer und nationalsozialistischer Weltanschauung. Die (nationalsozialistische) Orientierung an der „Scholle" und die (anthroposophische) Wertschätzung des Bodens im „Organismus" des Hofes liegen soweit nicht auseinander, „völkisches" Denken von Nationalsozialisten und anthroposophische Überlegungen zur „Volksindividualität" ließen sich leicht verbinden. Landwirtschaft und Nationalsozialismus: Das ist ein Kapitel mit tiefbraunen Furchen. Staudenmaier war das definitive Ende der Geschichte anthroposophischer Unschuld im Nationalsozialismus.

Aber das alles galt nicht nur für die Landwirtschaft. Steiners deutschnationale Überzeugungen konnten in der NS-Zeit immer aufgeboten werden, wenn man um seine Interessen oder gar um das Überleben der Anthroposophischen Gesellschaft kämpfte. In diesen strukturellen Ähnlichkeiten oder Gemeinsamkeiten lag das Feld von Übereinstimmungen, die viele Anthroposophen mit dem Nationalsozialismus letztlich gut leben ließen. Dazu teilte man mit vielen Nationalsozialisten ein für uns heute scheinbar abseitiges okkultistisches Thema: die Weltverschwörung durch okkulte Logen, die Steiner schon im Ersten Weltkrieg hatte wirken sehen –[6] die „internationale Freimaurerei" als Bedrohung Deutschlands. Vielfach lässt jedenfalls der Dissens in Einzelfragen übersehen, welches Ausmaß die Übereinstimmungen im Grundsätzlichen haben konnten. Um keinen falschen Zungenschlag aufkommen zu lassen: Natürlich gab es beträchtliche Unterschiede. Die anthroposophische Wertschätzung des „Geisti-

---

4 Laudert, Andreas: Abschied von der Gemeinde. Die anthroposophische Bewegung in uns, Basel: Futurum 2011, 114.
5 Staudenmaier, Peter: Between Occultism and Nazism. Anthroposophy and the Politics of Race in the Fascist Era, Leiden: Brill 2014.
6 Zander, Helmut: Rezension von Rudolf Steiner: Zeitgeschichtliche Betrachtungen, 3 Bde., hg. v. A. Lüscher u.a., Dornach [4]2010. Rezension in: Zeitschrift für Religions- und Geistesgeschichte, 64/2012, 66-69.

gen" oder die fortbestehenden internationalistischen Dimensionen der Anthroposophie haben Anthroposophen immer wieder als unvereinbar mit dem Nationalsozialismus herausgestrichen – und auch viele Nationalsozialisten sahen das so. Aber es gab eben auch die andere Seite.

Und weil diese Dimension unangenehm ist, fehlen weiterhin historische Aufarbeitungen für viele Bereiche der Anthroposophie im Nationalsozialismus. Eine wirklich detaillierte Geschichte der Waldorfschulen steht aus, und nach dem was wir wissen, werden neben dem Widerstand gegen die Gleichschaltung auch die Versuche der Kooperation, zum Teil aus Überzeugung, zum Teil um des Überlebens willen, zu Tage treten.[7] Bei der Christengemeinschaft wissen wir, dass Mitglieder verhaftet wurden, aber auch, dass der Erzoberlenker Friedrich Rittelmeyer heftig deutschnational getickt hat und dass Friedrich Benesch, der über Jahre das Stuttgarter Priesterseminar leitete, auch eine tiefbraune Vergangenheit besitzt. Aber ein Gesamtbild der Christengemeinschaft fehlt. Und dann der Dornacher Vorstand. Wir ahnen, dass über die Geschichte von Steiners Frau Marie im Nationalsozialismus noch nicht das letzte Wort gesprochen ist – eine strahlende Widerstandskämpferin wird vermutlich am Ende nicht erscheinen. Und Günther Wachsmuth, ebenfalls Vorstandsmitglied und ehemals Steiners Sekretär, konnte sich durchaus zum Lob auf so manches im nationalsozialistischen Deutschland verstehen. Aber andere widersprachen: Albert Steffen oder Ita Wegman. Schließlich und nicht endlich macht der Umgang mit den exilierten anthroposophischen Juden die anthroposophische Ambivalenz deutlich, Hilfsbereitschaft und Antisemitismus lagen schmerzhaft beieinander.[8] Das Bild wird „normaler" und deshalb bitterer werden, weil neben die anthroposophischen Opfer auch die anthroposophischen Täter treten. Aber anders wird man die Unangepasstheit und Widerständigkeit von Anthroposophen im Nationalsozialismus nicht wertschätzen können.

---

7 Oberman, Ida: The Waldorf Movement in Education from European Cradle to American Crucible, 1919-2008, Lewiston, NY: Edwin Mellen 2008; Übersicht bei Ansgar Martins, https://waldorfblog.wordpress.com/waldorf-ns-chronik/ (4.4.2016).
8 S. das reiche Material in: Büchenbacher, Hans: Erinnerungen 1933-1945. Zugleich eine Studie zur Geschichte der Anthroposophie im Nationalsozialismus. Mit Kommentaren und fünf Anhängen, hg. v. A. Martins, Frankfurt a.M.: Mayer Info3 2014.

Öffentlichkeit

Ein schwieriges Thema. Aber es gibt viele, zu viele Journalisten, die kritisch über die Anthroposophie berichtet haben und mit Gerichtsprozessen konfrontiert wurden. Ein Beispiel: Als der Film von Dietrich Krauß vom Südwestrundfunk „Wie gut sind Waldorfschulen?" 2006 und 2007 über den Äther lief, versuchte man, mit einem Anwaltsschreiben an den Direktor der Sendeanstalt, Peter Voß, die Wiederholung zu unterbinden,[1] und immerhin verzichtete der SWR auf einen Film zu Gewalt unter Waldorfschülern. 2006 war schon ein Beitrag über die Waldorfschule in „Frontal 21" vor die Gerichte gekommen,[2] wie vordem der Beitrag in „Report" im Jahre 2000. Gerichtliches Vorgehen gegen wissenschaftliche Arbeiten wären ein weiteres Kapitel.[3] Selbstverständlich, man müsste jetzt darüber reden, wie weit die anthroposophischerseits vorgetragenen Vorwürfe zutreffen, man müsste der Frage nachgehen, wo sich Anthroposophen möglicherweise zu Recht oder zu Unrecht angegriffen fühlen. Und selbstverständlich gibt es Fälle, wo man den Ruf nach dem Richter verstehen kann. Das „Schwarzbuch Anthroposophie" der Brüder Guido und Michael Grandt[4] etwa lieferte 1997 schlicht zu viele unzutreffende und tendenziöse Informationen. Man konnte die Auslieferung der ursprünglichen Fassung verbieten und Schwärzungen durchsetzen.[5] Das gleiche Vorgehen traf Michael Grandts „Schwarzbuch Waldorf" 2008,[6] in dem sich erneut polemische und sachlich falsche Darstellungen fanden.[7] Aber waren Besprechungen in der Süddeutschen und der „Zeit", die Grandts Buch „als niveauloses Machwerk in die Bedeutungslosigkeit rezensierten",[8] keine ausreichende Antwort? Fairerweise muss man sagen, dass es auch innerhalb der Waldorf-Community Bedenken gegenüber diesem juristischen Vorgehen gab. Ein Bund der Freien Waldorfschulen, der zu viel durch Prozesse und zu wenig durch Pädagogik auffiel? Doch am Ende bleibt das Gefühl zurück, dass viele Anthroposophen zu schnell zu den Schranken der Gerichte drängten und das Anwerfen der FAX-Geräte (damals...) und eMail-Verteiler als einen ausreichenden Bestandteil partizipativer Demokratie sahen. Letztlich

---

1 Lessat, Jürgen: Heftige Debatte über die Waldorf-Pädagogik (Flyer).
2 Die Sendung findet sich unter http://anthroposophie-report.info/wurzelrassenlehre/ (22.4.2016).
3 http://hpd.de/node/1174 (7.4.2016).
4 Grandt, Guido und Michael: Schwarzbuch Anthroposophie. Rudolf Steiners okkult-rassistische Weltanschauung, Wien: Ueberreuter 1997.
5 http://schachtelhalm.net/blog/?m=200809 (7.4.2016).
6 Grandt, Michael: Schwarzbuch Waldorf, Gütersloh: Gütersloher Verlagshaus 2008.
7 https://waldorfblog.wordpress.com/2008/10/22/schwarzbuch-waldorf-michael-grandt/ (7.4.2016).
8 http://schachtelhalm.net/blog/?m=200809 (7.4.2016).

bleibt die Frage zurück, ob es wirklich so oft die Gerichte richten sollen. Immerhin scheinen derartige Reaktionen in den letzten Jahren seltener geworden zu sein.

Angesichts derartiger Konfliktstrategien wundert es nicht, dass in den Medien das Bild einer dogmatisch verbissenen, fundamentalistisch eingeigelten anthroposophischen Welt vorherrscht, die bei schlechten Nachrichten mauert, gerne prozessiert und ohnehin nicht sagt, was sie esoterisch denkt. Ja, diese Welt gibt es, und konservative Anthroposophen tun alles, damit dieses Bild so bleibt. Wenn man ein gutes Beispiel dafür sucht: Man schaue in den Briefwechsel des Waldorf-Funktionärs Ravagli mit dem damaligen NPD-Funktionär Molau (s. unter: Rassen/Rassismus). Aber eine andere Frage durchzieht dieses ganze Buch: Wieweit stimmt dieses Bild noch? Sind nicht die konservativen Anthroposophen, die die Veränderungen vielleicht sensibler, sicher aber angstvoller spüren, nur besonders laut? Sind hingegen die liberalen Anthroposophen nicht viel zu verunsichert, zu gesprächsoffen, zu wenig prozessverliebt? Machen sie für viele Medien einfach zu wenig Krawall – und fallen damit unter das Problem: Good news is no news?

Politik

Die ersten Jahre von Rudolf Steiners theosophischen Jahren waren denkbar unpolitisch. Bis zum Ersten Weltkrieg kümmerte man sich um die Geschichte des Kosmos, um Ätherleib und Astralkörper, um Reinkarnation und Mysteriendramen, also um die esoterischen und die schönen Dinge des Lebens, aber nicht um Politik. Das änderte sich im Ersten Weltkrieg, als der überzeugte Nationalist Steiner versuchte, das Vorgehen des Deutschen Reiches zu verteidigen sowie schließlich – und da mag man ihm kaum widersprechen – den multikulturellen Vielvölkerstaat Österreich-Ungarn zu retten. Aber erst als die Revolution 1918 das von Steiner verehrte Kaiserreich hinwegfegte, rutschte er – so muss man es wohl nennen – in die Tagespolitik hinein. Denn die politischen Aktivitäten von Anthroposophen im Frühjahr und Sommer 1919, in der zweiten Revolutionsphase der ersten deutschen Republik, hat er nicht initiiert, aber, und das muss man ihm hoch anrechnen, er hat sich den politischen Herausforderungen auch nicht verweigert.

In diesen Monaten des Jahres 1919 entwarf Steiner seine „Dreigliederung". Er entwickelte – ohne große Vorkenntnisse und in mäandernden Denkbewegungen, aber immerhin – ein Konzept für die Neuordnung der nachmonarchischen Gesellschaft. In dem Essay „Kernpunkte der sozialen Frage" forderte er 1919 die Scheidung von „Wirtschaftsleben", „öffentlichem Recht" und „geistigem Leben", in einer späteren Auflage fügte er noch die Forderungen nach „Räten", Betriebsräten etwa, hinzu. Dies zielte auf eine Art funktionaler Differenzierung der Gesellschaft, wie man mit Niklas Luhmann sagen könnte, und zieht alle Chancen, aber auch Probleme eines solchen Ansatzes auf sich. Insbesondere geht es immer wieder um die Frage, wie konsequent sich solche „ausdifferenzierten" Bereiche in hochvernetzten Gesellschaften trennen lassen – schon in der Theorie, aber mehr noch in der Praxis. Die Systemtheorie hat diese Probleme mit komplexen Überlegungen zur (nur) konzeptionellen Rolle von Grenzen reflektiert, aber Steiner fand für intensivere Reflexionen keine Zeit.

Für ihn war vielmehr klar, dass das politische Programm esoterisch begründet sein musste: Die geforderte Trennung gesellschaftlicher Bereiche konnte es für ihn nur unter der Oberhoheit des Geistigen geben, Dreigliederung war im Kern die Herrschaft der Eingeweihten (s.u.). Dass die übersinnlich angeleitete Politik richtig scheitern konnte, musste Steiner erfahren, als er in die Wirtschaft einstieg, um anthroposophische Vorhaben zu finanzieren und anthroposophische Aktiengesellschaften auf den Weg brachte. Sie wurden ein fürchterliches Desaster mit Unternehmenszusammenbrüchen und hohen Schulden. Letztlich fiel die Dreigliederung nach Steiners Tod in einen Dornröschenschlaf, aus dem sie erst lange nach dem Zweiten Weltkrieg, wachgeküsst durch die Debatten um eine neue politische Kultur der Bundesrepublik in den endsechziger Jahren, erwachte.

Bei dieser Wiedergeburt spielte der Achberger Kreis – ursprünglich: Kulturzentrum Achberg – bei Lindau am Bodensee, kaum 10 km von der österreichischen Grenze entfernt gelegen, eine zentrale Rolle. Hier trafen sich ökologisch, aber auch konservativ und national orientierte Aktivisten, von denen viele auf der Suche nach einer neuen Gesellschaft, nach einem „dritten Weg" zwischen Kapitalismus und Sozialismus waren, darunter Anthroposophen. Zu ihnen gehörte Wilfried Heidt,[1] ein am Berliner Otto-Suhr-Institut promovierter Soziologe, der sich zum Ziel gesetzt hatte, Steiners „Soziales Hauptgesetz" zur Geltung zu bringen. Danach seien Arbeit und Einkommen zu trennen und etwa eine Entlohnung nach den jeweiligen Bedürfnissen und nicht nach der geleisteten Arbeit zu bemessen. Wer ein Fahrrad braucht, erhält ein Fahrrad, wer ein Auto braucht, ein Auto. (Wer übrigens die realen Folgen für die Praxis realisieren will, sitze als Maus in einer internen Konferenz einer Waldorfschule: Braucht der Kollege wirklich einen Kombi? Reichen nicht zwei zusätzliche Fahrräder? Muss es wirklich das Modell mit 70 PS sein? Und ist nicht schon der Gedanke an einen Sportwagen ein Verrat am Geistigen? Jedenfalls muss ein Lehrer, der seine „Bedürfnisse" durchsetzen will, „die Hosen herunterlassen", wie man aus erbitterten Debatten hören kann.) Heidt sah wohl in der damals virulenten APO, der Außerparlamentarischen Opposition, den Beginn einer neuen Zeit, und in den Räten, die die basisdemokratische Bewegung steuern sollten, ein politisches Instrument zur Durchsetzung der höheren Erkenntnis anthroposophischer Provenienz. Mit seiner Orientierung an Steiner biss er allerdings bei fast allen anderen Gruppierungen auf Granit. Im Nachhinein spiritualisierte er das misslungene anthroposophische Engagement und sah es „im geistesgeschichtlichen-rosenkreuzerischen Epochenjahr 68" auf das „karmische Konto" gehen: Diese „Prüfung der Seelen" wäre vermeidbar gewesen, wenn man ihre „exoterischen Bemühungen aus entsprechenden esoterischen Bemühungen nachdrücklich unterstützt" hätte.[2]

In diesem Zirkel bewegte sich auch Milan Horacek, ein Tschechoslowake, der nach dem Prager Frühling nach Deutschland emigrierte und zu den Gründern der Grünen zählte. Er soll sich in diesen Jahren zu den Anthroposophen gezählt (oder sich zumindest ihren Ideen verbunden gefühlt?) haben.[3] Sodann fand sich in diesem Netz Joseph Beuys, der eine Reihe anthroposophischer Überzeugungen hegte und 1973 zusammen mit anderen Künstlern, Klaus Staeck, Georg

---

[1] http://egoistenblog.blogspot.de/2012/02/zum-tod-von-wilfried-heidt.html (9.2.2016).

[2] Heidt, Wilfried: Trotzalledem: Kein Requiem – Wo war die anthroposophische Bewegung im Epochenjahr „1968", Flugschrift Nummer eins, Publikation des Internationalen Kulturzentrums Achberg, Achbrg 2008, S. 3f., zit. nach Riegel, Hans Peter: Beuys. Die Biographie, Berlin: Aufbauverlag 2013, 401f.

[3] http://www.1000dokumente.de/index.html/index.html?c=dokument_de&dokument=0024_gru&object=context&l=de (9.2.2016).

Meistermann und Willi Bongard, die „Freie Internationale Universität" gegründet hatte, mit der er im Achberger Umfeld aktiv war. Beuys Konzept der „sozialen Plastik" lässt sich als politisches Programm lesen, doch sein Versuch, damit im Rahmen der Grünen politische Karriere zu machen, scheiterte, nachdem er sich mit einer „Rede, die so interessant wie unverständlich war" (Ludger Volmer),[4] bei den Grünen präsentiert hatte. Schließlich gehörte eine weitere Gruppierung in das Netz um den Achberger Kreis herum, die „Aktionsgemeinschaft Unabhängiger Deutscher" (AUD). Ihr führender Kopf war lange August Haußleiter, ein nationalistisch, blockneutral, ökologisch und pazifistisch eingestellter Aktivist mit schwer überschaubaren Beziehungen zum Nationalsozialismus, der nach dem Krieg auf lokaler Ebene die CSU mit auf den Weg brachte. Er gehörte auch zu den Mitbegründern der Grünen, musste allerdings, als seine Vergangenheit ruchbar wurde, aus der ersten Reihe zurücktreten. In seiner AUD dürfte es eine Reihe von Anthroposophen und kurzfristig auch einige anthroposophische Gruppen gegeben haben,[5] die teilweise aus der Kooperation der AUD mit der „Demokratischen Union", in der wieder Wilfried Heidt eine führende Rolle spielte, in die AUD und nach Achberg gekommen waren.[6] Dazu zählten auch Anthroposophen mit einer NS-Vergangenheit, die diese Überzeugungen nach dem Krieg nicht aufgegeben hatten, wie Werner Georg Haverbeck.[7]

Welche Rolle die Anthroposophen in dieser Neuformierung der politischen Landschaft im Deutschland der 1960er Jahre wirklich gespielt haben, lässt sich aufgrund fehlender Forschung nicht präzise sagen. Klar ist, dass ihre große Zeit in die Gründungsphase der Grünen fällt, als dort extrem unterschiedliche Strömungen um die Ausrichtung der sich formierenden Partei rangen: Kommunisten und Antikommunisten, Blut-und-Boden-Naturschützer und pragmatische Ökologen, Gegner und Unterstützer des parlamentarischen Systems. Irgendwo darin waren auch Anthroposophen aktiv. Aber bei den Grünen spielten sie auf Dauer keine wichtige Rolle, zum ersten wegen esoterischer Überzeugungen. Der genannte Ludger Vollmer, zeitweilig Staatssekretär der Grünen im Außenministerium, sieht zwar in der Gründungsphase eine Akzeptanz landwirtschaftlicher und pädagogischer Vorstellungen von Anthroposophen, hingegen „stießen ihre spirituellen und esoterischen Neigungen auf Skepsis; ihr elitärer Anspruch, auf einer höheren Bewusstseinsebene angekommen zu sein, erntete krasse Ablehnung".[8] Aber das anthroposophische Scheitern in der Parteiarbeit hat noch

---

4 Volmer, Ludger: Die Grünen. Von der Protestbewegung zur etablierten Partei – eine Bilanz, München: Bertelsmann 2009, 121.
5 http://www.spiegel.de/spiegel/print/d-14328175.html (9.2.2016).
6 Stöss, Richard: Vom Nationalismus zum Umweltschutz. Die Deutsche Gemeinschaft/Aktionsgemeinschaft Unabhängiger Deutscher im Parteiensystem der Bundesrepublik, Opladen: Westdeutscher-Verlag 1980, 221-223. 229.
7 Haverbeck Werner: Rudolf Steiner: Anwalt für Deutschland, München: Langen Müller, 1989; zu ihm Staudenmaier, Peter: Between Occultism and Nazism. Anthroposophy and the Politics of Race in the Fascist Era, Leiden: Brill 2014, 322-325.
8 Volmer, Ludger: Die Grünen. Von der Protestbewegung zur etablierten Partei – eine Bilanz, München 2009, 63.

andere, politiktheoretische Gründe. Das Engagement im Kernbereich der repräsentativen Demokratie, ein Engagement in Parlamenten, war in ihrem Konzept des „Dritten Weges" nur schwer unterzubringen. Steiners parlamentarismuskritische Grammatik – er hatte ja lieber den Räten als den Parlamenten vertrauen wollen – wird hier eine Rolle gespielt haben. Konsensfindungsprozesse in einer Volksvertretung blieben Steiner und bleiben vielen Anthroposophen fremd. Konsequenterweise wahrten sie gegenüber einer Mitarbeit in Parteien, die in einer Demokratie westlichen Zuschnitts unterschiedliche Meinungen zusammenführen, oft eine beträchtliche Distanz.

Aber einige Gründe für das Misstrauen gegenüber einer Parteiendemokratie lagen nochmals tiefer. In der Anthroposophie besaßen ja nur Eingeweihte die „höhere Einsicht" – und natürlich auch in der Politik. „Soziale Ideen" „müssen", so Steiner, „von jenseits der Schwelle herrühren", und das heißt nicht von draußen, sondern von oben, aus dem Jenseits höherer Einsicht. Für Steiner war anthroposophische Politik die Sache der eingeweihten Elite: „Es ist ja heute so, dass dasjenige, was sozial fruchtbar ist an Ideen, eigentlich nur gefunden werden kann von den wenigen Menschen, welche sich gewisser spiritueller Fähigkeiten bedienen können, die die überwiegende Mehrzahl der Menschen heute nicht gebrauchen will".[9] Dies sind antidemokratische Spitzensätze seiner Weltanschauung, die im anthroposophischen Denken oft bis heute nachhallen, das ist die „höhere Bewusstseinsebene", die bei egalitären Grünen so gallig aufstieß.

Aber die Anthroposophen sind ja nicht von der politischen Bildfläche verschwunden, sondern zumindest eine kleine Gruppe von ihnen ist für die direkte Demokratie aktiv. Noch in dem Appell des Achberger Kreises vom 6. August 1978 – dessen Überschrift übrigens in altertümelnder Frakturschrift „an die Exponenten der deutschen Umwelt- und Lebensschutzverbände" und andere alternative Gruppierungen gerichtet war – blieben die Vorbehalte gegenüber der parlamentarischen Demokratie, wie sie sich auch bei Steiner finden, weiterhin deutlich zu spüren: „Uneinigkeit besteht in der Frage, ob die parlamentarische Mitwirkung überhaupt den Zielen der Bewegung dienen kann. Wir schlagen vor: Beteiligung am Parlamentarismus auf neuen, basisdemokratischen Wegen."[10] Auf diesen Zug sind auch Anthroposophen aufgesprungen.

Seit 1987 fährt ein „Omnibus für Demokratie" durch Deutschland.[11] Der leitende Kopf dahinter ist Johannes Stüttgen, „Meisterschüler" von Johannes Beuys. Beide hatten zusammen mit Karl Fastabend 1971 die „Organisation für

---

9 Dazu Zander: Anthroposophie in Deutschland, 1314-1322, Zit. S. 1317. S. auch ders.: Konfliktlösung durch Plebiszite? Die Anthroposophie und die Wurzeln der direkten Demokratie in Deutschland, in: Religiöse Minderheiten. Potentiale für Konflikt und Frieden. IV. Internationales Rudolf-Otto-Symposion, Marburg, hg. v. H.-M. Barth / Ch. Elsas, Hamburg: EB-Verlag 2004, 295-303.
10 http://www.stiftung-gw3.de/dokumentation/achberg-kreis-in-den-gruenen (8.2.2016).
11 http://www.omnibus.org/ (9.2.2016).

direkte Demokratie durch Volksabstimmung" gegründet,[12] aus der heraus auch das Projekt des „Omnibus" entstand. Das ist keine rein anthroposophische Organisation, aber viele Anthroposophen haben sich dieses Projekt und sein Anliegen zu Eigen gemacht. Dieser Omnibus ist aber nur ein Knoten in einem Netz von Initiativen für (mehr) direkte Demokratie. So war der Anthroposoph Thomas Mayer bis 2006 Mitgesellschafter des „Omnibus",[13] im anthroposophischen „Institut für soziale Dreigliederung" forderte man, „die soziale Dreigliederung zu einem Kernpunkt der Direkten Demokratie zu machen",[14] der Verein „Mehr Demokratie e.V." logiert mit seinem Landesverband Hamburg dort im Mittelweg 11-12, das ist das Rudolf Steiner-Haus der Anthroposophischen Gesellschaft. Auch auf transnationaler Ebene ist man inzwischen aktiv. Im Kontext der von der Europäischen Union lancierten „Europäischen Bürgerinitiative" („European Citizen Initiative") haben Anthroposophen die „Europäische Allianz von Initiativen angewandter Anthroposophie" (ELIANT) 2006 platziert.[15] Hinter solchen Initiativen steht eine zumindest implizite Kritik an der repräsentativen Demokratie. Vielmehr will man mehr Mitbestimmung in direktdemokratischen Verfahren realisieren. Auf die schwierigen Fragen an die Basisdemokratie, etwa, wie man handeln soll, wenn der Souverän rechtsstaatliche Verfahren einschränkt oder völkerrechtliche Verträge über Menschenrechte ausser Kraft setzt oder wie man mit Minderheiten umgehen will, trifft man eher selten.

Diese Liebe zur direkten Demokratie kommt nun einigermaßen überraschend. Denn aus der Dreigliederung lassen sich Plebiszite im Grunde nicht ableiten. Nochmals überraschender wird diese Haltung angesichts von antidemokratischen und elitären Elementen in Steiners Politikverständnis: die Anhänger des Verteidigers elitärer Erkenntnis als Propagandisten der Stimme des gemeinen Volkes? Eine Antwort ist, zugegebenermaßen, nicht einfach. Einer der Gründe aber liegt auf der Hand: der schon genannte Antiparlamentarismus in Verbindung mit Steiners elitärem Selbstverständnis: Das Individuum kann nicht nur esoterisches Wissen besitzen, sondern auch der Ausgangspunkt individueller politischer Entscheidungen in einer direkten Demokratie sein. Vielleicht ist das eine mögliche Antwort.

Eine andere Lösung könnte lauten: Die anthroposophische Tradition hat sich von ihren Wurzeln gelöst. Man kann nämlich Steiners politische Schriften selektiv lesen: etwa den individualistischen Steiner aus den Jahren vor 1900 dem theosophischen Steiner überordnen; oder: die späten rätedemokratischen Ideen als Zentrum seiner Gesellschaftstheorie deklarieren oder dorthin individualistische Äußerungen aus den frühen philosophischen Schriften übertragen; oder: mit Berufung auf eine höhere Einsicht „Unpassendes" an den Rand schieben.

---

12 https://de.wikipedia.org/wiki/Organisation_f%C3%BCr_direkte_Demokratie_durch_Volksabstimmung (9.2.2016).
13 http://anthrowiki.at/Thomas_Mayer (9.2.2016).
14 Sylvain Coiplet, 2003; http://www.dreigliederung.de/essays/2003-01-001.html (9.2.2016).
15 https://eliant.eu/de/allianz-eliant/meilensteine-unserer-arbeit/ (12.7.2016).

Derartige Auswahlprozesse sind kulturhistorisch kein Ausnahmefall. Weltbilder können neu ausgerichtet oder gar gedreht werden, wenn, wie in der Anthroposophie, aus einem antidemokratischen Weltbild die Forderung nach einem radikaldemokratischen Abstimmungsprozedere erwächst, weil sich die Zeiten geändert haben. Anthroposophen haben in einem Akt kreativer Fortschreibung ihre individualistischen Ansprüche mit Steiners Demokratiekritik verbunden und in der Befürwortung plebiszitärer Formen umgesetzt.

Doch Anthroposophen haben sich auch an der „großen" Politik versucht. Ein Versuch, ins Zentrum staatlicher Macht zu kommen, war der „Dreigliederungsstaat", den Swiad Gamsachurdia (1939-1993) als erster Präsident Georgiens zwischen 1990 und 1993 errichten wollte.[16] Der bekennende Anthroposoph hatte versucht, mit autoritären Anmaßungen seine Politik durchzusetzen. Dabei ist unklar, wieweit seine autoritäre Vorgehensweise auf Steiners Denken oder auf das in postsowjetischen Staaten übliche Demokratiedefizit zurückgeht, es wird wohl beides gewesen sein. Jedenfalls hatte er Steiners „Theosophie" und „Geheimlehre" zu weiten Teilen übersetzt und vermutlich mit dafür gesorgt, dass Biodynamie und Waldorfschule im Wahlprogramm des georgischen Runden Tisches standen. Aber 1991 wurde Gamsachurdia mit seinem Wahlsieg zum Despoten, den Edward Schewardnadse im Jahr darauf aus dem Präsidentenamt jagte; am 31. Dezember 1993 starb Gamsachurdia, vermutlich durch seine eigene Hand. Der Versuch, Dreigliederung in Realpolitik zu überführen, blieb eine dramatisch gescheiterte Episode. Bei dieser Umsetzung von Steiners politischen Vorstellungen sind zwei Dimensionen bemerkenswert. Zum einen entsprach Gamsachurdias Politik durchaus dem autoritären Konzept, das Steiner der Anthroposophie in die Wiege gelegt hatte. Nun muss eine anthroposophische Politik nicht zwingend so enden wie Gamsachurdias Dreigliederungsstaat, aber es ist auch keine Überraschung, dass ein anthroposophischer Herrscher einen autoritären Staat kreierte. Zum anderen ist die Reaktion vieler Anthroposophen signifikant. Die Freude über einen anthroposophischen Präsidenten war zu Beginn unüberhörbar, trotz (und vielleicht auch ein wenig wegen) des höchst autoritären Vorgehens von Gamsachurdia. Distanzierungen erfolgten, wie man fairerweise sagen muss, auch, aber spät und nicht in der Stärke der Euphorie, mit der man das georgische Experiment zuvor gelobt hatte.

Einer der Verteidiger Gamasachurdias, der nach dem Scheitern des georgischen Präsidenten wenig von sich hören ließ, war Martin Barkhoff, ehedem Chefredakteur der Zeitschrift Das Goetheanum und Sohn des gleichnamigen Gründers der GLS-Bank. Mit dem Erstarken der Alternative für Deutschland (AfD) erschien er 2016 wieder auf der politischen Bildfläche: „Mein Freundeskreis ist weitgehend chinesisch und meine Anthroposophie verwandelt sich in Taoismus. Meine Nachbargemeinde, das Garnisonsdorf Yangfang, ist islamisch. ... Aber ich bin ein AfD-Wähler. Alexander Gauland macht großen Eindruck auf mich. ... Der

---

16 Zander: Anthroposophie in Deutschland, 1712-1714.

stand auch heiter und konsequent gegen die Parteienherrschaft. Ist auch nötig."[17] Dies war eine Art anthroposophischer Internationalismus und mit der Nähe zu deutschnationalen Positionen und im Verein mit der klassischen anthroposophischen Parteienschelte. 2017 legte er nach: Die „Meinungsdiktatur" Nationalsozialismus sei von einer „neueren Meinungsdiktatur" in der heutigen Bundesrepublik abgelöst worden.[18]

Hinter derartigen Positionen kann man ein Netzwerk von anthroposophischen „Identitären" sehen, von – wie soll man sie nennen – (rechts-)konservativen Anthroposophen. Für diese steht exemplarisch etwa Caroline Sommerfeld, die sich dagegen wehrte, dass man Waldorfeltern dazu zwinge, die Erklärung von Waldorfschulen gegen Rassismus zu unterschreiben und die stattdessen „die Verwurzelung in Tradition, Heimat, Volk und Kultur [als] einen unverzichtbaren Teil der individuellen Identität"[19] einforderte. Zu denjenigen, die im Prinzip für Caroline Sommerfeld Verständnis gezeigt haben sollen, gehört auch Lorenzo Ravagli (s. unter: Rassen).[20] Wie organisiert diese konservative Anthroposophie wirklich ist, lässt sich nur schwer sagen, um Einzelfälle jedoch handelt es sich angesichts weiterer leicht auffindbar Protagonisten, die mit Migrationskritik und rassistischen Formulierungen hausieren gehen, auch nicht.[21] Aber wie immer gibt es auch inneranthroposophische Kritik, von denjenigen, von denen man es erwartet, etwa in der Zeitschrift Info3, auch in der Kulturzeitschrift Die Drei.[22]

Politik ist mehr als Machtverwaltung. Sie umfasst viel von dem, was man eine gesellschaftspolitische, eine zivilgesellschaftliche Kultur nennen kann. Hier sind Anthroposophen in einem Segment besonders aktiv, den Stiftungen. Viele Vereinigungen, aber auch viele anthroposophische Unternehmen sind als Stiftungen organisiert. Sie binden Engagement und Finanzen an den (anthroposophischen) Stiftungszweck. Häufig liest man, dass solche Stiftungen die Gelder dem ökonomischen Markt oder auch den Erben entziehen sollen, um sie für gute, also anthroposophische Interessen einzusetzen. Dies dürfte stimmen, aber ein sicher nicht nur beiläufiger Effekt ist die ökonomische Stabilisierung des anthroposophischen Milieus. Wenn man wissen will, was das konkret heißt, kann man auf die Finanzierung der medizinischen Sektion des Goetheanum im Jahr 2015 schauen: „Wir danken der Mahle-Stiftung, der Software AG-Stiftung, der Stiftung Evidenz, der Iona Stichting, der Dr. Hauschka Stiftung, der Stichting Helias, der GLS Dachstiftung, der Förderstiftung Anthroposophische Medizin,

---

17 Barkoff, Martin: Leserbrief an Jens Heisterkamp, in: Info3, Juni 2016, 5.
18 Vgl. die Zitate aus dem anthroposophischen Nachrichtenblatt, 21/2017, und die entsprechende Diskussion in: https://egoistenblog.blogspot.ch/2017/10/meinungsterror-denkverbote-und.html (19.12.2017).
19 https://anthroblog.anthroweb.info/2017/denkverbote-gegen-die-angst-vor-rassismusvorwuerfen/ (19.12.2017).
20 https://www.info3-magazin.de/kalte-intelligenz/ (19.12.2017).
21 https://waldorfblog.wordpress.com/category/martin-barkhoff/ (19.12.2017).
22 https://www.info3-magazin.de/kalte-intelligenz/ (19.12.2017).

der Urberg-Stiftung, der Stiftung Helixor, der Stiftung Humanus-Haus, der Christophorus Stiftung, der Stiftung Herbstrosen, der Stiftung Trigon, der Hausserstiftung e.V., der Marthashofen-Stiftung, den Arzneimittelherstellern Weleda, Wala und Helixor."[23] Für andere Praxisfelder ständen weitere Stiftungen bereit: Damus-Donata-Stiftung, Edith Maryon Stiftung, Eduard Stiftungsfond, Forschungsförderung der Anthroposophischen Gesellschaft in Deutschland, Förderstiftung Anthroposophie, Goetheanum Stipendien, Hanns Voith Stiftung, Pädagogische Forschungsstelle beim Bund der Freien Waldorfschulen, Stiftung Kulturimpuls Schweiz, Turmalin Stiftung, Zukunftsstiftung Bildung.[24] Manche dieser Stiftungen sind klein, andere ökonomisch ausgesprochen potent. Die anthroposophischen Hochschulen in Alfter und Witten-Herdecke etwa würden ohne die Mittel der Software AG vermutlich in ernsten finanziellen Problemen stecken.

Wie ein solches gesellschaftliches Engagement außerhalb des anthroposophischen Milieus unauffällig, aber sehr effektiv betrieben werden kann, lässt sich in Basel studieren. Im unsichtbaren Zentrum steht dabei Beatrice Oeri, die zum Erben-Pool des Pharmakonzerns Roche gehört, und hier sprechen wir nicht von Millionen, sondern von einem Milliardenvermögen. Eine Nähe zur Anthroposophie hat sie in der Öffentlichkeit nie konfessorisch offengelegt, aber das große Publikum suchen diese Kreise des Basler „Teigs", des Geldadels, ohnehin nicht. Eine Nähe zur Anthroposophie wird immer wieder behauptet, und jenseits dieser wolkigen Hinweise gibt es ein paar familiäre Indizien, die eine Nähe zur Anthroposophie nicht unwahrscheinlich erscheinen lassen. Sie sei „eine ehemalige Steiner-Schülerin" (gemeint ist wohl: Waldorf-Schülerin),[25] und Melchior Oeri, Sohn ihrer Schwester Maja, sei in der Christengemeinschaft zur Konfirmation gegangen.[26] Beziehungen zur Anthroposophie könnten auch bei ihren gesellschaftspolitischen Aktivitäten vorliegen. Sie beteiligte sich an der Finanzierung der seit 2011 existierenden „TagesWoche", einer alternativen Zeitung, die gegründet wurde, als die „Basler Zeitung" in das Umfeld des konservativen Christoph Blocher geriet. Im Stiftungsrat der „TagesWoche" saßen sie und Georg Hasler, ein Basler Unternehmer mit „anthroposophischem Hintergrund".[27] Die Zeitung hatte größere Schwierigkeiten, sich in Basel zu etablieren, zu den vielen Problemen wurden auch, so jedenfalls sagt man, „indirekte politische Einmischungsversuche aus anthroposophischen Kreisen" gezählt.[28] Zu einer gleichfalls vermuteten Beziehung zur anthroposophischen Edith Maryon-Stiftung (Stiftungsvermögen 2016: 242 Mio. Schweizer Franken[29]), die im sozial

---

23 http://heileurythmie-medsektion.net/sites/default/files/13_14_15_Jahresbericht_DE.pdf (11.4.2016).
24 http://www.steinerforschungstage.net/?page_id=21 (11.4.2016).
25 Ambühl, Iso: Das große Netzwerk, in: Der Sonntag, Nr. 13, 1. April 2012, S. 50.
26 Ebd.
27 https://www.woz.ch/-4e33 (18.1.2018).
28 https://www.nzz.ch/schweiz/millionaer-links-sucht-neues-medium-ld.1347529 (18.1.2018).
29 http://www.maryon.ch/downloads/Jahresbericht_2016.pdf (18.1.2018). 2014: 157 Mio. Fr.; Http://www.maryon.ch/downloads/Jahresbericht_2014.pdf (18.1.2018).

engagierten Bauen in Basel und Berlin aktiv ist, äußerte sie sich – wie bei derartigen Anfragen üblich – nicht.[30] Das Flaggschiff ihrer Stiftungsaktivitäten aber ist die Basler Habitat-Stiftung, die „zu einer wohnlichen Stadt" beitragen möchte, mit besonderer „Rücksicht auf Kinder, Behinderte und SeniorInnen".[31] Auch hier gehören Beziehungen zur Anthroposophie zu den immer wiederkehrenden on-dits.[32] Politisch effektvoll agierte dieses Netzwerk für eine Alternative Wohnbaupolitik im Rahmen der Basler Bodeninitiative, die Bauspekulationen begrenzen sollte und von der Stadtbasler Bevölkerung 28. Februar 2016 mit großer Mehrheit angenommen wurde. Anthroposophische Hintergründe in der Unterstützerszene habe es auch hier gegeben. Die Stiftung Habitat hatte die Initiative jedenfalls beherzt unterstützt.[33] Zugegeben, vieles bleibt in der Grauzone von Vermutungen und Möglichkeiten, aber das korrespondiert mit dem anthroposophischen Selbstverständnis, mehr als ein Verein, nämlich eine Bewegung zu sein, in der nicht Mitgliedschaft, sondern Gesinnung entscheidet.

Ein anderer Anthroposoph ist offener mit der Grauzone zwischen Politik und Anthroposophie umgegangen, Otto Schily, eine der interessantesten Persönlichkeiten im anthroposophisch-politischen Feld. Er gehört zum Urgestein der Grünen, deren Alternative Liste in Berlin er mitbegründete, und saß seit 1983 im Deutschen Bundestag – nachdem man bei den Grünen über „den als elitär geltenden Anthroposophen" durchaus kontrovers diskutiert hatte.[34] Nach seinem Wechsel zur SPD amtierte er von 1998 bis 2005 als Innenminister der rot-grünen Koalition. Der in einer anthroposophischen Familie aufgewachsene Schily (sein Bruder Konrad ist der Gründer der Hochschule Witten-Herdecke) teilt Steiners Überzeugungen in beträchtlichem Maß. Er konnte noch als Grüner Abgeordneter Steiners Dreigliederung als „Idee einer funktionalen Gliederung der Gesellschaft", die geholfen haben würde, die NS-Herrschaft zu vermeiden, loben,[35] oder in einem Kommentar zu Steiners „Kernpunkten" die Dreigliederung als föderales und liberales Projekt präsentieren – indem er den autoritär-übersinnlichen Überbau entfernte (oder besser gesagt: ignorierte).[36] Auch in seiner Zeit als Innenminister konnte man wissen, dass er anthroposophische Überzeugungen besaß. 2004 besuchte er das Stuttgarter Priesterseminar der Christengemeinschaft, um über das Thema „Ausländerpolitik und Dreigliederungsge-

---

30 Ambühl, Iso: Das große Netzwerk, in: Der Sonntag, Nr. 13, 1. April 2012, S. 50.
31 http://www.stiftung-habitat.ch/Stiftung/Stiftung-Habitat/Stiftungszweck.html (18.1.2018).
32 https://www.bzbasel.ch/basel/basel-stadt/milliardaerserbin-beatrice-oeri-verlaesst-die-stiftung-habitat-132074494 (18.1.2018); http://immo.baz.ch/die-macher-hinter-der-edith-maryon-stiftung/ (18.1.2018).
33 Medienmitteilung der Stiftung vom 7. September 2012.
34 Volmer: Die Grünen, 121.
35 Schily, Otto: Debattenbeitrag, 13. März 1986, in: Verhandlungen des Deutschen Bundestages. Stenographische Berichte, Bd. 137, Bonn 1986, 15648 C/D.
36 Schily, Otto: Nachwort, in: Rudolf Steiner: Die Kernpunkte der sozialen Frage. In den Lebensnotwendigkeiten der Gegenwart und Zukunft (Edition Rudolf Steiner), Dornach: Rudolf Steiner-Verlag 1996, 165-176, S. 170.

danke" zu diskutieren.[37] Letztlich hielt er Steiner, wie er in einem Interview nach seiner Ministerzeit bekannte, für eine „Ausnahmepersönlichkeit mit ungeheurem Wissen und Fähigkeiten", der ihm „interessante Denkübungen" zugemutet habe. Dazu gehörten auch Steiners esoterischen Überzeugungen. Schily glaubte, dass Steiners geistige Wesen „Luzifer" und „Ahriman" wirklich existierten, dass er sie in der Tagespolitik wiedererkennen könne, und betrachtete Reinkarnation oder den feinstofflichen Leib des Menschen als Realitäten.[38] Aber Otto Schily ist kein einfach gestrickter Anthroposoph. Gegenüber der anthroposophischen Community habe er kein „Gruppengefühl" entwickeln können, er beanspruchte auch nicht, besondere übersinnliche Erkenntniskräfte zu besitzen,[39] und Mitglied der Anthroposophischen Gesellschaft war er auch nie.[40] „Ich bin ... kein Anthroposoph",[41] äußerte er in einem Interview, was immer das im Blick auf die mit Steiner geteilten Überzeugungen heißt. Aber wenn man seine politischen Überzeugungen und Entscheidungen Revue passieren lässt, vom Anwalt, der RAF-Mitglieder verteidigte bis zum Innenminister, der durchaus law and order durchsetzen konnte, wird klar, dass hier ein unabhängiger und schwer zu kalkulierender Geist am Werk war.

Das jüngste Kind des gesellschaftlichen Engagements im anthroposophischen Geist ist das Eintreten für ein „Grundeinkommen". In diesem Konzept sollen in seiner radikalen Variante alle Sozial- und Transferleistungen des Staates gestrichen werden, um an deren Stelle ein festes Einkommen auszuzahlen, das man unabhängig von Bedürfnislagen erhalten würde. Für dieses Konzept hat sich vor allem Götz Werner eingesetzt, der zwar nicht als Volkswirtschaftler ausgewiesen ist, aber sein Unternehmen, die dm-Drogeriemarktkette, ausgesprochen erfolgreich im Markt positioniert hat. Mit diesem Bonus befördert er auch die Debatte um das Grundeinkommen. In diesem Feld sind viele Anthroposophen engagiert, zeitweilig hatte man den Eindruck, die Forderung nach einem Grundeinkommen sei das neue Zentrum der anthroposophischen Gesellschaftstheorie. Man kann sich natürlich fragen, wie das Grundeinkommen zur Anthroposophie kommt. Manche Anthroposophen stellen eine Anknüpfung an Steiner her, weil er eine bedarfsgerechte Entlohnung forderte, stützen sich also auf Steiners „soziales Hauptgesetz",[42] obwohl es eigentlich das Gegenteil fordert, nämlich eine nach spezifischen Bedürfnissen ausgerichtete Entlohnung und kein davon unabhängiges (Grund-)Einkommen. Letztlich sind alle Herleitungen des Grundeinkommens aus dem anthroposophischen Denken

---

37 Delfino, Riccardo / Hecker, Sabine: Im Spannungsfeld von Gegensätzen. Otto Schily zu Gast am Priesterseminar in Stuttgart, in: Das Goetheanum, 83/2004, 20.
38 Schily, Otto / Rüdiger Sünner: Ein Gespräch über Anthroposophie (info3, April 2008); http://www.ruedigersuenner.de/Schily.html (10.2.2016).
39 Ebd.
40 http://anthrowiki.at/Otto_Schily#Privates_und_Weltanschauung (10.2.2016).
41 http://www.zeit.de/zeit-magazin/2015/13/otto-schily-rechtsanwalt-minister-spd-bilanz (10.2.2016).
42 http://anthrowiki.at/Grundeinkommen (9.2.2016).

ziemlich wagemutige Konstruktionen, und vielleicht ist auch deshalb die anthroposophische Front nicht geschlossen. Es gibt Anthroposophen wie Marc Desaules, Mitglied im Vorstand der schweizerischen Anthroposophischen Gesellschaft, der das Grundeinkommen kritisch sieht, etwa weil es gegen Steiners Forderung nach einem „richtigen Preis" verstoße.[43] Doch bleiben die weitreichenden politikwissenschaftlichen Fragezeichen im anthroposophischen Milieu randständig: Was passiert mit dem Selbstverständnis von Menschen, wenn man Arbeit revolutionär umdefiniert und diese von einer lebensnotwendigen Tätigkeit zur einem Hobby wird? Und wie hoch würden eigentlich Steuererhöhungen ausfallen müssen, wenn immer mehr Menschen von dieser Freiheit Gebrauch machten? Wie geht man mit ungleichen Bedürfnissen um? Andererseits: Faktisch gibt es hinsichtlich grundlegender Bedürfnisse (Lebensmittel, Wohnungen) bereits eine Grundsicherung. Wie viel Kreativität würde ein Grundeinkommen freisetzen? Unübersehbar ist auch, dass insbesondere angesichts der Probleme, ein Leben im Niedriglohnsektor zu finanzieren, immer häufiger eine Lösung in solchen Modellen des staatlichen Geldtransfers gesucht wird, etwa durch negative Steuern in den USA oder im Experiment für ein Grundeinkommen für bestimmte Gruppen in Finnland 2017/18.

Saldiert man Steiners politische Vorstellungen bis heute, so muss man wohl von einem weitgehenden Scheitern sprechen. In Westeuropa waren seine autoritären Konzepte nicht mehrheitsfähig, im Osten, wo die kommunistischen Parteien strukturanalog eine „höhere Erkenntnis" im historischen und dialektischen Materialismus beanspruchten, blieb die Anthroposophie weitgehend verboten. Auch nach der Wende des Jahres 1989 war den politischen Vorstellungen Steiners nicht die furiose Entwicklung beschieden wie der Waldorfpädagogik oder der anthroposophischen Medizin. Letztlich war sie nicht nur zu autoritär, sondern auch zu simpel gestrickt, wie die Debatten um Räte, dreiteilige Differenzierung oder die direkte Demokratie zeigen. Für die komplexen Antworten, die Gesellschaften im ausgehenden 20. und im 21. Jahrhundert erforderten, waren Steiners Ad-hoc-Überlegungen aus der revolutionären Blütezeit des Jahres 1919 in den konkreten Forderungen überholt und in ihrem theoretischen Konzept zu dürftig – und allzu oft gab es auch einfach keine konkreten Antworten aus Steiners Feder. Zudem sind die gesellschaftstheoretischen Debatten des 20. Jahrhunderts an den Anthroposophen weitgehend vorbeigegangen. Die Reflexionen über die funktionale Differenzierung gegenwärtiger westlicher Gesellschaften, die sich nachgerade aufdrängen, sind unter Anthroposophen nie wirklich angekommen. Und auch inneranthroposophisch blühen die Dreigliederungsblumen nicht gerade farbenprächtig. So manchen Anthroposophen galt dieses politische Engagement „als eine misslungene Episode aus Steiners Leben".[44] Dahinter steht unter Anthroposophen ein alter Konflikt, der das „ei-

---

43 http://www.dreigliederung.de/essays/2013-07-001.html (9.2.2016).
44 Hogervorst, John: Besprechung von Christoph Lindenberg: Rudolf Steiner, Reinbek 1992, in: Jedermensch, März 1993, Nr. 568, S. 19.

gentliche" Zentrum der Anthroposophie in ihrer Esoterik sieht und nicht in den Praxisfeldern, schon gar nicht in einem mehr oder minder gescheiterten Feld wie der Dreigliederung. Aber ganz so rabenschwarz muss man das Ergebnis des Sommermärchens von 1919 auch nicht sehen. Die Waldorfschule lesen Anthroposophen als ein Kind der Dreigliederungsidee, sozusagen als ein Experimentierfeld im Kleinen für die Gesamtgesellschaft. Und zumindest ideell kann man auch in den anthroposophischen Banken ein Dreigliederungskind sehen. Aber außerhalb dieser Sekundärprodukte und jenseits der Zirkel hochengagierter Anthroposophen ist die Dreigliederungstheorie fast bedeutungslos.

Praxis

Die Anthroposophie wäre heute weitgehend vergessen, wenn es ihre Praxisfelder nicht gäbe. Sicher, Steiners Werk würde weiterhin als Steinbruch für esoterisches Denken dienen, in alternativreligiösen Milieus würde man ihn verehren, kleine anthroposophische Logen sein Erbe pflegen und ihrem Meister huldigen, aber ohne die Praxis würden wir nicht in Tageszeitungen und Blogs über Steiner und die Anthroposophie diskutieren. Manche Anthroposophen sehen diese Karriere der Praxis allerdings auch als Niederlage, weil die Nutzung von Steiners Vorstellungen oft pragmatisch erfolgt, unter Missachtung ihres „geistigen" Zentrums, frei nach dem Motto: Alle wollen Weleda, unsere Esoterik will keiner.

Eine generalisierende Einschätzung der gesellschaftspraktischen Wirkungen ist schwierig. Denn jedes Praxisfeld ist ein kleiner Kosmos von konkurrierenden Vorstellungen und Umsetzungen, von blendend funktionierenden und dahinsiechenden Aktivitäten. Jede Waldorfschule, jeder biodynamische Bauernhof und jede anthroposophische Klinik hat ihr eigenes Profil, so dass Anthroposophen darauf bestehen, dass jede Einrichtung eine „Individualität" sei. Und in der Tat machen sich Außenstehende von dieser inneranthroposophischen Pluralität oft kein angemessenes Bild. Die Anthroposophie verfügt über einen Reichtum an Facetten, von dem andere kleine religiöse oder weltanschauliche Gemeinschaften nur träumen können. Angesichts dieses Faktums fällt es Anthroposophen oft schwer, eine Außenwahrnehmung nachzuvollziehen, die in anthroposophischen Praxisfeldern immer gleiche Strickmuster bis zur Uniformität sieht: der unvermeidliche Rekurs auf Steiner, die Argumentationsfiguren, die immer auf „das Geistige" als Generalschlüssel für die Einschätzung von Wirkungen hinauslaufen, nicht zuletzt die Begründung, dass dort, wo die anthroposophische Praxis funktionierte, der Erfolg nicht als ein Ergebnis pragmatischen Handelns galt, sondern als Bestätigung höherer Erkenntnis oder zumindest der Anwendung von Steiners Impulsen.

Mit dieser Praxis, so esoterisch sie auch begründet sein mag (oder dies jedenfalls lange war), haben Anthroposophen die Welt verändert. Eine letztlich kleine Gruppe von Menschen, die durch eine Mischung aus kreativer Suche nach neuen Wegen und beinharter Fixierung auf Steiners Lehren Entwicklungen auf den Weg gebracht, die ihre Umwelt je nach Laune für albern oder genial oder gemeingefährlich oder beeindruckend hielt und die doch am Ende die Welt verändert haben. Aber es gibt den Erfolg als Bedrohung, etwa dort, wo das Geld den Geist verdrängt – Demeter-Wein etwa kann man auch ohne den Glauben an Steiners Esoterik und „einfach" mit der Nutzung seiner Präparate keltern. Am

Ende kann man sich jedenfalls immer wieder nur wundern, wie viel die wenigen Mitglieder und Sympathisanten der Anthroposophie durch ihre Praxis bewirkt haben.

Protestantismus – Katholizismus

Konfessionsgeschichtlich ist die Anthroposophie leicht, vielleicht überraschend leicht zuzuordnen, sie ist ein Kind des Protestantismus. Ein oberflächliches Indiz dafür sind Strukturen der Mitgliedschaft. Genaue Daten gibt es dazu nicht, aber alle kulturellen Indikatoren deuten auf das protestantische Wurzelgeflecht hin. So finden sich in Deutschland die mitgliederstarken Zweige der Anthroposophischen Gesellschaft seit der theosophischen Gründungszeit in protestantisch geprägten Gegenden und Städten, und so ist es kein Zufall, dass das deutsche Zentrum in dem traditionell tief evangelisch geprägten Stuttgart zu Hause ist. Ein anderer Indikator ist die Christengemeinschaft, die fast ausschließlich von Protestanten gegründet wurde und bis heute stark protestantisch geprägt sein dürfte; theologische Gespräche mit ihr sind weiterhin eine Domäne von Protestanten. Einen letzten Hinweis mag die internationale Verbreitung der Anthroposophie geben: in traditionell protestantisch geprägten Ländern (Niederlande, Schweiz, Skandinavien) ist sie bis heute stark, in traditionell katholisch geprägten (Italien, Spanien) schwach. Dass der Spiritus rector der Anthroposophie, Rudolf Steiner, katholisch getauft wurde, ändert an diesem Sachverhalt nichts, denn seine Jugend war bis auf einzelne Aspekte (etwa dem sehr kurzen Ausflug in die Tätigkeit als Messdiener) aufgrund des freigeistigen und vermutlich religionskritischen Vaters kaum vom Katholizismus geprägt. Seine erste tiefergehende religiöse Sozialisation erhielt Steiner bei einem Protestanten in Wien, Julius Schröer, der ihn in die Frömmigkeit des deutschen Idealismus einführte, und die zweite in der Theosophischen Gesellschaft, die genauso wie die spätere Anthroposophie in Deutschland dominant protestantisch geprägt war.

Die Gründe für diese traditionell große Nähe der Anthroposophie zum Protestantismus liegen in historischer Perspektive auf der Hand. Da ist zum einen die neuprotestantische Tradition, die seit dem frühen 19. Jahrhundert die kommunitäre, gemeinschaftsbezogene Dimension des Christentums zurücknahm. Diese Präferenz des Individuums vor der Kirche führte dazu, dass Protestanten stärker als Katholiken neue Weltanschauungsgemeinschaften suchten und gründeten; vieles, was an neuen religiösen Vorstellungen im Katholizismus im Rahmen einer internen Differenzierung verblieb, wurde Protestantismus durch eine externe Segmentierung sozusagen outgesourced. Zum anderen kam die Anthroposophie mit ihrer Ausrichtung auf die kognitive Beschäftigung mit Religion, auf das Hören von Vorträgen und das Lesen von Texten, gerade bildungsbürgerlich-protestantischen Milieus entgegen. Aber, und dies ist ein wichtiger dritter Punkt, diese Seite befriedigte die spirituelle „Seele" vieler Protestanten nicht. Sie empfanden schon ihre Herkunftskirche in diesem Punkt als defizitär:

Es gebe ein Defizit an Ritualität und Emotionalität, war im frühen 20. Jahrhundert wieder und wieder zu hören. Der Predigtgottesdienst sei, so eine weit verbreitete Klage, verkopft und spreche das religiöse Gefühl nicht an. Von daher ist es kein Wunder, dass für Friedrich Rittelmeyer, den intellektuellen Protestanten und ersten „Erzoberlenker" der Christengemeinschaft, der als defizitär empfundene evangelische Gottesdienst ein wichtiger Grund für den Wechsel in die Christengemeinschaft war.[1] In dieser Perspektive werden die vielen kultischen Elemente in Steiners Umfeld plausibel: die Freimaurerei mit ihren hochästhetischen Zeremonien, die Waldorfschule mit ihren Schulriten, oder die Christengemeinschaft, die in weiten Teilen den tridentinischen Ritus des neuzeitlichen Katholizismus für Anthroposophen präsentierte. Man könnte sagen, dass die Anthroposophie mit ihren rituellen, sinnlichen Praktiken eine kompensatorische Funktion für eine protestantische Klientel besaß und besitzt. Man kann die Christengemeinschaft und überhaupt die kultischen Intentionen Steiners als katholisierendes Programm für Protestanten lesen. Dann ließe sich der Anspruch auf „objektive", höhere Erkenntnis als Absage an das Verständnis der protestantischen Theologie der Rechtfertigung lesen, die „allein aus dem Glauben" erfolge und statt Wissen (nur – so die anthroposophische Wahrnehmung) Gewissheit biete.

Vermutlich hängt es mit diesem latenten Katholizismus zusammen, dass man auf „richtig" Katholisches oft wie von der Tarantel gestochen reagiert. Die Angst konservativer Anthroposophen vor einer „jesuitischen" Infiltration trägt paranoide Züge. Panische Abwehrreflexe hatte etwa der 2014 verstorbene Russe Sergej O. Prokofieff, Mitglied im Vorstand der Anthroposophischen Gesellschaft, entwickelt, der unter dem Stichwort „Jesuitismus" vor der Unterwanderung und Zerstörung der Anthroposophie durch den Katholizismus warnte.[2] In diesem Milieu gedeihen munter Verschwörungstheorien. Dass Jesuiten Dokumente, die Teile der Auferstehungstexte im Neuen Testament infrage stellen sollen, zurückhalten könnten, halten manche Anthroposophen für möglich,[3] und wenn eine Anthroposophin wie Judith von Halle so etwas „katholisches" wie Stigmata zu besitzen beansprucht, stürzt dies die anthroposophische Welt in tiefe Orientierungsprobleme. Aber im Hintergrund dürften auch die Konversionen von der Theosophie hin (oder wieder zurück) zur katholischen Kirche stehen, die schon zu Steiners Lebzeiten einsetzten (etwa bei dem Lehrer Ludwig Kleeberg oder

---

[1] Zander, Helmut: Friedrich Rittelmeyer. Eine Konversion vom liberalen Protestantismus zur anthroposophischen Christengemeinschaft, in: Der deutsche Protestantismus um 1900, hg. v. F. W. Graf / H. M. Müller, Gütersloh: Kaiser, Gütersloher Verlagshaus 1996, 238-297, S. 283f.; zur Rolle Steiners und der Theosophie bei Rittelmeyer 269-271.

[2] Vgl. etwa Prokofieff, Sergej O. / Christian Lazaridès: Der Fall Tomberg. Anthroposophie oder Jesuitismus, Dornach 1995 (im offiziösen „Verlag am Goetheanum"); zweite erweiterte Auflage im Selbstverlag 1996. Zu Steiners Sicht auf die Jesuiten s. etwa http://anthrowiki.at/Jesuiten (29.2.2016).

[3] http://community.zeit.de/user/amelizieseni%C3%9F/beitrag/2010/01/31/das-wunder-von-dornach (25.2.2016).

der Dichterin Ilse von Stach) und nach seinem Tod nicht endeten (etwa bei dem Sprachwissenschaftler Bernhard Martin); vergleichbare Prozesse finden sich auch im theosophischen Umfeld (etwa bei dem Philosophen Johannes Maria Verweyen).

Die Brisanz dieses Wechselverhältnisses dokumentiert exemplarisch Valentin Tomberg (1900-1973).[4] Der Deutschbalte lutherischer Konfession trat in den zwanziger Jahren in die Anthroposophische Gesellschaft ein und wurde Generalsekretär der estnischen Landesgesellschaft, verließ sie aber 1942 nach einer Phase der Annäherung an die Orthodoxie wieder und konvertierte schließlich in die katholische Kirche. Dies war eine Konversion zum Katholizismus vor dessen Transformation durch das Zweite Vatikanische Konzil (mit dessen Ergebnissen Tomberg sich schwertat). Er wies der allegorischen Auslegung eine starke Stellung zu (in seinem Buch „Die großen Arkana des Tarot") und pflegte die Überzeugung, dass im Gegensatz zum Protestantismus die katholische Tradition mit ihrer Liturgie und Dogmatik einen „objektiven" und sinnlich manifesten Zugang zu einer geistigen Welt eröffne – das war auf seine Art eine katholische Anthroposophie. Damit verband er den Anspruch, das, was Steiner immer gefordert hatte, nun auch zu realisieren, nämlich eine eigenständige übersinnliche Erkenntnis. Dies jedoch trug ihm die tiefe Feindschaft Marie Steiners ein, der Anspruch auf esoterische Eigenständigkeit wurde zum Grund, ihn mehr oder weniger aus der Anthroposophischen Gesellschaft herauszuwerfen.

Tomberg zog weitere Konvertiten nach sich, etwa Ernst von Hippel, der zeitweilig der Christengemeinschaft sehr nahe stand und von der protestantischen in die katholische Kirche konvertierte. Er hatte seit 1940 den Lehrstuhl für Öffentliches Recht an der Universität Köln inne.[5] Martin Kriele, bis 1996 Hippels Lehrstuhlnachfolger, besaß einen vergleichbaren Lebensweg. Auch er kam aus dem Protestantismus und trat nach mehr als dreißigjähriger Mitgliedschaft in der Anthroposophischen Gesellschaft (1960-1995) in die katholische Kirche über.[6] Sein Verhältnis zu Tomberg war besonders eng, er verwaltet bis heute wesentliche Teile seines Nachlasses. In diesem Umfeld finden sich weitere Katholiken, die eine hohe Wertschätzung für Tombergs Oeuvre bekundeten, wie der Philosoph Robert Spaemann oder der verstorbene Theologe und Kardinal Hans Urs von Balthasar. Aber auch andere Anthroposophen, die man nicht mit dem katholischen Milieu verbindet und die nach einer neuen Offenbarung suchten, wie Willi Seiß mit seiner „Freien Hochschule am Bodensee", beriefen sich auf Tomberg, oder der schon genannte Bernhard Martin, der aber offenbar Tomberg als Bezugspunkt seiner katholischen Konversion nicht öffentlich genannt hat.[7]

---

4 Heckmann, Liesel (Bd. 2 zus. mit Michael French): Valentin Tomberg. Leben – Werk – Wirkung, 2 Bde., Schaffhausen: Novalis 2001/2005.
5 http://biographien.kulturimpuls.org/detail.php?&id=1007 (6.4.2016).
6 Kriele, Martin: Anthroposophie und Kirche. Erfahrungen eines Grenzgängers, Freiburg i. Br.: Herder 1996.
7 http://biographien.kulturimpuls.org/detail.php?&id=1150 (7.8.2018).

Allerdings setzte sich die ängstliche Ablehnung Tombergs, wie sie bei Marie Steiner zu Tage trat, auch gegenüber seinen Schülern durch. Die Diffamierung der katholischen oder katholisierenden Grenzgänger im anthroposophischen Milieu war mitunter ausgesprochen heftig. So hatte es eine Gruppe von Anhängern Tombergs im Raum Trier, der Ramsteiner Kreis, im anthroposophischen Alltag nicht leicht. Im Wittlicher Waldorfkindergarten seien ihre Kinder, um es vorsichtig zu sagen, nicht gerade freundlich behandelt worden. In diesen Kreis gehört auch die Biographin Tombergs, Liesel Heckmann, die wegen der internen Anfeindungen 2006 aus der Anthroposophischen Gesellschaft austrat. Sie war danach im Umfeld des Zisterzienserklosters Himmerod aktiv, ebenso wie Wilhelm Maas, der ehemalige Archivar des Archivs der Christengemeinschaft in Stuttgart und Autor von Büchern in deren Verlag Urachhaus.

Letztlich gründet das spannungsvolle Verhältnis von Anthroposophie und Katholizismus in ihrer partiellen Nähe. In beiden Strömungen gibt es Vorbehalte gegenüber einer Reduktion des Christentums auf bloße Intellektualität. Die fast konsequente Folge ist eine gemeinsame osmotische Grenze zu Ritualen, „objektiven" religiösen Ereignissen wie Wundern und zu dem, was man „Magie" nennt. Anthroposophen können im Katholizismus einen Geistesverwandten sehen und gerade deshalb eine Konkurrenz.

Publikationswesen

Ein wichtiges und bemerkenswertes Instrument zur Herstellung und Stabilisierung des anthroposophischen Sinnkosmos ist das Publikationswesen. Seit der Geburt der theosophisch-anthroposophischen Welt wurde in ihr eine staunenswerte Vielzahl von Zeitschriften und Büchern veröffentlicht, von einer vergleichsweise kleinen Zahl von Anthroposophinnen und Anthroposophen. Steiner hatte mit seinen Büchern und Vorträgen, die heute eine „Gesamtausgabe" mit etwa 400 Bänden füllen, die Vorgabe geliefert, die Anthroposophen sind ihm gefolgt. Es gibt vermutlich mehr als ein Dutzend anthroposophischer Verlage im deutschsprachigen Raum, darunter in Dornach der „Rudolf Steiner-Verlag", der vor allem das Werk Rudolf Steiners ediert, und den „Verlag am Goetheanum" (gegründet 1908 als „Theosophisch-Philosophischer Verlag"), der Literatur von und für Anthroposophen verlegt. Dazu kommen die beiden großen Stuttgarter Verlage: „Urachhaus", gegründet als Verlag der Christengemeinschaft 1925, und der Verlag Freies Geistesleben, gegründet 1947, darüber hinaus in der Schweiz der Futurum-Verlag, eine Tochter des „Rudolf Steiner-Verlags", der den ehemaligen Pforte-Verlag und den Zbinden-Verlag aufgenommen hat. All diese Verlage tragen auf pragmatischem Weg mit zu einer Art liberal-orthodoxer Mainstream-Interpretation von Steiners Anthroposophie bei. Darüber hinaus gibt es eine Vielzahl von Verlagen kleinerer anthroposophischer Gruppen und einzelner Personen, etwa den Verlag Rudolf Steiner-Ausgaben des ehemaligen katholischen Priesters Pietro Archiati (bis 2012: Archiati-Verlag), der in Konkurrenz zum Rudolf Steiner-Verlag Steiners Werke auf den Markt bringt, oder den Achamot-Verlag von Willi Seiß, der sich auf eine christliche Interpretation der Anthroposophie und die Interpretation Valentin Tombergs konzentriert.

Die Zeitschriftenlandschaft, das Rückgrat inneranthroposophischer Debatten, ist riesig, nahezu unüberschaubar.[1] Hier gibt es ebenfalls eine pragmatische Orthodoxie. Ihr Flaggschiff ist Das Goetheanum, die offiziöse Zeitschrift der Anthroposophischen Gesellschaft (Auflage 2013: 6.743 Exemplare;[2] Anfang 2018: 5699 Exemplare[3]). Darüber hinaus publiziert die Anthroposophische Gesellschaft noch Mitgliederzeitschriften, in Deutschland etwa die Mitteilungen aus

---

1 Nicht mehr à jour, aber immer noch äußerst informativ: Die anthroposophischen Zeitschriften von 1903 bis 1985. Bibliographie und Lebensbilder, hg. v. G. Deimann u.a., Stuttgart: Freies Geistesleben 1987.
2 http://www.dasgoetheanum.ch/fileadmin/wochenschrift/downloads/MediaDaten2014.pdf (12.7.2013).
3 https://static1.squarespace.com/static/564b04ebe4b01a652ab61563/t/5a0194bde4966b32612e0a87/1510053053801/MediaDaten2017-10_ff+%281%29.pdf (7.8.2018).

der anthroposophischen Arbeit in Deutschland. Diese ist im kleinen ein Beispiel für die innenanthroposophischen Veränderungsprozesse, denn sie hat 2016 ihr Layout geändert, von der rechtwinkel-freien „Roggenkampschrift" zu einer gewöhnlichen Groteskschrift – ein Versuch, die anthroposophische Sonderwelt zu überschreiten. Daneben gibt es die Zeitschrift Anthroposophie weltweit, die von Mitgliedern herausgegeben wird.

Zu diesen vereinsorientierten Publikationen tritt die Kulturzeitschrift Die Drei, die noch zu Steiners Lebenszeiten begründet worden war (Auflage 2017: 2.200,[4] 2009: 3.000 Exemplare[5]). Für die Anthroposophie mit offeneren Außengrenzen ist die Zeitschrift Info3 (Chefredakteur: Jens Heisterkamp) von herausragender Bedeutung, die den liberalen und oft dogmenkritischen Flügel der anthroposophischen Bewegung vertritt. Für die offene Debatte innerhalb der Anthroposophie ist Info3 von kaum zu überschätzender Bedeutung und hat mit einer Auflage im Jahr 2017 von etwa 10.000 Exemplaren[6] (2013: ca. 12.000[7]) die klassische anthroposophische Klientel teilweise hinter sich gelassen. In diesen Flügel gehören auch die periodisch erscheinenden Flensburger Hefte. Auf der anderen Seite des inneranthroposophischen Spektrums, dem konservativen, findet sich etwa die Zeitschrift Der Europäer im Perseus-Verlag (Herausgeber: Thomas H. Meyer). Mediadaten liegen nicht vor, aber Insider vermuten, dass die Auflage 200 bis 300 Exemplare nicht übersteigen könnte.

Hinzuzufügen wären einer solchen Auflistung die Zeitschriften der Praxisfelder, etwa der Bankspiegel der GLS-Bank, die zwischen Mitgliedern- und Werbezeitschrift changiert und im Prinzip kostenfrei abgegeben wird (Auflage 2011: ca. 100.000 Exemplare[8]), die „Christengemeinschaft" für die von Steiner inspirierte Kirche gleichen Namens (Auflage 2014: 3.500 Exemplare[9]), die Erziehungskunst für die Waldorfpädagogik (Auflage 2016: ca. 70.000 Exemplare,[10] unter Einbeziehung einer sehr hohen Zahl von Pflichtabonnements), die Lebendige Erde für die anthroposophischen Landwirte (Auflage 2016: ca. 4.500 Exemplare[11]) und die Kundenzeitschrift Demeter-Journal (Auflage 2017: 285.000 Exemplare[12]) in der Landwirtschaft, oder der Merkurstab für die Medizin (Auflage 2015: ca. 2.400

---

4 https://diedrei.org/mediadaten.html (18.10.2018).
5 http://diedrei.org/mediadaten.html (12.7.2013).
6 https://www.info3-verlag.de/anzeigen/mediadaten-der-zeitschrift-info3/ (18.10.2018).
7 http://www.info3-magazin.de/website-seiten/mediadaten/ (12.7.2013).
8 https://www.gls.de/media/bs-online/2011_03/files/assets/downloads/GLS_Bankspiegel_03_2011.pdf (12.7.2013).
9 http://www.urachhaus.de/files/embedded/pdf/Mediadaten_CG_2014.pdf (16.7.2016).
10 http://www.erziehungskunst.de/fileadmin/downloads/sonstiges/Mediadaten_EZK_2016.pdf (12.7.2013).
11 http://lebendigeerde.de/fileadmin/lebendigeerde/pdf/2013/LE_Mediadaten_2013-3.pdf (12.7.2013).
12 https://www.demeter.de/sites/default/files/article/pdf/verbraucherkommunikation_demeter_journal_mediadaten.pdf (23.9.2017).

Exemplare[13]). Den Spitzenreiter hinsichtlich der Auflagenhöhe dürften die kostenlosen Weleda-Nachrichten bilden, die viermal im Jahr mit insgesamt ca. 700.000 Exemplaren erscheinen;[14] dazu kommen bei Weleda drei Zeitschriften für Fachgruppen sowie seit 2013 eine weitere Zeitschrift zur Kundenbindung.[15] Des weiteren gibt es die Zeitschriften weiterer anthroposophischer Gruppen und überhaupt die Online-Portale. Eine hohe Vielfalt von Publikationsorganen findet sich inzwischen auch im nicht-deutschsprachigen Raum. Allerdings klagen praktisch alle Zeitschriften, insbesondere die eher anthroposophieinternen, über seit Jahren rückläufige Leserzahlen. Welche dieser Zeitschriften überleben werden, ist unter Anthroposophen eine bange Frage.

In der Perspektive einer historischen Soziologie kann man in der Anthroposophie eine Leseweltanschauung mit Wurzeln im protestantischen Bildungsbürgertum sehen. Veränderungen in dieser anthroposophischen Lesegesellschaft lassen sich beobachten, allerdings in ihren Konsequenzen nur schwer abschätzen. So dokumentieren die Fusion des Verlags Urachhaus, des zentralen Publikationsortes der Christengemeinschaft, mit dem Verlag Freies Geistesleben, dass klassische Leserschichten wegbrechen, und auch die Gesamtausgabe Steiners ist heute kein Selbstläufer mehr wie früher, als die Mitglieder der Anthroposophischen Gesellschaft ein kalkulierbarer Absatzmarkt waren. Schließlich zeigt ein Blick in Verlagsverzeichnisse, dass sich auch die Inhalte ändern. Ratgeberliteratur (oft mit „esoterischer" Einfärbung) nimmt einen immer höheren Stellenwert ein, die Auslegungsliteratur im engeren Sinn hingegen nimmt ab.

---

13 http://www.merkurstab.de/Dateien/Downloads/Merkurstab-Mediadaten-2015-07-23.pdf (12.7.2013).
14 Deutschland: ca. 550.000; Schweiz ca. 80.000; Österreich ca. 70.000. Mitteilung von Christoph Möldner (Weleda-Kundendialog) vom 19.7.2018.
15 http://www.apotheke-adhoc.de/nachrichten/nachricht-detail/kundenzeitschriften-weleda-startet-neue-zeitschrift/ (13.1.2017).

Rassen/Rassismus

Es gibt Äußerungen in Steiners Werk, von denen vermutlich die meisten Anthroposophen wünschen, Steiner hätte sie nie getan – etwa über menschliche Rassen:

> „Der Neger hat also ein starkes Triebleben. Und weil er eigentlich das Sonnige, Licht und Wärme, da an der Körperoberfläche in seiner Haut hat, geht sein ganzer Stoffwechsel so vor sich, wie wenn in seinem Innern von der Sonne selber gekocht würde. Daher kommt sein Triebleben. ... Und so ist es wirklich ganz interessant: Auf der einen Seite hat man die schwarze Rasse, die am meisten irdisch ist. Wenn sie nach Westen geht, stirbt sie aus. Man hat die gelbe Rasse, die mitten zwischen Erde und Weltenall ist. Wenn sie nach Osten geht, wird sie braun, gliedert sich zu viel dem Weltenall an, stirbt aus. Die weiße Rasse ist die zukünftige, ist die am Geiste schaffende Rasse. ... Und so werden in der Zukunft gerade aus den Rasseeigentümlichkeiten solche Dinge hervorgehen, die man kennen muss, damit man sich richtig hineinstellt ins Leben."[1]

Diese Aussagen, die Steiner 1923, zwei Jahre vor seinem Tod, von sich gab, sind kein Betriebsunfall in seinem Denken, sondern eher ein zusammenfassender Schlussstrich unter Überzeugungen, die Wurzeln in seiner Kindheit haben und die er seit seiner theosophischen Zeit evolutionstheoretisch aufgeladen und immer wieder geäußert hatte. „Degenerierte" Indianer[2] und „passive Neger-Seelen"[3] gehörten schon 1909 zu seinem weltanschaulichen Inventar, dazu kommen vergleichbare Vorstellungen zum Judentum: 1913 sah er „in der Substanz der Evolution des Judentums kein Vermögen mehr ..., heraufzureichen zu den Offenbarungen des Gottesreiches"; „die Offenbarung des alten Judentums ... muss als etwas Wertloses auf unserer Erde angesehen werden."[4] Und last but not least hat Steiner auch die Stereotypen des 19. Jahrhunderts (Krämergeist der

---

[1] Steiner, Rudolf: Vom Leben des Menschen und der Erde. Über das Wesen des Christentums. Dreizehn Vorträge, gehalten für die Arbeiter am Goetheanumbau in Dornach vom 17. Februar bis 9. Mai 1923 (Gesamtausgabe, Band 349), Dornach: Rudolf Steiner-Verlag 1980, 55. 67.

[2] Steiner, Rudolf: Geisteswissenschaftliche Menschenkunde. Neunzehn Vorträge gehalten in Berlin zwischen dem 19. Oktober 1908 und dem 17. Juni 1909 (Gesamtausgabe, Bd. 107), Dornach: Rudolf Steiner-Verlag 1979, 292.

[3] Steiner, Rudolf: Geisteswissenschaftliche Menschenkunde (Gesamtausgabe, Bd. 107), Dornach 1979, 288.

[4] Steiner, Rudolf: Aus der Akasha-Forschung. Das Fünfte Evangelium. Achtzehn Vorträge gehalten 1913 und 1914 in verschiedenen Städten (Gesamtausgabe, Bd. 148), Dornach: Rudolf Steiner-Verlag 1985, 60. 80.

Engländer, Frivolität der Franzosen) nicht ausgelassen.[5] All dies ist lange bekannt und von der Forschung inzwischen auch intensiv bearbeitet.[6]

Das Problem derartiger Aussagen ist, pointiert gesagt, nicht nur, dass es sie gibt, sonst müsste man von Immanuel Kant bis Friedrich Naumann vieles in den Orkus werfen, was wir wie selbstverständlich zur intellektuellen Tradition in Deutschland rechnen. Das Problem ist vielmehr der anthroposophische Umgang mit diesem Erbe Steiners. Verdrängung oder Abwiegelung waren die beiden auffälligsten Reaktionen. Erst als die Anfragen von außen brennend wurden, reagierte man. 1992 veröffentlichte die Ökolinke und Mitbegründerin der Grünen, Jutta Ditfurth, einiges von Steiners rassentheoretischen Aussagen in einer publizistischen Streitschrift,[7] und das sollte längerfristig Folgen haben. Parallel gab es in den Niederlanden Debatten über rassistische Inhalte an Waldorfschulen. 1995 ordnete das niederländische Unterrichtsministerium Untersuchungen zu rassentheoretischen Inhalten an Waldorfschulen an. Christof Wiechert, der stellvertretende Vorsitzende der niederländischen Anthroposophischen Gesellschaft, äußerte sich dazu in einem Radiointerview und reproduzierte unvorsichtigerweise das Programm von Steiners evolutionärem Rassismus: Mit dem Aussterben der blonden Rasse gehe die instinktive Weisheit der Menschen verloren,[8] die schwarze Rasse habe einen psychischen Habitus ver-

---

5 Zander, Helmut: Anthroposophische Rassentheorie. Der Geist auf dem Weg durch die Rassengeschichte, in: Völkische Religion und Krisen der Moderne. Entwürfe „arteigener" Glaubenssysteme seit der Jahrhundertwende, hg. v. J. H. Ulbricht / St. von Schnurbein, Würzburg: Königshausen & Neumann 2001, 292-341, S. 310-314.
6 Martins, Ansgar: Rassismus und Geschichtsmetaphysik. Esoterischer Darwinismus und Freiheitsphilosophie bei Rudolf Steiner, Frankfurt a. M.: info3 2012; Büchenbacher, Hans: Erinnerungen 1933-1949. Zugleich eine Studie zur Geschichte der Anthroposophie im Nationalsozialismus. Mit Kommentaren und fünf Anhängen, hg. v. A. Martins, Frankfurt a. M.: Mayer info3 2014; Husmann[-Kastein], Jana: Schwarz-Weiß-Symbolik. Dualistische Denktraditionen und die Imagination von „Rasse". Religion – Wissenschaft – Anthroposophie, Bielefeld: Transcript 2010; Staudenmaier, Peter: Between Occultism and Nazism. Anthroposophy and the Politics of Race in the Fascist Era, Leiden: Brill 2014; ders.: Race and Redemption: Racial and Ethnic. Evolution in Rudolf Steiner's Anthroposophy, in: Nova Religio, 11/2008, H. 3, 4-36; Sonnenberg, Ralf: „Keine Berechtigung innerhalb des modernen Völkerlebens". Judentum, Zionismus und Antisemitismus aus der Sicht Rudolf Steiners, in: Jahrbuch für Antisemitismusforschung 12/2003, 185-209; Zander, Helmut: Anthroposophische Rassentheorie. Der Geist auf dem Weg durch die Rassengeschichte, in: Völkische Religion und Krisen der Moderne. Entwürfe „arteigener" Glaubenssysteme seit der Jahrhundertwende, hg. v. J. H. Ulbricht / St. von Schnurbein, Würzburg 2001, 292-341; ders.: Sozialdarwinistische Rassentheorien aus dem okkulten Untergrund des Kaiserreichs, in: Handbuch zur „Völkischen Bewegung" 1871-1918, hg. v. U. Puschner u.a., München: Saur 1996, 224-251; ders: Rudolf Steiners Rassenlehre. Plädoyer, über die Regeln der Deutung von Steiners Werk zu reden, in: Völkisch und national. Zur Aktualität alter Denkmuster im 21. Jahrhundert, hg. v. U. Puschner / G. U. Großmann, Darmstadt: Wissenschaftliche Buchgesellschaft 2009, 146-155.
7 Ditfurth, Jutta: Feuer in die Herzen. Plädoyer für eine ökologische linke Opposition, Hamburg: Carlsen 1992.
8 http://vorige.nrc.nl/redactie/Web/Nieuws/19960313/06.html (4.4.2016).

gleichbar demjenigen eines weißen Kindes.[9] 1996 musste er von seinem Vorstandsposten zurücktreten, aber das war kein Hinderungsgrund, Wiechert 2001 für zehn Jahre zum Leiter der pädagogischen Sektion am Goetheanum zu bestellen und ihn danach Pädagogik an der Hochschule in Alfter lehren zu lassen.[10]

Immerhin sah sich die niederländische Anthroposophische Gesellschaft gezwungen, die rassentheoretischen Äußerungen Steiners aufzuarbeiten und zuzugestehen, dass es in Steiners Werk Aussagen mit „diskriminierender Wirkung" gebe.[11] Das war eine gequälte Annäherung an das Problem, immerhin dies. Von der Allgemeinen Anthroposophischen Gesellschaft oder der deutschen Landesgesellschaft sind mir keine entsprechenden Äußerungen bekannt. Lieber hat man sich hinter dem Dogma der Dogmenlosigkeit verbarrikadiert. Nicht einmal zu der niederländischen Position konnte man sich durchringen. Da darf man sich natürlich nicht wundern, wenn dadurch die Anthroposophie insgesamt ins Misskredit gerät.

Die deutsche Übersetzung des Schlussberichts der niederländischen Kommission publizierten 1998 bezeichnenderweise liberale Anthroposophen im Umfeld der Zeitschrift Info3.[12] Ansonsten waren die Reaktionen auf Hinweise der rassistischen Äußerungen Steiners anthroposophischerseits durchweg – sagen wir – unbeholfen. Die im Umfeld der Dornacher Orthodoxie publizierten Äußerungen zur Rassenproblematik blieben, freundlich gesagt, abwiegelnd: „Nichts dran an den Rassismus-Vorwürfen" konnte man durchaus lesen.[13] Stefan Leber machte alles nur noch schlimmer, als er 1998 – damals war er Vorstandsmitglied der „Forschungsstelle" beim „Bund der Freien Waldorfschulen" – meinte, Steiners Rassentheorie positiv wenden zu müssen. Er teilte mit, dass „Neger" durch ihre „Triebhaftigkeit" den Vorteil des „Schutzes vor dem Fall in den Materialismus" besäßen.[14] Letztlich öffnete man anthroposophischerseits diese Büchse der Pandora nicht, es bedurfte weiterer Anfragen von außen. Konkret: In den Schülerheften fanden überraschte Eltern um das Jahr 2000 herum Passagen zur Rolle der „Arier" für den Kulturfortschritt, da diese zahlreiche „Hochkulturen" gegründet hätten.[15] Im gleichen Jahr dokumentierte die Fern-

---

9 http://www.trouw.nl/tr/nl/5009/Archief/article/detail/2686739/1996/03/12/Rassenleer-Steiner-leidt-tot-crisis-bij-antroposofen.dhtml (4.4.2016).
10 http://www.alanus.edu/alanus-hochschule/mitarbeiter/lehrpersonal.html?tx_wtdirectory_pi1%5Bshow%5D=231 (4.4.2016).
11 Anthroposophie und die Frage der Rassen. Zwischenbericht der niederländischen Untersuchungskommission „Anthroposophie und die Frage der Rassen". Übersetzung Ramon Brüll, Frankfurt a.M.: info3 1998, 15.
12 Ebd.
13 So der (redaktionelle?) Text unter einem Photo von Lorenzo Ravagli in der anthroposophischen Zeitschrift „Novalis"; Sonnenberg, Ralf: Vergangenheit, die nicht vergehen will. Kritische Nachlese zum Erscheinen der Schriften „Rassenideale sind der Niedergang der Menschheit", in: Novalis 58 (2003), H. 9/1, 26-31, hier S. 27.
14 Leber, Stefan: Anthroposophie und die Verschiedenheit des Menschengeschlechts, in: Die Drei 68/1998, 36-44, S. 44.
15 http://www.akdh.ch/ps/ps_report.html#swrgewinnt (7.1.2012).

sehsendung „Report" rassistische Inhalte in Schulheften deutscher Waldorfschulen.[16] Zudem war zu hören, dass jüdische Kinder „vermehrt" von den Waldorfschulen genommen würden, gestützt auf eidesstattliche Erklärungen jüdischer Eltern und auf Aussagen Paul Spiegels, damals Präsident des Zentralrats der Juden.[17] Der Bund der Freien Waldorfschulen ging (wieder einmal) vor Gericht und klagte auf Unterlassung, aber unterlag damit.[18]

Richtig brenzlig wurde es im September 2007, als zwei der vielen Bücher Steiners mit rassentheoretischen Aussagen knapp an einer Indizierung durch die Bundesprüfstelle für jugendgefährdende Medien vorbeischrammten, die die Frage nach rassistischen Inhalten in der Waldorfpädagogik stellte. Das Ergebnis war im Prinzip brandgefährlich: Steiners „Geisteswissenschaftliche Menschenkunde"

„ist nach Ansicht des 12er-Gremiums [der Bundesprüfstelle] in Teilen als zum Rassenhass anreizend bzw. als Rassen diskriminierend anzusehen. ... Das 12er-Gremium hat jedoch aufgrund der Erklärung des Verlages, zukünftig das benannte Buch nicht mehr in der vorliegenden Form zu veröffentlichen ... und damit wegen der Annahme eines Falls von geringer Bedeutung, von einer Listenaufnahme abgesehen. Die vorhandenen Restexemplare der gegenwärtig letzten Auflage erhalten nach Zusicherung des Verlages eine kritisch kommentierende Beilage. Die in Vorbereitung befindliche Neuauflage wird ... eine kommentierte Ausgabe sein."
„Der Verlag werde aber bis zum Erscheinen der Neuauflage den ab jetzt ausgelieferten Exemplaren eine Kommentierung (Beilage) einlegen."[19]

Doch vielerorts galt weiterhin die Devise: wegducken und aussitzen. Die von der Bundesprüfstelle geforderte Kommentierung einschlägiger Werke Steiners ist meines Wissens nicht beigelegt worden, und da die Bundesprüfstelle keine Sanktionen aussprach, ignorierte man anthroposophischerseits nonchalant die Auflage. Eine mildere – immerhin das! – Variante der Problemverleugnung war die Kommentierung der 2011 erschienenen Neuauflage der „Geisteswissenschaftlichen Menschenkunde": Vom Indizierungsverfahren kein Wort, die rassistischen Probleme glattgebügelt.[20] Einen weiteren Stolperstein hatte die Waldorfbewegung hingegen 2007 im Rahmen des Indizierungsverfahrens gezwungenermaßen aus dem Weg räumen müssen. Ernst Uehlis Buch „Atlantis und das Rätsel der Eiszeitkunst" aus dem Jahr 1936 mit rassistischen Inhalten musste man aus der Lektüreliste der Vorbereitungsmaterialien für Waldorflehrer streichen.[21]

---

16 Ebd.
17 Ebd.
18 Ebd.
19 Bundesprüfstelle für jugendgefährdende Medien, Pr. 783/06, Entscheidung Nr. 5506 vom 6.9.2007.
20 https://waldorfblog.wordpress.com/2011/07/21/die-rache-des-steiner-verlags/ (4.4.2016).
21 Bundesprüfstelle für jugendgefährdende Medien, Pr. 783/06, Entscheidung Nr. 5506 vom 6.9.2007. Ravagli, Lorenzo: Die FAZ und die Waldorfschulen, in: Erziehungskunst, 71/2007,

Die Bundesprüfstelle hatte ein weiteres Buch, Steiners „Mission einzelner Volksseelen im Zusammenhang mit der germanisch-nordischen Mythologie", gleich mit angezählt, und noch eines mit Aufsätzen Steiners aus seinen vortheosophischen Jahren wurde im November 2007 nicht mehr ausgeliefert, offenbar weil man Klagen befürchtete, da Steiner dort die Existenzberechtigung des Judentums infragegestellt hatte.[22] Jeder, der in Steiners Werk liest, konnte ahnen, dass auch dies keine Einzelfälle waren. In dieser Diskussion muss einigen Vertretern der Waldorfpädagogik klar geworden sein, dass man das Problem nicht mehr durch Abwiegeln und Ignorieren würde lösen können. 2007 – und man muss sagen: erst jetzt und unter dem Druck von außen – sah sich der Bund der Freien Waldorfschulen genötigt, zu reagieren. Im Oktober veröffentlichte er die „Stuttgarter Erklärung" „Waldorfschulen gegen Diskriminierung", in der man sich gegen „jede Form von Rassismus und Nationalismus" wandte und eingestand, „dass vereinzelte Formulierungen im Gesamtwerk Rudolf Steiners nach dem heutigen Verständnis nicht dieser Grundrichtung entsprechen".[23] Diese Äußerung offenbart allerdings das ganze Dilemma der Debatte um das Werk Steiners in der Anthroposophie. Für viele Anthroposophen und Waldorfpädagogen war damit der Rubikon überschritten, wurde doch Steiner aus gegenwärtiger Perspektive als Rassist eingestuft. In der Außenperspektive hingegen bewegte man sich mit dem Bezug auf das „heutige Verständnis" genau soweit, wie es die Bundesprüfstelle nötig gemacht hatte. Schon über beschwichtigende Rede von „vereinzelten Formulierungen" muss man angesichts der hohen Zahl von Äußerungen, die sich nicht nur in einer Lebensphase finden, sondern durch das Gesamtwerk Steiners ziehen, streiten. Inzwischen hat man seitens der Waldorfschulen mit einer Erklärung nachgelegt, „dass auch er [Steiner] keineswegs frei war von den in seiner Zeit verbreiteten Ressentiments gegenüber Menschen anderer Hautfarben und aus anderen Kulturen" – ein Scheibchen mehr.[24]

Einen Versuch, den Druck dieses Problems mit mehr Mut zu mindern, unternahmen einmal mehr Anthroposophen im Umfeld der Zeitschrift Info3 im Jahr 2008, während die Waldorfbewegung und die Allgemeine Anthroposophische Gesellschaft diese Diskussion wie paralysiert erlitten. Nach einer inneranthroposophischen Debatte stellte man im September 2008 ein Memorandum vor, in dem „rassistische Äußerungen" Steiners als solche benannt und nicht mehr geleugnet und historische Kontextualisierungen – und das bedeutet auch Relativierungen von Steiners Werk – zugestanden wurden.[25] Allerdings ging man davon aus, dass es keine „systematische" „Rassenlehre" Steiners gebe – aber da

---

853-856, S. 856, sieht diesen Akt nicht ganz ein: „Damals schrieb und redete man in einem ganz anderen Stil über so genannte Rassenfragen".
22 http://www.buchmarkt.de/content/29403-steiner-erben-stoppen-auslieferung-kommentierte-gesamtausgabe-angekuendigt.htm?hilite=PEN (18.10.12).
23 http://www.waldorfschule.info/de/presse/archiv/2008/index.html (9.1.2012).
24 http://www.waldorfschule.de/medien/broschueren/erklaerungen/stuttgarter-erklaerung/ (20.6.2015).
25 http://www.info3-magazin.de/landingpages-info3/frankfurter-memorandum/ (4.4.2016).

kann man mit Blick auf Steiners Evolutionsdenken eben auch anderer Meinung sein, dazu gleich mehr. Und doch war dieses Memorandum ein wichtiger Schritt, eine Brücke zur außeranthroposophischen Öffentlichkeit zu schlagen, weil man nicht mehr blank leugnete, was Außenstehenden ins Auge springt. Aber orthodoxen Anthroposophen war auch das schon wieder zu viel. Die „Erziehungskunst", das Zentralorgan der Waldorfpädagogik, polterte 2008 im Gewand einer sarkastischen Glosse gegen diejenigen, die die niederländische Einsicht der „diskriminierenden Wirkung", die man in dem Memorandum fortgeschrieben hatten: „Gehen wir nach Holland, wo doch vieles leichter zu machen ist: Kinder abtreiben, Haschisch rauchen ... Dort reicht schon der Nachweis einer unbeabsichtigten Selbstdiskriminierung für lebenslänglich."[26]

Doch warum diese aufgewühlte Auseinandersetzung? Letztlich geht es um zwei grundlegende Probleme, für die das Rassismusproblem exemplarisch steht. Zum ersten geht es erneut um die Frage, welche Folgen die historische Kritik an Steiners Oeuvre hat. Steiners Rassentheorie wurde vielfach wie der Stein einer Dominotheorie betrachtet: Wenn dieser Stein fällt, kippen auch alle anderen übersinnlichen Einsichten Steiners. Zum zweiten dreht sich die Diskussion nicht einfach um ein paar Dutzend Äußerungen Steiners zu „degenerierten" und „am Geiste schaffenden" Völkern und Rassen. Am Ende geht es um viel mehr, um die Logik seines Weltanschauungshauses. Tief in dessen Inneren sitzt eine Evolutionstheorie, die Steiner aus dem 19. Jahrhundert geerbt hat und in der die ganze Kultur evolutionstheoretisch gedeutet wird. Wer eine „Entwicklungsgeschichte" der Menschheit schreibt, landet mit einer gewissen Konsequenz bei höher oder niedriger entwickelte Kulturen und einer „am Geiste schaffenden" und natürlich weißen Rasse. In diesem darwinistischen Denken ist die Rede von höheren und niederen, untergehenden und künftigen Rassen ganz selbstverständlich. Steiners Anthroposophie ist in allen Bereichen von diesen Vorstellungen getränkt, aber in der Rassentheorie fallen sie uns heute ganz besonders unangenehm auf. Steiners Rassentheorie zu kritisieren bedeutet im Kern, seine Logik der Evolutionslehre infragezustellen. Hier befürchten Anthroposophen – und die besonders dogmatischen sind an diesem Punkt besonders sensibel oder ängstlich – den Zusammenbruch des gesamten anthroposophischen Systems. Aber der Frage, was man als gutes Erbe bewahren und als schlechtes eliminieren möchte, ist in vielen Fällen nicht auszuweichen.

Doch es gibt auch Steiners eigene Versuche, seine Rassentheorie zu relativieren. Dazu gehört das große Thema von Freiheit und Notwendigkeit. Steiner hat immer wieder versucht, die Freiheit des Menschen zu wahren,[27] trotz und in der Annahme, dass sich der evolutionäre „Weltenplan" „unerbittlich vollzieht".[28] Entschärft wird die Rassenlehre in den Augen von Anthroposophen auch durch

---
26 http://www.erziehungskunst.de/fileadmin/archiv_algleichen Jahrt/2008/0408p003ZdZ.pdf (4.4.2016).
27 Zander: Anthroposophische Rassentheorie, 337-341.
28 Zit. bei Peter Brügge; http://www.spiegel.de/spiegel/print/d-13509815.html (12.5.2016).

ein Element der Reinkarnationsvorstellungen. Die Reinkarnationen sollten in Rassen egalitär ablaufen und jeder Mensch in einer jeden Rasse inkarnieren können; in Kant etwa sei eine „jüngere Seele" inkarniert, die „in der Mehrzahl" aus „farbigen Rassen, namentlich der Negerrasse" stammten.[29] Eine weitere Relativierung ergibt sich aus negativen Wertungen des Materiellen gegenüber dem Geistigen. Wer von „Rassen und Nationen und Stammeszusammengehörigkeiten spricht, der spricht von Niedergangsimpulsen der Menschheit",[30] so Steiner 1917.[31] Steiner billigte den Rassen nur eine begrenzte Lebenszeit zu, denn im Prozess der Vergeistigung sollten sie, wie alles Körperliche, nach ein paar Jahrtausenden verschwinden. Dann sollte die Rassengeschichte am Ende sein, wie Steiner zumindest seit 1905 sagte. Und ohnehin wollte er, dass die anthroposophische Erkenntnis eine Gemeinschaft präge, in welcher die höchste Erkenntnis alle kulturellen Differenzen relativiere. Aber ein paar Jahrtausende müsste die gegenwärtige Menschheit gleichwohl noch mit Rassen und der Hierarchie von Unterschieden leben. Derartige Äußerungen haben einige Anthroposophen minutiös zusammengestellt –[32] wohingegen andere den Finger auf den wunden Punkt des apologetischen Tons gelegt haben,[33] der in der Regel keine grundsätzliche Verabschiedung beinhaltet. Solche kritischen Überlegungen zu Steiners Rassentheorie darf man nicht kleinreden, aber sie lösen drei Probleme nicht: Die rassistischen Äußerungen verschwinden damit nicht, die evolutionäre Finalisierung – zweitens – schon gar nicht, und schließlich ist überhaupt diese ganze Konzeption von Rassen ein heute überholtes Kind der Wissenschaftsgeschichte des 19. Jahrhunderts. In historischer Perspektive ist immerhin eines klar: In der Schärfe seiner Positionen blieb Steiner weit hinter vielen völkischen Protagonisten zurück.

Eine letzte Frage – und nicht die unwichtigste – ist schwer zu klären: Welchen Stellenwert besitzen Steiners Rassismen für die anthroposophische Praxis? Leicht finden sich hier insbesondere Beispiele aus Waldorfschulen. Das oben angedeutete Verhalten gegenüber jüdischen Kindern könnte hier ein Menetekel sein. Auf der Seite der Lehrer sieht man ein wenig klarer, denn zumindest einige

---

29 Steiner, Rudolf: Okkulte Geschichte. Esoterische Betrachtungen karmischer Zusammenhänge von Persönlichkeiten und Ereignissen der Weltgeschichte. Ein Zyklus von sechs Vorträgen, gehalten in Stuttgart vom 27. Dezember 1910 bis 1. Januar 1911 (Gesamtausgabe, Bd. 126), Dornach: Rudolf Steiner-Verlag 1975, 35.

30 Steiner, Rudolf: Die spirituellen Hintergründe der äußeren Welt. Der Sturz der Geister der Finsternis. Vierzehn Vorträge gehalten in Dornach vom 29. September bis 28. Oktober 1917 (Gesamtausgabe, Bd. 177), Dornach: Rudolf Steiner-Verlag 1985, 205; verkürzt als Zitat ausgewiesen etwa in: http://www.waldorfschule.de/medien/broschueren/erklaerungen/stuttgarter-erklaerung/ (10.5.2016).

31 Die Äußerung war gegen den amerikanischen Präsidenten Wilson gerichtet, in dessen Selbstbestimmungskonzeption – die bei einer Anwendung auf multiethnische Reiche wie dem Habsburgischen viele Probleme des Nationalstaats produzierte – Steiner Rasseideale wirken sah.

32 Bader, Hans-Jürgen u.a.: Rasseideale sind der Niedergang der Menschheit. Anthroposophie und der Antisemitismusvorwurf (¹2002), Stuttgart: Freies Geistesleben ³2002.

33 So Ralf Sonnenberg; http://www.egoisten.de/pixx/sonnenberg.pdf (4.4.2016).

Beispiele gingen in den letzten Jahren durch die Presse. In der Braunschweiger Waldorfschule hatte man 2004 entdeckt, dass der NPD-Aktivist Andreas Molau acht Jahre lang (offenbar unerkannt) Deutsch und Geschichte unterrichtet hatte. Die Schule entließ ihn daraufhin (der sich übrigens 2012 von der rechten Szene abgewandt hat[34]) – und auch seine Kinder wurden der Schule verwiesen.[35] 2014 wurde deutlich, dass bei einer Reihe von Reichsbürgern die Anthroposophie hoch im Kurs steht, und dies nicht nur wegen Steiners deutschnationaler Vorstellungen. Auch bei der direkten Demokratie und dem Grundeinkommen sahen Reichsbürger Gemeinsamkeiten.[36] Der Bund der Freien Waldorfschulen warnte vor einer Unterwanderung von Steiners Pädagogik: Bei den Reichsbürgern gingen „esoterische Vorstellungen und Rechtsradikalismus Hand in Hand".[37] 2015 kamen zwei weitere Fälle in die Presse. Wolf-Dieter Schröppe wurde von der Mindener Waldorfschule entlassen, offenbar mit beträchtlichem Druck durch den Bund der Freien Waldorfschulen, nachdem bekanntgeworden war, dass er – augenscheinlich ebenfalls jahrelang unbemerkt – für die „Artgemeinschaft – Germanische Glaubensgemeinschaft" aktiv gewesen war;[38] aber die Materialien zu den Vorgängen hat die Mindener Schule wieder vom Netz genommen.[39] Im gleichen Jahr brodelte es in Göppingen, wo Schülervertreter der Waldorfschule Filstal eine Einladung an Ken Jebsen (eigentlich möglicherweise: Moustafa Kashefi) ausgesprochen hatten, der als Redakteur wegen antisemitischer Äußerungen im Rundfunk Berlin-Brandenburg in die Schlagzeilen gekommen war; hier distanzierte sich die Schulleitung von der Veranstaltung.[40] 2017 produzierte die Waldorfschule Hitzacker im Wendland Schlagzeilen, als bekannt wurde, dass ein Vater Vorsitzender des NPD-Jugendverbands „Junge Nationaldemokraten" war.[41] Kritiker sehen in solchen Fällen eine strukturelle Nähe zwischen Anthroposophie und rechtem Gedankengut, und das aus nachvollziehbaren Gründen (germanische Mythologie ...), wohingegen die Verteidiger der Waldorfschulen in solchen Schlussfolgerungen eine unzulässige Verkürzung sehen.

Die Reaktionen der Waldorfwelt schlingern zwischen Wegducken und Überreaktion. Vorletzte Schleuderfahrt: Waldorfschule Wien-West, 2018. Kurz vor

---

34 http://www.ndr.de/nachrichten/dossiers/der_norden_schaut_hin/Rechter-Vordenker-kehrt-Szene-Ruecken,molau101.html (4.4.2016).
35 http://www.spiegel.de/schulspiegel/waldorfschule-auch-die-kinder-des-rechten-tarnkappen-lehrers-sollen-gehen-a-327495.html (4.4.2016).
36 https://waldorfblog.wordpress.com/2014/09/23/reichsburger/ (17.12.2018).
37 http://www.spiegel.de/lebenundlernen/schule/reichsbuerger-waldorfschulen-fuerchten-unterwanderung-durch-rechte-a-1014740.html (17.12.2018).
38 https://waldorfblog.wordpress.com/2015/06/25/nach-minden/ (4.4.2016).
39 http://www.ich-biographieberatung.de/die-waldorfschule-minden-und-der-voelkische-aktivist-wolf-dieter-schroeppe/ (19.12.2017); s. auch https://waldorfblog.wordpress.com/category/reichsburger/ (19.12.2017).
40 https://waldorfblog.wordpress.com/2015/07/10/jebsen-goeppingen/ (4.4.2016).
41 http://www.haz.de/Nachrichten/Der-Norden/Uebersicht/Rechte-Eltern-werden-zum-Problem-fuer-Waldorfschulen (3.5.2018).

den Sommerferien kündigte die Schule den Ausbildungsvertrag für die beiden Söhne von Helmut Lethen, lange Jahre Direktor des angesehenen Internationalen Forschungszentrums Kulturwissenschaften in Wien und anschließend Professor an der Kunstuniversität Linz, und Caroline Sommerfeld, promovierte Philosophin und Journalistin – er ein Liberaler, sie den neuen „identitären" Rechten zugewandt.[42] Nach längeren internen Debatten hatte man den Schulverweis ausgesprochen, obwohl die Kinder nicht politisch „identitär" auffällig gewesen waren. Aber die Mutter: Sie hatte sich als konservative Steiner-Interpretin in Konkurrenz zur Schule präsentiert und die „Wiener Erklärung", mit der sich die österreichischen Waldorfschulen aus Steiners rassistischen Äußerungen zu lösen versuchten, nicht unterschreiben wollen.[43] Der Vater nannte den damit verbundenen Zugriff auf die Kinder Sippenhaftung". Mit den Kindern der Familie Lethen-Sommerfeld wurden gleich noch weitere Kinder wegen der politischen Ansichten der Eltern von der Schule entfernt.[44] Ein vergleichbarer Fall folgte im Dezember 2018 in Berlin. Ein Waldorf-Kita-Kind wurde nicht in die Waldorfschule aufgenommen, weil sein Vater AfD-Politiker war. In der rechtspolitischen Debatte stellten sich schwierige Fragen: Hat eine Privatschule das Recht, derartige Auswahlkriterien anzuwenden? Verstößt sie damit gegen allgemeine Diskriminierungsverbote? Und wie in Wien: Trägt man die Durchsetzung von politischer Korrektheit auf dem Rücken von Kindern aus?[45] Natürlich kann man hier leicht urteilen: dogmatische, unsensible, kinderfeindliche Reaktionen. Aber die Reflexe der Waldorfschulen haben wohl auch mit dem Versuch zu tun, in Sachen rechter Gesinnung nichts mehr anbrennen zu lassen, jetzt alles richtig zu machen. Kann man verstehen. Ein souveräner und professioneller Umgang mit diesen Tretminen braucht wohl noch einige Erfahrung.

Aber das ist nur der deutschsprachige Raum. Die Internationalisierung der Anthroposophie wird auch diese Frage universalisieren. Der norwegische Historiker Jan-Erik Ebbestad mit einer Publikation über Antisemitismus bei norwegischen Anthroposophen[46] eine ganz beträchtliche Unruhe gesorgt,[47] Peter Staudenmaier hat in historischer Perspektive auf vergleichbare Probleme in Italien verwiesen.[48] Es ist unwahrscheinlich, dass in weiteren Ländern Ruhe an der Ras-

---

42 https://www.sueddeutsche.de/kultur/rechtspopulismus-politische-zerreissprobe-mit-dem-lieben-lemming-1.3702119-2 (7.9.2018).
43 Weiß, Volker: Die große Inszenierung, in: Frankfurter Allgemeine Sonntagszeitung, 3.2.2019, S. 35.
44 http://www.faz.net/aktuell/feuilleton/debatten/waldorfschule-wien-schulverweis-wegen-neurechter-mutter-15775010.html (7.9.2018).
45 https://www.berliner-zeitung.de/berlin/kind-eines-afd-politikers-abgelehnt-senatorin-scheeres-kritisiert-waldorfschule-31752296 (17.12.2018); https://www.tagesspiegel.de/berlin/bildung-in-berlin-waldorfschule-lehnt-kind-eines-afd-politikers-ab/23765606.html (17.12.2018).
46 http://edoc.hu-berlin.de/docviews/abstract.php?lang=&id=42343 (1.8.2018).
47 https://waldorfblog.wordpress.com/2016/08/26/anthroposophie-und-antisemitismus-in-norwegen/ (1.8.2018).
48 Staudenmaier: Between Occultism and Nazism, 284-318.

sismusfront herrschen könnte – nicht zuletzt weil es einfach die Anknüpfungspunkte in Steiners Werk gibt.

Wie weit die rassentheoretischen Implikationen von Steiners esoterischem Denken ins anthroposophische Milieu reichen, zeigt ein einzelnes, aber prominentes Beispiel. Der Anthroposoph und Waldorfpädagoge Lorenzo Ravagli, der Steiner über Jahre gegen Rassismusvorwürfe verteidigt hatte, suchte nach der Entlassung des eben genannten Andreas Molau das Gespräch mit ihm.[49] 2007 beabsichtigte er, seinen Briefwechsel mit Molau unter dem Titel „Falsche Propheten. Anthroposophie und völkisches Denken. Eine Abgrenzung in Form eines Briefwechsels" zu drucken. Die Druckfahnen kursierten schon, als irgendwer – die Gerüchte wollen wissen, dass dem Bund der Freien Waldorfschulen der Boden unter den Füßen zu heiß geworden sei – die Notbremse zog und die Veröffentlichung in letzter Sekunde vor der Frankfurter Buchmesse im Oktober 2007 stoppte. Aber die Fahnen existieren, und hier liest man, dass Ravagli der Meinung ist, dass „Völker" „verschwinden", „wenn die Erzengel sich von ihnen abwenden", dass Migranten dazu zu „erziehen" seien, sich zu dem „Übernationalen zu erheben, das sich im Ich des deutschen Volkes ausspricht", oder dass Armutsmigration eine freie Entscheidung sei („Sie wollen emigrieren, sie werden nicht zur Emigration gezwungen").[50] Ravagli hat dies nicht geschadet, er blieb (seit 2005[51]) und ist bis heute, Ende 2018, Mitglied des dreiköpfigen Redaktionsteams der „Erziehungskunst".

Letztlich bleibt von außen schwer zu klären, wie weit es sich bei den immer wieder einmal bekanntwerdenden Vertretern rassentheoretischer Positionen um „Einzelfälle" oder doch um Symptome handelt, auf die man auch in anderen anthroposophischen Praxisfeldern treffen würde. Dort findet man sehr wohl konservatives Denken, aber es wäre unangemessen, dies schlankweg mit Rassismus gleichzusetzen. Vielleicht ist die Pädagogik besonders anfällig, weil sie mit Menschen und ihren Unterschieden zu tun hat, die in der Waldorfschule im Modell von Kulturstufen pädagogisch gedeutet werden. Klar scheint mir allerdings auch, dass es viele Anthroposophen und Waldorflehrer gibt, die sich gegen ein rassistisches Denken verwahren. Unüberhörbar ist, dass viele Anthroposophen mit dem Taktieren ihrer Leitungsorgane unzufrieden sind. Sie nervte etwa dem Hörensagen nach, dass der Vorstand der Anthroposophischen Gesellschaft oder auch die Zeitschrift Das Goetheanum hinsichtlich der Steinerschen Rassentheorie lavierten und sich kein Gremium zu keiner klaren Position durchrang. Und für die meisten Anthroposophen, mit denen ich die Gelegenheit hatte, zu sprechen (und die eher dem liberalen Flügel zugehören), spielen Steiners Rassismen keine

---

49 http://www.spiegel.de/schulspiegel/waldorfschule-auch-die-kinder-des-rechten-tarnkappen-lehrers-sollen-gehen-a-327495.html (4.4.2016).
50 Zitate in den Druckfahnen S. 30. 62. 32. Zu Ravaglis Erklärungen s. http://www.stern.de/politik/deutschland/waldorf-paedagogik-auf-tuchfuehlung-mit-dem-rechten-rand-3227746.html (4.4.2016); zu seinen Positionen in diesem Zusammenhang s. auch: https://waldorfblog.wordpress.com/2009/07/15/ravagli-die-rassen-und-die-rechten/ (4.4.2016).
51 http://anthrowiki.at/Lorenzo_Ravagli (4.4.2016).

Rolle – im Gegenteil. Für manche war dieses Thema einfach irrelevant, andere haben erst durch die Debatten von der Existenz der rassistischen Aussagen Steiners erfahren. Ich würde mich jedenfalls nicht wundern, wenn eine empirische Erhebung ergeben würde, dass rassistisches Denken ein Minderheitenphänomen unter Lehrkräften, die an Waldorfschulen arbeiten, wäre. Ich habe auch keine Zweifel anzunehmen, dass vielen Waldorflehrern das Thema nur noch zum Halse heraushängt, weil sie keine Rassisten sein wollen. Aber unübersehbar scheint mir auch, dass Steiners damit verbundene deutschnationale Denken, das Umfeld, in dem auch Rassentheorien gedeihen, mit der zunehmenden Akzeptanz scharf rechter Positionen im anthroposophischen Milieu zunimmt. Umso mehr ist es Zeit für klarere Positionsbestimmungen, in der Anthroposophischen Gesellschaft oder beim Bund der Freien Waldorfschulen.

Zugleich konnte man in den letzten Jahren den Eindruck gewinnen, Anthroposophen hätten aus der Verstrickung mit Rassentheorien, Nationalsozialismus und autoritären Regimen gelernt. Und viele haben es auch, wenngleich oft unter äußerem Druck und mit weichen Distanzierungen. Aber dann rückte Deutschland nach rechts. Und so kursieren nun wieder Verschwörungstheorien, die final eingemottet schienen, im anthroposophischen Milieu. Schlägt man auf Anthro-Wiki (die mit der richtigen Wikipedia kaum etwas gemein hat, denn es gibt keine freie Gestaltung von Beiträgen) den Artikel Kriegsschuldlüge nach,[52] stößt man auf das Vollprogramm eines historisch weitgehend uninformierten Revisionismus. Hier wird Christopher Clarks wichtige, komplex argumentierenden Studie „Die Schlafwandler",[53] in der er die Verflechtungen aller großen Mächte beim Ausbruch des Ersten Weltkriegs analysiert, herangezogen, um die These von der „Alleinschuld" Deutschlands am Ersten Weltkrieg zu diskutieren und dann festzustellen, diese Schuldzuschreibung habe neben anderen Gründen „in der Konsequenz zum zweiten [sic] Weltkrieg" geführt. Aber der eigentliche Hammer folgt am Schluss: Als „erwähnenswert" gelten in diesem Artikel das schon genannte Buch „Rudolf Steiner – Anwalt für Deutschland" des in nationalsozialistischen Kreisen vor und nach 1945 aktiven Werner Georg Haverbeck, und, als sei dies nicht genug, verweist man auf Literatur von Nickolas Kollerstrom,[54] der als Holocaust-Leugner gilt. Nichts gelernt? Immerhin provozierten diese Verschwörungstheorien den Widerspruch offener Anthroposophen – einmal mehr aus dem Umfeld der Zeitschrift Info3.[55]

---

52 https://anthrowiki.at/Kriegsschuldl%C3%BCge (17.9.2018).
53 Clark, Christopher: Die Schlafwandler. Wie Europa in den Ersten Weltkrieg zog, München: Deutsche Verlagsanstalt 2013.
54 Verweis auf sein Buch How Britain Initiated Both World Wars in der Ausgabe: Createspace, Wroclaw o.J. 2016.
55 http://wordpress.p454091.webspaceconfig.de/blog/die-offene-anthroposophie-und-ihre-gegner-eine-stellungnahme/ (17.9.2018). Konservative Anthroposophen wie Thomas Meyer sehen sich dagegen allerdings zum Widerspruch aufgerufen; s. Ein Nachrichtenblatt. Nachrichten für Freunde der Anthroposophie und Mitglieder der Anthroposophischen Gesellschaft, 8/2018, Nr. 17 vom 2. September.

Reinkarnation

Mit seiner Wendung zur Theosophie lernte Rudolf Steiner das Konzept der Reinkarnation – oder wie es in der Anthroposophie gerne heißt: der „wiederholten Erdenleben" – schätzen. Diese Vorstellung durchzieht seitdem als spirituelles Fluidum die Anthroposophie und ihre Praxis: manchmal demonstrativ präsentiert, manchmal in Andeutungen versteckt. Religionshistorisch ist sie in der Anthroposophie ein typisches Produkt der europäischen Interpretation von Reinkarnationslehren: Die neue Geburt gilt nicht mehr nur als Strafe, sondern auch als Chance, die bei Steiner noch dadurch betont wird, dass er eine Wiedergeburt in Pflanzen oder Tieren, wie sie Reinkarnationssysteme sonst oft annehmen, ablehnte. Anthroposophische Reinkarnation ist bei Steiner Teil seiner Konzeption einer unumkehrbaren evolutionären Fortschrittsgeschichte hin zum Geistigen. Im Gravitationszentrum dieses Konzeptes hat Steiner sein Autonomiepostulat verankert: Der Mensch produziert selbst sein Karma, also die Folgen, die die nächste Existenz bestimmen. Er ist für sein Leben selbst verantwortlich, er muss seine „Selbsterlösung" bewerkstelligen. Diese radikale Position hat Steiner immer wieder deutlich gemacht: in seinem Schulungsweg,[1] in der Heilpädagogik, in den Mysteriendramen,[2] in der Biographiearbeit oder in seiner Theologie für die Christengemeinschaft. Allgegenwärtig ist seine Überzeugung: Wenn es mir gut geht, bin ich dafür verantwortlich, wenn es mir schlecht geht, auch. Mangelnde Konsequenz kann man Steiner nicht unterstellen, Autonomie heißt für ihn radikale Autonomie. Wer eine Behinderung besitzt oder wem das Schicksal übel mitspielt, hat sich selbst dafür entschieden. Konkret: Wenn 500 Menschen bei einem Theaterbrand umkommen, haben sie, so Steiner, im letzten Leben etwas verbrochen und bestrafen sich jetzt selbst oder bereiten sich auf eine bessere künftige Existenz vor und tun sich mit dem Feuertod etwas Gutes.[3] Krankheit, Genozid, Folter, all dies erhält bei Steiner als selbstgewähltes Schicksal im Rahmen von Reinkarnationen Sinn.

Über die heutige Verbreitung von Reinkarnationsvorstellungen in der Anthroposophie vermag ich keine sinnvollen Aussagen zu treffen. Es gibt Beispiele, wo man wie selbstverständlich an die „wiederholten Erdenleben" glaubt. Die genannte Heilpädagogik ist eines. Die anthroposophische Palliativmedizin wäre ein anderes: Hier übernimmt die Christengemeinschaft in der Sterbephase oder

---

1 Zander: Anthroposophie in Deutschland, 591.
2 Ebd., 1031.
3 Steiner, Rudolf: Lucifer – Gnosis. Grundlegende Aufsätze zur Anthroposophie und Berichte aus den Zeitschriften „Luzifer" und „Lucifer-Gnosis", 1903-1908 (Gesamtausgabe, Bd. 34), Dornach: Rudolf Steiner-Verlag 1987, 361-363.

nach dem Ableben oft die Betreuung der Sterbenden oder Toten und nutzt dabei Reinkarnationsvorstellungen, die im medizinischen Teil der Palliativmedizin kaum eine Rolle spielen.⁴ Aber man findet eben auch die Gegenbeispiele, etwa bei Waldorflehrern, die keinen priesterlichen Blick mehr in die Reinkarnationsbiographien ihrer Schülerinnen und Schüler werfen wollen, was sie nach Steiners Vorstellungen tun sollten, weil sie nicht mehr an den pädagogischen Sinn des Wissens um vorgeburtliche Lebensverläufe glauben. Sehr viel deutlicher äußern sich einzelne Anthroposophen. Der (ziemlich unorthodoxe) Anthroposoph Sebastian Gronbach betrachtet Steiners Vorstellungen als eine Art Kinderkrankheit der Anthroposophie: sein „Ansatz von Reinkarnation und Karma war zu seiner Zeit genau richtig. Sozusagen die Frau-Holle-Kinderversion für kleine Egozentriker: ‚*Wenn DU was falsch machst, bekommst DUs negativ zurück. Wenn DU was gut machst, wirst DU positiv belohnt.*'"⁵ Allerdings hält ein anderer (ziemlich orthodoxer) Anthroposoph wie Holger Niederhausen solche Vorstellungen Gronbachs für „die reinste Anti-Anthroposophie – unter dem Namen der Anthroposophie".⁶

---

4 Karschuck, Philip-Emanuel: Die Transformationsgeschichte anthroposophischer Praxisfelder nach dem Tod Rudolf Steiners (1861-1925) am Beispiel der Palliative Care, Diss. Freiburg i. Üe. 2016.
5 http://missionmensch.blogspot.ch/2010/07/karma-20.html (19.5.2016).
6 http://www.holger-niederhausen.de/index.php?id=536 (19.5.2016).

Sexualität (und Männer und Frauen)

Anthroposophie und Sex – zwei Welten treffen aufeinander. Oder hoffentlich nicht, dürften viele AnthroposophInnen denken. Denn Geist und Körper, schlimmstenfalls Geist und Sexualität, sind in der Anthroposophie im Grunde Antagonisten. Im Zentrum der Anthroposophie steht der Geist, das Göttliche. Die Geschichte des Kosmos beginne mit dem Geist, und nach dem misslichen Sturz in die Materie kehre am Ende alles wieder zum Geist zurück, so Steiners Weltanschauung. Der Körper ist dabei in seinen Reinkarnationen nur temporäre „Inkarnationsplattform", austauschbare Zwischenstation. Der Leib ist sekundär, und so zählt auch Sexualität zur Unfallgeschichte der Materialisierung des Geistes.

Natürlich steht hinter alledem wieder Rudolf Steiner und sein oft ziemlich unausgegorenes Verhältnis zu Frauen. Vor seiner Begegnung mit der Theosophie hat er mitunter frauenfeindliche Sprüche zum Besten gegeben hat („Man mag sagen, was man will: Das Weib hat in sich den Drang nach dem Manne mit Größe, den es lieben kann wegen seiner Größe") und als Theosoph die Aufhebung der Geschlechterpluralität propagiert (man werde „die Menschheit dahin führen, in sich selber das Geschlecht zu überwinden und sich zu einem Standpunkt zu erheben, wo Geistselbst und Atman stehen, die übergeschlechtlich und überpersönlich sind").[1] Andererseits ist seine Offenheit für die Frauenbewegung und seine Förderung von Frauen in der Anthroposophischen Gesellschaft unübersehbar.[2] Und so liest man wenig verwundert, dass eine Gründerfigur der Waldorfbewegung, Caroline von Heydebrand, sich in ihrem Körper wie in einem „Madensack" gefühlt habe.[3]

Allzuviel Bewegung ist über viele Jahre nicht in dieses Thema gekommen. Valentin Hacken, von 2007 bis 2013 Schülervertreter im Bund der Freien Waldorfschulen, berichtet (immerhin in der anthroposophischen Pädagogikzeitschrift „Erziehungskunst") von einer sicher nicht repräsentativen Umfrage, wonach zwei Drittel der Schülerinnen sich nicht an einen Sexualkundeunterricht erinnern könnten, oder von Tagungen, in denen die Medizinerin Michaela Glöckler die Entstehung von Homosexualität in gewalttätigen sexuellen Erleb-

---

[1] Dazu Zander: Anthroposophie in Deutschland, 397-401.
[2] Brandt, Katharina Revenda: Marie von Sivers. Ihr emanzipativer Lebensentwurf und ihre Verbindung mit Rudolf Steiner vor dem Hintergrund des Modells der Kameradschaftsehe, Diss. Groningen 2014.
[3] Ebd., 1404.

nissen einer früheren Inkarnation ausmachte.[4] Von dem Waldorflehrer Marcus Kraneburg liest man, ebenfalls in der Erziehungskunst, das „die Sexualkunde" den Anfang „bei der immerwährenden Befruchtung der Erde durch den Himmel" machen solle: „Der Himmel gibt uns das Sonnenlicht, den Regen und den Wind. ... Der Himmel zeigt also eine gebend-männliche Geste, die Erde eine weiblich-empfangende und gebärende." Und in der anthroposophischen Zeitschrift Das Goetheanum wurde man 2014 belehrt, dass „sexuelle Früherziehung" im Zusammenhang mit der Entstehung von Drogenabhängigkeiten zu lesen sei und überhaupt die Tendenz bestehe, dass damit „das Tier im Menschen hochgezüchtet wird".[5] Wie immer, ist schwer zu sagen, wie repräsentativ solche Äußerungen für AnthroposophInnen sind (man darf hier Befürchtungen hegen), aber auf eine gut anthroposophische Tradition darf man sich allemal berufen.

Dahinter steht ein – vorsichtig gesagt – traditionelles Geschlechterverhältnis, unbeschadet der Tatsache, dass insbesondere in der Gründungszeit Frauen wichtige Funktionen innehatten und für die Geschichte der Anthroposophie oft ausgesprochen bedeutsam waren, man denke nur an Marie (von Sivers-)Steiner, Steiners zweite Frau, oder Ita Wegman und ihre Rolle für die Begründung der anthroposophischen Medizin. Aber die traditionelle Zuordnung von Geschlechterrollen ändert sich nur zögerlich. Die Klagen darüber hört man leicht im anthroposophischen Milieu. Hier dürfte wie in Sachen Sexualität gelten: Allzuviel Bewegung ist in dieses Thema nicht gekommen.

---

4 https://www.erziehungskunst.de/artikel/zeichen-der-zeit/die-sexualkunde-gehoert-entruempelt-eine-polemik/ (3.2.2017).
5 https://waldorfblog.wordpress.com/2014/05/26/sex/ (3.2.17).

Sprache

Die Anthroposophie besitzt eine eigene Sprache: Begriffe, die niemand sonst nutzt und die das wohltuende Gefühl von esoterischer Fremdheit ausstrahlen. Wer die Diskussion über die Generalversammlung der Anthroposophischen Gesellschaft im Jahr 2017 aufblättert, findet dort das „Kulturströmungsbewusstsein", „Gruppenseelen", „sphärische Seelen", eine „Arbeitsgruppe zur michaelischen Esoterik", die „Bewusstseinsseele" oder den Hinweis, dass die Eurythmie „den Weltenäther" „reinigt".[1] Was Außenstehende befremdet oder gar abstößt, ist für Anthroposophinnen und Anthroposophen Heimat – und viele dürften das als einen Niederschlag einer spirituellen Welt in Sprache sehen. Unabsehbar ist, was aus dieser sehr deutschen Sprache in der globalisierten Welt wird. Viele dieser Wortschöpfungen lassen sich nur in einer anderen Sprache wiedergeben, wenn man ihnen Gewalt antut. Diese Übersetzungsdebatte wird in der Christengemeinschaft mit besonderer Sensibilität geführt, weil dort die Sprache ausdrücklich sakral betrachtet wird, weil dort Texte als unveränderbar gelten und jede Übersetzung im Grunde nötigt, die deutsch-anthroposophische Sondersprache in der Übersetzung neu zu erfinden. Natürlich steht auch hier wieder Rudolf Steiner Pate, der ein großer Schöpfer von Neologismen war und die anthroposophische Sondersprache auf den Weg gebracht hat; aber darüber wissen wir noch wenig.

---

[1] Anthroposophie weltweit, Heft 5, 2017, Zitate S. 2. 3 (viertes Zitat) und 4 (fünftes und sechstes Zitat).

Steiner, Rudolf

Nichts geht ohne ihn: Rudolf Steiner, „Dr. Steiner", als den ihn immer noch viele Anthroposophen verehren.[1] Zwar versteht man mit dem Tunnelblick auf ihn die aktuelle Situation der Anthroposophie nicht ganz, noch weniger aber begreift man sie ohne diesen charismatischen Übervater. Der 1861 geborene Junge wird in den kleinbürgerlichen Verhältnissen einer Bahnarbeiterfamilie groß. Das hieß übrigens nicht bettelarm – und auch nicht bildungsfern. Kaum etwas lag liegt Steiners Vater mehr am Herzen als die Ausbildung seines Filius. Er verlegt seinen Arbeitsplatz immer wieder, um dem Sohn die bestmögliche Ausbildung zukommen zu lassen – Hand aufs Herz, wer würde das noch tun? Zum väterlichen Vermächtnis gehören auch weniger helle Seiten. Steiners Vater ist ein autoritärer Mensch, dieses Erbe ist der Sohn nicht mehr losgeworden. Zudem hat er schon dem kleinen Rudolf das Gift des Nationalismus injiziert. Man muss diese Überzeugungen des Vaters nicht billigen, aber man kann verstehen, warum er so handelt: er lebt mit seiner Familie lange in einer deutschsprachigen Enklave. Für den kleinen Rudolf heißt das: Als er seit seinem achten Lebensjahr in Neudörfl zur Grundschule geht, lebt er in Ungarn, in einer deutschsprachigen Minderheit, wo ihm als erstes ungarische und nicht habsburgische oder deutsche Geschichte beigebracht wird.

Steiner war katholisch getauft worden, aber er bleibt weitgehend ohne religiöse Sozialisation. Zwar hat er 1913 berichtet, als Kind okkulte und übersinnliche Begegnungen gehabt zu haben. Aber das einzige, was daran klar ist, ist der Kontext dieser Aussagen des späten Steiner: das Interesse des arrivierten Okkultisten, sich während seines Konflikts mit Theosophen als Mensch darzustellen, der schon in seiner Jugend außergewöhnliche Erfahrungen gemacht habe.

1879 öffnet sich für Steiner eine neue Welt, Wien. Er studiert an der Technischen Universität naturwissenschaftliche Fächer, vermutlich um Lehrer oder Ingenieur zu werden, schließt das Studium aber nicht ab. Hier lernt er den Protestanten Julius Schröer kennen, einen Germanisten, der sein intellektueller

---

1 Zur Biografie s. Zander, Helmut: Rudolf Steiner. Die Biografie, München/Zürich: Piper 2016 (Außenperspektive); Lindenberg, Christoph: Rudolf Steiner. Eine Biographie, 2 Bde., Stuttgart: Freies Geistesleben 1997 (klassisch anthroposophische Darstellung, theosophische Dimension massiv unterbelichtet); ders.: Rudolf Steiner. Eine Chronik 1861-1925, Stuttgart: Freies Geistesleben 1988 (überaus hilfreich, Steiners Leben Tag für Tag); Selg, Peter: Rudolf Steiner, 1861-1925. Lebens- und Werkgeschichte, 3 Bde., Arlesheim: Ita-Wegmann-Institut 2012 (hagiographisch); Gebhardt, Miriam: Rudolf Steiner. Ein moderner Prophet. München: Pantheon 2013 (sehr anregend für Steiners Jugend- und Bildungsgeschichte); Ullrich, Heiner: Rudolf Steiner. Leben und Lehre, München: Beck 2011 (Schwerpunkt Waldorfpädagogik).

Mentor und so etwas wie ein zweiter Vater wird. Das schließt auch eine Verstärkung von Steiners deutschnationalem Denken ein. Die Vielvölkermetropole ist mit ihren Hunderttausenden von Migranten auch eine Brutstätte des Nationalismus, in den Steiner tief eintaucht. Aber wichtiger noch ist Schröer für Steiner als Goetheanist. Er imprägniert Steiner mit einer habsburgischen Variante einer idealistischen, goetheanischen Weltfrömmigkeit. Er vermittelt Steiner auch in die Herausgabe der naturwissenschaftlichen Werke Goethes, für die der junge Student nach Weimar umzieht. Das war eine gigantische Karriere in den Olymp der deutschen Philologie ohne Abschluss und Editionserfahrung – und die Beteiligung an der Deutung eines damaligen Heroen des jungen deutschen Nationalstaats. Steiner sei dabei von Goethes „anschauendem" Denken fasziniert gewesen, von dem Versprechen, von der äußeren Schale auf den inneren Kern zu schließen, von der Ästhetik als dem Schlüssel zu dem, „was die Welt / Im Innersten zusammenhält". Dies ist auch richtig, aber vor allen Dingen haben uns das der späte Steiner und mit ihm viele Anthroposophen wahrmachen wollen. Aber damals ging es Steiner um etwas anderes, um viel mehr, um unbegrenzte Erkenntnis, die er mit seiner Goethe-Deutung fundieren wollte. Diese Interpretation hatte nun wenig bis gar nichts mit Goethe zu tun, hingegen viel mit dem Zeitgeist, der Steiner ergriffen hatte. Der heißt bei ihm zum einen: Kritik an Kant, an dessen Skepsis, das „Ding an sich" nicht erkennen zu können. Gleichzeitig hatte er sich von den Naturwissenschaften die Idee aufdrücken lassen, dass man alle Grenzen der Erkenntnis hinter sich lassen könne – so waren halt die Zeiten.

Steiner liest dann mit Begeisterung Johann Gottlieb Fichte (und möglicherweise auch dessen Sohn Immanuel Hermann) und ist fasziniert von dessen Idee, alles im Denken zu begründen; darüber schreibt er 1892 seine Promotionsschrift.[2] Schließlich verfasst er 1893 – zwischen Tür und Angel, wie wir inzwischen wissen, und nicht in der Konzentration der Studierstube – eine „Philosophie der Freiheit", die eigentlich seine Habilitation werden sollte und die er als sein philosophisches Hauptwerk betrachtet. Auch darin vertritt er den Anspruch, Kants Grenzen der Erkenntnis zu überwinden. Dass er Kant ebensowenig wie Goethe angemessen interpretiert, wird man wohl ohne große Schärfe sagen dürfen. Und sagen können wird man auch, dass in seinen erkenntnistheoretischen Annahmen mehr Kant steckt als ihm lieb ist.

In den neunziger Jahren gerät er in eine midlife-crisis: Rosa Mayreders kritische Philosophie beeinflusst ihn, ebenso die scharfe Religionskritik von Max Stirner, er wird schließlich Nietzscheaner und Atheist. Steiner flüchtet kurz vor 1900 in die Berliner Bohème, wo er unter anderem Käthe Kollwitz, Else Lasker-Schüler, Rosa Luxemburg, Paul Scheerbart und Otto Erich Hartleben kennenlernt. Als Herausgeber einer Literaturzeitschrift und als Lehrer an sozialisti-

---

2 Zum philosophischen Steiner s. Traub, Hartmut: Philosophie und Anthroposophie. Die philosophische Weltanschauung Rudolf Steiners. Grundlegung und Kritik. Stuttgart: Kohlhammer 2011.

schen Arbeiter-Bildungsschulen verdient er, frei von der Fron philologischer Arbeit, seinen Lebensunterhalt. Aber Perspektiven sieht er in diesem Leben nicht mehr.

Aus dieser Krise findet er mit dem Eintritt in die Theosophische Gesellschaft, in der der Geist und das Übersinnliche den Materialismus besiegen sollen, im Jahr 1902 heraus. Dies war natürlich kein voraussetzungsloser Neubeginn. In seinem Gepäck befindet sich das monistische Denken seiner Goethe-Interpretation, in dem Geist und Materie zwei Seiten derselben Medaille sind. Hatte er seinen Monismus der 1890er Jahre materialistisch gelesen, dass also der Geist nur ein Abfallprodukt der Materie sei, so muss er diese Vorstellung nur umdrehen, um ein spiritueller Monist zu werden: Als Theosoph betrachtet er die Materie als materialisierten Geist. Hier liegt eine wichtige Kontinuität vom jungen zum alten Steiner. In dieser Theosophie lernt er, seinen spirituellen Idealismus, den er unter den Schlägen von David Friedrich Strauss, Stirner und Nietzsche aufgegeben hatte, neu zu akzeptieren. Der alles bestimmende Angelpunkt, das „absolute" Fundament der Theosophie, ist die Überzeugung, dass es eine geistige Welt gebe und dass man ihre Wirkungen erkennen und sich nutzbar machen könne. Genau das will Steiner auch. Aus theosophischen Quellen übernimmt Steiner jetzt die Grundlagen seiner Weltanschauung, die er später Anthroposophie nennt. Von der spiritualistischen Basis bis in eine Vielzahl von Details ist die Anthroposophie ein Kind der Theosophie – Steiner hat umetikettiert, neu interpretiert, erweitert, verworfen, ergänzt, reinterpretiert. So lehrt er in seiner kosmologischen Lehre, dass der Absturz des Geistes in die Materie in einer evolutionären Bewegung wieder ins rein Geistige führe; oder in seiner Anthropologie, dass der der Mensch aus Körperhüllen zusammengesetzt sei (physischer Leib, Ätherleib, Astralleib, Ich), oder hinsichtlich seiner Reinkarnationslehre, dass sich der Mensch in einem Prozess, in dem im wesentlichen Selbsterlösung gefordert ist, zum Geistigen emporarbeite. Aus der Theosophie stammt auch das Konzept der Esoterischen Schule, in der der Mensch den Weg zur „übersinnlichen Erkenntnis" erlerne und die mit ihren freimaurischen Riten das geheime Zentrum der theosophischen Erkenntnisbemühungen bildete.

Im Laufe der Jahre hat Steiner die theosophischen Grundlagen immer stärker mit eigenen Zügen weiterentwickelt. Er verfasst zwischen 1904 und 1909 eine Anthropologie (unter dem Titel „Theosophie"), in der er unter anderem die „Körperhüllen" des Menschen und das Leben im Jenseits beschrieb, einen „Schulungsweg" („Wie erlangt man Erkenntnisse der höheren Welten?"), und ein Buch über die kosmische Entwicklung (die „Geheimwissenschaft"), in der er die Genese des Kosmos als Vergeistigung und schlussendliche Respiritualisierung schilderte, und einen „Schulungsweg" im Rahmen seiner Esoterischen Schule. Die philosophische Begründung ist ihm dabei ein Anliegen in einem Ausmaß, wie es die konkurrierenden Theosophen nie kannten. Seine Philosophie der Freiheit aus vortheosophischen Tagen schreibt er deshalb, im 1918, mit einer anthroposophischen Brille um, als zu einem Grundlagenwerk seiner Anthroposophie.[3] Darin stecken so viele Elemente von Steiners deutsch-philosophischer Weltanschauung, dass man die Anthroposophie als eine deutsche, Steinersche Theosophie verstehen kann. Daneben hält er bis zu seinem Tod durchschnittlich knapp 300 Vorträge pro Jahr. Parallel dazu hat er auch seine theosophischen Monographien immer wieder überarbeitet und inhaltlich nachjustiert. Dabei kreiert er beispielsweise eine christologische Dimension. War Jesus für ihn ursprünglich ein Eingeweihter unter vielen gewesen, so revidiert er im Laufe der Jahre diese theosophische Auffassung, indem er einen kosmisch gedachten Christus zum Gipfel der Religionsgeschichte bestimmt. Auch seine späten philosophischen Schriften der Jahre vor 1900 überarbeitet er, indem er ihnen ihre materialistische und atheistische Spitze nimmt – nicht ohne zu behaupten, nichts Wesentliches geändert zu haben.

In diesem Prozess ist Steiners spirituelle Entwicklung untrennbar mit internen Auseinandersetzungen in der Theosophischen Gesellschaft verknüpft. Als besonders konfliktreich erweist sich die Frage, ob der Hindujunge Krishnamurti ein reinkarnierter Christus sein könne, so wie es die damalige Präsidentin, Annie Besant, behauptet. Steiner lehnt schließlich diese Auffassung ab, aber in diesen Streit spielen längst andere Fragen hinein: Steiner erträgt die Frau im Präsidentenamt über ihm nicht, der Streit um die Macht im deutschsprachigen Raum der Theosophie vergiftet überdies das Klima. 1912 spaltet sich Steiner mit der Anthroposophischen Gesellschaft ab.

Schon in diesem Prozess der Ablösung hat Steiner vor dem Ersten Weltkrieg die Theosophie künstlerisch „erweitert": durch „Mysteriendramen" und durch einen theosophischen Tanz, die „Eurythmie". Aber erst nach dem Krieg kreiert Steiner diejenigen Praxisfelder, die bis heute das Bild der Anthroposophie prägen. Er konzipiert die Gesellschaftstheorie der „Dreigliederung", die erste Waldorfschule, Medizin, Heilpädagogik und Landwirtschaft, außerdem stiftet er die „Christengemeinschaft" als eine kultzentrierte, anthroposophisch inspirierte Kirche. 1923 gibt Steiner der Anthroposophischen Gesellschaft eine neue Verfassung, in der er die Esoterische Schule als „Hochschule" für Geisteswissenschaften der Anthroposophischen Gesellschaft inkorporiert. Als er am 25. März 1925 stirbt, hat er sich bis an die Grenze der Belastbarkeit für seine Ideale verausgabt.

Und heute? Sein Vermächtnis bilden noch vor den Institutionen vor allem das gute Dutzend Bücher und die etwa 6000 Vorträge. Damit bleibt er der Grundstein der Anthroposophie, das Vorbild für Anthroposophen und ihr Minimalkonsens noch dort, wo sich Anthroposophen nichts mehr zu sagen haben. Und doch haben sich einige Dinge geändert. Der wichtigste vielleicht: Aus dem persönlich erfahrbaren Lehrer ist eine Figur der Geschichte geworden. Niemand, davon war in der Einleitung die Rede, lebt noch, der Steiner Aug' in Aug' gesehen hat. Steiner ist Geschichte. Damit nimmt die Verehrungswut ab, merk-

---

[3] Dokumentiert in Steiner, Rudolf: Philosophische Schriften. Wahrheit und Wissenschaft. Die Philosophie der Freiheit (Schriften. Kritische Ausgabe, Bd. 2), hg. v. Ch. Clement, Stuttgart-Bad Cannstatt: Frommann-Holzboog 2015.

lich, nicht nur weil seine menschlichen Seiten deutlicher sichtbar werden, sondern auch, weil die Zeiten für den Geniekult schwerer geworden sind. Das erleichtert – langsam und oft mit polemischen Zuckungen – einen distanzierten Umgang mit ihm. Immer weniger Anthroposophen und Anthroposophinnen huldigen der Verehrung des heiligen Rudolf. Und so werden inzwischen einige Schriften historisch-kritisch editiert, die Veränderungen, die er vorgenommen und verdeckt hat, sichtbar, der Mensch tritt deutlicher aus dem Werk hervor. Die universale Geltung, die er für sein Werk beansprucht hat, muss heute erstmals in den Härtetest bestehen, da die Anthroposophie global wird und aus der Welt heraus muss, in der man glauben konnte, dass „am deutschen Wesen, / Die Welt genesen" solle. Es könnte sein, dass uns die spannendste Beschäftigung mit Steiners Leben noch ins Haus steht.

Steiners Schriften

Rudolf Steiner hat ein schwer überschaubares Oeuvre hinterlassen. Ungefähr 400 Bände zählt „die GA", die Gesamtausgabe seiner Werke inzwischen. Im Hintergrund stehen ein halbes Dutzend Bücher, ein Vielfaches an Aufsatzsammlungen und über 600 Notizbücher. Den weitaus umfangreichsten Teil macht jedoch das gesprochene Werk aus, das um die 6000 Vorträge umfassen dürfte. Die schriftliche Fassung dieses Vortragswerks entstand, als Theosophen begangen, seine Reden mitzuschreiben. Am Ende fuhren Profistenographinnen wie Helene Finck mit auf die Vortragsreisen, um jedes seiner Worte festzuhalten. In der Edition von Steiners Werk liegt in diesen Vortragsmitschriften ein großes Problem: Diejenigen aus den frühen Jahren ähneln oft eher Paraphrasen als verlässlichen Wortprotokollen, und die späteren sind zwar verlässlicher, aber von redaktionellen Eingriffen durchzogen. Mit der „GA" müht sich nun die Rudolf Steiner-Nachlassverwaltung seit den 1950er Jahren, Ordnung in die hektographierten Mitschriften und grauen Drucke und frühen offiziellen Ausgaben zu bringen. Dabei folgte man keinen wissenschaftlichen Editionsprinzipien, sondern zielte auf eine Leseausgabe, denn die Anthroposophen, die wichtigste Käuferklientel, nutzten Steiners Werke zur weltanschaulichen Orientierung, nicht zur historisch-kritischen – das heißt auch immer ein wenig: destruktiven – Analyse. Deshalb ließ man die dynamische Entstehungsgeschichte verschwinden, mit einer Vielzahl von Eingriffen. So stellte man aus unterschiedlichen Vorlagen harmonisierte Texte her. Oder: Man hielt sich an Steiners Anweisung, unliebsam gewordene Formulierungen zu ersetzen (etwa Theosophie/theosophisch durch Anthroposophie/anthroposophisch oder durch Geisteswissenschaft/geisteswissenschaftlich), obwohl Anthroposophen wie Karl Ballmer schon lange auf die Problematik solcher Veränderungen hingewiesen hatten. Oder: Eine Dokumentation von Veränderungen, die Steiner eigenhändig in unterschiedlichen Auflagen seiner Werke vorgenommen hatte, unterließ man, um sich stattdessen an seine Ausgaben letzter Hand zu halten.[1] Oder: Man ließ Herausgeberin der freimaurerischen Texte Steiners, Hella Wiesberger, Steiner entgegen aller wissenschaftlichen Erkenntnis in die Kontinuität einer antiken Mysterientradition stellen.[2]

---

[1] Zander: Anthroposophie in Deutschland, 63-72.
[2] Steiner, Rudolf: Zur Geschichte und aus den Inhalten der ersten Abteilung der Esoterischen Schule, 1904-1914. Briefe, Rundbriefe, Dokumente und Vorträge (Gesamtausgabe, Bd. 264), Dornach: Rudolf Steiner-Verlag 1996, 10.

In den 1990er Jahren kam die Gesamtausgabe in die Krise. Die Kritik von wissenschaftlicher Seite spielte dabei keine große Rolle, die Kulturwissenschaften waren für die Anthroposophie und die Anthroposophie für die Kulturwissenschaften letztlich keine Themen. Vielmehr brachen – ein erster Grund – der Gesamtausgabe die Käuferschichten weg. Lange Zeit hatten Anthroposophen regelmäßig die neuen Ausgaben erstanden, und in den Häusern Hochengagierter konnte man alle Bände der Gesamtausgabe bewundern – die immerhin einen fünfstelligen Wert verkörperten, in D-Mark wie in Euro. Als weiterer Krisenfaktor kam der Verlust des Verwertungsmonopols hinzu. Seit 1995 waren wichtige Rechte ausgelaufen, so dass Nachdrucke, die es als Graue Literatur schon lange gab (etwa der Druck „esoterischer" Texte im Amsterdamer Cagliostro-Verlag in den 1980er Jahren, mutmaßlich mit Hilfe des Hamburger Christian Rosenkreuz-Zweiges), zu einer wachsenden Konkurrenz wurden. Heute werden im Verlag „Rudolf Steiner-Ausgaben" (bis 2012: Archiati-Verlag) viele Werke und Äußerungen Steiners publiziert – parallel zu den Ausgaben des Rudolf Steiner-Verlags und nach heftigen Auseinandersetzungen mit diesem.[3] Umstritten war unter anderem das genannte Problem der Eingriffe in Steiners Vorträge durch Marie Steiner (und teilweise noch durch Steiner selbst), das Pietro Archiati mit der Verlegerin Monika Grimm zu beheben verspricht. Allerdings sind dabei neue prekäre Editionsentscheidungen angesichts der schwierigen Quellenlage kaum zu vermeiden. Auf jeden Fall waren Publikationen auf dem Markt, die deutlich machten, dass die Gesamtausgabe mit Absicht unvollständig war und mit problematischen Entscheidungen der Herausgeber arbeitete. Für eine anthroposophische Gemeinschaft, deren wichtigste, oft einzige Grundlage Steiners Werk war, eine hochproblematische Situation. Mit dem elektronischen Zeitalter tauchten nochmals ganz neue Zugriffsmöglichkeiten auf. Im Netz finden sich rund ein halbes Dutzend Seiten, die alte Ausgaben von Steiners Werken, auch solche der Gesamtausgabe, verfügbar machen – teilweise unter Missachtung bestehender Publikationsrechte. Zeitweilig versuchte die Rudolf Steiner-Nachlassverwaltung die Hoheit über den Text zu behalten, indem sie die Gesamtausgabe frei ins Netz stellte (ausgenommen die Bände zur Esoterischen Schule und zur Christengemeinschaft), aber inzwischen ist die elektronische Ausgabe der Nachlassverwaltung nur noch käuflich zu erwerben.

Die Nachlassverwaltung unter der Leitung von Walter Kugler reagierte auf die gewandelte Situation mit einer Mischung aus Hilflosigkeit und Kreativität. Hilflos insofern, als man das Editionskonzept nicht grundlegend änderte, und kreativ, weil man eine ganz neue Seite in Steiners Werk der Öffentlichkeit nahebrachte: die Zeichnungen, die Rudolf Steiner während seiner Vorträge oft angefertigt hatte. Diese „Wandtafelzeichnungen" hatte man in den Kellern des Goetheanum (wieder-)entdeckt und präsentierte sie nun in Galerien und auf Kunstausstellungen in der ganzen Welt. Steiner wurde ästhetisiert und als Pro-

---

3 Die Materialien finden sich auf: https://www.rudolfsteinerausgaben.com/shop_content.php?coID=203&XTCsid=7eh1c3178qhj7rrcj3bb76jt06 (7.4.2016).

duzent von manchmal faszinierenden Abstraktionen, manchmal auch kritzeliger Laienkunst geschätzt. Das alles half allerdings weder denjenigen Anthroposophen, die einen soliden Umgang mit Steiners Werk wünschten, noch der zunehmend sensibilisierten Öffentlichkeit, in der der schwankende Boden der Gesamtausgabe problematisiert wurde. Kugler, der immerhin das Rudolf Steiner-Archiv ein wenig und nach nicht immer ganz durchschaubaren Kriterien geöffnet hatte, musste 2011 gehen. Der ästhetische Steiner war schön, aber es gab brennendere Fragen. Vermutlich war man in der Nachlassverwaltung der Meinung, dass man im Archiv die notwendigen Hausaufgaben im Umgang mit Steiners Werk nicht gemacht hatte:[4] Weder war es mit der Gesamtausgabe so richtig vorangegangen, noch war es zu einer fruchtbaren Kommunikation mit der Wissenschaft gekommen. Es mag wohl auch sein, dass finanzielle Misswirtschaft und der Widerstand von Archivmitarbeitern ihren Teil dazugegeben haben.[5]

Zum neuen Archivleiter berief man in der Nachlassverwaltung den Anthroposophen David Marc Hoffmann. Vielleicht ist eines seiner wichtigsten Merkmale, dass er sich Anerkennung auch außerhalb des anthroposophischen Dunstkreises erworben hat. Er war von 1996 bis 2012 Leiter des Basler Schwabe-Verlages gewesen, eines hoch renommierten, für die wissenschaftliche Exzellenz seiner Publikationen bekannten Hauses. Er hatte „zwar" auch über Steiner promoviert, aber seine Arbeit über das Nietzsche-Archiv transportierte nicht den verqueren Subtext der Steiner-Rettung, der so viele Arbeiten aus dem anthroposophischen Umfeld zur frommen Steiner-Deutung macht, sondern war wissenschaftlich einwandfrei. Was dann auf dem Dornacher Hügel, in Haus Duldeck, wo die Nachlassverwaltung domiziliert, passierte, war unerwartet und besaß revolutionäre Züge: Das Archiv wurde öffentlich zugänglich, ein Benutzersaal eingerichtet, Steiners Bibliothek aufgeschlossen, und dann das Wichtigste: Man gewinnt den Eindruck, dass es mit dieser Öffnung ernstgemeint ist, dass sie kein Teil der altanthroposophischen Salamitaktik ist, immer nur so weit auf die Öffentlichkeit zuzugehen, wie es sich nicht mehr vermeiden lässt. Indizien dafür sind, dass man wegretuschierte Stellen in Faksimiles selbst anzeigt, oder parallele Vorträge veröffentlicht, die zeigen, wie Steiner mit leichter Hand Themen mehrfach verwertete, uns heute aber die faszinierende Möglichkeit eröffnen, ihm beim Verfertigen der Gedanken im Prozess des Vortragens über die Schulter zu schauen.[6] Und sogar eine finale Planung für die große Aufgabe gibt es: Bis 2025 soll die Gesamtausgabe vollständig vorliegen, einschließlich der 1.800 Briefe von und 12.000 Briefe an Steiner, der 622 Notizbücher und 7450 Notizzettel.[7] Und wer weiß, vielleicht kommt es dann auch zu Kooperationen mit

---

[4] http://www.info3-magazin.de/walter-kugler-und-nachlass-archiv-trennen-sich/ (12.2.2016).
[5] http://egoistenblog.blogspot.de/2012/03/themen-der-zeit-uber-die-kundigung-von.html (12.2.2016).
[6] Hoffmann, David Marc: Die Gesamtausgabe auf der Zielgeraden (Interview), in: Das Goetheanum, 2016, 17. Juni, 6-9.
[7] Die Drei, 85/2015, Novemberheft, 82.

Forscherinnen und Forscher außerhalb des Dornaches Hügels – Steiners kulturelle Kontexte zu erschließen ist eine Herkulesaufgabe. Die Folgen dieser Öffnung sind allerdings schwer zu überschauen und ein ganz anderes Kapitel. Dass eine historisch-kritische Ausgabe nicht nur die Textsicherheit, sondern auch die Deutungsunsicherheit erhöht, ist so sicher wie das Amen in der Kirche.

Der jüngste Akt der Edition von Steiners Schriften wird aus den Vereinigten Staaten aufgeführt. Christian Clement, ein ehemaliger Waldorflehrer und inzwischen Professor am Department of Germanic and Slavic Languages an der Brigham Young-Universität der Mormonen in Utah, hat 2014 die „Steiner Schriften – Kritische Ausgabe" (SKA) auf den Weg gebracht, mit Unterstützung der Rudolf Steiner-Nachlassverwaltung. Darin findet man nun die Veränderungen von Texten durch Steiner minutiös dokumentiert, und in den Kommentaren zu einzelnen Stellen liegt ein Schatz von Informationen zum Umfeld, die man sonst mühsam suchen müsste; von daher ist die Ausgabe ein großer Schritt hin zu einer historisch-kritischen Wahrnehmung Steiners. Auch Clements Einleitungen bergen ein immenses Wissen, zugleich aber auch beträchtliche Probleme:[8] Da wird zu häufig subkutan anthroposophisch argumentiert und Steiner mit Steiner erklärt, insbesondere in den ersten Editionsbänden. Und dann hat Clement ein großes Projekt im Blick, Steiner als Philosophen zu etablieren – und die Bedeutung der Theosophie zu relativieren. Doch wo sich die Wissenschaft über Clements kritischen Text freut, sehen Anthroposophen, für die Steiners Schriften das Entréebillet in höheren Welten bilden, Verrat an seinem geistigen Erbe: „Der Erforscher geistig-seelischer Sachverhalte" – also der esoterisch-hellsichtige Steiner – fehle in der Edition, man höre nur „von einer Person, die dies und das gelesen, rezipiert, reformuliert und wiedergegeben hat".[9] Verängstigte Anthroposophen möchte man hier trösten: Das ist der – unumgängliche – Beginn, aber nicht zwingend das Ende der Folgen einer kritischen Textinterpretation.

---

8 Zur Kritik s. Peter Staudenmaier; http://correspondencesjournal.com/volume-3/ (11.2.2016); Helmut Zander; http://www.hsozkult.de/publicationreview/id/rezbuecher-22822?language=en (12.2.2016); ausführlich ders.: Besprechung der Bände 2 (Philosophische Schriften) und 6 (Anthropologie) in: Schweizerische Zeitschrift für Religions- und Kulturgeschichte, 111/2017, 460-468. Anthroposophen oder der Anthroposophie nahestehende Menschen sehen das naturgemäß anders, etwa David W. Wood http://correspondencesjournal.com/volume-3/ (11.2.2016); http://www.nzz.ch/feuilleton/buecher/die-freiheit-des-erkenntniswegs-1.18499258 (12.2.2016).

9 Ziegler, Renatus: Rez. von: Steiner, Philosophische Schriften (SKA, Bd. 2, 2015), in: Die Drei, 86/2016, Aprilheft, 67-69, S. 69.

Theosophie

Ein wenig Geschichte. Die Theosophie ist der Mutterboden der Anthroposophie. Rudolf Steiner fand durch Theosophen aus dem Atheismus seiner Krisenjahre um 1900 heraus, bei ihnen lernte er seit 1901/02 die entscheidenden Inhalte kennen, die später seine Anthroposophie prägen sollten: vor allem den Glauben an eine „geistige", „höhere", „übersinnliche" Welt. Dieser theosophische Geistglaube war ein Gegenmodell zum Materialismus der zeitgenössischen Wissenschaften, wonach die Gedanken sich zum Gehirn wie der Urin zu den Nieren verhalte (Carl Vogt, 1847) und das Sein das Bewusstsein bestimme (Karl Marx, 1859). Der Idee, dass der Geist nur ein Sekundärprodukt der Materia sei, hatte auch Steiner in den 1890er Jahren angehangen, sie aber in der Begegnung mit der Theosophie wieder aufgegeben; seitdem glaubte er an die Priorität des Geistes. Auf diesem Grundstück baute er seine weiteren theosophischen Theorien. So verinnerlichte er die theosophische Überzeugung, dass man einen „objektiven" Zugang zu dieser geistigen Welt erhalten könne, etwa durch meditative Verfahren in einer „Esoterischen Schule" oder durch philosophische Anstrengungen im Denken. Dieser Anspruch auf „Objektivität" war allerdings das Erbe ebendieser verhassten materialistischen Wissenschaft, denn Theosophen glaubten, ihr nur dann auf Augenhöhe begegnen zu können, wenn man empirische, „objektive" Verfahren anwende. Allerdings war ihnen damals nicht klar, dass dieser Glaube an „Objektivität" ein Kind des 19. Jahrhunderts war.[1]

Auch die Versuche, dieses Weltbild von der Wirkmacht des großen Geistigen in die Praxis zu überführen, konnte Steiner in der Theosophie kennenlernen: theosophische Kunst, theosophisches Theater, theosophische Schulen existierten bereits, als er um 1900 in den theosophischen Kosmos eintrat. Sodann bevorratete die Theosophie Vorstellungen über die Geschichte, präziser gesagt über die Entwicklung des Kosmos, der Menschheit und des Menschen, getränkt mit sozialdarwinistischen Evolutionstheorien. Steiner akzeptierte von Theosophen die Idee, dass die Welt einen geistigen Anfang habe, sich gerade in der Phase ihrer tiefsten Materialisierung befinde und wieder zum Geistigen zurückkehren werde. Und er übernahm auch die Vorstellung, dass die Menschheit diesen Prozess zur Vergeistigung in einer evolutionären Fortschrittsgeschichte von Rassen beschreite. Aus dieser Quelle stammt sodann Steiners Vorstellung, dass es eine geheime Tradition von „Eingeweihten" und geheime Gesellschaften (etwa den Mysterienkulten) gebe, in denen seit der Antike dieses Wissen über Jahrtausende weitergegeben worden sei. Ein typisch theosophisches Konzept

---

1 Daston, Lorraine / Galison, Peter: Objektivität, Frankfurt a. M.: Suhrkamp 2007.

war schließlich die Idee des Menschen, der unterschiedliche „Glieder" oder „Hüllen" besitze: den materiellen „physischen Leib", den stärker geistigen „Ätherleib", den noch mehr vergeistigten „Astralleib" und das geistige „Ich". Die so verstandene Anthropologie deutete Steiner im Rahmen einer evolutionären Vergeistigungsgeschichte, weil man sich durch immer wiederkehrende Reinkarnationen zur vollen Geistigkeit emporarbeiten müsse.

Hinter diesen Vorstellungen standen natürlich Menschen: Zuerst Helena Petrovna Blavatsky, die mit Henry Steel Olcott und anderen Gesinnungsgenossen 1875 in New York die Theosophische Gesellschaft gegründet hatte. Die beiden waren drei Jahre später nach Indien gezogen, wo sie das noch heute existierende „Hauptquartier" in Adyar (bei Madras, heute Chennai) gründeten, indisches Denken kennenlernten und den Anspruch entwickelten, ein höheres Wissen über allen Kulturen zu besitzen. Das war übrigens im Zeitalter der größten Erfolge des westlichen Imperialismus nicht nur elitär gedacht – das natürlich auch –, sondern auch emanzipatorisch gemeint, weil das europäische Denken in den theosophischen Vorstellungen nicht mehr als Gipfel der Menschheitsgeschichte galt. Blavatskys Schriften, insbesondere ihre „Geheimlehre", wurden eine zentrale Grundlage der Theosophie und überhaupt des Okkultismus um 1900. Aber „wirklich" wichtig wurde für Steiner die weniger bekannte zweite Generation, insbesondere Annie Besant und Charles Webster Leadbeater. Nach Blavatskys Tod im Jahr 1891 stieg Besant zur wohl wichtigsten Person der Theosophie auf. Vieles von dem, was Steiner in der Theosophischen Gesellschaft kennenlernte, von der „Esoterischen Schule" über die Stellung des Christentums (welches Besant nicht ganz so kritisch sah wie Blavatsky) bis hin zu Details wie der „Aura" des Menschen stammten in der Form, in der Steiner sie adaptierte, von ihr und von Leadbeater.

Steiner konnte manche Vorstellungen der Theosophie mit seinen älteren Überzeugungen verbinden. So korrespondierte die „monistische" Konzeption, dass die Welt letztlich Geist sei, durchaus mit dem Monismus seiner philosophischen Jahre in Wien und Weimar vor seiner atheistischen Phase. Aber die gerade genannten Konkretionen kamen hinzu. Dabei entwickelte Steiner ein eigenes Profil, eine Steinersche, eine deutsche Theosophie. Denn Besant war nicht der Meinung, die Theosophie müsse überall gleich aussehen, sondern forderte nationale Ausprägungen. Und so steckt in Steiners Theosophie viel Goethe, viel deutscher Idealismus und eine Menge Nationalismus. Steiner schuf seine ganz eigene, kulturell ziemlich deutsch geprägte Theosophie. Darin steckte auf Dauer auch mehr Christentum als bei Besant, was sich in einer Überordnung des Christentums über andere Religionen niederschlug, die weder Blavatsky nach Besant so gewollt hatten. All das produzierte Probleme über Probleme. Am 28. Dezember 1912 gründete Steiner in Köln seine eigene, die Anthroposophische Gesellschaft. Damit begann eine neue Phase seines Weiterentwickelns der Theosophie – und ihrer Verdrängung: Steiner ließ, wo immer möglich, in seinen Schriften den Begriff „Theosophie" durch „Anthroposophie" oder „Geisteswissenschaft" ersetzen. All das geschah (natürlich) ohne Kennzeichnung, sodass das Wissen um die theosophische Mutter der Anthroposophie langsam verloren ging. Nur der Titel eines seiner theosophischen Hauptwerke, die „Theosophie", ließ sich nicht ändern. Und so erinnert dieses Buch an die ansonsten schwer sichtbaren Wurzeln der Anthroposophie.

Aber im weiteren Verlauf des 20. Jahrhunderts gerieten Theosophie und Anthroposophie auf ganz unterschiedliche Erfolgswege. Viele theosophische Gemeinschaften gingen nach dem Ersten oder Zweiten Weltkrieg zugrunde. Die deutsche Sektion der Adyar-Theosophie hat sich von dem Ausstieg Steiners nie mehr richtig erholt und ist heute nur noch ein Schatten ihrer einstigen Größe.[2] Neben der Adyar-Theosophie existieren zwar weitere Richtungen, etwa diejenige in der Tradition von Alice Bailey, aber hinsichtlich der gesellschaftlichen Bedeutung kann sich keine von ihnen mit der Anthroposophie messen. Kooperationen existieren nicht, selbst Kontakte zwischen der Anthroposophischen und der Theosophischen Gesellschaft Adyar sind irgendetwas zwischen minimal und nicht existent. Die anthroposophische Tochter hat die theosophische Mutter hinter sich gelassen.

---

2 Rademacher, Stefan: Der Untergang von Religionen am Beispiel der Theosophie, in: Gelebte Religionen. Untersuchungen zur sozialen Gestaltungskraft religiöser Vorstellungen und Praktiken in Geschichte und Gegenwart. Festschrift für Hartmut Zinser zum 60. Geburtstag, hg. v. H. Piegeler, Würzburg: Königshausen & Neumann 2004, 219-237.

Transformationen

Die Anthroposophie sieht sich in einer langen Geschichte, in der seit den Anfängen der Menschheit eine „philosophia perennis", eine ewige Weisheit existiere. Steiner hatte keine Bedenken, seine Esoterische Schule (unzutreffenderweise) auf die Mysterienkulte der Antike zurückzuführen. Eine solche Perspektive verhieß in anthroposophischer Lesart: Stabilität. Die gegenwärtige Situation der Anthroposophie zeigt allerdings eine ganz andere Lage: Veränderung allerorten.

Der wichtigste Wandel scheint mir die Person Rudolf Steiners zu betreffen – und damit unweigerlich sein Werk und seine Ideen. Immer weniger Anthroposophen sehen in ihm die unfehlbare Autorität, die über Jahrzehnte seine Faszination ausmachte und die Sicherheit in einer unruhigen Zeit versprach. Seine Schriften, die weiterhin Identität stiften, wirken an manchen Stellen für Anthroposophen ganz frisch, an anderen hat nicht nur in der Außenperspektive die Patina eines Jahrhunderts angesetzt; die Rassentheorie ist dafür nur ein Beispiel. Konkret werden heute Aussagen Steiners, in denen er von „Meistern" und „Gurus" spricht, in denen „Geheimlehrer" die Schüler führen, in denen er seine eigenen hellseherischen Einsichten zum Maßstab macht, in den Hintergrund gerückt. Vor allem liberale Anthroposophen denken nun über Irrtümer, von denen Steiner eher vereinzelt sprach, nach, oder realisieren, dass er kein Solitär war, sondern dicht vernetzt mit Vorstellungen der Jahrzehnte um 1900 dachte. Die kritische Ausgabe von Steiners Schriften, die Veränderungen und damit seine Denkbewegungen dokumentiert, ist ein Indikator für diese Entwicklung. Aber wir wissen immer noch zu wenig über den kreativen Umgang mit Steiners Werk, die nach seinem Tod durch Interpretationen und auswählendes Lesen entstand.

In diesem Zusammenhang gibt es eine, in ihrer Reichweite kaum überschätzbare Interpretationsverschiebung: individuelle Freiheit als zentraler Wert. Aus allen Segmenten der Anthroposophie schallt einem inzwischen der Ruf entgegen, dass jede Krankheit individuell sei, jedes Kind individuell gefördert werden müsse und überhaupt Anthroposophie in ihrem Kern individuelle Freiheit sei. Solche Aussagen gibt es bei Steiner, und man beruft sich zu Recht darauf. Aber zu leicht vergisst man, dass Steiner der Anthroposophie auch hochautoritäre Strukturen in die Wiege legte: insbesondere die nicht diskutierbare höhere Erkenntnis und die dadurch begründbare unhinterfragte Autorität, die in einer Verehrung mit durchaus sakralen Zügen endete. Dieses Joch autoritären Denkens bedrückte oder beruhigte jahrzehntelang Anthroposophinnen, Anthroposophen und die Anthroposophie. Vor diesem Hintergrund ist es zumindest bemerkenswert, wenn nicht gar verwunderlich, dass sich in der Anthroposophie eine Rhetorik der Autoritätskritik breitmacht. Und die generiert in Teilen der anthroposophischen Bewegung auch eine Praxis. Es ist weiterhin kein Problem, den Kasernenhofruf nach Rudolf Steiner zu hören, wenn irgendetwas unter Anthroposophen strittig ist. Aber das ist einfach nicht mehr die ganze Wahrheit. In der anthroposophischen Bewegung, insbesondere aber in ihrem Sympathisantenfeld, gibt es viele, die mit Dogmenfreiheit den Dogmen den Garaus machen wollen. Sie berufen sich auf den Steiner, der einmal eine anarchistische Phase hatte, auf den Esoteriker, der die „höhere Erkenntnis" für alle öffnen, sozusagen demokratisieren wollte, und auf die Infragestellungen von Autorität, die man in seinem Werk eben auch finden kann. Wie verbreitet sie sind, vermag ich allerdings nicht zu sagen.

Mit dieser Individualisierung verstärkt sich allerdings das prekäre Verhältnis zwischen Individuum und Gemeinschaft in der Anthroposophie. Natürlich gibt es die Anthroposophische Gesellschaft mit ihren Zweigen und die Verbände in den Praxisfeldern. Aber natürlich verschärft der Individualismus die Frage, ob Institutionen den einzelnen überhaupt etwas zu sagen haben. An einem Punkt wird dieses Problem ganz massiv deutlich: Haben Anthroposophen eigentlich gemeinsame ethische Auffassungen, gibt es eine anthroposophische Sozialethik? Eine Ethik, die das Individuum in die Pflicht nimmt (und natürlich auch schützt), die also soziale und individuelle Werte in ihrem Spannungsverhältnis hält, hat die Anthroposophie aufgrund von Steiners ethischem Individualismus nie entwickelt – hört man jedenfalls auch aus anthroposophischem Mund.[1]

Eine weitere Transformationsdimension ist mit einem beträchtlichen Wissensdefizit meinerseits verbunden. Deutschland und der deutschsprachige Raum werden zur anthroposophischen Provinz. Natürlich: Dies ist weiterhin der Raum, in dem Steiner großgeworden ist, der ihn und die Anthroposophie kulturell geprägt hat, in dem die Anthroposophische Gesellschaft entstanden ist und in dem sie die stärksten Zweige besitzt. Aber die Gewichte verschieben sich, nicht zuletzt über die Praxisfelder der Anthroposophie. Die Waldorfschulen machen deutlich, wohin die Reise geht: Schon heute gibt mehr als viermal so viele Steiner-Schulen außerhalb Deutschlands als ihrem Ursprungsland – und die Schere geht immer weiter auf. Der Expansion in die europäischen Nachbarländer folgt in den letzten Jahren die interkontinentale. Im Vergleich mit dem dadurch induzierten Veränderungsbedarf waren die bislang oft mehr hingenommenen als selbst vorangetriebenen Transformationen in Europa vermutlich nur eine Aufwärmübung.

In diesen Veränderungsprozessen dürfte eine unauffällig scheinende Dimension von herausragender Bedeutung zu sein, die Relativierung von Steiners okkultem, esoterischem Erbe. Vielen Anthroposophen ist das hochokkultistische Programm des frühen 20. Jahrhunderts mit hellsichtigen Eingeweihten, höherer

---

1 Kipke, Roland: Ethik – ein blinder Fleck der Anthroposophie, in: Anthroposophie. Vierteljahresschrift zur anthroposophischen Arbeit in Deutschland, Michaeli 2012, 205-214, http://www.academia.edu/13355633/Ethik_Ein_blinder_Fleck_der_Anthroposophie (31.10.2018).

Erkenntnis und reinkarnatorischer Biographieerkundung unsagbar fremd geworden. Manche glauben davon gar nichts mehr, andere nehmen sich das ein oder andere heraus, dritte relativieren es. Nur eines von vielen Beispielen ist der Waldorfpädagoge Jost Schieren, der den frühen (philosophischen) Steiner zum Schlüssel für den späten (esoterischen) Steiner erklärt. Diese Idee gründet in der Vorstellung, dass das Sehen, dass die ästhetische Evidenz, dass der Einblick in das, „was die Welt / im Innersten zusammenhält", auch einen Schlüssel für das Tor zur geistigen Welt bietet. Im Hintergrund steht der Anthroposoph Herbert Witzenmann mit seiner phänomenologischen Erkenntnistheorie (in der er die Idee einer unmittelbaren Erfassbarkeit der Gegenstände mit der Einsicht in die Konstruktivität von Wahrnehmung durch das Subjekt zu verbinden suchte) und der mit seiner Theorie eine wichtige Rolle in Schierens Dissertation spielt. Ist das der Türöffner für eine Anthroposophie, in der der esoterische Steiner fehlt? oder sekundär wird? Für viele Anthroposophen eine gruselige Vorstellung, aber ich weiß nicht, für wie viele. Viel gefährlicher dürfte ohnehin für die klassische Anthroposophie ihre Auflösung in ein atmosphärisches Gefühl sein, wenn sich das esoterische Programm in ein spirituelles Fluidum verwandelt. Anthroposophie als etwas irgendwie Spirituelles und Praktisch-Nützliches. Die Frage, was dann die Anthroposophie noch ausmacht, steht nicht nur für Anthroposophen, sondern auch für den soziologisch interessierten Beobachter im Raum.

Vereinigte Staaten von Amerika

Seitdem die Anthroposophie um 1910 herum in die Vereinigten Staaten kam, hat sich ein buntes Spektrum entwickelt: von der Christengemeinschaft über die biodynamische Landwirtschaft bis zu Steiner-Schulen, von Angeboten esoterischer Schulung und künstlerischen Gestaltung bis hin zur Arbeit in Gefängnissen.[1] Die Anthroposophische Gesellschaft dürfte mit etwa 3000 Mitgliedern seit Jahren relativ stabil sein, zählt aber damit zu den kleinen esoterischen Gemeinschaften in den USA. Die öffentlich am stärksten sichtbare Dimension sind wohl auch hier die Waldorfschulen, die stark wachsen; 2018 gab es über 120 Schulen[2] (2015: gut 40 Schulen[3]). Sie sind im privaten Bereich deutlich teurer als in Europa, in Amerika kann es schon sein, dass man 18.000 $ pro Kind und pro Jahr zahlen muss.

Vermutlich werden auf dieser Seite des Atlantik nicht alle Dinge so streng gesehen wie in Europa.[4] Vertretern der Waldorfpädagogik, die aus Europa nach Amerika kamen und mit dem Anspruch auf Autorität dozierten, konnten Amerikaner sagen: Americans don't expect experts, but situations to discuss. Diese relative Flexibilität zeigt sich auch heute. Man hat sich auf das staatliche Schulwesen hin geöffnet und „Charter Schools" gegründet (etwa in Oregon, Colorado oder in Kalifornien). Solche Schulen sind seit den 1990er Jahren zulässig und wurden von wesentlichen staatlichen Auflagen befreit, unterliegen aber weiterhin staatlicher Kontrolle. Sie waren Teil der neoliberalen Entstaatlichung des Bildungssystems und werden sowohl von „progressiven" als auch (und mit steigender Tendenz) von „konservativen" Gruppen genutzt. Hier wie in anderen Schulen stellt sich für die Anthroposophie das Problem des Verhältnisses zur Religion. Jüdische Eltern misstrauten der christlichen Ausrichtung, katholische Eltern sahen pagane Impulse,[5] und überhaupt stellte sich die Frage, wie religiös Waldorfschulen sein können, wenn sie sich an staatliche Schulsystem annähern, in dem die Unterscheidung von Staat und Religion eine große Rolle spielt.[6] Angesichts dieser Spannungen wundert es nicht, dass die Stimmen, die sich in

---

1 Im Überblick Barnes, Henry: Into the Heart's Land. A Century of Rudolf Steiner's Work in North America, Great Barrington, MA: Rudolf Steiner 2005; zur Gefängnisarbeit S. 550-554.
2 https://www.freunde-waldorf.de/fileadmin/user_upload/images/Waldorf_World_List/Waldorf_World_List.pdf (17.7.2018).
3 http://www.allianceforpublicwaldorfeducation.org/find-a-school/ (17.7.2018).
4 Vgl. Oberman, Ida: The Waldorf Movement in Education from European Cradle to American Crucible, 1919-2008, Lewiston, NY: Edwin Mellen 2008, 242.
5 Ebd., 239f.
6 Ebd., 266-269.

den USA gegen eine Verwässerung des esoterischen Profils der Waldorfpädagogik richten, relativ gut vernehmbar sind – wie stark sie sind, ist eine andere Frage.

Unternehmen

Wer meint, Anthroposophie sei nur weltferne Esoterik und allerhöchste Erkenntnis und ihre Praxisbereiche bildeten irgendwie unvermeidliche Überbleibsel der Lebensreformbewegung, der irrt. Nirgendwo wird das deutlicher als in der Welt der Ökonomie, also dort, wo, zumindest im Kapitalismus, schlichte schwarze Zahlen über das Wohl oder Wehe auch des esoterischsten Unternehmens entscheiden. Dass anthroposophisch imprägnierte Firmen hier überleben, spricht für die Möglichkeit, anthroposophische Konzepte in der Wirtschaft umzusetzen und so Geist und Kapital miteinander zu verbinden. Schon Steiner hatte auch dieses Thema nicht ausgelassen und sich zu „nationalökonomischen" Fragen, also zu einer stark kulturtheoretisch ausgerichteten Wirtschaftspolitik, geäußert. In den zwanziger Jahren wagte er den Praxistest und gründete anthroposophische Firmen und sogar Aktiengesellschaften. Das war nicht nur ein Versuch gewesen, esoterische Theorien in gesellschaftliche Praxis zu überführen, sondern diente auch dem ganz weltlichen Zweck, Geld für die Anthroposophie heranzuschaffen. Und so gründete er in den 1920er Jahren zwei Holdings, in die seine reiche Klientel viel Geld und ganze Firmen einbrachten. Gigantische Gemischtwarenläden entstanden, in denen sich eine Maschinenfabrik, große Bauernhöfe, eine Ölmühle, eine „Familienpension", ein Wald, eine „größere Herde Allgäuer Zuchtvieh" und eine Bank befanden – neben vielen weiteren vermeintlichen Geldquellen. Doch Steiners anthroposophische Eroberung des Kapitalismus scheiterte auf ganzer Linie, und das nicht nur, weil die Hyperinflation das Wirtschaften schwieriger machte (im Gegenteil: die Besitzer von Sachwerten waren gegenüber Sparbuchinhabern bevorteilt), sondern weil man esoterisch und nicht ökonomisch dachte.[1]

Dieses Desaster hat Anthroposophen nicht davon abgehalten, mit ihren und Steiners Überzeugungen Unternehmen zu gründen. Und so bestehen heute eine Reihe „anthroposophischer" Firmen. Einen präzisen Überblick über ihre Anzahl gibt es nicht, es sind jedenfalls viele, vermutlich Dutzende. Ich stelle einige im Stakkato einer alphabetischen Liste kurz vor:

Abnoba GmbH. 1971 gegründetes Unternehmen zur Herstellung von Mistel-Präparaten für die Krebstherapie. In der Selbstdarstellung auf der Website erfährt man über die anthroposophischen Hintergründe des Unternehmens nichts, wohl aber macht die Seite der Kooperationspartner klar, dass man ins anthroposophische Milieu gehört. Die Firma ist Mitglied im Dachverband Anthroposophische Medi-

---

1 Zander: Anthroposophie in Deutschland, 1343-1345.

zin und beteiligt sich an den Arbeiten des Carl Gustav Carus-Instituts.[2] Einen versteckten Hinweis auf die esoterische Welt gibt allerdings schon der Firmenname: Abnoba ist eine keltische Göttin.

Alfred Rexroth GmbH & Co. KG. Tätig im Bereich der Herstellung von Blechbauteilen und im Maschinenbau. Die Unternehmensphilosophie richte sich an Steiners „Gliederung des sozialen Organismus" aus.[3] Das Unternehmen ist ein Kernbestandteil der Neuguss-Holding (s.u.).

Alnatura. Biomärkte, gegründet von dem Anthroposophen Götz Rehn (s.o. unter: Alnatura).

ATOS AG. Herstellung von Heilmitteln, gegründet von Ibrahim Abouleish in Ägypten und von Roland Schaette.[4]

Bauck. Produktion von Nahrungsmitteln auf Demeter-Grundlage.

dennree / denn's. „dennree" wurde 1974 von Thomas Greim als Großhandelslieferant für Bio-Märkte gegründet und dürfte heute eine starke, möglicherweise marktbeherrschende Stellung in diesem Segment besitzen. Seit den 1990er Jahren betreibt er zudem eigene Bio-Supermärkte, seit 1996 mit der Tochterfirma „denn's Biomarkt". Greim bezeichnet sich selbst als Anthroposoph[5] und handelte bis 1983 ausschließlich mit Demeter-Produkten.[6] Seine Bio-Märkte bilden eine Art inneranthroposophischer Konkurrenz zu Alnatura. Das Konzept ist allerdings anders gestrickt, Greim begnügt sich nicht nur mit Toplagen, sondern geht auch an weniger attraktive Standorte. Das führt dazu, dass *denn's* inzwischen weitaus mehr Filialen als Alnatura betreibt. Allerdings ist der Umsatz mit vermutlich 1,6 Mio. € pro Filiale (2013) wohl weniger als halb so groß wie derjenige einer Alnatura-Filiale (3,7 Mio. €),[7] womit sich Greims Supermarkt-Gruppe in der Nähe einer schwarzen Null bewegen dürfte. Die denn's-Märkte haben sich mehrfach den Vorwurf zugezogen, untertariflich zu bezahlen und faktisch Arbeitszeiten einzufordern, die gesetzliche Grenzen verletzen; Betriebsräte gibt es nicht.[8] Dafür findet man denn's-Märkte auch an Standorten, an denen Menschen leben, die das in der Regel gutsituierte Publikum von Alnatura eher nicht kennt.

dm-Drogeriemärkte. Gegründet von Götz Werner, der seine Idee wahrmachte, im Drogerie- und Lebensmittelmarkt mit anthroposophischen Ideen erfolgreich zu sein (s. unter: dm-Drogeriemärkte).

GLS-Bank. Sie verspricht, Sinn und Geld miteinander zu versöhnen, Werbeslogan: „Was macht ihr Geld bei der GLS Bank? Sinn." (s. unter: Banken).

---

2 http://www.abnoba.de/de/unternehmen/partner/ (12.4.2017).
3 http://www.alfred-rexroth.de/philosophie/ (3.5.2016).
4 Abouleish, Ibrahim: Die Sekem-Vision. Eine Begegnung von Orient und Okzident verändert Ägypten, Stuttgart/Berlin: Mayer ³2005, 149-153.
5 http://www.taz.de/1/archiv/digitaz/artikel/?ressort=sw&dig=2013%2F05%2F25%2Fa0152&c Hash=0333ab3c89a6e5ac010d005c99377306 (11.7.2016).
6 http://www.dennree-biohandelshaus.de/unternehmen/geschichte.html (11.7.2016).
7 http://www.taz.de/1/archiv/digitaz/artikel/?ressort=sw&dig=2013%2F05%2F25%2Fa0152&c Hash=0333ab3c89a6e5ac010d005c99377306 (11.7.2016).
8 http://www.taz.de/1/archiv/digitaz/artikel/?ressort=sw&dig=2013%2F05%2F25%2Fa0152&c Hash=0333ab3c89a6e5ac010d005c99377306 (11.7.2016).

Hannoversche Kassen. Sozialwerk mit dem Schwerpunkt auf Altersversorgung und medizinischer Beihilfe, vor allem für Angestellte an Waldorfschulen.

Helixor. 1975 gegründetes, als Stiftung organisiertes Arzneimittelunternehmen, spezialisiert auf Heilmittel aus Mistel und Christrose. „Ganzheitliches Denken und Handeln im Sinne der anthroposophischen Geisteswissenschaft bilden die Grundlage der Helixor-Philosophie",[9] man arbeite auf der Basis des „anthroposophischen Menschenbildes"[10] und mit der „Überzeugung, dass die Wirksamkeit eines Arzneimittels ... auch durch die Zuwendung bei der Herstellung und der Anwendung beeinflusst wird".[11]

Holle AG. 1933 im schweizerischen Arlesheim (unmittelbar neben Dornach) gegründeter Hersteller von Babynahrung, der seit 1996 in Deutschland produziert. Für die Nahrungsmittel verwendet man weitgehend Demeter-Erzeugnisse. Die „anthroposophisch orientierte Ernährungslehre und die biodynamische Qualität" bilden nach eigener Aussage „die beiden entscheidenden Säulen der Unternehmensphilosophie".[12]

Iscador AG. Unternehmen für die Herstellung und den Vertrieb des Arzneimittels Iscador.

Inversions-Technik GmbH, Basel. Wasseraufbereitung durch Oloid-Technik (das sind Bewegungen von Kolben auf komplex ineinander verschlungenen Kreisbahnen).[13]

Mahle. Automobilzulieferer, vor allem für Komponenten von Verbrennungsmotoren. Der Gründer, Hermann Mahle, trat 1919 in die Anthroposophische Gesellschaft ein;[14] die 1964 gegründete Mahle-Stiftung finanziert heute Projekte im Bereich der anthroposophischen Landwirtschaft, Pädagogik und Medizin.[15] Sie spielte eine entscheidende Rolle bei der Gründung der schwäbischen Filderklinik.[16]

Merkurbank. Dänische Bank mit anthroposophischen Einflüssen.

Mercurius B. V., Eindhoven. Hersteller von Schulbedarf von Waldorf-Einrichtungen (Unterrichtsmaterialien, Möbel); 25 Mitarbeiter (Mai 2016).[17]

Naturata. 1976 in Überlingen gegründete Vereinigung zum Vertrieb von Bio-Lebensmitteln, die inzwischen aus drei selbständigen Sparten besteht: für die Logistik von Bio-Produkten, für deren Herstellung und den Großhandel sowie aus einem eingetragenen Verein von Naturata-Vertriebsunternehmen.[18] Ursprüngе

---

9 http://www.helixor.de/unternehmen/philosophie/ (11.4.2016).
10 http://www.helixor.de/fileadmin/dateien/dokumente/Sonstiges/Leitbild_Helixor_2015-03.pdf (11.4.2016).
11 http://www.helixor.de/unternehmen/philosophie/ (11.4.2016).
12 http://www.holle.ch/de_DE/ueber-uns/80-jahre-holle (12.4.2017).
13 http://www.neuguss.com/de/tochterunternehmen/inversions-technik-gmbh.html (3.5.2016).
14 http://biographien.kulturimpuls.org/detail.php?&id=1147 (25.9.2018).
15 http://www.mahle.com/MAHLE/en/MAHLE-Group/MAHLE-Foundation (27.1.2012).
16 http://www.filderklinik.de/die-filderklinik/klinikstruktur.html (27.1.2012).
17 http://www.neuguss.com/de/tochterunternehmen/mercurius.html (3.5.2016).
18 https://marjorie-wiki.de/wiki/Naturata (23.5.2018).

liegen im Umfeld der Camphill-Bewegung und der örtlichen Waldorfschule[19] und in Steiners Sozialideen.[20] Werbung heute: „Mit erlesenen und biologisch-dynamisch erzeugten Lebensmitteln leisten wir unseren Beitrag für eine bessere Welt".[21]

Neuguss Verwaltungsgesellschaft. Holding für eine Reihe anthroposophisch orientierter Unternehmen: Den Kern bilden Firmen des Anthroposophen Alfred Rexroth, der 1969 Teile seines Erbes mit dem Ziel der Realisierung einer alternativen Wirtschaftskultur einbrachte; dazu kommen die Inversions-Technik GmbH, Mercurius und Stockmar.[22] Seit 2011[23] gehörte zeitweilig die Renk Druck und Medien GmbH dazu,[24] die allerdings insolvent wurde und seit dem 1. Februar 2016 in der Printur Braun & Behrmann GmbH aufging. Die Gewinne der Neuguss Verwaltungsgesellschaft werden teilweise von der anthroposophischen GLS-Treuhand verwaltet.[25]

New Century Bank. 1997 in Pennsylvania von Anthroposophen gegründete Bank, insbesondere für anthroposophische Projekte.[26] Sie wurde vermutlich 2011 in *Customers Bank* umbenannt.[27]

Nouvelle économie fraternelle. Französisches Geldinstitut mit anthroposophischen Einflüssen.

Software AG. Unternehmen für Computersoftware. Der Gründer, Peter Schnell, äußert sich offen zu seinen anthroposophischen Haltungen[28] und berichtet, dass die Pflege seiner geistig behinderten Kinder in einer anthroposophischen Einrichtung ein wichtiges Motiv für seinen Weg in die Anthroposophie gewesen sei. Das Vermögen seiner Firma hat er 1992 in die Software AG-Stiftung eingebracht, „damit in adäquater Form einer gemeinnützigen Stiftung dauerhaft, also über mein eigenes Erdenschicksal hinaus, mit diesen erheblichen Vermögenswerten heilsam in der Welt umgegangen werden kann".[29] Die Stiftung bedenkt nicht nur anthroposophische Einrichtungen, diese aber großzügig, etwa die Hochschulen Witten-Herdecke und die Alanus-Hochschule. Peter Schnell ist Inhaber des Bundesverdienstkreuzes.[30]

---

19 https://www.suedkurier.de/region/bodenseekreis-oberschwaben/ueberlingen/Kauf-by-Naturata-neu-in-Meersburg-und-Immenstaad-Der-Bio-Nahversorger-etabliert-sich;art372495,9576429 (23.5.2018).
20 https://www.suedkurier.de/region/bodenseekreis-oberschwaben/ueberlingen/Naturata-in-UEberlingen-Ein-Urgestein-der-Bioszene;art372495,8921347 (23.5.2018).
21 https://www.naturata.de/unternehmen/unternehmenswerte/ (23.5.2018).
22 http://www.neuguss.com/de/ueber-uns.html (3.5.2016).
23 http://jochenrenk.de/beraterprofil-2 (3.5.2016).
24 http://www.alfred-rexroth.de/unternehmen/links/ (3.5.2016).
25 http://www.neuguss.com/de/unternehmensentwicklung/entstehung.html (9.2.2016).
26 Barnes, Henry. Into the Heart's Land. A Century of Rudolf Steiner's Work in North America, Great Barrington, MA 2005, 348-550.
27 https://www.ffiec.gov/nicpubweb/nicweb/InstitutionHistory.aspx?parID_RSSD=2354985&parDT_END=99991231 (17.7. 2018).
28 http://www.ruedigersuenner.de/schnell.pdf (26.1.2012).
29 http://www.software-ag-stiftung.de/die-stiftung/der-stifter/ (16.6.2015).
30 https://idw-online.de/de/news81329 (16.6.2015).

Sonett. Hersteller von Reinigungsmitteln, 1977 gegründet. „Der Auftraggeber des Unternehmers ... sind die Sonett Impulse selbst. Mit Sonett Impulse meinen wir eine geistig wesenhafte Realität".[31] Sonett propagiert unter anderem ein Baukastensystem von Waschkomponenten, um so nur die notwendigsten Waschsubstanzen zu verwenden.[32] 2015 erhielt man den Nachhaltigkeitspreis der Internationalen Bodensee-Konferenz.[33]

Speick. Naturkosmetika und Seifen. Der Gründer, Walter Rau, fühlte sich der Anthroposophie verpflichtet.[34]

Spielberger. Produktion von Demeter-Nahrungsmitteln.

Staedler. Hersteller von Schreibgeräten. Im Hintergrund gibt es Rudolf-und-Clara-Kreutzer-Stiftung zur Förderung der Waldorfpädagogik.[35]

Stockmar. Hersteller von Farbstiften und pädagogischen Knetmassen auf Wachsbasis und eine Art Hauslieferant der Waldorfschulen.[36] (s. auch oben: Neuguss Verwaltungsgesellschaft)

Tegut. Lebensmittelkette mit Biosortiment, gegründet von Theodor Gutberlet, dessen Name die Bestandteile des Firmennamens lieferte. In der Gründerfamilie werden anthroposophische Überzeugungen nicht demonstrativ, aber gut sichtbar vertreten.[37] Dass Wurst bei der Lufttrocknung gerne mit klassischer Musik beschallt wird, ist ohne diesen Hintergrund nicht zu verstehen.[38] Wolfgang Gutberlet erhielt 2005 die Auszeichnung Ökomanager des Jahres.[39] Tegut wurde 2013 mit seinen etwa 280 Filialen von dem Schweizer Lebensmittelhändler Migros übernommen, der seit 2012 schon mit Alnatura kooperiert.[40]

Triodos-Bank, Geldinstitut mit anthroposophischen Wurzeln (s. unter: Banken).

Voelkel. Produktion von Säften auf Demeter-Grundlage. Künstliche Aromastoffe und Konzentrate für die Saftherstellung werden nicht verwendet, Zucker wird nicht hinzugefügt.[41]

Voith. Maschinenbau. Der Enkel des Gründers, Hanns Voith, war überzeugter Anthroposoph. Die 1953 gegründete Hanns-Voith-Stiftung fördert unter anderem „Projekte auf Grundlage der Geisteswissenschaft Rudolf Steiners".[42]

---

31 http://www.sonett-online.de/eikaer.htm (27.1.2012).
32 Kapital = Geist. Pioniere der Nachhaltigkeit: Anthroposophie in Unternehmen. Zwölf Portraits, hg. v. J. Heisterkamp, Frankfurt a.M.: info3 2009, 72.
33 http://www.sonett.eu/index.php?id=168&lang=de (18.7.2016).
34 http://www.speick.de/familienunternehmen/geschichte/ (26.12.2012).
35 http://biographien.kulturimpuls.org/detail.php?&id=256 (26.1.2012).
36 Kapital = Geist, 83.
37 http://www.viawala.de/archiv/07_2007/gutberlet/index.htm (26.1.2012).
38 http://www.faz.net/aktuell/rhein-main/region/lebensmittel-tegut-beschallt-wurst-mit-klassischer-musik-1698987.html (26.1.2012).
39 http://www.viawala.de/archiv/07_2007/gutberlet/index.htm (26.1.2012).
40 http://www.tegut.com/presse/artikel/medienmitteilung.html (16.6.2015).
41 Kapital = Geist, 63.
42 http://www.voith.de/d-hanns-voith-stiftung-stiftungszweck.html (27.1.2012).

Wala. Gegründet 1935 von Rudolf Hauschka, Herstellung von Arzneimitteln und Kosmetika. Die wichtigste Marke sind die Dr. Hauschka Kosmetika. Wala ist die kleinere Schwester von Weleda, mit einem Drittel des Umsatzes.

Weleda. Noch unter der Ägide von Rudolf Steiner gegründetes Unternehmen zur Herstellung von Arzneimitteln. Heute verdient das Unternehmen allerdings sein Geld im wesentlichen mit Kosmetika (s. unter: Arzneimittel/Kosmetika).

Was „anthroposophisch" in diesen Unternehmen genau heißt und welchen Stellenwert die Anthroposophie dabei besitzt, lässt sich nicht generalisierend beantworten. Idealerweise vielleicht so, wie bei „Sonett": Des morgens, an jedem Arbeitstag, machen sich die beiden Geschäftsführer auf den Weg durch das Unternehmen, um jedem der 54 Mitarbeiter persönlich die Hand zu schütteln. Und wenn gerade Geburtstag ist, gibt es noch ein Ständchen dazu, vierstimmig. Dienstags steht ein Gedicht auf dem Plan, vorgetragen von einem Künstler.[43] Und dann geht es an die Arbeit, zur Not, wenn die Nachfrage groß ist, auch mit Nachtschichten. Man stellt Wasch- und Reinigungsmittel her, in deren Hintergrund die „Tropfbildmethode" steht, in der das Bild untersucht wird, welches ein Tropfen macht, der in eine standardisierte chemische Lösung fällt – und dann Auskunft über die Qualität der Flüssigkeit gebe. Hergestellt werden die Mittel unter anderem, indem man sie auf den Kurven eines Oloids „rhythmisiert", nachdem der „Schock über den Zustand des Wassers" den Erfinder der Tropfbildmethode, Johannes Schnorr, „impulsiert" hatte, wie es so schön im Anthroposophendeutsch heißt.[44] Und auch diese Firma steckt nicht nur in einer „höheren" Welt. 2012 erhielten die Verpackungen den renommierten Red Dot Design Award.

Aber jede Firma ist anders. Der kleinste gemeinsame Nenner liegt sicher im Bezug auf Steiners Vorstellungen, aber alles weitere lässt sich nur im Blick auf jedes einzelne Unternehmen klären. Manche Firmen wie Bauck oder Spielberger demonstrieren schon durch die anthroposophische Schrift ohne rechten Winkel, dass man bei ihnen Anthroposophie finden soll. Zugleich wird Anthroposophie bei den Mitarbeitern nicht explizit thematisiert. Bei anderen muss man genauer hinsehen, weil die Anthroposophie in der Betriebsphilosophie steckt oder weil sich (einige) Führungskräfte als überzeugte Anthroposophen verstehen, bei wieder anderen sind Produktionsverfahren tief esoterisch eingefärbt. Ein paar Beispiele: Weleda hütet nicht nur die Rezepturen aus der Gründungszeit mit Rudolf Steiner, sondern kann von Anthroposophen als ein „Türöffner" für die Anthroposophie betrachtet werden.[45] Bei Wala beginnen die fünf Mitglieder der Geschäftsleitung ihre regelmäßigen Sitzungen häufig mit einer „gemeinsamen Studienarbeit an Steiner-Texten",[46] von den Mitarbeitern in Leitungspositionen wird zumindest ein Interesse für die Anthroposophie erwar-

---
43 Rautenberg, Sigrid: Sinn gibt's gratis, in: Süddeutsche Zeitung, 13./14. Juni 2015, 69.
44 http://www.sonett.eu/index.php?id=13&lang=de (15.4.2016).
45 Kapital = Geist, 28.
46 Ebd., 35.

tet.⁴⁷ Bei Sonett erhalten die Mitarbeiter ein Grundstudium in Anthroposophie, während das Wasser verwirbelt wird, weil dies seiner „inneren Natur" entspreche.⁴⁸ Die Firma Stockmar wird von einer GmbH getragen, die die explizite Zweckbestimmung formuliert, auf die „Neugestaltung" der Gesellschaft „im Sinne einer Gliederung des sozialen Organismus fördernd einzuwirken".⁴⁹ Bei Speick führen die Mitarbeiter in der Weihnachtszeit die von Steiner propagierten Oberuferer Weihnachtsspiele auf und tanzen Betriebs-Eurythmie.⁵⁰ Eher schwebend ist auch das Verhältnis der Familie Voelkel zu ihrem Unternehmen. Den anthroposophischen Hintergrund gibt es zwar schon in der dritten Generation, aber die enge Verklammerung mit der Anthroposophie nimmt ab.⁵¹ Manche Firmen verlieren auch die weltanschauliche Bindung an die Anthroposophie. Von Tegut war in diesem Zusammenhang schon die Rede, und ziemlich unanthroposophisch ist inzwischen auch Hess-Natur, ein Versandhaus ökologischer Kleidung, das der Anthroposoph Heinz Hess gegründet hatte. Nach dem wirtschaftlichen Scheitern wurde die Firma an Neckermann verkauft; für den heutigen Geschäftsführer Wolf Lüdke gehörte die Anthroposophie „vor allem zur Gründungsgeschichte".⁵² Diese Geschichte macht vermutlich deutlich, wie wenig anthroposophisch ein solches Geschäftsmodell ist, wenn es auch ohne die esoterischen Überzeugungen aus der Welt Rudolf Steiners funktioniert.

Hess-Natur liefert vermutlich auch eine von mehreren Antworten auf die Frage, ob anthroposophische Firmen wegen ihrer anthroposophischen Ideale erfolgreich sind. Der Erfolg eines Unternehmens hängt natürlich an einer Vielfalt von Faktoren, und der anthroposophische ist immer nur einer. Er kann mit zu einem Erfolg beitragen, wie bei Alnatura, wo (anthroposophische) Ökonomie und Ökologie auch außerhalb der Anthroposophie im Trend liegen, kann aber auch Teil des Weges in die Krise sein, wie bei Weleda, deren anthroposophische Arzneimittel die ganze Firma in die roten Zahlen gezogen hatten. Häufig spielt für den Erfolg auch eine Rolle, dass man mit der anthroposophischen Brille eine Marktlücke entdeckt, zugleich zahlungskräftige Kunden erreicht und damit natürlich Schichten außerhalb des anthroposophischen Milieus erschließt. dm etwa bietet nicht nur ein preisgünstiges Sortiment an, sondern expandiert auch in einem Markt für höherwertige Produkte, etwa im Bereich von Naturkosmetika und Bioernährung, wo höhere Renditen erwirtschaftet werden. Und am Ende schreckt man auch vor dem Griff in die psychologische Trickkiste des Marketing nicht zurück. Sowohl Alnatura als auch dm umgarnen die Käufer mit dem Kundenbindungsprogramm Payback – auch, sagt man, weil die Kun-

---

47 Ebd., 42.
48 Ebd., 79. 76.
49 Ebd., 91.
50 Ebd., 100. 110.
51 Ebd., 60.
52 Ebd., 158.

Abb. 10: Verkaufsslogan der dm-Drogeriemärkte (September 2018).

den es wollten.⁵³ Letztlich sind diese Mitglieder einer bildungsbürgerlichen, ökologisch verantwortungsbewussten Mittelschicht, diese Lohas, die Mitglieder der Lifestyles of Health and Sustainability, ein Teil des Geschäftserfolgs von dm.

Nochmals: Wie viel Anthroposophie steckt in den Erfolgen anthroposophischer Unternehmen? Vielleicht muss man als erstes sagen: Die Erfolge haben mit Menschen zu tun, die unter Berufung auf Steiner eine andere Ökonomie wollen. Aber dann hängt die positive Bilanz auch an Marktlücken und Käufergruppen, am Marketing und am Einstieg in kapitalistische Strukturen. Und vieles, was als typisches Kind der Anthroposophie erscheint, ist so genuin anthroposophisch nicht, sondern kommt aus dem Umfeld der Alternativbewegung: etwa alternative Nahrungs- und Heilmittel oder flache Hierarchien. Diese Konzepte kann man, muss man aber nicht anthroposophisch begründen. Steiner kann, muss aber nicht zum Geschäftserfolg beitragen.

In der Öffentlichkeit bleiben die anthroposophischen Faktoren oft im Verborgenen. Die meisten anthroposophischen Firmen werben nicht mit unmittelbaren Bezügen auf Rudolf Steiner, sondern präferieren Anthroposophie in einer leichter akzeptablen Gestalt. Diese Version von Anthroposophie light zeigen vielleicht die dm-Märkte am deutlichsten. Sie haben mit dem Motto „Hier bin ich Mensch, hier kaufe ich ein" den Menschen fast dreist mit einer ökonomischen Identität versehen, Konsum im Vordergrund wird von der Anthroposophie im Hintergrund getragen. Aber das helle Licht leuchtet gleich nebenan. Angestellte können das hohe Lob auf dieses Unternehmen singen, weil von

---

53 http://www.faz.net/aktuell/wirtschaft/unternehmen/unternehmer-karriere-wie-alnatura-zum-bio-branchenprimus-wurde-13633062.html?printPagedArticle=true#pageIndex_2 (3.5.2016).

einer guten Entlohnung bis zu relativ hoher Selbstverantwortlichkeit der örtlichen Filialen dm-Märkte dann doch ein wenig anders sind als die Konkurrenz.

Schließlich und endlich sind die anthroposophischen Unternehmen auch insoweit anthroposophisch, als sie bestimmte Organisationsformen bevorzugen. Der interessanteste Aspekt scheint mir der von Steiner beeinflusste Versuch zu sein, den Unternehmen eine Rechtsform zu geben, die sie als Vorhut eines dritten Weges zwischen Kapitalismus und Sozialismus, so Steiners damalige Idee, ausweisen sollen. In der Regel geht es darum, die Unternehmen „dem Kapitalismus" zu entziehen. Viele anthroposophische Unternehmen sind nur Anthroposophen zugänglich oder gehören einer Stiftung. Auch hier einige Beispiele. Weleda ist eine Aktiengesellschaft, deren Aktien man nicht frei handeln kann und bei der die Inhaber Mitglieder der anthroposophischen Gesellschaft sein müssen.[54] Wala gehört seit 1986 einer Stiftung und wird treuhänderisch geführt,[55] Bauck ist im Besitz einer gemeinnützigen Treuhandgesellschaft,[56] und auch bei Stockmar fließen die Gewinne seit 1974 in eine Treuhandstelle,[57] Tegut gehörte der Gründerfamilie Gutberlet zusammen mit der Gutberlet-Familienstiftung, die Software AG Stiftung war Ende 2011 mit knapp einem Drittel der Aktien der größte Einzelaktionär der Software AG,[58] die Firma Mahle gehört zu 99,9 Prozent der Mahle-Stiftung,[59] und auch im Hintergrund von dm steht eine Stiftung.

Zudem sind die Unternehmen häufig in ein anthroposophisches Netz eingeknüpf, in dem sich wohl deutlicher als in den unterschiedlichen Bezugnahmen auf Steiner zeigt, wie eng die „gefühlte" Zusammengehörigkeit sein dürfte. Die Mahle-Stiftung ist Hauptgesellschafterin der anthroposophischen Filderklink,[60] und Thomas Jorberg (GLS-Bank) ist Aufsichtsratsmitglied in vier von fünf Einrichtungen der Hannoverschen Kassen.[61] Wolfgang Gutberlet (Tegut) ist zugleich Mitglied in der Wala-Stiftung,[62] Götz Rehn (Alnatura) war Mitglied im Kuratorium der Software AG Stiftung[63] und saß im Aufsichtsrat von dm.[64] Dahinter stehen manchmal auch verwandtschaftliche Beziehungen wie zwischen Rehn und dem dm-Gründer Götz Werner, seinem Schwager. Die Alanus-Hochschule, wo Rehn in der Stiftung aktiv war,[65] wiederum verlieh ihm den Titel eines Honorar-Professors und die Ehrendoktorwürde,[66] Peter Schnell von der

---

54 Kapitel = Geist, 18.
55 Ebd., 32. 79.
56 Ebd., 105.
57 http://212.79.59.2/download/pressemitteilung_moral.pdf (27.1.2012).
58 http://de.wikipedia.org/wiki/Software_AG (26.1.2012).
59 http://www.mahle.com/MAHLE/en/MAHLE-Group/MAHLE-Foundation (27.1.2012).
60 http://de.wikipedia.org/wiki/Mahle_GmbH#Produktlinien_und_Profit_Center (27.1.2012).
61 http://www.hannoversche-kassen.de/ueber-uns/unternehmensverbund/ (27.1.2012).
62 http://www.viawala.de/archiv/07_2007/gutberlet/index.htm (26.1.2012).
63 http://de.wikipedia.org/wiki/G%C3%B6tz_Rehn (26.1.2012).
64 Ebd.
65 Ebd.
66 http://www.alanus.edu/651.html?&tx_ttnews[tt_news]=139&cHash=14e6782ed6c6c0becbd54a365b5a2079 (26.1.2012).

Software AG ist Ehrendoktor von Witten-Herdecke.[67] In der Alanus-Stiftung sind darüber hinaus weitere Mitglieder anthroposophischer Einrichtungen im Vorstand: 2012 waren dies Helmut Habermehl (Software AG-Stiftung), Alexander Link (Alnatura GmbH) und Michael Lieberoth-Leden (GLS Bank).[68] Schließlich und sicherlich nicht endlich hängt die Zentrale der Anthroposophischen Gesellschaft, das Goetheanum, aufgrund der Eigentumsverhältnisse an der Weleda: Deren Erträge sind schlicht „eine wichtige Einnahmequelle."[69]

---

67 https://idw-online.de/de/news81329 (16.6.2015).
68 http://www.alanus.edu/alanus-hochschule-alanus-stiftung.html (26.1.2012).
69 Kapital = Geist. Pioniere der Nachhaltigkeit: Anthroposophie in Unternehmen. Zwölf Portraits, hg. v. J. Heisterkamp, Frankfurt a.M.: info3 2009, 21.

Waldorfpädagogik

Ich will mit dem Sonnenscheinland beginnen, dass ich selbst betreten habe. Diese meine Waldorfschule liegt am Rande einer großen Stadt, dort, wo der städtische Nahverkehr endet und die Vorgärten der Einfamilienhäuser in Wiesen und ein wenig Wald übergehen. Diese Schule entspricht so gar nicht dem architektonischen Bild, das die meisten Schulbauten präsentieren, diese großen Kästen mit einem schwer lastenden Dach, die (sorry) bunkerartig die Schüler vor der Welt zu schützen scheinen und die mit unrechten Winkeln anzeigen: Hier betreten sie eine alternative Welt.

Meine Schule ist anders. Sie besteht aus einer Reihe von rechtwinkligen Gebäuden, die ein kleines Schuldorf bilden. In einem Haus wird Sprachunterricht erteilt, irgendwie waldorfmäßig. Spannender ist ein anderes Haus, in dem die Schüler und Schülerinnen handwerklich zu arbeiten lernen. Mit Schutzbrillen auf der Nase, ein wenig wie in einem Science-Fiction-Film, stehen einige um den Lehrer, der mit ziemlich professionellen Bohrmaschinen und Trennscheiben Metallbearbeitung einübt. Natürlich sieht man einigen Schülern und Schülerinnen auch an, dass sie sich vorstellen könnten, lieber etwas anderes zu machen, aber die meisten schauen interessiert zu. Die totale Irritation aber überkommt mich in dem Haus, in dem Kunstunterricht stattfindet. 13- bis 15-jährige Jungen und Mädchen malen an Bildern, deren Motive sie sich selbst ausgewählt haben. Einige Jungs fragen mitten in der Unterrichtseinheit, ob sie kurz etwas Fußballspielen gehen können, was sie dürfen – und nach gefühlten zehn Minuten sind sie wieder da. Also im Klartext: Da sitzen schwer pubertierende Jungen und Mädchen friedlich nebeneinander und malen ihre Bilder, ohne den Laden in einem Fach, das „eigentlich" nicht zählt, auseinanderzunehmen. Da verschwinden Jungs beim Kicken nicht auf Nimmerwiedersehen, sondern sind einfach wieder da. Ja, vielleicht ist das anders, wenn kein fremder Zuschauer da ist, aber alles kann man an diesem Szenario nicht erfinden.

Zu meinem Sonnenscheinland gehören auch die Erfahrungen von Schülerinnen und Schülern, die eine ähnliche Richtung weisen. Vielen sind die positiven Seiten im Gedächtnis geblieben: im Grunde wenig Stress, das Gefühl, dass man als Mensch akzeptiert wurde, die Freude an vielen handwerklichen und musischen Praktiken, und die Dankbarkeit, von einer Trichterpädagogik, die gut durch viel ersetzt, verschont geblieben zu sein. Aber im folgenden kommen auch die weniger hellen Seiten zur Sprache, und immer fragt man sich, natürlich, ob die Gewichtung zwischen hell und dunkel stimmt. Zumindest zwei Gründe scheinen mir dafür zu sprechen, mögliche Schwächen durchaus breit darzustellen: An viele Informationen kommt man trotz aller polemischen Web-

Abb. 11: Waldorfschule Bonn-Tannenbusch (Juli 2018).

sites nicht so leicht heran, und mehr noch: Viele, zu viele Akteure in der Waldorfbewegung tendieren dazu, hinter kritischen Anfragen ausschließlich unbelehrbare „Sektenjäger" am Werk zu sehen.

Das Leichteste, was man zur ersten Orientierung über die Waldorfschulen (oder Rudolf Steiner-Schulen, wie sie etwa in der Schweiz oder in Hamburg heißen) sagen kann, ist, dass das Stereotyp, demzufolge bildungsorientierte Eltern aus Mittelschichtmilieus, die für ihre Kinder nur das Beste wollen und denen die öffentliche Schule ein Horror ist, ihren Nachwuchs in eine Waldorfschule schicken, nicht ganz falsch ist. Sie tun dies, weil hier vieles anders ist, denn es gibt keine Notenzeugnisse und kein Sitzenbleiben, gute Voraussetzungen für eine stressfreie Lernbiographie. Und auch dies stimmt: Regelmäßig sollten Theateraufführungen in den „Monatsfeiern" mit dem zugehörigen Musikprogramm stattfinden, so dass die berechtigte Hoffnung besteht, dass Kinder ästhetisch und musisch gefördert werden. Sodann liebt die Waldorfschule ihren Schulgarten und die handwerkliche Betätigung, Basteln steht hoch im Kurs, auf dass neben den kognitiven auch die manuellen Fähigkeiten der Kinder gefördert werden. Schulbücher bleiben den Kindern lange erspart (nicht immer, muss man sagen, glücklicherweise), weil die Lehrer die Vorgaben liefern, mit denen die Kinder ihre Schülerhefte schreiben. Dabei braucht das Kind auf keines der klassischen Fächer zu verzichten, es lernt sogar Fremdsprachen von der ersten Klasse an, und die naturwissenschaftlichen Fächer fehlen nicht. Dazu kommen

Sport und der anthroposophische Tanz, die Eurythmie, um Körper und Seele in Balance zu halten – und selbst waldorffremde Menschen wissen oft, dass die Schülerinnen und Schüler dabei ihren Namen tanzen lernen.

Themenzentrierter und fächerübergreifender „Epochenunterricht" (ein Erbe der herbartianischen Pädagogik des 19. Jahrhunderts) verhindert das Lernen in didaktischen Trümmer-Einheiten von einer Dreiviertelstunde (zumindest in den ersten beiden Stunden an einer Waldorfschule), und über allem wacht ein Klassenlehrer oder eine Klassenlehrerin, die die Schülerinnen und Schüler während ihrer ersten acht Jahre, einem Vater oder eine Mutter gleich, begleiten. Derartige Merkmale finden sich in praktisch allen Schulen, insofern sind Waldorfschulen ein ausgesprochen homogener Schulverband. Bei aller „Individualität" einzelner Schulen haben sie pragmatisch dogmatisierte Wiedererkennungsmerkmale.

Für Lehrer und Eltern und Kinder, die an ihrer Waldorfschule gute Erfahrungen gemacht haben, prallt jede Kritik an diesen Identitätsmarkern ab. Und ja, eine Waldorfschule kann ein Paradies ganzheitlichen Lernens und Lehrens sein. Viele Schüler und Schülerinnen berichten, sie seien vielseitig gefördert worden, gerade hinsichtlich musischen und handwerklichen Seiten. Und immer wieder hört man, dass sie sich als Personen angenommen, als Individuen respektiert fühlten. Namentlich den Projektunterricht, der themenzentriert über Fächergrenzen hinweg arbeitet, behalten viele meist als Lernen mit Spaß in Erinnerung. Irgendetwas von diesem guten Gefühl haben eine Reihe prominenter nichtanthroposophischer Eltern (Mütter?) schon lange gespürt und ihre Kinder auf Steiner-Schulen geschickt: der verstorbene bayerische Ministerpräsident Franz Josef Strauß, Altbundeskanzler Helmut Kohl, der ehemalige Vorsitzende des Zentralrats der Juden, Heinz Galinski, Karl Otto Pöhl, der einmal Präsident der Deutschen Bundesbank war, Silvio Berlusconi, weiland Ministerpräsident Italiens, Peter Daniell Porsche, Sohn von Hans-Peter Porsche und Spross des Porsche-Gründers Ferdinand, oder Katrin Göring-Eckardt, Politikerin der Grünen und von 2009 bis 2013 Präses der Synode der Evangelischen Kirche in Deutschland. So manche Künstler waren Waldorfschüler: Paul Belmondo, Udo Jürgens, Nina Hagen, Arvo Pärt oder HAP Grieshaber.[1] Und viele Ehemalige – vielleicht ist das fast das größte Lob – haben ihre eigenen Kinder wieder auf eine Waldorfschule geschickt, etwa die Hälfte der Eltern.[2] Sie müssen, auch wenn nicht alles eitel Sonnenschein war, am Ende eine positive Bilanz für ihre Sprösslinge gezogen haben.

Damit steht die große Elternfrage im Raum: Soll ich mein Kind auf eine Waldorfschule schicken? Sind es gute oder schlechte Schulen? Die Antwort ist ein klares Jein, scheinbar präziser: Es kommt darauf an. Darauf, über welche Schule wir sprechen und ob die Bedürfnisse eines Kindes gerade zu der Waldorfschule vor Ort passen. Darin steckt eine erste wichtige Feststellung: Bei allen Gemein-

---

1 http://www.diewaldorfs.waldorf.net/list.html (18.6.2015).
2 http://www.waldorf-absolventen.de/rezensionen.html (6.1.2012).

Abb. 12: Parkverbotsschild der Firma Per-Plex mit Anspielung
auf die Waldorfpädagogik (Bonn, September 2018).

samkeiten, die die reformpädagogischen und anthroposophischen Wurzeln der Waldorfpädagogik mit sich bringen, ist jede Waldorfschule anders, Differenzierungstendenz steigend. Es war für mich als Außenstehendem unmöglich, mir ein auch nur annähernd angemessenes Bild von der Waldorfschullandschaft zu machen, zwischen der Corporate Identity und der Vielfalt mit ihren internen Ambivalenzen und den Widersprüchen – schon allein in der deutschsprachigen Waldorfwelt. Dieses Problem haben natürlich auch Eltern, die sich für eine Waldorfschule interessieren. Man zeigt ihnen sicherlich den Schulgarten, kaum aber berichtet man ihnen von den Mühen, demokratische Teilhabe in den traditionell autoritären Strukturen einzurichten. Man mag die Zuneigung einer Lehrerin oder eines Lehrers zu einem Kind spüren, aber in der Regel wird es dauern, bis man merkt, dass dies auch jemand sein kann, die oder der viel zu genau weiß, was für ein Kind gut ist. Man wird vermutlich auf die Schwächen „der Staatsschule", dem alten Feindbild, verweisen, aber hier weht oft mehr Reformgeist als in Waldorfschulen, bei denen man erst im Laufe der Zeit mitbekommt, wo sich eine Schule in der Reformdebatte positioniert, die die Waldorfpädagogik gerade umtreibt und manchmal heftig schüttelt. Erst bei näherem Hinsehen werden sich interessierte Eltern vielleicht fragen, wie man Spannungen bis zur Widersprüchlichkeit deuten soll. Beispielsweise sticht Uniformität bei der Architektur der allermeisten Schulen – wie gesagt, an den fehlenden rechten Winkeln sollt ihr sie erkennen[3] – im Vordergrund, während die Rhetorik der Erziehung auf Individualität gestimmt ist.

---

3 http://www.diewaldorfs.waldorf.net/archiv.htmlÄsthetik (6.1.2012).

Eltern müssen einfach wissen, dass es nicht nur die heile Waldorfwelt in meiner Sonnenscheinschule gibt, sondern auch Probleme, über die im folgenden zu sprechen ist. Dabei wiederum muss klar sein, dass die Schwächen einer Waldorfschule nicht die gesamte Waldorfschulbewegung diskreditieren, ebenso wenig, wie die Stärke einer Schule den Persilschein für eine unbesehen gute Qualität aller Waldorfschulen ausstellt. Spätestens hier wird aus der komplexen eine praktisch überschaubare Situation. Denn wenn es um die Schokoladenseiten von Waldorfschulen geht, lieben Eltern, Waldorfschulen und anthroposophische Funktionäre vor allem den Singular „die Waldorfschule". Freiheit, Selbstbestimmung, Ganzheitlichkeit sind zentrale Begriffe im Stakkato der Lobeshymnen. Sobald es aber an die weniger gut genießbaren Seiten geht, an schlecht ausgebildete Lehrer, Suchtprobleme, Prügelstrafen, rassistisches Gedankengut, weltanschauliche Indoktrination, ist von einzelnen Schulen, Ausnahmen und der Vergangenheit die Rede. Damit steht man mitten in der Kampfzone. Denn viele Waldorf-Geschädigte und -Berufskritiker sehen auch in der Waldorf-Gegenwart nur eine schwarze Pädagogik am Werk, in der Probleme erst dann diskutiert werden, wenn der Druck von außen zu groß wird, in der man mit Kritikern lieber prozessiert als diskutiert und wo man mit stoischer Blindheit Steiners Ideologie für Wissenschaft hält. Derartige Wahrnehmungen produzieren regelmäßig kritische Bücher zur Waldorfpädagogik, die schon alleine deshalb bemerkenswert sind, weil es für keine andere Schulform eine derartige Produktion von Beschwerdeliteratur gibt. Es gibt etwas in der Waldorfwelt, was Eltern zu unterschiedlichen Zeiten und mit der Regelmäßigkeit eines Uhrwerks auf die Palme bringt. Verteidiger der Waldorfwelt hingegen verweisen auf positive Rückmeldungen von Ehemaligen im Dutzend, auf gute Ergebnisse im Rahmen von PISA-Erhebungen, die es in der Logik der Kritiker überhaupt nicht geben dürfte, und haben vermutlich nicht unrecht, wenn sie behaupten, dass oft aus der Mücke ein Elefant gemacht werde. Weil aber alle Diskutanten etwas Richtiges sehen und weil man allerorten auf die Neigung trifft, die subjektive Perspektive für die Wahrheit zu halten, kommt die Analyse der Grauzone und des Sowohl-als-Auch zwischen die ideologischen Mahlsteine der Waldorffreunde und der Waldorfhasser. Die Angelegenheit ist verfahren.

Die umfangreiche Literatur zur Waldorfpädagogik macht die Sache nicht einfacher: Bücher aus der Waldorfbewegung malen ein rosarotes Bild von Selbstbestimmung und Ganzheitlichkeit, wohingegen Bücher von Kritikern – vom Bund der Freien Waldorfschulen auf seiner Webseite sorgfältig verschwiegen –[4] In-

---

4 Dutzende Titel von Literatur aus der Waldorfbewegung findet man auf der Website des Bundes der Freien Waldorfschulen (http://www.waldorfschule.de/medien/literatur/ [14.7.2015]), aber – natürlich?! – fehlt die kritische Literatur. Dort trifft man unter „Leben und Werk Rudolf Steiners" auf eine kleine Bibliothek für eine anthroposophische Jubelfeier, unter „Waldorfpädagogik in der Diskussion" diskutieren Waldörfler einsam unter sich.
Die zentralen Veröffentlichungen nicht-anthroposophischer Wissenschaftler fehlen, etwa Prange, Klaus: Erziehung zur Anthroposophie. Darstellung und Kritik der Waldorfpädagogik, Bad Heilbrunn: Julius Klinkhardt 1987; Skiera, Ehrenhard: Reformpädagogik in Geschichte und

doktrination und esoterische Irrationalität am Werk sehen. Und beide haben Recht. Man muss kein Visionär sein, um zu vermuten, dass man mit einer solchen Ja-aber-sowohl-als-auch-Perspektive gute Chancen hat, zwischen alle Räder zu kommen. Viele Kritiker werden die Darstellung der positiven Seiten als Ausdruck meiner Blindheit sehen und viele Anthroposophen angesichts der Kritik nichts als eine chronique scandaleuse.

Was tun? Vier Dinge sind möglich: 1. Einige Informationen zur Situation ausbreiten, 2. Merkmale von Steiners Pädagogik diskutieren und 3. empirische Untersuchungen einbeziehen. Schließlich werfe ich 4. einen Blick auf die neue Unübersichtlichkeit der Waldorflandschaft, denn in diese festgefügte Welt ist in den letzten Jahren unerwartete Bewegung gekommen.

1. Zur Lage der Waldorfpädagogik

Steiners pädagogische Vorstellungen, die 1919 als Umsetzung der „Dreigliederung" konzipiert waren, sind inzwischen längst aus diesem Schatten herausgetreten und zum erfolgreichsten Praxisfeld der anthroposophischen Bewegungen geworden. Die Zahlen sprechen Bände: Im April 2018 gab es 244 Schulen in Deutschland, wovon etwa 85 Prozent seit den siebziger Jahren entstanden sind.

Gegenwart. Eine kritische Einführung, München: Oldenbourg 2003, 233-267; Zander: Anthroposophie in Deutschland, 1357-1454; Husmann[-Kastein], Jana: Schwarz-Weiß-Symbolik. Dualistische Denktraditionen und die Imagination von „Rasse". Religion – Wissenschaft – Anthroposophie, Bielefeld: transcript 2010, und überhaupt die Veröffentlichungen von Heiner Ullrich, etwa: Waldorfpädagogik und okkulte Weltanschauung. Eine bildungsphilosophische und geistesgeschichtliche Auseinandersetzung mit der Anthroposophie Rudolf Steiners (^{1}1986), Weinheim/München: Juventa ^{3}1991; Waldorfpädagogik. Eine kritische Einführung, Weinheim/Basel: Beltz 2015.

Und natürlich findet sich kein Titel aus dem Feld der Betroffenen und gesellschaftspolitisch Engagierten, etwa: Beckmannshagen, Fritz: Rudolf Steiner und die Waldorfschulen. Eine psychologisch-kritische Studie, Wuppertal: Paul-Hans Sievers 1984; Rudolph, Charlotte: Waldorf-Erziehung. Wege zur Versteinerung, Darmstadt: Luchterhand 1987; Kayser, Martina / Wagemann Paul Albert: Wie frei ist die Waldorfschule. Geschichte und Praxis einer pädagogischen Utopie, Berlin: Christoph Links 1991; Giese, Cornelia (unter dem Pseudonym Juliane Weibring): Die Waldorfschule und ihr religiöser Meister. Waldorfpädagogik aus feministischer und religionskritischer Perspektive, Oberhausen: Athena 1998; Jaocb, Sybille-Christin / Drewes, Detlef: Aus der Waldorfschule geplaudert. Warum die Steiner-Pädagogik keine Alternative ist, Aschaffenburg: Alibri ^{2}2004; Bierl, Peter: Wurzelrassen, Erzengel und Volksgeister. Die Anthroposophie Rudolf Steiners und die Waldorfpädagogik, Hamburg: Konkret-Literatur-Verlag ^{2}2005; Giese, Cornelia: Rudolf Steiner und die Waldorfschule aus feministischer und religionskritischer Perspektive, Herbolzheim: Centaurus-Verlag 2008; Geuenich, Stephan: Die Waldorfpädagogik im 21. Jahrhundert. Eine kritische Diskussion, Berlin: LIT 2009; Wagner, Irene: Rudolf Steiners langer Schatten. Die okkulten Hintergründe von Waldorf und Co, Aschaffenburg: Alibri ^{2}2013.

Eine Öffnung auf die pädagogische Forschung in der Waldorf-Literatur durch eine beginnende Einbeziehung kritischer Perspektiven etwa bei Frielingsdorf, Volker: Waldorfpädagogik in der Erziehungswissenschaft. Ein Überblick, Weinheim/Basel: Beltz Juventa 2012; Waldorfpädagogik kontrovers. Ein Reader, hg. v. V. Frielingsdorf, Weinheim/Basel: Beltz Juventa 2012.

In ihnen wurden 87.000 Schüler unterrichtet, circa 1,04 Prozent der Gesamtschülerzahl (ca. 8,35 Millionen). Dazu kommen 555 Waldorfkindergärten mit einem anthroposophischen Vorschulprogramm („Wir stricken einen Bauernhof"[5]), die in der Regel einer Waldorfschulgründung vorausgehen. Damit sind die Waldorfschulen das am schnellsten wachsende Schulsegment und nach den kirchlichen Schulen der größte nichtstaatliche Schulverband in Deutschland. In internationaler Perspektive hat sich ein ähnlicher Wachstumsprozess vollzogen, mit einem Boom seit den 1970er/80er Jahren.[6] Die quantitative Bilanz ist dabei noch strahlender: Es gab 2018 ca. 1.150 weitere Waldorfschulen weltweit, so dass die deutsche Waldorfschullandschaft zwar das dichteste ist, aber international nur noch ein minoritäres Segment.

Der anhaltende Gründungsboom ist eine Art Abstimmung mit den Füßen für diese Schulform. Und das, obwohl eine Waldorfschulgründung ein teures Unternehmen ist, da bei Neugründungen die Ausgaben in Deutschland vorgestreckt werden müssen, bevor die staatliche Refinanzierung greift – wobei oft anthroposophische Stiftungen aushelfen. Die Initiative geht in aller Regel nicht vom Bund der Freien Waldorfschulen aus, sondern von den Eltern. Diese wissen allerdings oft nicht genau, auf welches pädagogische Programm und welche weltanschaulichen Hintergründe sie sich einlassen. Offenbar sind viele Elterninitiativen, die sich um die Gründung einer Waldorfschule bemühen, mehrheitlich nicht von Anthroposophen getragen. Sie kaufen hoffnungsvoll ein „reformpädagogisches" Packet ein, ohne über die anthroposophischen Inhalte (genau) Bescheid zu wissen. Zusätzlich sprechen für die Gründung einer Schule als Waldorfschule oft ganz praktische Gründe. Die rechtlichen, organisatorischen und finanziellen Probleme einer Schulgründung sind beträchtlich bis gigantisch, und die stemmt eine Elterninitiative so ganz allein oft nicht. In dieser Situation hat der Bund der Freien Waldorfschulen den unschätzbaren Vorteil eines hohen administrativen Wissens, er stellt am schnellsten die „Gründungsberater" bereit, die über das nötige praktische Know-how verfügen. Dass es sich dann um eine weltanschaulich hoch aufgeladene Pädagogik handelt, realisieren viele Eltern erst, wenn der Gründungsprozess unumkehrbar weit fortgeschritten ist oder gar erst, wenn ihre Kinder auf der Schule sind.

Der kleinste gemeinsame Nenner aller Schulen ist der Bezug auf die pädagogischen Vorstellungen Steiners, die natürlich ohne ihre anthroposophischen Hintergründe nicht zu haben sind.[7] Über das Gesamtpaket wacht der Bund der Freien Waldorfschulen in Stuttgart, der inzwischen die Benutzung des Namens „Freie Waldorfschule" monopolisiert und, nachdem er sich die Namensrechte

---

5 Waldorfkindergarten Hamburg-Wilhelmsburg; http://www.waldorfwilhelmsburg.de/front_content.php?idcat=121 (1.6.2016).

6 Vgl. für die USA Gerwin, Douglas / Mitchell, David: Survey of Waldorf Graduates, Wilton (NH): Research Institute for Waldorf Education 2007-2008, 15.

7 Gemeinsames Leitbild der deutschen Waldorfschulen, verabschiedet am 25.10.2009; http://www.waldorfschule.info/upload/bund/leitbild.pdf (6.1.2012).

gesichert hat, auch gerichtliche Auseinandersetzungen nicht scheut.[8] Selbst Puppen, die aussehen wie Waldorf-Puppen (also etwa keine Gesichtszüge haben), dürfen nun nicht mehr ohne Genehmigung den Waldorf-Namen tragen.[9] Intern scheint der „Bund" weitgehend unangefochten, zentrale Funktionen wie die Ausbildung von Lehrern, die Qualitätskontrolle oder der Anspruch auf politische Vertretung machen ja auch politisch Sinn.

Ein wenig liberaler scheint dieser Dachverband in den letzten Jahren geworden. Die Generation der selbstbewusst-autoritären alten Kämpfe geht zu Ende. Stefan Leber, der 1971 in den Vorstand des Bundes kam und die Waldorfwelt markant prägte, starb 2015, Hartwig Schiller ist nicht mehr im Vorstand. Vielleicht gehören zu dieser Entwicklung auch die bitteren Austritte. 2012 verließ die Hibernia-Schule in Herne, berühmt wegen ihrer Orientierung auf nicht-bürgerliche Milieus im Ruhrgebiet, den Bund. Man fand die Beiträge an den Bund (über 100 Euro pro Kind) zu hoch und trug die Vereinbarung über die Zusammenarbeit zwischen Bund und Schulen nicht mit.[10] Herne nennt sich jetzt eine „staatlich genehmigte Gesamtschule und Kolleg eigener Art nach der Pädagogik Rudolf Steiners".[11]

Aber zur Waldorfwelt gehört noch viel mehr als Schulen und Dachverband: rund ein Dutzend Seminarien für Waldorf-Lehrer und noch einmal fast doppelt so viele berufsbegleitende Ausbildungsstätten, dazu Schulärzte, Ehemaligen-Verbände, Waldorf-Kindergärten, die Zeitschrift „Erziehungskunst" und die Waldorf-Stiftung (mit rund 7 Millionen Euro Stiftungsvermögen [2015][12]), aber irgendwie auch die Schulen, die waldorfpädagogisch arbeiten, sich aber nicht (mehr) Waldorfschule nennen dürfen, wie die „Freie Schule Elztal"[13] oder die „Freie Schule Albris" (die sich übrigens gegen eine zeitweilig konkurrierende „richtige" Waldorfschule durchsetzen konnte, die wegen Schülermangels wieder schließen musste).[14]

Die Waldorfschulen verstehen sich in penetranter Abgrenzung von „der Staatsschule", wie man in jeder zweiten Veröffentlichung lesen kann, als „Freie" Waldorfschule. Rechtlich sind sie staatlich anerkannte Ersatzschulen eines

---

8 Bund der Freien Waldorfschulen: Waldorfschulen untersagen NPD Namensmissbrauch; http://www.waldorfschule.info/de/presse/archiv/2007/waldorfschulen-untersagen-npd-namens-missbrauch.html (6.1.2012). Freie Waldorfschule Kempten legt ihren Namen ab, in: Allgäu-Rundschau, 10.10.2008; http://www.all-in.de/nachrichten/allgaeu/rundschau/Rundschau-waldorf-Freie-Waldorfschule-Kempten-legt-ihren-Namen-ab;art2757,407667 (6.1.2012).
9 http://www.puppenwiege.de/Impressumundweblinks/kontakt/index.html (15.5.2008).
10 http://www.erziehungskunst.de/nachrichten/inland/hiberniaschule-in-herne-tritt-aus-dem-bund-der-freien-waldorfschulen-aus/ (15.7.2016).
11 http://www.hiberniaschule.de/ (15.7.2016).
12 http://www.waldorfschule.de/organisation/waldorfstiftung/ (19.6.2015). Gründung 2001; 2012 waren es noch 5,5 Millionen €; http://www.waldorfschule.info/de/presse/pressemitteilungen/herzlichen-glckwunsch-zum-geburtstag-die-waldorf-stiftung-wird-zehn-jahre-alt.html (6.1.1012).
13 http://www.freieschuleelztal.de/wir-sind/geschichte-der-fse/ (19.6.2015).
14 https://de.wikipedia.org/wiki/Freie_Schule_Albris (19.6.2015).

nichtstaatlichen Schulträgers. Ihr antietatistisches Selbstverständnis hält die Waldorfschule in Deutschland allerdings nicht davon ab, sich größtenteils durch staatliche Mittel zu finanzieren. Der Staat trägt in Deutschland zwischen 60 und 80 Prozent der Kosten,[15] und in Baden-Württemberg haben die Waldorfschulen im Juli 2015 erfolgreich einen noch höheren Staatsanteil eingeklagt – eigentlich hatte die klagende Waldorfschule in Nürtingen eine staatliche Vollfinanzierung eingefordert.[16] In Österreich hingegen trägt der staatliche Zuschuss nur 20 Prozent der Ausgaben.[17] In der Schweiz, wo Waldorfschulen nur in drei Kantonen staatlich bezuschusst werden, werden die Konsequenzen des Fehlens dieser staatlichen Hängematte deutlich. Die dort zu beobachtende Schließung von Waldorfschulen in den letzten Jahren (Albisrieden, Chur, Marbach, Neuenborn, Steckborn) sowie derjenigen in Schaan/Liechtenstein hatte auch mit der Finanzierung zu tun. Deshalb erschallt auch in der Schweiz der Ruf nach staatlicher Alimentierung. Fehlende Mittel werden von den Eltern einkommensabhängig getragen, im Ernstfall kann man die Gebühren im Schulgarten abarbeiten; im Durchschnitt dürften das in Deutschland mehrere 100 Euro pro Monat sein, in der Schweiz liegt der Betrag oft gegen 1000 Franken.[18] Diese Finanzierung durch den Staat könnte man meines Erachtens entspannt sehen, denn demokratietheoretisch ist es sinnvoll, dass der Staat im Rahmen eines Subsidiaritätsprinzips gesellschaftliche Gruppen finanziert – nur sollte man den Goldesel, von dessen Dukaten man lebt, nicht so reflexartig schlagen.

2. Merkmale von Steiners Pädagogik

Waldorfschulen haben, wie skizziert, eine Menge struktureller Eigenheiten. Das sind solche, die sich durchgängig in Waldorfschulen finden und den Markennamen „Waldorfschule" ausmachen, obwohl jede, wie gesagt, „irgendwie" ein wenig anders ist. Ihre Grundlagen liegen in den Vorstellungen Steiners, seine Vorstellungen sind der Minimalkonsens, der den Ausgangspunkt und die Grundlage des visionären Versprechens einer alternativen anthroposophischen Schule bietet. In Wirklichkeit sind die Dinge ein gutes Stück komplizierter, weil die Waldorfschulen bei Steiners Tod ein Projekt „in progress" waren und viele Dimensionen, etwa die Lehrpläne, insbesondere für die höheren Klassen, erst nach Steiners Tod ausgearbeitet wurden. Das, was in diesem Prozess als Waldorf-Identität entstand, ist so oft beschrieben worden, dass das Stakkato einiger Positionen, die zudem schon kurz angetönt wurden, an dieser Stelle reicht:

---

15 In Baden-Württemberg etwa sind es 74 %; http://www.lehrerverband.de/waldorfrez.htm (21.1.2009).
16 http://www.stuttgarter-zeitung.de/inhalt.staatsgerichtshof-verlangt-nachbesserungen-privatschulen-erringen-teilsieg-vor-gericht.094120ce-e448-43fd-a070-4429e283dcaf.html (7.7.2015).
17 http://www.waldorf.at/schulen/finanzen.htm (11.1.2012).
18 http://www.weltwoche.ch/ausgaben/2001-48/artikel-2001-48-rechnen-ungenueg.html (11.1.2012).

- Eine Waldorfschule ist eine Einheitsschule, das heißt nicht zuletzt, ohne Unterteilung der Schülerinnen und Schüler in Leistungsklassen. Eine Unterscheidung in Haupt-, Real- und Gymnasialschüler gibt es nicht.
- Sitzenbleiben: entfällt.
- Eine zentrale Position nimmt der Klassenlehrer oder die Klassenlehrerin ein, die eine Klasse in den ersten acht Jahren führen soll.
- Zensurenzeugnisse soll es nicht geben, an deren Stelle treten psychologisierende Berichte.
- Waldorfschulen praktizieren Koedukation, eine Trennung von Jungen und Mädchen findet nicht statt.
- Fremdsprachen gibt es von der ersten Klasse an – seit 1919.
- Handwerkliche und künstlerische (Musik, Theater) Unterrichtseinheiten sowie „Eurythmie" (der anthroposophische Tanz) als Pflichtfach sind „normale" Fächer.
- Der „anschauende" Unterricht, der in der Ordnung und der Schönheit der Natur das Geistige sichtbar machen soll, durchdringt viele Praktiken – von der Arbeit im Schulgarten bis zum Experiment im Physikunterricht.
- Dazu kommen Vorstellungen, in denen sich Steiners Esoterik und die Pädagogik des 19. Jahrhunderts mischen: eine Anthropologie der „Körperglieder" (die Unterscheidung von materiellem Leib, Ätherleib, Astralleib, Ich und anderen Gliedern), Reinkarnation, Unterscheidung von Menschen nach dem antiken Charakterschema (Choleriker, Melancholiker, Phlegmatiker, Sanguiniker), die Annahme einer Entwicklung in Sieben-Jahres-Schritten, Epochenunterricht, der Lehrer als Eingeweihter.

Aber so viel diese Liste auch zur Orientierung hilft, so viel verunklärt sie auch. Was kommt von diesen Dimensionen in welcher Schule und bei welcher Lehrerin eigentlich heute noch an? Wie verhält sich dieser Standardkatalog zu den aktuellen Diskussionen um die Reform der Waldorfschule? Und immer wieder: wieviel Anthroposophie, wie viel Esoterik findet sich auch hinter den reformpädagogischen Dimensionen der Steinerschen Pädagogik? Wie also muss man diese Liste von Merkmalen sortieren?

Zuerst: Waldorfschulen sind Weltanschauungsschulen. Viele Waldorfpädagogen und Waldörfler, vielleicht sogar die meisten, fühlen sich mit einer solchen Aussage zutiefst und möglicherweise böswillig missverstanden. Dabei berufen sie sich auf Steiner,[19] der im Rahmen der Gründung der ersten Waldorfschule festgelegt hatte: „Die Waldorfschule soll keine Weltanschauungsschule sein, in der wir die Kinder möglichst mit anthroposophischen Dogmen vollstopfen."[20] Damit meinte er wohl, Anthroposophie solle nicht so ähnlich wie Religion ge-

---

19 Zander: Anthroposophie in Deutschland, 1439-1443.
20 Steiner, Rudolf: Allgemeine Menschenkunde als Grundlage der Pädagogik. Ein Vortragszyklus gehalten in Stuttgart vom 21. August bis 5. September 1919 anlässlich der Gründung der Freien Waldorfschule (Gesamtausgabe, Bd. 293), Dornach: Rudolf Steiner-Verlag 1980, 15.

lehrt werden. Dass das nicht den Verzicht auf anthroposophisches Gedankengut nach sich ziehen sollte, machte er den Lehrern deutlich: „Man muss sich bemühen, möglichst ohne dass man theoretisch Anthroposophie lehrt, sie so hineinzubringen, dass sie darinnensteckt" und versuchen, sie „organisch in den Unterricht hineinzubringen".[21] Das ist ein Widerspruch, war aber von Steiner so nicht gemeint. Anthroposophie sollte ein Menschenbild und die methodische Grundlage liefern, und dies war für ihn eine Dimension jenseits der inhaltlich-weltanschaulichen Grundlage. Aber natürlich ist seine Anthropologie keine weltanschauungsfreie Zone. Die Lehre, dass sich das Leben in Sieben-Jahres-Schritten vollziehe oder der Glaube an Reinkarnation und Karma, Äther- und Astralleiber, all das sind harte weltanschauliche Lehren, und dann war von anderen anthroposophisch geprägten Inhalten noch gar nicht die Rede: Eurythmie als geistiger Tanz, Lehrer als Priester, die Entwicklung des Kindes parallel zu Menschheitsepochen, der fiktionale Kontinent Atlantis als Unterrichtsgegenstand ... – all das sind keine neutralen Vorgaben, sondern ist in die Wolle gefärbtes anthroposophisches Gedankengut, das großenteils letztlich von der theosophischen Mutter kommt. Deshalb darf man sagen, dass das esoterische Denken Steiners eine zentrale Dimension der Waldorfpädagogik ist.[22]

Aber das anthroposophische Fundament reicht noch viel tiefer. Wenn Steiner und, mein Eindruck, praktisch alle überzeugten Waldorfpädagogen, der Überzeugung sind, dass der Mensch ein geistiges Wesen sei, liegt darin ein tiefer anthroposophischer Glaube – den man gut finden mag oder auch nicht. Man könnte von einem milde pantheisierenden Goetheanismus sprechen. Und so antwortete eine Waldorflehrerin auf die Frage, wo man die Spuren Steiners in ihrem Unterricht finde, „nirgendwo' ... und: ‚überall'. Es komme darauf an, was man von der Waldorfpädagogik wisse".[23] Dieses „überall" kann man ganzheitlich interpretieren, aber auch, so der Fachmann für Reformpädagogik Ehrenhard Skiera, als „weltanschaulichen Totalitarismus".[24] Aber weil die weltanschauliche Bindung für viele Waldorflehrer so selbstverständlich ist, sind sie konsequenterweise der Meinung, dass die Reduktion der Waldorfschule auf eine stressfreie, musische, handwerkliche, ganzheitliche Schulzeit, die so großartig sein kann und die viele anthroposophieferne Eltern so schätzen, das Herz der Waldorfpädagogik verkenne. Zugleich jedoch haben sich andere Waldorflehrer dagegen gewehrt, ihre Schule als Weltanschauungsschule zu verstehen. Am konsequentesten agiert dagegen Jost Schieren von der Hochschule in Alfter; seine radikale Position ist ein Thema für den Blick auf die Veränderungen am Schluss dieses Kapitels.

---

21 Steiner, Rudolf: Konferenzen mit den Lehrern der Freien Waldorfschule 1919 bis 1924, Bd. 1 (Gesamtausgabe, Bd. 300a), Dornach: Rudolf Steiner-Verlag 1975, 156.
22 Ullrich, Heiner: Waldorfpädagogik und okkulte Weltanschauung. Eine bildungsphilosophische und geistesgeschichtliche Auseinandersetzung mit der Anthroposophie Rudolf Steiners (¹1986), Weinheim/München ³1991; Zander: Anthroposophie in Deutschland, 1403 ff.
23 http://www.zeit.de/2011/08/Waldorfpaedagogik/seite-2 (24.6.2015).
24 Skiera: Reformpädagogik, 263.

In der Außenperspektive ist die Weltanschaulichkeit der Waldorfschulen ohnehin klar. Dies macht exemplarisch die Frage deutlich, ob der Staat Eltern zwingen könnte, sein Kind auf die anthroposophisch ausgerichtete pädagogische Anstalt zu schicken. In der Schweiz hat man diese Frage im Blick auf die heilpädagogische anthroposophische Michaelsschule in Winterthur durchbuchstabiert. 2007 stellte ein Gericht fest, dass der Kanton Zürich die Kosten tragen muss, wenn Eltern ihren Nachwuchs nicht auf die nahegelegene Michaelsschule schicken wollen, da ein behördlich verordneter Besuch gegen die Glaubens- und Gewissensfreiheit verstoße.[25] Im übrigen ist eine weltanschauliche Prägung pädagogisch kein grundlegendes Problem: Es gibt keine nicht-normative Pädagogik, jede Lehrerin hat ein Menschenbild, jede Schule ein Erziehungsideal, die Schule ist kein weltanschauungsfreier Raum – man muss es nur in aller Konsequenz offenlegen.

Aber die weltanschauliche Prägung umfasst mehr als die expliziten anthroposophischen Vorstellungen in den Köpfen überzeugter anthroposophischer Lehrerinnen und Lehrer und Eltern. Waldorfschulen tendieren dazu, Menschen mit ähnlichen Ideen aus alternativkulturellen Welten anzuziehen. Das liegt auf der Hand, denn hinter Kindern auf Waldorfschulen stecken natürlich Elternentscheidungen. Aber mit harten Fakten lässt sich das momentan schwer unterlegen – mit einer Ausnahme: hinsichtlich der Masern. Das ist natürlich prima vista kein pädagogisches Thema, aber gerade deshalb ein interessanter Indikator. Denn Waldorfschulen sind mit einer gewissen Regelmäßigkeit Ausgangspunkt von Masernepidemien, was auch daran liegt, dass die anthroposophische Medizin impfkritische Haltungen gegenüber Masern stützt. Aber die Impfrate läge an vielen Waldorfschulen nicht so niedrig, wenn sie nicht auf eine Elternschaft träfe, in der viele eine ähnliche Auffassung besitzen oder dafür offen sind.

Mit diesen weltanschaulichen Implikationen befindet man sich mitten in einer Debatte unter Anthroposophen. Auf der einen Seite stehen die Verteidiger der (theoretisch) weltanschaulich neutralen Waldorfschule, wie etwa der Waldorflehrer Georg Kniebe: „Die Schüler bleiben von der Anthroposophie selbst unberührt, auch von der anthroposophischen Menschenkunde, welche den Hintergrund der pädagogischen Theorie bildet".[26] Ähnlich agierte die „Freie Interkulturelle Waldorfschule Mannheim". Sie war so frei, auf ihrer Website im Bereich der Selbstpräsentation weder den Namen Steiners noch den Begriff Anthroposophie zu nennen.[27] Stattdessen findet sich folgende Aussage: Man benö-

---

25 Fischer, Andreas / Schoch, Thomas: Nicht neutral, in: Das Goetheanum, 86/2007, H. 4, 20.
26 Kniebe, Georg: Ein konzentrierter Versuch, Eltern von der Waldorfschule abzubringen, in: Im Vorfeld des Dialogs. Erwiderung der Waldorfschulen auf kritische Darstellungen von kirchlicher Seite über Anthroposophie und Waldorfpädagogik, hg. v. G. Altehage, Stuttgart: Freies Geistesleben 1992, 40-53, S. 41; eine ähnliche Argumentation in: Erziehungskunst, 67/2003, 1217-1244.
27 Dies hat sich in den letzten Jahren nicht geändert: http://www.fiw-mannheim.de (4.4.2008); http://fiw-mannheim.de/unsere-schule/archiv.html (5.1.2012); http://www.fiw-mannheim.de/index.php?id=13 (20.6.2015).

tige „eine Pädagogik, die vollkommen kulturunabhängig ist. Diese finden wir in der auf eine Allgemeine Menschenkunde gegründeten Waldorfpädagogik, die das sich allgemein im Menschen Entwickelnde hinter allen kulturellen Differenzen sieht und berücksichtigt."[28] Waldorfpädagogik = Allgemeine Menschenkunde = kulturunabhängig? Da muss man schon wissen, dass „Allgemeine Menschenkunde als Grundlage der Pädagogik" der Titel eines grundlegenden Vortragszyklus Rudolf Steiners vom Herbst 1919 ist und in dem scheinbar neutralen Titel mit allgemein menschlichem Anspruch fromme Anthroposophie steckt. Aber zugleich gilt hier einmal mehr, dass der Blick auf *eine* Schule keine Blaupause für andere Schulen bereitstellt. Sehr viel ehrlicher ist beispielsweise die Waldorfschule Hangelar (bei Siegburg): „Die Pädagogik an unserer Schule basiert auf den menschenkundlichen Erkenntnissen und der anthroposophischen, christlich geprägten Geisteswissenschaft Rudolf Steiners."[29] Hier erfährt man offen, dass es um Anthroposophie, Steiner und sein Christentum geht und eine Waldorfschule kein transkulturelles Utopia ist. Dass Steiners Christentum im übrigen nur recht begrenzt etwas mit dem zu tun hat, was in der christlichen Ökumene geglaubt wird, ist eine andere Sache.

Zu den weltanschaulichen Grundlagen gehört auch ein Thema, das ausgesprochen bitter ist und kontrovers diskutiert wird, die rassentheoretischen Vorstellungen in Steiners Werk und in der Waldorfpädagogik. Ich gehe davon aus, dass Waldorflehrerinnen und -lehrer in aller Regel keine rassistischen Vorstellungen haben, und doch ist das Thema unvermeidbar, aus drei Gründen: Zum einen, weil es bei dem Thema Rassismus nicht nur um einzelne Äußerungen Steiners geht, sondern um die dahinterstehende evolutionäre Weltanschauung. Also: Es geht vordergründig um die Frage, wie man mit Äußerungen umzugehen hat, dass es „degenerierte" und „künftige" Rassen und „Wurzelrassen" und andere Rassen gebe. Aber dahinter steht das viel größere Problem, dass diese Rassen Teil eines evolutionären Weltbildes sind, das die Anthroposophie zuinnerst prägt: von der Evolution des Kosmos über die Evolution der Menschheit und ihrer Rassen bis zur Evolution des Menschen. Diese Matrix findet sich auch in der Waldorfpädagogik, etwa im Konzept der Kulturstufen, demzufolge Kulturen nicht nur unterschiedlich, sondern Teil einer Evolutionsgeschichte ist. Dies lernen Schüler während ihrer Schulzeit. Beispielsweise sollen junge Schüler diesem Konzept zufolge das antike Griechenland und später die Zeit des Nibelungenliedes durchleben und in ihrer Pubertät in der Zeit um 1800 angekommen sein. Zum anderen gab und gibt es immer wieder Lehrer, die dem rechtsradikalen Milieu und dessen rassistischen Vorstellungen zuzurechnen sind, dazu kommen Eltern mit diesem Hintergrund; die vielen Fälle sind schon irritierend – und die Reaktionen irgendetwas zwischen überkorrekt und brachial. Drittens schließlich tut sich der Bund der Freien Waldorfschulen schwer damit, dieses Kapitel souverän zu schließen. Er hoffte, 2007 in der „Stuttgarter Erklärung" mit

---

28 Ebd.
29 https://www.waldorfschule-sankt-augustin.de/ueber-uns/leitbild/index.html (20.6.2015).

dem Eingeständnis „vereinzelter Formulierungen im Gesamtwerk Rudolf Steiners" die Kuh vom Eis zu bringen – aber damit löst man das Problem von Steiners kulturellen Hierarchisierungen als Fundament seiner Evolutionstheorie nicht.

Wie das Verhältnis von Rassismus und Realität in Waldorfschulen „wirklich" aussieht, ist damit noch nicht gesagt, und eine solche Aussage hätte einmal mehr große Unterschiede unter Waldorfschulen in Betracht zu ziehen. Man muss davon ausgehen, dass es offene Schulen gibt, und andere, in deren Mauern weiterhin Steiners Evolutionsdenken mit all seinen rassistischen Folgen nistet. Und was das dann für den Umgang mit Menschen unterschiedlicher ethnischer Herkunft in der Praxis bedeutet, ist ebensowenig vorentschieden. Immerhin publizierte die Hannoveraner Kriminologe Christian Pfeiffer im Juli 2007 Daten, wonach es eine „extrem niedrige Ausländerfeindlichkeit ... an Waldorfschulen" gebe. Allerdings hat diese Aussage ihre Tücken, denn der Ausländeranteil an Waldorfschulen ist sehr viel niedriger als an vielen staatlichen Schulen, so dass sich das Problem der Ausländerfeindlichkeit schon von der Schülerschaft her anders stellt.[30] Gleichwohl dürften diese Zahlen ein Indikator sein, dass Steiners Rassismen in ihrer Schärfe in den Waldorfschulen nicht ankommen. Und auch die 2003 gegründete „Freie Interkulturelle Waldorfschule Mannheim" lässt sich als Anstrengung lesen, aus diesem Schatten Steiners herauszutreten. Letztlich können viele Waldorflehrer die ganze Rassismusdebatte nicht mehr hören, weder Steiners rassistische Aussagen und die verqueren Rettungsversuche aus ihrer Führungsetage, weil dann niemand mehr zuhört, wenn Sie von ihrer Vision einer alternativen Schule sprechen.

Wo wir schon bei den unangenehmen Dingen sind, sei ein letzter Punkt angesprochen. Eltern, die meinen, Steiner sei ein spätes Produkt einer liberalen Reformpädagogik, die das Korsett obrigkeitsstaatlicher Erziehung aufgebrochen habe, irren, zumindest in einem Punkt: Steiners Waldorfpädagogik ist alles andere als liberal, sie ist im Kern ausgesprochen autoritär. Denn stressfrei bedeutet in der Waldorfpädagogik nicht antiautoritär, im Gegenteil. Steiners verstand sich als starker Lehrer. So wie er in der Esoterischen Schule der Hellsichtige, der Initiierte, „der Lehrer" war, so blieb er es auch in der Waldorfschule. Seine pädagogische Konzeption ist von dem Anspruch geprägt, dass Eingeweihte mit ihrem übersinnlichen Wissen über nicht demokratisierbare Erkenntnis verfügen.[31] Dies ist des Pudels Kern. Und deshalb konzipierte er den Klassenlehrer als Priester, deshalb wollte er, dass Lehrer Mitglied in der ersten Klasse der Esoterischen Schule sein sollten,[32] und deshalb hatte der Waldorfpädagoge Georg Kniebe

---

30 http://www.waldorfschule-hessen.de/fileadmin/PDFs/Forschung/Pfeiffer_Folien_Waldorfschulen.pdf (11.1.2012).
31 Zander: Anthroposophie in Deutschland, 1417-1419.
32 Steiner, Rudolf: Die Konstitution der Allgemeinen Anthroposophischen Gesellschaft und der Freien Hochschule für Geisteswissenschaft. Der Wiederaufbau des Goetheanum 1924-1925. Aufsätze und Mitteilungen, Vorträge und Ansprachen, Dokumente, Januar 1924 bis März 1925 (Gesamtausgabe, Bd. 260a), Dornach: Rudolf Steiner-Verlag 1966, 132.

noch 1992 „den zelebrierenden Priester-Lehrer vor Augen",[33] wenn er einen Pädagogen Kinder erziehen sah. Von dieser Grundlage erhält die ohnehin starke Rolle des Klassenlehrers oder der Klassenlehrerin ihr Übergewicht. Sie sind eben nicht bloß Lehrer, nicht bloße Schul-Väter oder -Mütter, sondern, zumindest in Steiners Ideal, eingeweihte Führer der ihnen anvertrauten Kinder. Und deshalb war von alldem, was in der Reformpädagogik um 1900 an partizipativer Schule praktiziert werden konnte, in Steiners Konzeption nichts zu sehen. Zugespitzt kann man sagen: Die Waldorfschule ist keine Erziehung vom Kinde aus, wie sie Ellen Key im Jahr 1900 über das Jahrhundert einer neuen Erziehung ausrief, sondern Unterricht vom Lehrer aus.

Eine Konsequenz des autoritären Ansatzes ist die hierarchische Schulstruktur. Eine Schülermitverwaltung hatte Steiner, anders als viele Reformschulen seiner Zeit, die vom Schülergericht bis zum Schülerparlament neue Mitbestimmungsformen erprobten, schlicht nicht vorgesehen. Auch eine pädagogische Elternverantwortung fehlte. Eltern waren und sind oft bis heute für viele praktische Dinge vorgesehen, von der Finanzierung über die Organisation von Festen bis zur Öffentlichkeitsarbeit, aber nicht für den Kernbereich des Elternrechts, für die Erziehung ihrer Kinder. Die Dramatik des Konfliktes zwischen vielen Lehrern und Eltern, die sich in der Waldorfschule engagieren wollten und unversehens auf deren autoritäres Gerüst stießen, hat 2007 der Anthroposoph Holger Niederhauser im „Goetheanum" ex negativo bestätigt: Die „über Jahrzehnte gewachsenen Ansicht, für das Geistesleben oder auch nur für die pädagogischen Fragen seien allein die Lehrer verantwortlich",[34] sei (jetzt) als falsch anzusehen. Doch bis heute tun sich Waldorfschulen mit diesem Bereich schwer. Auf der Website der Waldorfschule Siegen heißt es lapidar: „Über die Formen der Elternmitwirkung besteht an den Waldorfschulen bisher kein Konsens. Unbestritten ist die Notwendigkeit der pädagogischen Autonomie des Lehrerkollegiums".[35] Beim Thema „Partizipation" ist unten nochmals von diesem Problem zu sprechen.

Konsequenterweise zieht sich das Autoritätsproblem bis in die interne Organisation der Lehrerschaft hinein. Zu Steiners Lebzeiten war die Sache noch relativ einfach, die hoch engagierten Lehrerinnen und Lehrer klebten zumeist an seinen Lippen. Wer heute die Debatten der Lehrerkonferenzen zu Steiners Lebzeiten liest,[36] erhält den Eindruck, dass man ihn wie einen Antwortautomaten benutzte. Aber, und hier wird es wieder kompliziert, natürlich finden sich in Steiners Werk auch Ansatzpunkte, die Rolle der Lehrerschaft ganz anders zu lesen. Er hatte ihr ja selbst eine esoterische Kompetenz als Eingeweihten zugeschrieben, vor allem aber hatte er manchmal von einer kollegialen Schulleitung gesprochen, in der kein Direktor herrschen, sondern eine „Lehrerrepublik", wie

---

33 Kniebe: Ein konzentrierter Versuch, Eltern von der Waldorfschule abzubringen, 42.
34 http://www.holger-niederhausen.de/index.php?id=171 (22.4.2016).
35 http://www.waldorfschule-siegen.de/?page_id=54 (23.6.2015).
36 Steiner: Konferenzen mit den Lehrern der Freien Waldorfschule.

er an vereinzelten Stellen sagte, existieren sollte.[37] Aber schon in der Gründungsphase kam in der Praxis alles anders, es gab einen Direktor, der bis in die Details des Schulalltags, vom Umgang mit Linkshändern über den Unterricht über den Artus-Stoff und leichte Prügelstrafen bis hin zur Einstellung von Lehrern das letzte Wort hatte: Rudolf Steiner. Das ist das eine Problem.

Das andere ist die Realität der egalitären „Lehrerrepublik". Sie hätte sich nach Steiners Tod in der Schulkonferenz verwirklichen sollen. Aber deren Realität sieht bis heute fast immer ganz unegalitär aus. Das Dilemma beginnt mit der Trennung in die allgemeine und in die engere Konferenz, nur in letzterer wird üblicherweise über die entscheidenden pädagogischen und schulpolitischen Machtfragen, über Personal- und Finanzangelegenheiten, entschieden. Darüber hinaus waren die Konferenzen in der Regel kein Hort gleichberechtigter Entscheidungsfindung. Einzelne oder kleine Gruppen konnten unter dem Deckmantel der „Lehrerrepublik" die Macht übernehmen, weil sich in diesen Konferenzen nicht nur die Engagierten, sondern auch die Machtbesessenen durchsetzen können; weil über faktische Machtstrukturen oft nicht gesprochen wurde, da es sie nicht geben darf; weil ungeregelte Machtstrukturen nicht die Durchsetzung gemeinschaftlicher, sondern partikularer Interessen erleichtern; weil letztlich – so der jahrelang als Vorstand der Waldorf-Schülervertretung amtierende Valentin Hacken – hier die Spitze ein schulinternen „Parallelgesellschaft" Macht verwaltet.[38] Letztlich entschied man nicht republikanisch, sondern hierarchisch. Dazu traten weitere Optionen, Machtbastionen auszubauen. Mehrfachmitgliedschaften in verschiedenen Gremien waren etwa ein beliebtes Mittel der Positionsstärkung. Vermutlich wird diese soziologische Normalität der Ungleichheit durch einen anthroposophischen Faktor verschärft. Der Anspruch auf höhere Erkenntnis schafft im Prinzip nicht verhandelbare Positionen. Im Schulalltag führte die durch diese Faktoren etablierte, aber verdeckte Hierarchie jedenfalls vielfach zu besonders harten, weil unsichtbaren Machtstrukturen, die das kollegiale Miteinander zur Fassade werden lassen können, so der Waldorflehrer Michael Heidekorn 2007: „In ihrer Gesamtheit bilden sie [die Lehrerinnen und Lehrer] kein Team, sondern ein maliziöses Konglomerat von Einzel- und Minigruppeninteressen, das pures Gift ausschwitzt", fasste er seine Erfahrungen zusammen. Der Anspruch auf eine „Lehrerrepublik" konnte und kann in sein Gegenteil umschlagen.

Wer auf die Problemfelder dieser autoritären Theorie stoßen will und wer auf der Suche nach der schwarzen Geschichte der Waldorfpädagogik ist, wird leicht fündig: Ehemalige Waldorfschüler berichten nicht nur von musischen und handwerklichen Freiheiten, sondern auch vom erzieherischen Durchgriff. Jan von Rennenkampff, heute Schauspieler und Dramaturg, verspürte als Waldorfschüler dort, wo andere eine ganzheitliche Förderung sahen, nur „Druck!". „Man musste es genauso zeichnen oder modellieren, wie es der Lehrer vormachte." Von „freier Entfaltung" keine Spur, die „gibt es gerade nicht! Man darf nicht Fuss-

---

37 Ebd., 86; s. auch Zander: Anthroposophie in Deutschland, 1399f.
38 https://waldorfblog.wordpress.com/2014/03/25/hacken/ (19.12.2017).

ball spielen, keine Comics zeichnen. Dafür muss man Eurythmie machen." Für ihn trägt die Steiner-Schule Schuld an der Tatsache, dass er keine Reifeprüfung abgelegt hat.[39] Oder: Wer nach der Anwendung von Körperstrafen fahndet, muss nicht lange suchen. Steiner hielt es durchaus für durchaus angebracht, wenn man ein „bißchen prügelt"[40] (aber das war eben der Geist der Zeit). Diese Elemente autoritärer Pädagogik endeten sicher nicht mit Steiners Tod,[41] Beispiele aus der Gegenwart finden sich leicht. So wurden in einer Kita in Krefeld, so der Vorwurf, vor 2012 Kinder körperlich gezüchtigt, zur Strafe in einen dunklen Keller geschickt oder mussten auf den Tisch stehend um Vergebung bitten.[42] In dieses Feld gerät man auch, wenn man sich in Behinderteneinrichtungen der anthroposophischen Heilpädagogik umsieht. Aber man kann dem natürlich auch jederzeit eine positive Bewertung entgegensetzen, etwa: „Unsere 11jährige Tochter besucht nach der Grundschulzeit nun seit 2 Jahren eine Waldorfschule. Früher ein total verschüchtertes Kind, ist dort richtig aufgeblüht. Auch wir als Eltern fühlen uns in dieser Gemeinschaft sehr wohl – wir sind weder öko, noch religiös angehaucht."[43]

Auch die Missbrauchsdebatte, das Problem pädophiler Pädagoginnen und Pädagogen, ist an Waldorf nicht vorbeigezogen. Da gibt es einen Münchener Lehrer, der wegen des Missbrauchs von 10- bis 11jährigen Jungs für fünf Jahre ins Gefängnis musste (ermittelt: 2013),[44] eine Pädagogin der genannten Waldorf-Kita in Krefeld, die sich Jungs sexuell vergangen haben soll (ermittelt: 2013),[45] einen Berliner Waldorflehrer, der auf Klassenfahrten jungen Mädchen nahetrat (und erst nachdem die Stieftochter Anzeige erstattet hatte, entlassen wurde) (ermittelt: 2012)[46] – die Liste wurde lang und länger, als man die Augen vor diesen Übergriffen nicht mehr verschließen konnte. Das ist evidenterweise kein Sonderproblem der Waldorfschulen, vielmehr sie sind Abbild gesellschaftlicher Probleme.

---

39 http://www.nzz.ch/nachrichten/hintergrund/wissenschaft/werkstatt_fuer_persoenlichkeit_1.9184987.html (6.1.2012).
40 Steiner: Konferenzen mit den Lehrern der Freien Waldorfschule, 83.
41 https://waldorfblog.wordpress.com/2009/08/30/steiner-und-die-prugelstrafe/ (22.4.2016).
42 http://www.rp-online.de/nrw/staedte/krefeld/vorwurf-missbrauch-in-waldorf-kita-aid-1.3123298 (12.5.2017).
43 http://bfriends.brigitte.de/foren/erziehung/50727-waldorfschule-erfahrungen-bitte.html (24.6.2015).
44 http://www.abendzeitung-muenchen.de/inhalt.an-muenchner-waldorfschule-lehrer-missbrauchte-schueler-fuenfeinhalb-jahre-haft.d0b0a52c-8d5f-48dd-b7ae-f1c9fd6329eb.html (12.5.2017).
45 http://www.rp-online.de/nrw/staedte/krefeld/vorwurf-missbrauch-in-waldorf-kita-aid-1.312 3298 (12.5.2017).
46 https://www.welt.de/vermischtes/weltgeschehen/article13869569/Missbrauchsverdacht-erschuettert-Waldorfschule.html (12.5.2017).

3. Empirie

Beispiele bleiben Beispiele, sind immer illustrativ und nur vielleicht repräsentativ. Die klassische Möglichkeit, diesem Dilemma zu entkommen, sind empirische Erhebungen. Die gab es lange Zeit überhaupt nicht, Waldorfschulen waren eine verschlossene Welt, unzugänglich für die soziologische Wahrnehmung. Doch seit einigen Jahren liegen Untersuchungen vor, aber sie tragen eine anthroposophische Absenderangabe und stammen vor allem von Dirk Randoll, Professor für Empirische Sozialforschung an der anthroposophischen Alanus-Hochschule in Alfter und Projektleiter bei der Software AG-Stiftung. Wenn man sich auf solche Ergebnisse beruft, ist die allererste Frage, ob man nicht den Bock zum Gärtner gemacht hat und sich die anthroposophische Schulwelt nur selbst vernebelt. Und in der Tat wird der Verdacht interessegeleiteter Forschung genährt, wenn man sich die Websites von Waldorfschulen ansieht. Sobald es um die guten Seiten der Waldorfpädagogik geht, beruft man sich gerne auf den Professor Randoll als Gewährsmann. Aber es ist selbstredend unangemessen, aufgrund einer solchen Vereinnahmung nicht in Randolls Publikationen zu schauen. Ein wichtiges Argument, seine Veröffentlichungen ernstzunehmen, ist für mich, dass es sich bei ihnen nicht um Persilscheinmaschinen handelt. Natürlich erfährt man bei Randoll etwas über die Stärken von Waldorfschulen, aber eben auch, und das ist entscheidend, etwas über ihre Schwächen – und das nicht zu knapp. Und in wissenschaftlicher Hinsicht sind die Dinge nochmals komplizierter. Jedes Ergebnis einer empirischen Untersuchung lebt von komplexen Voraussetzungen, die bei der Fragestellung beginnen, mit der Auswahl der Stichprobe eine wichtige Entscheidung beinhalten und bei der Formulierung der Auswertung enden. Aber ich habe den Eindruck, dass Dirk Randoll wirklich wissen will, wie die Waldorf-Realität aussieht.

Randoll sieht, dass die Waldorfpädagogik die Empirisierung in der Pädagogik nicht mitvollzogen hat und fordert vehement den Anschluss an die universitäre Reflexion.[47] In der Tat, die Waldorf-Pädagogik war idealistisch ausgerichtet und hat vom Ätherleib bis zum Karma Positionen transportiert, die vor allem in sich selbst plausibel waren, außerhalb kaum einleuchten und schon gar nicht empirisch „bewiesen" werden konnten. Auch vom alltäglichen schulischen Leben wussten wir soziologisch kaum etwas. Von „Empirieabstinenz" spricht Randoll und von einem „selbstreferentialen System", das über Jahrzehnte keine Selbstkritik geübt habe.[48] Damit sei die Waldorfpädagogik hinter der allgemeinen pädagogischen Forschung zurückgeblieben. In gewisser Weise zahlte sie damit den Preis für ihre aktuelle Popularität: Solange es ein oder zwei Dutzend Schulen gab, waren sie ein Nischenprodukt, das nur ein paar „Eingeweihte" interessierte. Seitdem die Schulzahl dreistellig geworden ist, ist es mit dem Frieden

---

47 Randoll, Dirk: Vom Nutzen empirischer Forschung in der Waldorfpädagogik. Vortrag in der Hochschule Ottersberg, 22.9.2011.
48 Ebd.

im Getto dahin. Nun muss man Fragen beantworten, was in einer solchen Schule mit den Schülerinnen und Schülern passiert und was aus ihnen wird. Hier nun einige Ergebnisse von Randolls Untersuchungen, die Anhängern und Kritikern unerwartete Perspektiven bereithält:[49]

- Zuerst einmal die *Schüler*. Die Ehemaligen berichten in Befragungen mehrheitlich, dass sie mit einem starken Selbstbewusstsein die Schule verlassen hätten, die ihnen Kreativität, Selbstbewusstsein, soziale Kompetenz und Konfliktfähigkeit mitgegeben habe. Vergleichende Langzeitstudien, wie sich Waldorf-Absolventen entwickeln, fehlen jedoch (und natürlich kann man fragen, ob diejenigen, die irgendwann in ihrer Schullaufbahn im Zorn von der Waldorfschule geschieden sind, in der Stichprobe angemessen vorkommen). Die Abiturquote liegt höher als an Regelschulen und die Noten sind besser – was wohl auch am bildungsbürgerlichen Hintergrund vieler Eltern liegt. 45 % der Schüler sind Quereinsteiger, also Regelschulflüchtlinge; vermutlich soll die Waldorfschule bieten, was die Kinder in der Regelschule nicht finden, nämlich ein weniger gestresstes, individuelleres Lernen. Das sehen auch viele Waldorfschüler so, jedenfalls erzählen sie über sich selbst gerne folgenden Wanderwitz: „Hauptschule: Ein Pfund Erdbeeren kostet 4 Euro. Die Erzeugerkosten 3 Euro. Aufgabe: Wie hoch ist der Gewinn? – Gymnasium: Ein Pfund Erdbeeren kostet 4 Euro. Die Erzeugerkosten schlagen mit drei Viertel des Erlöses zu Buche. Aufgabe: Wie hoch ist der Gewinn? – Freie Waldorfschule: Ein Pfund Erdbeeren kostet 4 Euro. Der Gewinn beträgt 1 Euro. Wähle eine Aufgabe. 1.: Male einen Sack Kartoffeln uns singe ein Lied dazu. Oder, 2.: Unterstreiche das Wort Erdbeeren und diskutiere mit deinem Nachbarn darüber." Für diesen geringeren Druck dürfte der Verzicht auf das Sitzenbleiben ein zentraler Grund sein. Allerdings fühlen sich Leistungsschwache schnell überfordert, Starke hingegen unterfordert. Die Geschlechterrollen sind im Prinzip traditional ausgeprägt, gleichwohl bemängeln männliche Ehemalige das Fehlen der Möglichkeit zum Ausleben ihrer „Jungen-Anteile". Absolventen werden überdurchschnittlich häufig Kindergärtnerinnen, Lehrer und Lehrerinnen und auch Künstler und Ärzte, bei den sozialen Berufen liegen sie etwa im Durchschnitt. „Auf der Habenseite" stehe „eine hohe Kreativität im musisch-künstlerischen Bereich sowie eine gute Persönlichkeitsentwicklung. Auf der Sollseite finde sich das Gefühl, in Sprachen und Naturwissenschaften den Absolventen anderer Schulformen unterlegen zu sein."
- Die *Eltern*. Sie stammen durchweg aus der gehobenen Mittelschicht, deshalb gibt es wenig Migrantenkinder und eine nur geringe soziale Durchmischung. Der Anteil von Lehrerinnen und Lehrern, die ihre Kinder auf Waldorfschulen schicken, ist hoch. Elternhäuser mit katholischem Hintergrund sind unterre-

---

[49] Bildung und Lebensgestaltung ehemaliger Schüler von Rudolf-Steiner-Schulen in der Schweiz. Eine Absolventenbefragung, hg. v. D. Randoll / H. Barz, Frankfurt a. M.: Peter Lang 2007; Randoll: Vom Nutzen empirischer Forschung in der Waldorfpädagogik. Zusammenfassung: http://www.waldorf-absolventen.de/rezensionen.html (10.1.2012).

präsentiert. Am Ende der Schulzeit zeigen sich die meisten Eltern zufrieden, etwa die Hälfte von ihnen schickt ihre Kinder wieder auf eine Waldorfschule. Angesichts der oft schwierigen Erreichbarkeit von Waldorfschulen ist das ein beträchtliches Lob.
- *Der Unterricht.* In der Didaktik, näher hin im Epochenunterricht und der Projektarbeit, sieht Randoll ein Bollwerk gegen das Bulimielernen an vielen Schulen. Statt des kurzfristigen Anhäufens und schnellen Vergessens werde konzentriert über längere Zeit und in unterschiedlichen Fächern an einem Thema gearbeitet. Man braucht kein ausgefuchster Pädagoge zu sein, um hierin mehr Vor- als Nachteile zu sehen. Wieweit allerdings die fehlende Wiederholung nach dem Epochenunterricht und die im Prinzip fehlenden Schulbücher das Ergebnis mindern, scheint eine offene Frage zu sein.[50] Ein Schwerpunkt liegt auf dem anschauenden Unterricht, namentlich in den Naturwissenschaften, in denen die Schüler und Schülerinnen lernen, ihrem Sehsinn zu trauen. Wenn Randoll fordert, gerade in der Didaktik der naturwissenschaftlichen Fächer auch auf die Ergebnisse der universitären Pädagogik zurückzugreifen, dürfte darin auch die Einsicht stecken, dass die Logik unseres Schauens oft unzureichend ist und den Mehrwert Logik der empirischen Forschung oft vernachlässigt.
- *Lehrerinnen und Lehrer.* Deren Arbeitsbelastung ist hoch, aber trotzdem findet man eine hohe Zufriedenheit mit dem Beruf, weil die Gestaltungsfreiräume als groß und die sozialen Beziehungen als befriedigend betrachtet werden. Es gibt allerdings eine Ausnahme, die „anthroposophischen" Lehrer. Sie sind eine Minderheit, sehen (und verschleißen?) sich offenbar in einem Kampf um die Meinungsführerschaft an einer Schule und fühlen sich am schlechtesten auf den Alltag vorbereitet. Ob sie wirklich die Machtpositionen in den Schulen, die sie anstreben, innehaben, bezweifelt Randoll. Wenn ehemalige Waldörfler im Vergleich zu ihren Kameraden an Gymnasien ihre Lehrer beurteilen, schneiden die Lehrer im Urteil der Waldorfkinder besser ab. Ein besonderes Feld von Chancen und Risiken bieten der Klassenlehrer respektive die Klassenlehrerin. Sie können, wie der Pädagoge Heiner Ullrich ermittelt hat, eine Heimat bilden und die Familie ein wenig ersetzen, was insbesondere für Kinder aus Problemfamilien ein Segen sein kann. Sie können allerdings auch zum Korsett werden, wenn Kinder und Lehrer nicht miteinander klarkommen und man das Gefängnis mit einem Klassenlehrer über acht Jahre erleiden muss. Randoll konzediert, dass Klassenlehrer insbesondere im Übergang von der Kindheit ins Jugendalter überfordert sind, weil sie zu statisch auf die dramatischen Veränderungen in dieser Lebensphase reagieren.
- Und die *Ergebnisse?* Die österreichischen Waldorfschulen, die in der Pisa-Untersuchung durchleuchtet wurden, haben in den naturwissenschaftlichen Fächern gut abgeschnitten. In Deutschland bemängeln allerdings die Schüler

---

50 So Wolfgang Schwark; http://www.lehrerverband.de/waldorfrez.htm (21.1.2009).

selbst schwache Kenntnisse in Naturwissenschaften und Fremdsprachen. Wenn es stimmt, dass mathematisches Denken stark an die Möglichkeit geknüpft ist, dieses in bestimmten Lebensjahren zu tun, hätte die Waldorfpädagogik hier möglicherweise ein Problem mit falschen Lernperioden. Von der Oberstufe an tendiert die Waldorfschule immer mehr dazu, eine Wissensvermittlungsanstalt wie jede andere auch zu sein. In diesem Schulabschnitt liegt der Anteil der Schülerinnen und Schüler, die Nachhilfe erhalten, mit 45 Prozent höher als in anderen Schularten. Die Gründe dürften vielfältig sein: Man muss Versäumtes nachholen, Erwartungen der Eltern erfüllen, den Übergang in das externe Abitur meistern – und es gibt eben Eltern, die bereit sind, dafür Geld in die Hand zu nehmen. Aber es gibt natürlich auch Schulen, die dramatisch schwache Resultate liefern. Ich kenne eine Schule außerhalb Deutschlands, in der ein Viertel der Schüler den staatlichen Abschluss schafft.

Und was sagen Randolls Erhebungen für die vieldiskutierte Frage nach der Weltanschaulichkeit der Waldorfschulen? Erstmal ist die Waldorfschule keine erfolgreiche Kaderschmiede für die Anthroposophische Gesellschaft und wohl nicht einmal für die Waldorfpädagogik. Jedenfalls dokumentieren die Befragungen von Absolventen keine entsprechenden Rekrutierungszahlen. Wie weit dann allerdings anthroposophisches Gedankengut die Schülerinnen und Schüler doch implizit prägt, ist eine andere Frage, insbesondere angesichts einer oft ziemlich positiven Erinnerung an die Waldorfzeit. Am Ende steckt in den Absolventinnen und Absolventen wohl mehr Anthroposophie, als ihnen bewusst ist.

Viel mehr dürfte die Eltern die Frage interessieren, wo im Spiegel solcher Erhebungen der Erfolg der Waldorfschulen begründet liegt. Der hat natürlich, wie immer, viele Mütter und Väter und sieht für Schülerinnen und Schüler mit unterschiedlichen Bedürfnissen und Interessen unterschiedlich aus – und natürlich saldieren Eltern die Ergebnisse nochmals anders als Lehrer und Schüler. Aber deutlich ist, dass der Leistungsstress, insbesondere bis zur Oberstufe, geringer ist als an Regelschulen. Dazu dürfte auch der standardmäßig hohe Stellenwert künstlerisch-praktischer Fächer beitragen. Ein weiterer Grund dürften privilegierte Bildungsbiographien sein. Hier wie an öffentlichen Schulen trifft man in Deutschland auf eine Klassengesellschaft. Eltern, die selbst eine gute Bildung genossen haben, diese ihren Kindern weitergeben wollen und im Ernstfall bereit sind, für Nachhilfeunterricht Geld in die Hand zu nehmen, sind auch an Waldorfschulen ein Schlüssel zum Bildungserfolg von Kindern. Wenn Waldorfschüler den vermutlich höchsten Anteil an Nachhilfeunterricht zumindest in den letzten Klassen erhalten, ist auch das eine – sicher kontraintentionale – Folge der Absicht, eine stressfreie Schule zu sein.

4. Veränderungen bis zu Unübersichtlichkeit

Schließlich und endlich die neue Unübersichtlichkeit. Hinter der Dogmatik der „appen Ecken", an denen man architektonisch die meisten Waldorfschulen wie an einem dominanten Gen erkennt und die ewige Identität suggerieren, gibt es mehr Bewegung, als in den „festen Burgen" und in offiziellen Stellungnahmen sichtbar wird. Vielleicht sind Waldorfschulen gerade wegen des über Jahrzehnte gehegten Dogmatismus und der versäumten Reformen die Schulen, in denen augenblicklich am meisten reformiert wird. Zugleich ändert sich die ausseranthroposophische Welt, von den rechtlichen Vorgaben bis zum Lebensstil, diese Veränderungsprozesse treiben jede Pädagogik, auch die anthroposophische, manchmal wie einen Spielball vor sich her. Wie kann man in diesen turbulenten Zeiten die Waldorfinsel zwischen Identitätsstress und Reformeifer darstellen? Ich rette mich in ein klassisches Format der Unübersichtlichkeit, das Kaleidoskop.

Interne Kritik. Die internen kritischen Debatten sind öffentlich gut wahrnehmbar geworden. Oft scheint mir schärfer noch als die Kritik der Kritiker die Kritik von Waldorflehrern an ihrer Schule zu sein, weil sie am besten wissen, wo es brennt. Ein solcher Feuermelder ist etwa das Buch von Rüdiger Iwan, der seine Waldorfpädagogik liebt und reformieren will, aber den Schwächen ins Auge sieht – was er mit atemberaubender Ehrlichkeit tut, um den Weg für eine neue Waldorfschule, die ihre Ideale „wirklich" realisiert, zu bahnen: „,Waldorf' hat das 20. Jahrhundert weitgehend dazu genutzt, um nicht darin anzukommen", meint Iwan. Eine konventionelle Schule sei sie geworden, in der Lehrer „nach den Methoden ihrer Großväter unterrichten". Hier würden die „Gebrechen staatlicher Bürokratie, aber unter dem umgekehrten Vorzeichen der Selbstverwaltung" verwaltet. Die Schüler insbesondere in den oberen Klassen „gewöhnen sich das Mitarbeiten ab". „Alles wird angesprochen! Nichts wirklich bearbeitet!". „Übergewicht der Formen". „Zu sehr dem konventionellen Schulsystem angepasst".[51] Und schließlich, fast wie befürchtet: Alles sei dogmatisiert, selbst die Feste, die eigentlich den Raum der kreativen Feier bilden sollen.[52]

Radikale Reform. Die radikalste Veränderung, die, wenn sie zumindest eine starke Säule würde, die Waldorfschulbewegung tiefgreifend umkrempeln würde, steht der Steinerschen Pädagogik aus dem Rheinland ins Haus. Die Hochschule in Alfter, die versucht, den Spagat zwischen Anthroposophie und Wissenschaft auszuhalten, ist die Home-base von Jost Schieren. Seine Radikalvision lautet: „Eine gegenwärtige Waldorfpädagogik begreift die Anthroposophie als Methode und nicht als Inhalt. Das wissenschaftliche Ideal dieser Methode ist die Phänomenologie. Eine kritische Distanzname zu allen anthroposophischen

---

51 Iwan, Rüdiger: Die neue Waldorfschule. Ein Erfolgsmodell wird renoviert, Reinbek: Rowohlt 2007, 7. 13. 14. 18. 22. 28. 39.
52 Ebd., 36-38.

Inhalten und Aussagen Steiners ist unabdingbar."[53] Sie hören richtig: Alle Inhalte, alle Aussagen stehen zur Disposition, auch das Allerheiligste der esoterischen Inhalte: der Lehrer als Priester, sein Einblick in die Reinkarnation der Schüler, höhere Einsicht als Bedingung der Pädagogik, die ganze fürchterlich autoritäre Struktur – alles würde zum Gegenstand der wissenschaftlichen Diskussion werden. Der Schwerpunkt soll stattdessen auf den ohne Esoterik nachvollziehbaren Ansätzen der goetheanischen Pädagogik liegen, soll bei den Phänomenen ansetzen und der ästhetischen Anschauungen dienen. Die Waldorfpädagogik, die in Theorie und Praxis entstünde, wäre keine Umsetzung von Steiners Lehren, sondern ein offenes Ergebnis in Auseinandersetzung mit ihnen. Das ist schwindelerregend mutig. Dass Schieren sich damit nicht nur Freunde macht, ist wenig überraschend, man wundert sich eher, wie leise sich der Widerstand (noch – oder außen schwer hörbar) artikuliert.

Staatliche Schulpolitik. Aber auch von außen kommt die ehedem heile Waldorfwelt unter Druck. Die schwachsinnige Reduktion der Schulzeit von dreizehn auf zwölf Jahre, so dass nun wieder Pauken statt Lernen exerziert wird, als hätten wir nie realisiert, dass Kinder weniger Faktenwissen und mehr Bildungskompetenz brauchen, bringt auch die Waldorfschulen in die Bredouille. Nun sollen Waldorfschüler nach zwölf Jahren das Abitur ablegen, wofür sie zuvor noch ein zusätzliches Jahr Zeit hatten. Ergebnis: Die Leistungskontrolle, die in den Augen vieler Waldorflehrer wenn überhaupt erst ab der 11. Klasse greifen sollte, beginnt faktisch als Leistungsorientierung weit in den unteren Klassen, weiter, als sie de facto ohnehin auch jetzt schon in vielen Waldorfschulen Platz gegriffen hat. Die Waldorfschulen drohen, als Verbündete gegen das pädagogische Schulrestaurant unter dem Motto „reinfuttern, ausspucken, vergessen" zu schwächeln.

Das Kind im Zentrum. In diesen Kontext gehört auch eine mögliche Veränderung, von der ich nicht weiß, wie angemessen ich sie wahrnehme: eine In-Frage-Stellung des autoritären Paradigma durch Waldorflehrer, und das gleich in vielen Punkten. Es gibt ja in den Grundlagen der Steinerschen Pädagogik schon das hierarchische Verhältnis zwischen Lehrer- und Kindesorientierung. Die Ausrichtung am Schüler als der Mitte der Pädagogik ist zwar spätestens seit Ellen Key das Mantra der Reformpädagogik, aber nach all dem, was man zwischen Steiners Aussagen in seinen Konferenzen mit den Waldorflehrern und in der anthroposophischen Erziehungsliteratur über lange Jahrzehnte lesen konnte, ist das in der Waldorfpädagogik nicht angekommen. Faktisch galt: im Zentrum der Lehrer. Mir scheint jedoch, dass sich hier in der Waldorfwelt einiges tut. Gleich im Dutzend findet man auf den Webseiten von Waldorfschulen das

---

53 Schieren, Jost: Der Weltanschauungsvorwurf. Vom Einfluss der Anthroposophie auf die Waldorfpädagogik – Eine Frage des Maßes und der Form, in: Anthroposophie. Vierteljahresschrift zur anthroposophischen Arbeit in Deutschland, Ostern 2016, 54-61, S. 60.

Motto: „Im Mittelpunkt das Kind."[54] Oder: „Das Kind in Ehrfurcht aufnehmen, in Liebe erziehen und in Freiheit entlassen," eine Aussage Rudolf Steiners, die der Bund der Freien Waldorfschulen zeitweise zum Zentrum seiner Selbstdarstellung gemacht hat. Natürlich kann man sagen, solche Forderungen seien alt und gehörten zum ehernen Bestand des Waldorf-Denkens. Aber die Wirklichkeit ist komplexer. Mir scheint, dass hier eine leise Distanzierung von all den autoritären Ansprüchen vorliegt, die sich in Steiners Werk finden. Es spricht viel dafür, dass auch die pädagogische Ausrichtung auf das Kind zu den Transformationen gehört, die die anthroposophische Welt augenblicklich erfährt. Ein wenig konkreter: Nicht nur der Klassenlehrer, für Randoll ein Rest des patriarchalen Systems,[55] wird infragegestellt, sondern an manchen Schulen gleich das ganze Arrangement des Unterrichts, das jahrzehntelang als unverrückbar galt. In der Waldorfpädagogik herrscht üblicherweise nach den Kreissitzen ab der Klasse fünf der Frontalunterricht, in dem das Autoritätsgefälle von Lehrer und Schüler zur Raumordnung wird. Nun aber findet man Waldorfschulen, in denen die Schüler um Tische oder gar auf dem Boden sitzen. Oder: Das jahrgangsübergreifende Lernen, dass an öffentlichen Schulen längst erprobt wurde und in dem die Schüler einander helfen, findet nun vereinzelt auch in Waldorfschulen Eingang, in denen Steiners Dogma von Sieben-Jahres-Schritten der menschlichen Entwicklung Jahrgangskohorten zementiert hatte. Die autoritäre Matrix wackelt, zumindest diese Bewegung kann man wahrnehmen; wie weit sie fällt, ist eine andere Frage.

Partizipatorische Strukturen: Sie halten Einzug. Schülermitverwaltungen, die von Steiner schlicht nicht vorgesehen waren und deshalb auch in seiner pädagogischen Welt nicht ankamen, als öffentliche Schulen längst ihre Lektion in Sachen Demokratie gelernt hatten, nisten sich langsam in Waldorfschulen ein.[56] In vielen Waldorfschulen gibt es seit etwa zehn, vielleicht zwanzig Jahren solche Gremien, lange nach ihrer reformpädagogischen Begründung und ihrer Etablierung in den „Staatsschulen". Aber eine pädagogische Mitverantwortung der Eltern? Das scheint mir – doch das ist eine unscharfe Wahrnehmung aus großer Distanz – weiterhin ein schwieriges Kapitel zu sein. Die flotte Spruch, es gehe in der Regel um dreimal „B" – „Backen, Bauen, Blechen" – hält sich recht tapfer,[57] aber zugleich gibt es Schulen, die einen Elternrat[58] oder eine Elternkonferenz

---

54 Exemplarisch: http://www.waldorf-dinkelsbuehl.de/dokumente/broschuere.pdf (11.1.2012); http://www.freunde-waldorf.de/?id=1042 (11.1.2012); http://waldorf-wiesbaden.de/schule/stufen.html (11.1.2012).

55 Dirk Randoll, Äußerung in der Diskussion nach seinem Vortrag „Vom Nutzen empirischer Forschung in der Waldorfpädagogik" in der Hochschule Ottersberg, 22.9.2011.

56 S. die Artikelserie „Vollgas mit Handbremse" – Warum Waldorfschulen mehr SchülerInnenpartizipation brauchen; http://waldorfblog.wordpress.com/2009/06/17/vollgas-mit-handbremse-warum-waldorfschulen-mehr-schulerinnenpartizipation-brauchen-1/ [erster von fünf Teilen] (10.1.2012).

57 http://www.zeit.de/2011/08/Waldorfpaedagogik/seite-2 (24.6.2015).

58 http://www.fwsbg.de/schule/organisation (21.4.2016); allerdings waren hier keine weiteren Informationen hinterlegt.

kennen,[59] wo also Eltern Mitbestimmungsrechte jenseits der traditionellen Rolle als Finanziers und Handwerker erhalten (etwa über den Vorstand des Schulvereins). Und die Waldorflehrerin als Priesterin und der Lehrer als Priester? Für viele Waldorflehrer ist dieses Ideal heute so fremd wie die Begegnung mit Außerirdischen für unsereins – jedenfalls trifft dies zu für die allermeisten derjenigen Waldorfpädagogen, die ich sprechen konnte. Wer dieses Konzept in seinem Inneren doch noch hütet, ist von außen kaum einzuschätzen. Überhaupt muss man sich fragen, wer Steiners Konzepte in einer Waldorfschule noch vertritt und dann konsequent ausführt. Denn die Suche nach geeigneten Lehrerinnen und Lehrern ist ein zentrales Problem von Waldorfschulen, weil sie schneller wachsen als man den Nachwuchs ausbilden kann. Ein damit zusammenhängendes Problem dürfte gravierender sein: Es scheint immer schwieriger zu sein, überzeugte, „praktizierende" Anthroposophinnen und Anthroposophen zu finden. Wie man hört, sind manche Schulen froh, wenn sie fünf oder zehn Prozent „richtiger" Anthroposophen im Kollegium haben. All dies ändert die Struktur der Lehrerrolle langsam, schleichend, aber mit scheinbar unaufhaltsamer Gewalt. Diese Relativierung des Status von Lehrern und Lehrerinnen ist zwar nicht der Weg hin zu einer parlamentarisch-demokratischen Schule („Schule als Polis"),[60] das ist kein Unterricht ohne Lehrer, in denen sich die Schüler in einigen Fächern den Stoff selbst beibringen („Selbstlernsemester"),[61] aber das ist eine langsame Abkehr von einer zentralen lehrerzentrierten Autoritätsstruktur.

Auch hinsichtlich der Schulleitung dürften sich beträchtliche Veränderungen vollziehen. Das kriselnde Phantom der „Lehrerrepublik" wird in vielen Waldorfschulen argwöhnisch betrachtet. Wie man mit ihm umgeht, ist von außen schwer zu durchschauen. Ältere Waldorflehrer berichten, dass kollektive Leitungsorgane in manchen Waldorfschulen in den siebziger Jahre ausgesetzt worden seien. Heute versuchen einige Schulen, diese Struktur zu reformieren, etwa durch die Zuweisung personaler Verantwortung. Einige holen sich externe Supervisoren, um die Konflikte zu regeln. Andere gründen themenbezogene Arbeitsgruppen, sogenannte Mandatsgruppen, um Sachfragen über Machtfragen zu stellen (was auch nicht einfach ist, denn nun übernehmen diese manchmal faktisch die Macht).

Sucht & Co. Probleme, die es „eigentlich" an Waldorfschulen nicht geben dürfte, zeigen inzwischen auch einige Waldorfpädagogen offen an. „Dass es auch in Waldorfschulen neben Problemen mit Drogen, Alkohol, Nikotin und Gewalt auch solche mit Sexualität gibt, bestreitet niemand. Wir wissen auch, dass diese Probleme an Waldorfschulen nicht geringer sind als an Staatsschulen. Ein Unterschied besteht aber darin, dass inzwischen an vielen staatlichen Schu-

---

59 http://www.waldorfschule-maschsee.de/ueber-uns/struktur/leitung.html (22.4.2016).
60 http://blk-demokratie.de/materialien/demokratiebausteine/programmthemen/schule-als-polis.html (10.1.2012).
61 http://www.kzo.ch/index.php?id=1292 (10.1.2012).

len – und die Eltern bemerken das deutlich – „überhaupt etwas unternommen wird" – so war in der Waldorf-Fachzeitschrift „Erziehungskunst" 2005 zu lesen.[62] Dass Themen wie Sucht und Sexualität mit jahrzehntelanger Verspätung im Vergleich zu öffentlichen Schulen in Waldorfschulen diskutiert werden, ist auch ein Indiz für die Veränderungen in der Waldorfwelt. Um hier fair zu bleiben: Dass es diese Probleme auch in Waldorfschulen gibt, ist schon angesichts der Tatsache, dass viele Kinder aus Problemfamilien in der Waldorfschule einen sicheren Hafen suchen, nicht weiter bemerkenswert. So manche Eltern sehen in der Waldorfschule die letzte Rettung. Aufgrund der damit zusammenhängenden Akkumulation von Problemen haben manche Waldorfschulen eine Konsequenz ziehen müssen, die lange als undenkbar galt: den Schulverweis angesichts einer zu großen Anzahl sozial problematischer Schüler.

Von solchen Suchtphänomenen bleiben natürlich auch die Lehrerinnen und Lehrer nicht verschont. Beispielsweise sind die kulturell „integrierten" Rückseiten von Suchtstrukturen, etwa Überforderung oder Selbstausbeutung, in vielen Lehrerkollegien zu Hause. Manche engagieren sich über jedes menschliche Maß hinaus, sei es, weil es zu wenig geeignete Lehrer und Lehrerinnen gibt, sei es aus hingebungsvollem Engagement, sei es, dass man sich für unersetzlich hält. Jedenfalls hört man, dass viele an der Grenze der Belastbarkeit arbeiten, auch emotional, und das vermutlich endemisch, wie der Waldorflehrer Rüdiger Iwan ironisch bestätigt: „Es gibt sie: die ‚Unausburnbaren'".[63]

Lernen von der Regelschule. Zur unübersichtlichen Normalität gehören auch Austauschprozesse mit öffentlichen Schulen, die es lange Zeit fast nicht gab. Während die Regelschule lernte, nicht zuletzt von der Reformpädagogik, und Elemente einführte, die die Waldorfschulen längst kannte, etwa Koedukation oder den Verzicht auf Notenzeugnisse (in der Grundschule) oder den frühen Fremdsprachenunterricht, stand die Waldorfschulwelt einfach still. Irgendwann in der Nachkriegszeit war der Vorsprung dann weg, und mitten in die Zeit ihrer größten Expansion fiel die Einsicht, dass bei den „Feinden" in „der Staatsschule" oft mehr und Besseres passierte. Zugegebenermaßen: Viele (notwendige) Reformen wurden in den öffentlichen Schulen auf dem Rücken der Kinder ausgetragen, die Schule als Kampfplatz der Gesellschaftsveränderung hat vielleicht zu häufig Ideologie mit Pädagogik verwechselt, aber letztlich sind Reformen auf den Weg gekommen, die ich nicht mehr missen möchte: jahrgangsübergreifendes Lernen, Schulen mit und ohne Koedukation, neue Konzepte zur Integration von Migrantenkindern, Demokratisierung der Schule, und, und, und ... In solchen Bereichen kehrt sich das Verhältnis von Waldorfschule und „Staatsschulen" oft um, weil es zur Übernahme der Standards öffentlicher Schulen in Waldorfschulen kommt.

Untergänge. Manche Dinge geraten ins Abseits, oft fast übrigens bis zum Verschwinden. Weiß noch jemand, dass es anthroposophische Zeremonien für

---

62 Zit. nach http://www.knabes.de/Wolfram_Knabe/Charlie.html (11.1.2012).
63 Iwan: Die neue Waldorfschule, 9.

Waldorfschulen gibt? Hochreligiöse Initiationsrituale wie die „Opferfeier", die Steiner für die anthroposophischen Kinder vorgesehen hatte?[64] Natürlich gibt es die Schule noch, wo hinter einem Vorhang oder einer Schiebewand der Altar steht, vor dem hochengagierte anthroposophische Lehrerinnen oder Lehrer sonntags den Schulkultus, die „Opferfeier", zelebrieren, aber viele Schülerinnen und Schüler wissen nicht einmal mehr, dass so etwas in ihrer Schule existiert. Dahinter steht auch in der Waldorfpädagogik ein massiver Historisierungsschub, vielleicht ein Bruch. Die Schule als Initiationsagentur, zumindest für anthroposophische Kinder, scheint vielfach wie von einem fremden Stern zu sein.

Qualitätssicherung. Die Notwendigkeit einer Qualitätskontrolle wird nicht mehr grundsätzlich abgestritten. Das Selbstverständnis als „freie" Schulen ließ eine solche Überprüfung in den Augen vieler Waldorfpädagogen als Beschränkung der Autonomie erscheinen. Aber nachdem etwa die Ergebnisse für die österreichischen Waldorfschulen nach der Teilnahme an der Pisa-Untersuchung ausgesprochen respektabel ausfielen[65] und überhaupt nicht so desaströs, wie von vielen Kritikern erhofft und von manchen Waldorfpädagogen befürchtet, dürften die klassischen Abwehrreflexe seitens der Waldorfschulen geringer werden. Auch sprechen Ergebnisse und Preise dafür, dass man sich vor einer externen Kontrolle nicht fürchten muss. In Potsdam beispielsweise befragten 16 Waldorfschüler Zeitzeugen über den Mauerbau und erhielten 2011 für ihren daraus entstandenen Film den dritten Platz des History-Award, ein Preis, den der Pay-TV Sender „History" und Focus Schule online verleihen.[66] In der Waldorfschule Hamburg-Harburg spielten Schüler mit ihrem Lehrer Ulrich Kaiser das im Konzentrationslager Theresienstadt aufgeführte Drama „Brundibar", das den Widerstand gegen einen Diktator zum Thema hat – und ernteten dafür viel Anerkennung auch außerhalb ihrer Schule. Im saarländischen Bexbach erhielt die Waldorfschule die Greenpeace-Auszeichnung „urwaldfreundliche Schule", und diejenige in Klagenfurt den ersten Preis eines internationalen Wettbewerbs zum Thema „Interkultureller Dialog", während die Waldorfschule in Potsdam, wo eine Schülergruppe die 2007 den Victor-Klemperer-Preis für Toleranz und Demokratie erhielt und sich seit 2008 „Schule ohne Rassismus – Schule mit Courage" nennen darf.

Aber es gibt natürlich auch das Gegenteil. Eine der berühmtesten Waldorfschulen in England, diejenige in Kings Langley im Londoner Speckgürtel, stand im Herbst 2017 vor der Schließung durch die Behörden, nachdem sie über längere Zeit auf Missstände hingewiesen worden war, die offensichtlich nicht abgestellt worden. Kinder verließen in den Pausen die Schule, ohne dass die Lehrer wussten, wo sie waren, dies war der Hauptvorwurf. Aber weiteres kann dazu, unvorbereitete Lehrer oder Lehrer, die die Regeln für den Zugang zu Medien

---

64 Zander: Anthroposophie in Deutschland, 1432-1436.
65 http://www.waldorf-schoenau.at/Pisastudie.pdf (11.1.2012).
66 http://www.waldorfschule.info/de/presse/pressemitteilungen/preise-und-auszeichnungen-widerlegen-klischees-von-waldorfschlern.html (6.1.2012).

entgegen der eigenen Vorschriften nicht eingehalten.[67] Allerdings konnte bislang die endgültige Schließung abgewendet werden.

Lehrerbildung. An diesem Punkt stellt das Qualitätsproblem vermutlich die gesamte Waldorfschulpraxis infrage. Sie sei vielfach schlicht schlecht, gestehen hinter vorgehaltener Hand auch engagierte Waldorflehrer. Die oft als Teilzeitausbildung, an Wochenenden oder in Paketen absolvierte Unterrichtung, die zudem an einigen Lehrerseminaren durch zu wenig oder zu schlecht ausgebildetes Personal durchgeführt wird, sei, ganz vorsichtig gesagt, nicht immer optimal. Wenn, wie im Sommer 2007, über den „Spiegel" bekannt wird, dass im „Studienbegleiter" für die Lehrerausbildung in der Stuttgarter Lehrerausbildung vom Juli 2005 gefordert wird, dass Steiners „Theosophie" gelesen werden soll, und zwar „als erster Schritt auf dem Wege einer geistigen Schulung, die Inhalte nicht kommentiert oder interpretiert",[68] kann man Fragen an die gesamte staatsbürgerliche Konzeption dieser Ausbildung stellen, die auch in ersten Schritten das Recht haben muss, Inhalte zu kommentieren oder zu interpretieren – schon weil es kein Wissen gibt, das von Deutungen unabhängig ist. Damit wird in der Lehrerbildung sehr viel stärker deutlich als im Schulalltag, wie tief die Waldorfpädagogik weltanschaulich geprägt ist. Bei einer solchen Ausbildung steht am Ende die Wissenschaftlichkeit der Lehrerausbildung grundsätzlich in Frage. Eine ehemalige Studentin, Nicole Glocke, berichtete etwa, dass sie auf eine Art wissenschaftlicher Nicht-Ausbildung getroffen sei: „Von einer Lehrerausbildung kann ich nicht sprechen, weil wir haben die meiste Zeit plastiziert, wir haben die meiste Zeit gesungen, gemalt oder Eurythmie gemacht."[69] Ganz ähnlich konnte man in der „Zeit" lesen:

> „Steiner-kritische Literatur fehlt im Lehrplan, didaktische Fachzeitschriften sucht man in der Bibliothek vergeblich. Nur einer der zwanzig Dozenten trägt einen Doktortitel. Es ist ein bisschen wie in der Pädagogenausbildung des 19. Jahrhunderts: Lehrer unterrichten zukünftige Kollegen, in Witten-Annen mit viel persönlicher Zuwendung und Erfahrungswissen, aber ohne Bindung an die etablierte Pädagogik. Dafür singt man viel gemeinsam und lernt, schöne Tafelbilder zu malen."[70]

Der Jurist Hermann Avenarius hatte vor diesem Hintergrund infragegestellt, ob die Ausbildung der Waldorfschullehrer überhaupt die in der deutschen Verfassung geforderten Standards erfüllt. Guter Rat ist hier wortwörtlich teuer. Die Stuttgarter anthroposophische (natürlich „freie") Hochschule für Waldorfpädagogik versprach hier wenig Hilfe, weil man an den tradierten Ausbildungsstruk-

---

67 http://www.telegraph.co.uk/news/2017/09/02/exclusive-top-steiner-school-ordered-close-government-child/ (19.9.2017); http://www.hertfordshiremercury.co.uk/kings-langley-s-rudolf-steiner-school-ordered-to-close-by-government-over-safeguarding-concerns/story-30503144-detail/story.html (19.9.2017).
68 http://www.spiegel.de/spiegel/print/d-52809337.html (10.1.2012).
69 Fromm, Rainer / Krauß, Dietrich: Manuskript, Beitrag: Kritik an Waldorf-Lehrern – „Wir haben die meiste Zeit gesungen", Frontal 21, Sendung vom 10. März 2009.
70 http://www.zeit.de/2011/08/Waldorfpaedagogik/seite-3 (24.6.2015).

turen festhielt. Ein Befreiungsschlag sollte die Einrichtung einer neuen Hochschule in Mannheim sein. Der aber verweigerte der Wissenschaftsrat 2011 die Akkreditierung. Ein Ausweg könnte sich durch die Hochschule in Alfter eröffnen.

Doktor Steiner. Der hagiographische Umgang mit Steiner bröckelt, auch in der Waldorfpädagogik. Er bildet als Minimalkonsens weiterhin unverrückbar das Fundament der Waldorfpädagogik, sein Portrait fand sich noch in jeder Waldorfschule, die ich besuchen konnte, aber die konkrete Beanspruchung Steiners schwindet. Dass eine große Konferenz mit einem Spruch Steiners beginne, sei, wie man hört, längst nicht mehr selbstverständlich; dass es unter den Lehrern Lektürekreise zu Werken Steiners gebe, ebensowenig; und überhaupt beobachte man seit zehn, fünfzehn Jahren, dass man einfach Steiner nicht mehr lese, selbst unter engagierten Waldorflehrern und Waldorflehrerinnen. Konsequenterweise vernimmt man die Klage über das genannte Fehlen „überzeugter" Anthroposophen in den Schulkollegien. Damit stehen die Waldorfschulen nur pars pro toto. Aus allen Bereichen der Anthroposophie hört man, dass die Zahl derjenigen, die bereit seien, sich mit dem ganzen Leben für die Sache aufzuopfern, stark zurückgehe. Ich will nicht den Propheten spielen, aber wenn Wirklichkeit wird, dass in Waldorfschulen immer mehr Lehrerinnen und Lehrer unterrichten, denen die Legitimation ihres Tuns durch geistige Erkenntnis egal ist und pragmatisch von Steiner nehmen, was sie brauchen können, dürfte das die Schulen mit schwer vorhersehbaren Konsequenzen verändern.

Waldorf ohne Steiner. Eine ganz neue Herausforderung sind Schulen, die genau dies bewusst tun: die Inhalte des Waldorfprogramms übernehmen, aber nur, soweit man sie für gut befindet und ohne die quälenden Debatten, ob man all dies mit Steiner begründen müsse. Nehmen wir die Lernwerft Kiel:[71] Hier findet man „fächerübergreifenden Unterricht" ohne einen „45-Minuten-Stundentakt" oder Fremdsprachenunterricht von der ersten Klasse an, soweit ginge auch noch Waldorf. Aber man liest auch vom „Lernteam", das offenbar an die Stelle der großen Lehrerpersönlichkeit tritt, und vernimmt dezidiert das Bekenntnis zu „Leistungslust", die auf „Eigenverantwortung" ziele – das würde man so wohl in Waldorfprogrammen kaum finden. Aber es ist nicht nur das Programm, sondern letztlich sind es Personen, die sich von der Waldorfpädagogik absetzen. Die Gründer dieser Schule sind dem Hörensagen ehemalige Waldorflehrer, möglicherweise wechselten weitere von Waldorfschulen zur Lernwerft.[72] Ähnlich die Albert Schweizer-Schule in Hamburg. Das Schulprogramm weist von Klassenlehrerprinzip und Epochenunterricht bis zur in der Waldorfpädagogik üblichen Abfolge der Geschichtsepochen und damit unübersehbare

---

71 http://www.lernwerft.de/unser-konzept/ (6.7. 2015).
72 Elternbrief der Waldorfschule Kiel, Oktober 2008, S. 3.

Nähen zur Waldorfpädagogik auf, aber weder der Name Steiners noch der Begriff Anthroposophie fallen in der Programmschrift der Schule.[73]

Ein nochmals anders gelagertes Beispiel für dieses Veränderungsfeld ist die Ganztagsschule in der Fährstraße in Hamburg-Wilhelmsburg. Sie liegt in einem Problemviertel, in der die neue Waldorfschule drohte, die guten Schüler von der Fährgassenschule abzuziehen und sie in noch tiefere Probleme zu stürzen. Die Lösung lautete, auch in der Fährstraße Waldorfpädagogik zu unterrichten, ohne daraus eine Waldorfschule zu machen. Dies ist der erste bemerkenswerte Punkt: „Staatsschule" und „freie" Schule, die alten Feinde aus Waldorfsicht, kooperierten. Der zweite Punkt: Der Versuch funktionierte, Kinder aus bildungsbeflissenen Familien wurden in der Fährstraße wieder stärker angemeldet – allerdings demissionierten auch engagierte Lehrer wegen der Waldorfeinfärbung.[74] Aber was heißt hier Waldorf? Wieviel Klassenlehrer muss sein? Braucht es einen Schulleiter? Diese und andere Fragen diskutierte man jahrelang – und dabei prallten „didaktische Überzeugungen ... aufeinander", wie der Schulleiter Jochen Grob offen eingestand.[75] Aber an einem Punkte herrschte offenbar eine gewisse Einigkeit: Ein stressfreies, „ganzheitliches" Lernen ohne Esoterik war der Kern der Vision der neuen Schule. Aber dann schüttete man das Kind mit dem Bade aus: „Wir sind eine staatliche Grundschule mit weltanschaulicher Neutralität und daher Anthroposophie-frei" –[76] sagte Grob. Und daran scheiterte das Experiment. Den Waldorflehrern an der Schule war letztlich zu wenig Waldorf in dem neuen Modell,[77] und ob seitens der Schule genügend Gespür für den Eigensinn einer anthroposophisch inspirierten Pädagogik vorhanden war, ist so sicher nicht. Die Schulleitung wollte mit dem erfolgreichen Markennamen für einzelne Elemente weiter werben – aber das hat der Bund der Freien Waldorfschulen untersagt. Wenn dieser grenzgängerische Umgang mit der Waldorfpädagogik Schule gemacht hätte, wäre dies ein tiefer Einschnitt gewesen.

Ein ähnlich gelagertes „Problem" unscharfer Grenzen ergibt sich hinsichtlich anderer Schulen aus der reformpädagogischen Tradition. Die vermutlich nächstliegende Konkurrenz ist die Montessori-Pädagogik. Maria Montessori (1870-1952) entwickelte rund 20 Jahre vor Steiner (und übrigens auch zeitweilig der Theosophie nahestehend) eine Pädagogik, die vom Kind ausgehen sollte, das als dem „Baumeister" seiner Biographie entworfen wurde. Die „Freiarbeit" sollte kreative Potenziale eröffnen, man entwickelte eigene „anschauliche" Materialien etwa für den Unterricht in den Naturwissenschaften und betrachtete Ent-

---

73 http://albert-schweitzer-schule.hamburg.de/wp-content/uploads/sites/93/2016/01/Schulprogramm.pdf (19.12.2017).
74 http://www.zeit.de/2014/34/waldorfschule-hamburg-wilhelmsburg/komplettansicht (1.6.2016).
75 http://www.spiegel.de/schulspiegel/hamburg-wilhelmsburg-ganztagsschule-wagt-waldorf-experiment-a-1075105.html (1.6.2016).
76 Ebd.
77 http://www.zeit.de/2016/32/hamburg-wilhelmsburg-waldorfschule-schulprojekt (19.1.2017).

wicklungsprozesse des Kindes als zentral.[78] Vielfach klingt Montessori-Pädagogik wie Waldorfpädagogik ohne Steiner und ohne Okkultismus. Dass manche Anthroposophen bei der Reform von Steiners Pädagogik eine Montessorisierung der Waldorfpädagogik fürchten, wundert nicht.

Globalisierung. Vermutlich sind diese Entwicklungen im deutschsprachigen Raum noch gar nichts im Vergleich zu dem, was an Unübersichtlichkeit auf die Steiner-Schulen durch die Globalisierung zukommt. Die Informationen darüber sind allerdings ausgesprochen dürftig und sicher für jede Region separat zu beantworten. Publikationen aus dem anthroposophischen Umfeld helfen hier wenig, denn sie haben vor allen Dingen das Interesse, die pädagogische Qualität von Waldorfschulen zu dokumentieren, offenbar gibt es in vielen Ländern Anfragen, wie pädagogisch verantwortbar eine solche weltanschaulich gesteuerte Pädagogik ist.[79] Kontroverse Debatten über die Veränderungen der Waldorfpädagogik durch Internationalisierung findet man in der veröffentlichten Literatur eher selten. Sehr wohl aber trifft man auf Autorinnen, die unbeirrt an einer eurozentrischen Grammatik festhalten: Aus den „kulturtranszendierenden Intentionen der Anthroposophie" lasse sich auf ein „ein dynamisches Kulturverständnis schließen, welches sich aufgrund der Vorstellung von der Kultur als ‚Durchgangsstadium' auf dem Weg zur Höherentwicklung der Menschheit als anschlussfähig an das Transkulturalitätskonzept erweist"[80] – ein wenig schluckt man da im Jahr 2017 schon. Aber natürlich, wenn man genauer hinsieht, stößt man auch auf die Veränderungen durch Globalisierung.

Ein Beispiel sind die Vereinigten Staaten, eine Region, die (verglichen mit Afrika oder Asien) noch vergleichsweise viele gemeinsame Traditionen mit der deutschsprachigen Welt besitzt. Dort steht die Frage im Raum, ob man sich an die reine Steinersche Lehre halten oder sich stärker an den amerikanischen Kontext anpassen soll – wobei unterschiedliche Schulen hier unterschiedliche Wege gehen.[81] Konkret: Wie religiös dürfen amerikanische Waldorfschulen sein (eine vergleichbare Debatte gibt es in Australien[82]), wenn sie Teil des öffentlichen Schulsystems sind, in dem eine religiöse Unterweisung angesichts der

---

78 Bildungserfahrungen an Montessorischulen. Empirische Studie zu Schulqualität und Lernerfahrungen, hg. v. S. Liebenwein u.a., Wiesbaden: Springer Fachmedien 2013 (mit vergleichenden Perspektiven auf die Waldorfpädagogik).
79 Zu England s. Woods, Philip u.a.: Steiner Schools in England, https://www.researchgate.net/publication/228879140_Steiner_schools_in_England (19.1.2018); zu Schweden Dahlin, Bo: The Waldorf School. Cultivating Humanity? A report from an evaluation of Waldorf schools in Sweden. Karlstad: Universitetstryckeriet 2007, http://www.ecswe.org/wren/documents/Waldorf_School_Evaluation.pdf; zu den USA Gerwin/Mitchell: Survey of Waldorf Graduates.
80 Büchele, Mandana: Kultur und Erziehung in der Waldorfpädagogik. Analyse und Kritik eines anthroposophischen Konzepts interkultureller Bildung, Frankfurt am Main: Peter Lang 2014, 311.
81 Oberman, Ida: The Waldorf Movement in Education from European Cradle to American Crucible, 1919-2008, Lewiston,NY: Edwin Mellen 2008, 173.
82 Das Goetheanum, 2007, Nr. 35, S. 20.

Trennung von Staat und Religion verfassungsrechtlich keinen Ort haben soll?[83] Was machen jüdische Eltern angesichts der der christlichen Ausrichtung von Waldorfschulen – der sie misstrauen –[84] und der Kritik Steiners am Judentum?

Vielleicht kommen die massivsten Veränderungen aus Zonen, die man im Mutterland der Waldorfpädagogik noch nicht so recht wahrnimmt: aus Südamerika, Asien und Afrika. Was passiert eigentlich, wenn ein so deutsches Produkt wie die Waldorfpädagogik in außereuropäische Kulturen gerät? Publikationen aus dem Umfeld der Waldorfbewegung zeigen gerne Schulen, die tapfer gegen die staatlichen Verwaltungen kämpfen und die autochthonen Traditionen integrieren.[85] Aber in der Außenperspektive ergibt sich einmal mehr ein spannungsvolleres Bild, das sich vielleicht am massivsten in China zeigt.

Revolution Und doch scheint der dramatischste Versuch zu Veränderung der Waldorfpädagogik nicht aus der großen weiten Welt zu kommen, sondern aus dem Rheinland, aus Alfter. Hier ist der genannte Jost Schieren für die Waldorfpädagogik zuständig. Er hat ein Programm vorgelegt, das wie eine Schwerpunktverlagerung im Rahmen des Altbekannten daherkommt und doch auf eine tiefgreifende Revision hinausläuft: Er schaut auf Steiners Goethe[86] und nicht auf Steiners Esoterik.[87] In diesem Konzept geht es mehr um Anschauung als um höhere Erkenntnis, vielleicht letztlich eher um Verwandlung als um Evolution. Dieser Rekurs ist natürlich eine bestechend einfache Lösung, weil Goethe in einigen Lebensphasen Steiners eine unbestritten wichtige Rolle gespielt hat; aber zugleich ist die Sache überhaupt nicht einfach, weil damit Steiners Esoterik, die viele Anthroposophen nicht zu Unrecht als das Herzstück seiner Weltanschauung betrachten, in den Hintergrund gerät oder vielleicht ganz verlorenzugehen droht. Zugleich wäre das der Befreiungsschlag, mit dem die Waldorfpädagogik die Mauern gegenüber einer universitären Pädagogik niederreißen würde.

---

83 Ebd., 266-269.
84 Ebd., 239.
85 Waldorf-Pädagogik weltweit. Ein Überblick über die Entwicklung der Waldorf-Pädagogik sowie der anthroposophischen Heilpädagogik und Sozialtherapie, hg. v. den Freunden der Erziehungskunst Rudolf Steiners, Dürnau: Studio Lierl 2001.
86 Schieren, Jost: Anschauende Urteilskraft. Methodische und philosophische Grundlagen von Goethes naturwissenschaftlichem Erkennen, Düsseldorf: Parerga 1998.
87 Ders.: Die Wissenschaftlichkeit der Anthroposophie, in: RoSE. Research on Steiner Education, 2/2011, 99-108 (auch unter: http://www.rosejourn.com/index.php/rose/article/view/78/105 [23.6.2015]).

Weltanschauung – Religion – Wissenschaft

Wer wissen will, wie sich die Anthroposophie „so ganz grundsätzlich" versteht, stößt unweigerlich auf das Bermudadreieck der Begriffe Weltanschauung, Religion und Wissenschaft. Rudolf Steiner hatte zu deren Verhältnis eine klare Meinung. Die Anthroposophie sei eine wissenschaftliche Weltanschauung und gerade keine Religion. Spannender als diese Festlegung ist allerdings die Begründung. Steiner wollte keineswegs abstreiten, dass die Anthroposophie religiöse Dimensionen enthalte, vielleicht sogar im weiten Sinne so etwas wie eine Religion sei, aber, und dies ist entscheidend, Religion war ihm zu wenig. Anthroposophie sollte, wie schon die Theosophie, über allen Religionen und Konfessionen stehen, sie sollte das umgreifen, was allen Religionen gemeinsam sei. Genau dies war für ihn der Grund, von Weltanschauung zu sprechen und die Rede von Religion für die Anthroposophie problematisch zu finden.[1] Dem späten Steiner war allerdings auch das Konzept der Weltanschauung noch zu begrenzt, er hat in seinem Leben immer stärker versucht, die Anthroposophie als Weg oder als Mittel zu definieren jenseits, vielleicht besser: über alten Dingen. Zwei Probleme hat diese Wendung allerdings nicht gelöst. Zum ersten bleiben in der Außenperspektive Inhalte, die klassischerweise in Europa der Religion zugeordnet werden, diesem „Erkenntnisweg" erhalten: von der Rede vom „Göttlichen" bis zur Antwort, wie man sich die Erlösung des Menschen vorstellen könne. Zum anderen ist bis heute das Verhältnis von Religion und Weltanschauung innerhalb der anthroposophischen Bewegung umstritten. Wenn manche Anthroposophen die Christengemeinschaft als eine religiöse Gruppierung für Menschen begreifen, die noch nicht reif genug sind, allein auf dem anthroposophischen Schulungsweg zu höherer Erkenntnis zu kommen, muss man nicht lange auf die Antwort aus der Christengemeinschaft warten, die die Anthroposophie in ihrem Kern als religiöse Bewegung begreift[2] – was ihre inneranthroposophischen Gegner umgehend bestreiten.

Diese Weltanschauung war für Rudolf Steiner Wissenschaft. Kein Glaube, keine Überzeugung, keine Gewissheit, sondern Wissenschaft, „Geisteswissenschaft", um genau zu sein. Allerdings verfehlt man die Pointe seines Wissenschaftsverständnisses, wenn man nicht realisiert, dass er mit seinem Konzept um 1900 etwas ganz anderes meinte als wir es gut 100 Jahre später mehrheitlich

---

[1] Zander, Helmut: Die Anthroposophie – eine Religion?, in: Hairesis. Festschrift für Karl Hoheisel zum 65. Geburtstag, hg. v. M. Hutter u.a., Münster: Aschendorff 2002, 525-538.
[2] Gädeke, Wolfgang: Anthroposophie und die Fortbildung der Religion, Flensburg: Flensburger Hefte 1990.

tun. Wenn man diesen tiefen Graben sehen und wenn man verstehen will, warum sich Anthroposophen in ihrer übergroßen Mehrzahl mit der heutigen Wissenschaftskonzeption so schwertun, hilft es, sich einige Spitzensätze von Steiners Wissenschaftsverständnis vor Augen zu führen:

> „Klar muss es ausgesprochen werden, dass nur auf Grund der modernen Naturwissenschaft eine ernste Weltanschauung gesucht werden kann, ich werde niemals von dem Gedanken abweichen, dass nur in ihr ein Heil gegeben ist." (1902)[3] „Ich weiß, dass es kein Heil außerhalb der Naturwissenschaft geben kann, aber wir müssen neue Methoden der Seelenforschung auf naturwissenschaftlicher Grundlage finden, um das zu können, was alle alten religiösen Anschauungen vermochten: eine große Einheit zwischen religiösem Bedürfnis und Wissenschaft herzustellen." (1902)[4] „Die Naturwissenschaft ist reif, die Früchte einer höheren Weltanschauung in Empfang zu nehmen. Und alles Sträuben wird ihr nichts nützen; sie wird den Bedürfnissen der sehnenden Menschenseele Rechnung tragen müssen." (1904)[5] „Wenn nun irgendein Satz heute Abend gesprochen werden müsste, welcher nicht voll bestehen könnte vor der strengsten Kritik naturwissenschaftlicher Weltanschauung, so würde ich diese Betrachtung lieber ungesprochen lassen." (1915)[6] „Nichts ist im ganzen Umfange der naturwissenschaftlichen oder geschichtswissenschaftlichen Erkenntnis da, was nicht im vollen Einklange stände mit den Erkenntnissen der Geisteswissenschaft." (1915)[7]

Das heißt zum ersten: Die Naturwissenschaft, die mit Empirie arbeitet und (wie man gerade damals glaubte) objektive Ergebnisse generiert, war für Steiner das Maß der Dinge. Zum zweiten war Wissenschaft für Steiner Wissenschaft der geistigen, letztlich übersinnlichen Welt, denn das heißt „Geisteswissenschaft" bei ihm. Und diese könne sich mit der Naturwissenschaft messen. Der „Geistesforscher" erlange in der Esoterischen Schule eine „höhere" Erkenntnisfähigkeit, indem er dort lerne, ein in ihm „schlummerndes" Erkenntnisvermögen zu „erweitern" und noch tiefer zu „*schauen,* was an den Ereignissen nicht sinnlich wahrnehmbar ist" (1904).[8] Letztlich sollte all dies zu einer objektiven Erkenntnis führen: Steiner sah seine „Aufgabe ... darin, eine Grundlage für die Anthroposophie zu schaffen, die so objektiv war wie das wissenschaftliche Denken, wenn dieses nicht beim Verzeichnen sinnenfälliger Tatsachen stehen bleibt,

---

3 Steiner, Rudolf: Über Philosophie, Geschichte und Literatur. Darstellungen an der Arbeiterbildungsschule und der Freien Hochschule Berlin (Gesamtausgabe, Band 51), Dornach: Rudolf Steiner-Verlag 1983, 311.
4 Ebd., 315f.
5 Ders.: Aus der Akasha-Chronik (Gesamtausgabe, Bd. 11), Dornach: Rudolf Steiner-Verlag 1986, 19.
6 Ders.: Aus schicksaltragender Zeit. Vierzehn öffentliche Vorträge: Berlin, 29. Oktober 1914 bis 23. April 1915, Nürnberg, 12. März, München, 28. November 1915 (Gesamtausgabe, Bd. 64), Dornach: Rudolf Steiner-Nachlassverwaltung 1959, 323.
7 Ebd., 402.
8 Ders.: Aus der Akasha-Chronik" (1904/08) (Gesamtausgabe, Bd. 11), Dornach: Rudolf Steiner-Verlag 1986, 22.

sondern zum zusammenfassenden Begreifen vorrückt." (1924)[9] Anthroposophie und ihre Erkenntnis des Geistigen funktionierten für ihn wie eine „höhere" Naturwissenschaft, sofern man die entsprechenden Fähigkeiten erlangt hat und zu den Initiierten zählt. Den Graben zwischen Natur- und Kulturwissenschaften gab es bei Steiner letztlich nicht mehr.

Aber hier liegen die Probleme gleich meterdick. Man kann einen solchen Erkenntnisweg „Wissenschaft" nennen, das ist niemandem untersagt, es gilt Meinungsfreiheit als Definitionsfreiheit. Nur muss man wissen, dass das, was heute an den Universitäten praktiziert wird, auf einem anderen Wissenschaftsverständnis beruht. Hier geht es nicht um „höhere" Erkenntnis und „objektives ... Denken", sondern um die Einsicht in die kultur- und zeitrelative Bedingtheit unseres Erkennens, um die Einsicht, dass wir nur Wissen auf Zeit haben, um die Einsicht, dass wir nie aus dem Zirkel der Interpretation zu einem objektiven Wissen vordringen können. Eine derart begrenzte Wissenschaft muss man nicht wollen, aber sie ist weitestgehend Konsens im akademischen Milieu. Und das aus guten Gründen, denn sie ist auf Diskussion und Übereinstimmung gegründet, nicht auf „höhere" Einsicht. In der Universität wird diskutiert und nicht „geschaut". Hingegen kann man über Steiners „objektive" Gegenstände nicht diskutieren, entweder man erkennt sie – oder eben nicht. In der universitären Wissenschaft hingegen steht letztlich alles zur Disposition: Bedingungen, Verfahren, Ergebnisse. In dieser Perspektive ist die Wissenschaftlichkeit der Anthroposophie eine Selbstzuschreibung, die von außen weitgehend nicht geteilt wird, weil sie von einem Wissenschaftsbegriff ausgeht, der in den universitären Natur- und Kulturwissenschaften nicht mehr anschlussfähig ist. Deshalb ist die Anthroposophie soziologisch gesehen dann doch mit Religionsgemeinschaften eng verwandt, viele Anthroposophen sind (wie es anthroposophieintern polemisch heißen kann) „Glaubensanthroposophen".

Konkret: In der Wissenschaft schätzt man eine Krebstherapie mit Iscador dann, wenn sie belegbare Heilungserfolge zeigt, und sei es auch nur bei einem Teil der Patienten und unter eingegrenzten Bedingungen. Ob man zu diesem Wissen „übersinnlich" oder empirisch gelangt ist, interessiert erstmal nicht. Denn die Wissenschaftstheorie unterscheidet zwischen einem „Entdeckungszusammenhang" und einen „Begründungszusammenhang" (Hans Reichenbach, 1938): Die Entdeckungslogik ist spezifisch, relativ, oft einmalig – und hier haben die anthroposophischen Erkenntniswege ihren Platz. Aber hinsichtlich der Begründungslogik, der Antwort, warum Iscador wirkt oder auch nicht, unterliegen die Ergebnisse den Nachweisverfahren der Scientific Community. Wer, wie Anthroposophen es oft tun, die anthroposophischen Ansätze von der Entdeckungs- in die Begründungslogik verschiebt, verlässt den Konsensbereich der aktuellen Wissenschaftstheorie. Wohlgemerkt: Iscador kann wirken, aber mög-

---

9 Ders.: Mein Lebensgang. Eine nichtvollendete Autobiographie (1923/25) (Gesamtausgabe, Bd. 28), Dornach: Rudolf Steiner-Verlag 2009, 409.

licherweise nicht immer aus den von anthroposophischen Medizinern angegebenen Gründen.

Zur anthroposophischen Wissenschaftslogik gehört auch die Wertschätzung, manchmal die Präferenz ästhetischer Wahrnehmung. Wenn man die Kapitel zu den anthroposophischen Praxisfeldern in diesem Buch durchgeht, stößt man immer wieder die Faszination der gesehenen, der gehörten, der haptisch greifbaren Welt: ein Garten in der Waldorfschule, eine Iris-Diagnose in der Medizin, die Wasseraufbereitung mit Kolben, die sich auf ovalartigen Kreisbahnen bewegen, Strömungsbilder als Indiz für die Qualität von chemischen Substanzen. Anthroposophen entwickeln häufig eine hohe ästhetische Sensibilität und erkennen Dinge, die man ohne anthroposophische Vorbildung kaum entdeckt. Dahinter steht ein großes, wissenschaftstheoretisches Programm. Anthroposophen können die sichtbare Welt als Manifestation der unsichtbaren sehen. Das Sichtbare, so könnte man sagen, hat in anthroposophischer Perspektive Offenbarungscharakter. Da kann die universitäre Wissenschaft nicht mithalten. Sie hat inzwischen, etwa in der Taxonomie von Pflanzen und Tieren, die sichtbare Ordnung der Welt durch genetische Verwandtschaftsmerkmale ersetzt. In diese anthroposophische Ästhetik gehört auch die Liebe zu Bildern und vor allem zu Mythen. Das wollte natürlich Steiner nie, Mythomanie war ihm feind – und doch hat er von der Entstehungsgeschichte der Welt bis zur Atlantis-Erzählung viele Mythen kreirt – doch das sehen viele Anthroposophen inzwischen kritisch.[10]

Nun aber gibt es die Vorzeigebeispiele für die Wirksamkeit höherer anthroposophischer Erkenntnis – wie die (unter konventionellen Medizinern umstrittenen) Anwendungsoptionen der Mistel in der Krebstherapie. Aber auch sie können nicht darüber hinwegtäuschen, dass die naturwissenschaftlichen Erkenntnisse seit Steiners Zeiten ganz überwiegend ohne oder gegen die Anthroposophie gewonnen wurden.

Auch bei der Lösung historischer Rätsel hat die „höhere Erkenntnis" nicht geholfen. So beschrieb Steiner detailliert die Runde der Gralsritter des Königs Artus, einschließlich der zugehörigen Schlossräume. Aber die Literaturwissenschaft hat nachweisen können, dass die Artus-Erzählung weitestgehend fiktional ist, und Archäologen haben die Ruinen, die als Beweise für die Existenz der Gralsrunde dienten, Jahrhunderte nach der Zeit datiert, in der die Artus-Legende spielt.[11] Ebenso fehlen Belege für Steiners Überzeugung Existenz einer untergegangen Kultur auf Atlantis oder wenn er zu wissen beansprucht, was Jesus in seinen unbekannten Jahren zwischen dem 12. und 30. Lebensjahr getrieben und gedacht habe. Und bei wirklich sensationellen historischen Entdeckungen waren Steiner und andere Hellseher nicht beteiligt: Die Schrift der Mayas haben Historiker ganz ohne hellseherische Verfahren zu entschlüsseln

---

10 Knybba, Sarah: Mythenkritische Diskurse in der Anthroposophie, Masterarbeit Berlin, Humboldt-Universität 2017.
11 Zander: Anthroposophie in Deutschland, 647-651.

begonnen, die vollständige Entschlüsselung der kretischen Linear A-Schrift ist bis heute weder mit noch ohne Clairvoyance gelungen. Das Gap zwischen dem Anspruch, einen übersinnlichen Mehrwert an Wissen zu besitzen und der wissenschaftlichen Kritik, die diesen Mehrwert nicht sieht und die ohne Anthroposophie Erkenntnisse gewinnt, von denen Steiner nur träumen konnte, ist gewaltig.

Wohin die anthroposophische Einigelung in Wissenschaftsfragen führen kann, zeigen die gescheiterten Versuche, Anschluss an das etablierte wissenschaftliche Denken zu finden. Die Weigerung des Wissenschaftsrates, die Hochschule in Mannheim zu akkreditieren, gründete auch in den Zweifeln, ob hier nicht eine weltanschaulich geprägte Pädagogik gelehrt werden würde. Und die Schließung des anthroposophischen Lehrstuhls für biodynamische Landwirtschaft an der Universität Kassel lag auch daran, dass man öffentlich dokumentierte, anthroposophische Überzeugungen auch dort anzusetzen, wo empirische Überprüfungen angesagt gewesen wären.

Letztlich hat das anthroposophische Wissenschaftsverständnis eine merkliche Fremdheit vieler Anthroposophen gegenüber den intellektuellen und namentlich universitären Deutungsdebatten nach sich gezogen. Natürlich gibt es hochgebildete und universitär angebundene Anthroposophen, gemessen an der Mitgliederzahl möglicherweise sogar überproportional viele, aber in den wissenschaftlichen Debatten sind sie als Anthroposophen marginalisiert. Die historische Kritik in den Kulturwissenschaften oder die empirischen Methoden in den Naturwissenschaften sind Eintrittsbedingungen in die Scientific Community, die nicht eliminierbar sind. Die Stärke der Anthroposophie liegt demgegenüber an einer anderen Stelle: in sinnstiftenden Deutungsangeboten. Wer Iscador nimmt, darf sich von kosmischen, geistigen Kräften geheilt fühlen, wer an Steiners Deutung der Gralsgeschichte glaubt, kann sich selbst in einer langen Geschichte der Mysterientraditionen wähnen. Genau diese Sinnwärme vermittelt Wissenschaft nicht. Sie stiftet keinen Sinn, sondern stellt nur Deutungen zur Verfügung, die jeder selbst sinnvoll interpretieren muss.

Abbildungsverzeichnis

Abb. 1: Produkte mit dem Label Weleda (Juli 2018). Abbildungsgenehmigung erteilt: Weleda, Unternehmenskommunikation, 18.10.2018.

Abb. 2: Werbung der GLS-Gemeinschaftsbank (Kampagne 2011). Mit freundlicher Genehmigung der GLS-Bank vom 12.11.2018.

Abb. 3: Waldorfschule in Guangzhou/China mit Spielgerät und Schulgarten. Bildrechte Helmut Zander.

Abb. 4: Eurythmie(?)tänzerinnen an einer chinesischen Waldorfschule (2014). http://atrikon.de/upload/pdf/Bericht_aus_China.pdf (28.12.2017). Kai Ohlen und Andreas Möhle.

Abb. 5: Tafelbild aus der Waldorfschule Cixin in Taiwan, Klasse 2B: Reise des Nils Holgersson und der Buddha (ca. 2009/10). Tang, Kung-Pei: Kulturübergreifende Waldorfpädagogik, Anspruch und Wirklichkeit – am Beispiel der Waldorfschulen in Taiwan, Diss. Würzburg 2011 (urn:nbn:de:bvb:20-opus-64714), S. 52.

Abb. 6: Aus dem Epochenheft der Waldorfschule Cixin in Taiwan, Geographie, Klasse 8 (ca. 2009/10). Tang, Kung-Pei: Kulturübergreifende Waldorfpädagogik, Anspruch und Wirklichkeit – am Beispiel der Waldorfschulen in Taiwan, Diss. Würzburg 2011 (urn:nbn:de:bvb:20-opus-64714), S. 111.

Abb. 7: Altarraum der Kirche der Christengemeinschaft in Windhoek, Namibia (August 2018). Bildrechte Helmut Zander.

Abb. 8: Nahrungsmittel mit dem Label „Demeter" (2018). Bildrechte: Helmut Zander.

Abb. 9: Produkte der anthroposophischen Farm Kumhoek in Namibia (August 2018). Bildrechte Helmut Zander.

Abb. 10: Verkaufsslogan der dm-Drogeriemärkte (September 2018). Bildrechte Helmut Zander.

Abb. 11: Walldorfschule Bonn-Tannenbusch (Juli 2018). Bildrechte Helmut Zander.

Abb. 12: Parkverbotsschild der Firma Per-Plex mit Anspielung auf die Waldorfpädagogik (Bonn, September 2018). Mit freundlicher Genehmigung von Patrick Kehren, Per-Plex. Acryl- und Plexiglasprodukte. Digitaldruck und Beleuchtung, Bonn. 8.10.2018.

Literaturverzeichnis

... eine subjektive Auswahl anregender oder wichtiger Literatur

Allgemeine Anthroposophische Gesellschaft: s. www.goetheanum.org (offizielle Website der Allgemeinen Anthroposophischen Gesellschaft)

Brügge, Peter: Die Anthroposophen. Waldorfschulen, Biodynamischer Landbau, Ganzheitsmedizin, Kosmische Heilslehre, Reinbek: Rowohlt 1984 (einfühlsamer Klassiker eines Spiegel-Redakteurs)

Martins, Ansgar: https://waldorfblog.wordpress.com/ (kritischer, ausserordentlich gut informierter Blog nicht nur zur Waldorfpädagogik, sondern zu sehr vielen aktuellen Fragen der Anthroposophie)

Paul, Gudrun: Spirituelle Alltagskultur. Formationsprozeß anthroposophischer Kultur – untersucht am Beispiel von Baden-Württemberg, Diss. Tübingen 1992 (Regionalstudie zur Entwicklung in Baden-Württemberg nach dem Zweiten Weltkrieg)

Schmidt, Robin: Glossar. Stichworte zur Geschichte des anthroposophischen Kulturimpulses, in: Anthroposophie im 20. Jahrhundert. Ein Kulturimpuls in biographischen Portraits, hg. v. B. von Plato, Dornach: Verlag am Goetheanum 2003, 963-1054 (versteckt publizierte, ausgezeichnete Zusammenstellung von Materialien zur Geschichte der Anthroposophischen Gesellschaft im 20. Jahrhundert mit Bezügen zur aktuellen Situation. Der gesamte Band ist eine Fundgrube zu anthroposophischen Biographien bis in die Gegenwart; die Biographien sind online unter: http://biographien.kulturimpuls.org/personen.php (6.2.2019)).

Staudenmaier, Peter: Between Occultism and Nazism. Anthroposophy and the Politics of Race in the Fascist Era, Leiden: Brill 2014 (die wichtigste Studie zu Anthroposophen im Nationalsozialismus)

Zander, Helmut: Rudolf Steiner. Die Biografie, München/Zürich: Piper 2016 (Biographie Steiners aus nichtanthroposophischer Perspektive)

Zur Frage der Christlichkeit der Christengemeinschaft. Beiträge zur Diskussion, hg. v. Evangelischen Oberkirchenrat Stuttgart, Filderstadt: 2004 (Spezialstudie zum Verhältnis der Christengemeinschaft zu den christlichen Kirchen der Ökumene)

... und abgekürzt nachgewiesen:

Zander, Helmut: Anthroposophie in Deutschland. Theosophische Milieus und gesellschaftliche Praxis, 1884 bis 1945, 2 Bde., Göttingen: Vandenhoeck & Ruprecht (^{1}2007) ^{3}2008

Dank

Herzlich danke ich allen, die mir durch bereitwillige Auskünfte geholfen haben, die anthroposophische Welt besser zu verstehen: Anthroposophinnen und Anthroposophen, Kritikern, Kollegen und Kolleginnen aus der Wissenschaft. Zum ersten Male in meinem wissenschaftlichen Leben verzichte ich darauf, Namen zu nennen, wenn ich mündliche Informationen benutzt habe. Aber die allermeisten wollten anonym bleiben, auch war es sehr oft schwierig zu klären, welche Informationen wie mit Namensnennung verwandt werden durften. Ich bitte deshalb um Verständnis für das Fehlen dieser Nachweise.

Ich danke Julia Marzoner und Regula Gschwend an der Universität Fribourg für die sorgfältige Bearbeitung des Manuskriptes, Désiré Ngwene für die Hilfe bei der Erstellung des Registers und Marie-Luise Kumbartzky vom Verlag Schöningh für ihre konstruktive Engelsgeduld.

Ein besonderer Dank geht an P. v. E. für seine Kritik, die die erste Version des Textes zu Recht in den Orkus versenkte und mich auf die Reise schickte, die gegenwärtige Anthroposophie in ihrer ganzen Ambivalenz, im Guten wie im Schlechten, wahrzunehmen. Sodann wäre ohne die Beharrlichkeit von Hans Jacobs, der über Jahrzehnte Lektor bei Schöningh war und großzügig Altlasten entsorgte, dieses Buch in einem anderen Verlag erschienen. Beiden sei dieses Buch gewidmet.

Stichwortregister

A
Abnoba 229
Abouleish, Helmy 125
Abouleish, Ibrahim 77, 125-128, 148
Abstraktion 71, 134
Achamot-Verlag 193
Achberger Kreis 176-178
af Klint, Hilma 134
AfD s. Alternative für Deutschland
Ahriman 184
Aktiengesellschaften 175, 229
Aktionsgemeinschaft Unabhängiger Deutscher 177
Alanus-Hochschule 20, 43, 118-121, 198, 237, 260, 267
Alanus-Stiftung 238
Albert Schweizer-Schule (Hamburg) 267f.
Albert Steffen-Gesellschaft 22
Albris (Schule) 246
Alfred Rexroth GmbH 230
Alfter s. Alanus-Hochschule
Alkohol 143, 263
Allgemeine Anthroposophische Gesellschaft s. Anthroposophische Gesellschaft
Alnatura 14f., 75-77, 119, 233, 235, 237f.
Alternative für Deutschland (AfD) 180, 204
Anthroposophie weltweit 194
Anthroposophische Gesellschaft 16-20, 31, 43, 61f., 64f., 85-87, 80, 131, 222; s. auch Zweigarbeit
Anthroposophische Hochschulgruppen 113
Anthroposophische Vereinigung in der Schweiz 21
Antisemitismus 204
Antonovsky, Aaron 154
Arbeitsgemeinschaft Christlicher Kirchen 68
Archati, Pietro 22, 193, 218
Archiati-Verlag 218
Arier 198

Arlesheim 27; s. auch Klinik Arlesheim, Lukas-Klinik
Artus, König 274
Arzneimittel 27-32
Ästhetik 141, 274; s. auch goetheanische Anschauung
Astralleib 249
Astronomie 113
Ätherleib 249
Atlantis 199, 249, 274
ATOS AG 230
Autorität 37-39, 54, 56, 67, 82f., 180, 185, 224, 253-255, 261-263; s. auch Konfliktstrategien
Avenarius, Hermann 122, 266

B
Baars, Ton 145f.
Bahr, Daniel 117
Ballmer, Karl 217
Balthasar, Hans Urs von 191
Banken 40-47. 186
Bankspiegel 194
Barkhoff, Martin 180
Barkhoff, Wilhelm Ernst 40
Basel 16, 21, 44, 47, 182f., 231
Basisdemokratie s. direktie Demokratie
Basler Bodeninitiative 183
Bauck 230, 234, 237
Bäuerliche Gesellschaft e.V. 140
Bay, Taco 63
Behr, Vicke von 64
Beichte 61
Belmondo, Paul 241
Benedikt XVI. s. Ratzinger
Benesch, Friedrich 172
Berlin 99, 204, 122
Berlusconi, Silvio 241
Berneburg, Heinz 20
Besant, Annie 48, 84, 215, 222
Beuys, Joseph 134f., 176-178
Bexbach 265

Bibel 68-70
Biel/Bienne 151
Biodynamie s. Landwirtschaft
Biographiearbeit 49f.
Blavatsky, Helena Petrovna 222
Bongard, Willi 177
Brodowin 145
Brügge, Peter, 7
Buchsweiler/Bouxwiller 27
Buddha 58, 60
Bund der Freien Waldorfschulen 119, 152, 199, 203, 205, 245f., 251, 262, 268
Bund zur Verwirklichung der anthroposophischen Bewegung 43
Bundesprüfstelle für jugendgefährdende Medien 199f.
Burkhard, Barbara 29
Butler, Robert Neil 49

C
Camphill-Bewegung 102, 232
Capitani, Jean Paul 92
Carl Gustav Carus-Instituts 230
Charles (Prinz) 146
Charter-School 227
Chengdu 51, 56
Cherry, Ben 52, 58
Chicago 62
China 51-60, 180
Christengemeinschaft 21, 23, 43, 61-73, 95, 166, 172, 182f., 189-192, 194, 207, 215, 227, 271, 277
Christentum 61-73, 126, 142f., 251; s. auch Protestantismus, Katholizismus
Christian-Morgenstern-Zweig (Berlin) 99
Christian-Rosenkreuz-Zweig (Hamburg) 94, 132, 218
Christophorus Stiftung 182
Christus 98, 107, 127f., 215, 60, 62, 72f., 79; s. auch zwei Jesusknaben
Cixin 58f.
Clairvoyance 82
Clement, Christian 220
Cohen, Andrew 73
Crissier (Schule) 151

D
da Veiga, Marcello 119
Dachverband Anthroposophische Medizin 43, 229

Dahan, Henri 92
Damus-Donata e.V. 20
Damus-Donata-Stiftung 119, 182
Debus, Michael 70
Dellbrügger, Günther 70
Demeter 138, 140-145
Demeter Association 146
Demeter China Association 51
Demeter-Journal 194
Demokratie(kritik) 37, 178, 252 s. auch direkte Demokratie; Parlamentarismus; Rechtsradikalismus
Demokratische Union 177
dennree / denn's 119, 230
Desaules, Marc 185
Dessoir, Max 113
Deutsche Gesellschaft für Anthroposophische Psychotherapie e.V. 50
Dialogforum Pluralismus in der Medizin 157
direkte Demokratie 176, 178f.
Ditfurth, Jutta 170, 197
dm (Drogeriemarkt) 74-77, 119, 235-237
Dogmen/Dogmenfreiheit 69f., 79-81, 198, 225, 260; s. auch Konfliktstrategien
Donau-Universität (Krems) 124f.
Dr. Hauschka 29
Dr. Hauschka Stiftung 181
Dr. Schaette AG 29
Drei, Die (Zeitschrift) 181, 194
Dreigliederung 44, 175, 179f., 183, 185, 215, 244
Dritter Weg 176, 178
Droege International AG, 116
Drogen 263

E
Ebbestad, Jan-Erik 204
Ecole Domaine du Possible 92
Edith Maryon Stiftung 182
Eduard Stiftungsfond 182
Einweihung/Eingeweihte 84, 175, 178, 221
Elementarwesen 142
ELIANT s. Europäische Allianz
Eltern (Waldorfschule) 263
Elztal (Schule) 246
Emmerick, Anna Katharina 101
England 71
Erftstadt 151
Erziehungskunst 194, 201, 205, 246

Esoterische Schule 62, 84-88, 94, 113, 131, 214, 221-223, 272; s. auch Einweihung; Freie Hochschule für Geisteswissenschaften; höhere Erkenntnis; Schulungsweg
Ethik 225
Europäer (Zeitschrift) 18, 194
Europäische Allianz von Initiativen angewandter Anthroposophie 179
Europäische Bürgerinitiative 179
European Citizen Initiative 179
Eurythmie 53f., 89-91, 142, 215, 241, 248f., 255, 266
Evolutionstheorie 201f., 202, 207, 214, 222, 251f.

F
Fastabend, Karl 178
Faust (Goethe) 25
Fédération Française Steiner-Waldorf 92
Fichte, Immanuel Hermann 213
Fichte, Johann Gottlieb 213
Filderklinik (Filderstadt) 157, 168f.
Filstal (Schule) 203
Finck, Helene 217
Flensburger Hefte 194
Förderstiftung Anthroposophie 182
Förderstiftung Anthroposophische Medizin 181
Forschungsförderung der Anthroposophischen Gesellschaft in Deutschland 182
Forschungsstelle Kulturimpuls 110
Forum Kultus 95
Frankreich 92f.
Frauen 89, 209f.; s. auch Geschlechter
Freiburg im Breisgau 151, 166
Freie Anthroposophische Gruppen 21
Freie Hermetisch-Christliche Studienstätte 87
Freie Hochschule am Bodensee 87, 191
Freie Hochschule für Geisteswissenschaften 113, 131; s. auch Esoterische Schule; Medizinische Sektion am Goetheanum; Pädagogische Sektion am Goetheanum
Freie Internationale Universität 177
Freie Vereinigung der Anthroposophie 99
Freien Gemeinschaftsbank (Basel) 44, 46f.
Freien Hochschule für Geisteswissenschaft 113f.

Freies Geistesleben (Verlag) 66, 193, 195
Freimaurerei 65, 84, 94f., 107, 170f., 190
Frick 140
Fritzsche, Klaus 30
Frontal 21 (TV) 173
Fussball 254

G
Galinski, Heinz 241
Gamsachurdia, Swiad 180
Gauland, Alexander 180
Gemeinnützige Treuhandstelle 40
Gemeinschaftsbank für Leihen und Schenken s. GLS
Gemeinschaftskrankenhaus (Witten) 116, 118
Gerber, Alexander 141
Gerichte 80
Germanische Glaubensgemeinschaft 203
Gesamtausgabe (der Werke Steiners) 63f., 18, 217-219
Geschlechter 143, 257
Gesellschaft Gelebte Weihnachtstagung 22, 131f.
Gideon Spicker e.V. 20
Globalisierung 96f., 269
Glocke, Nicole 266
Glöckler, Michaela 38, 127, 157f., 209
GLS Dachstiftung 181
GLS Gemeinschaftsbank 40-47, 119f., 238
GLS Treuhand 119
Gnade 70
Goesch, Heinrich 38
Goethe 213f.
goetheanische Anschauung (Schule) 35, 258
Goetheanum (Gebäude) 17, 21f., 24f., 80, 85, 95, 127, 131, 134-136, 218, 238
Goetheanum (Zeitschrift) 100, 108, 180, 193, 205, 210
Goetheanum Stipendien 182
Goetheanum-Welt-Konferenz 81, 96
Göppingen (Schule) 203
Göring-Eckardt, Katrin 241
Görnitz, Stefan 152
Göttliche, das 8, 61, 66, 68, 102, 127, 149, 209, 271
Grandt, Guido 173
Grandt, Michael 173
Grauer, Christian 18

Graupe, Silja 119
Grieshaber, HAP 241
Grimm, Monika 218
Grob, Jochen 268
Gronbach, Sebastian 18, 208
Grossbritannien 157
Grundeinkommen 184f.
Gründemann, Carsten 168
Grüne (Partei) 177, 183
Guangzhou 56
Gut Peetzig 145
Gut, Taja 18, 37f.
Gutberlet, Theodor 15, 76, 233, 237
Gutberlet, Wolfgang 98

H
Habermehl, Helmut 238
Habitat Stiftung (Basel) 183
Hacken, Valentin 209, 254
Haeckel, Ernst 107
Hagen, Nina 241
Halle, Judith von 23, 72, 98-101, 190
Hamburg 122, 179
Hamburg-Harburg 265
Hamburg-Wilhelmsburg 268
Hangelar (Schule) 251
Hannoversche Kassen 231, 237
Hanns Voith Stiftung 182, 233
Hartleben, Otto Erich 213
Hasler, Georg 182
Hau, Felix 18, 110
Haus Freudenberg 66
Hauschka s. Dr. Hauschka
Hausserstiftung e.V. 182
Haussleiter, August 177
Havelhöhe (Klinik) 157, 168
Haverbeck, Werner Georg 177, 206
Heckmann, Liesel 192
Heidekorn, Michael 254
Heidt, Wilfried 176f.
Heileurythmie 117f.
Heilpädagogik 102-106, 207, 215, 255
Heindel, Max 149
Heinisch, Ralph 31
Heisterkamp, Jens 18, 72f., 110, 194
Heliopolis University for Sustainable Development 125
Helixor 182, 231
Herbert Witzenmann Stiftung 20, 22
Hermes-Österreich 44

Herne (Schule) 246
Hess, Heinz 235
Hess, Rudolf 139
Hessenbruch, Freimuth 153
Hess-Natur 235
Heusser, Peter 117, 158
Heydebrand, Caroline von 209
Hibernia-Schule 246
Himmerod 192
Himmler, Heinrich 139
Hippel, Ernst von 191
historische Kritik 87, 107-112, 201
Hitzacker (Schule) 203
Hochschule für Geisteswissenschaften (Goetheanum) 21f., 215; s. auch Esoterische Schule
Hochschule Niederrhein 123
Hochschulen s. Alanus-Hochschule, Kunsthochschule Ottersberg, Pädagogische Hochschule Mannheim, Pädagogische Hochschule Stuttgart, Universität Witten-Herdecke
Hoffmann, David Marc 110, 219
höhere Erkenntnis 37-39, 61, 63, 68-70, 82f., 80, 103, 110, 129, 133, 145, 178, 190, 254, 261, 273f.
höhere Welten 107, 159, 221
Holle AG 231
Homöopathica 160
Homosexualität 209
Horacek, Milan 176
Hu, Weihe 51
Hundhammer, Theodor 90

I
Identitäre (Bewegung) 204
Indianer 196
Individualisierung 179, 224f., 242. 261f.
Info3 18, 23, 73, 181, 194, 198, 200, 206
Initiation 79
Institut für Biologisch-Dynamische Forschung 140
Institut für Integrative Medizin 117
Institut für soziale Dreigliederung 179
Institut für soziale Gegenwartsfragen 43
IntegraBank 41
Inversions-Technik GmbH 231
Iona Stichting 181
Iscador 32
Iscador AG 231

Islam 60, 126-128, 180
Israel 129f.
Ita Wegmann-Archiv 22
Ita Wegmann-Klinik 166
Italien 157, 204
Iwan, Rüdiger 260, 264

J
Japan 70
Jebsen, Ken 203
Jenny-Schuster, Maria 8
Jesuiten 190
Jesus 274; s. auch Christus
Jorberg, Thomas 237
Juden/Judentum 129, 196, 199f., 227, 270; s. auch Antisemitismus
Jürgens, Udo 241

K
Kaiser, Ulrich 265
Kandinsky, Wassily 134
Kant 202, 213
Karma s. Reinkarnation
Kashefi, Moustafa 203
Katholizismus 66, 92, 99, 101, 227, 257; s. auch Christentum; Protestantismus
Kfar Rafael 129
Kibbuz Harduf 130
Kienle, Gerhard 115
Kindergarten (Waldorf) 53, 56f.
Kings Langley (Schule) 265Kil, Monika 124
Kirchlich-pädagogische Hochschule (Krems) 125
Klagenfurt (Schule) 265
Klasse 113
Klassenlehrer 115, 121, 241, 248, 252f., 258, 262, 266f.
Klassenstunden 86f.
Klee, Jan-Uwe 140
Kleeberg, Ludwig 190
Klinik Arlesheim 31, 157, 166
Kniebe, Georg 250, 252
Kohl, Helmut 241
Kollerstrom, Nickolas 206
Kollwitz, Käthe 213
Köln 71, 222
Konferenz für Heilpädagogik und Sozialtherapie 103
Konferenzen (Waldorfschule) 39, 253f.

Konfliktstrategien 38, 80, 173f.; s. auch Autorität; Dogmen; Konstitutionsdebatte
König, Karl 102
Konnersreuth (Therese Neumann) 101
Konstitutionsdebatte 38, 131-133
Körper(feindschaft) 68, 89, 98, 100, 103, 173, 202, 209
Körperglieder/-hüllen 214, 248
Kosmetika 27-32
Kraneburg, Marcus 209
Krauss, Dietrich 173
Krebstherapie 118
Kriegsschuldlüge 206
Kriele, Martin 191
Krishnamurti 215
Krumhoek 147
Kueser Akademie für Europäische Geistesgeschichte 119
Kugler, Walter 218f.
Kühn, Christoph 18
Kühn, Peter Jakob 143
Kulturstufen 251
Kulturzentrum Achberg 176
Kunst 113, 134-136; s. auch Malerei
Kunsthochschule Ottersberg 114f.

L
Landwirtschaft 51, 137-148, 215, 227; s. auch Demeter
Lasker-Schüler, Else 213
Laudert, Andreas 18, 23, 36, 67, 170f.
Leadbeater, Charles Webster 222
Lebendige Erde 194
Leber, Stefan 198, 246
Lectorium Rosicrucianum 149f.
Lehrerausbildung (Waldorfpädagogik) 52f., 55, 92, 114, 121f., 124, 266
Lehrerrepublik (Waldorfpädagogik) 38, 253f., 263
Leonardo da Vinci 59
Lernwerft (Kiel) 267
Leschinsky, Achim 170
Lethen, Helmut 204
Lévi, Eliphas 107
Lieberoth-Leden, Michael 238
Liechtenstein 247
Lillehammer 95
Lindenberg, Christoph 90, 107f., 110
Link, Alexander 238
Lüdke, Wolf 235

Lukas-Klinik (Arlesheim) 166
Luxemburg, Rosa 213
Luzifer 184

M
Maas, Wilhelm 192
Mackay, Paul 24f., 31
Maharishi-Universität (Iowa) 146
Mahle 231, 237
Mahle Stiftung 120, 181
Malerei 134
Mannheim (Schule) 250, 252
Mannheim 267, 275
Marthashofen-Stiftung 182
Martin, Bernhard 191
Martin, David 167
Martins, Ansgar 18, 277
Maryon, Edith 182
Masern 151-154, 250
Mathematik 113
Matthes, Harald 167
Mayer, Thomas 179
Mayreders, Rosa 213
Medizin 113, 116-118, 124, 151-169, 215
Medizinische Sektion am Goetheanum 38, 103, 113, 127, 157, 181
Mehr Demokratie e.V. 179
Meistermann, Georg 176
Mennekes, Friedhelm 135
Mercurius B. V. (Eindhoven) 231
Merkurbank 44f.
Merkurstab 194
Methorst 65
Meyer, Thomas H. 18, 194
Migros 75, 233
Minden 203
Missbrauch 255
Mistel(präparate) 118, 159, 163, 229, 231, 274,
Mitteilungen aus der anthroposophischen Arbeit in Deutschland 194
Molau, Andreas 203, 205
Mondriaan, Piet 134
Monismus 214
Montessori 53, 268f.
Münzinghof 102
Mysterien 207
Mysteriendramen 136, 215
Mysterienkulte 221, 223
Mythen 274

N
Nachlassverwaltung/-streit 21f. 64, 219
Nationalismus 203, 212f.
Nationalsozialismus 109, 138f., 170-172, 177, 183
Natura Cosméticos 32
Naturata 231
Naturwissenschaften 113
„Neger" 196, 198, 202
Neubauer, Frank Dieter 95
Neuguss Verwaltungsgesellschaft 232
New Century Bank 232
New Resource Bank 45
Niederhausen, Holger 208
Niederlande 197
Norwegen 95, 204
Nouvelle économie fraternelle 44, 92
NPD (Nationaldemokratische Partei Deutschlands) 203
Nürtingen (Schule) 247
Nyssen, Françoise 92f.

O
Oberuferer Weihnachtsspiel 59
Objektivität 221
Oeri, Beatrice 182
Oeri, Melchior 182
Offenbarung 69f.
Ökobank 41
Ökonomie s. Banken; Unternehmen
Olcott, Henry Steel 222
Omnibus für Demokratie 43, 178f.
Opferfeier 265
Organisation für direkte Demokratie durch Volksabstimmung 178f.
Öschelbronn 157
Österreich 247, 258, 265 s. auch Hermes; Kirchlich-pädagogische Hochschule; Klagenfurt; Salzburg; Wien

P
Pädagogische Forschungsstelle beim Bund der Freien Waldorfschulen 182
Pädagogische Hochschule Mannheim 121
Pädagogische Hochschule Stuttgart 62, 114f., 121, 266
Pädagogische Sektion am Goetheanum 20, 113, 198
Pärt, Arvo 241

Parlamentarismus 177-179, 181
Peking 54-56
Perseus-Verlag 194
Pfeiffer, Christian 252
Pforte-Verlag 193
Phoenix Hill Commune 51
Pinkwart, Andreas 119
Plato, Bodo von 17, 24f., 81, 110
Pöhl, Karl Otto 241
Porsche, Peter Daniell 241
Postdam 265
Preetzschen 145
Privatoffenbarung 70
Prokofieff, Sergei O. 18, 81
Protestantismus – Katholizismus 61, 95, 189-192
Psychiatrie 50
Psychoanalyse 163
Psychotherapie 49

R
Raffael 59
Ramsteiner Kreis 192
Randoll, Dirk 120, 124, 256-259, 262
Rassen/Rassimus 58, 111, 196-206, 251f., 265
Räte 178
Ratzinger, Joseph 41
Ravagli, Lorenzo 109, 181, 205
Rechtsradikalismus 251; s. auch Antisemitismus; Rassen; Reichsbürger
Rehn, Götz 14f., 20, 75-77, 237
Reichenbach, Hans 273
Reichsbürger 203
Reinkarnation und Karma 49f., 68, 75, 79, 99, 103f., 107, 127, 143, 164f., 176, 202, 207f., 214, 249, 261,
Religion 57, 227, 271
Religionsunterricht 57, 62, 227f., 248f., 269f.
Rennenkampff, Jan von 254
Report (TV) 199, 173
Reuveni, Ammon 108, 110
Richterswil 157, 161
Ringwald Verein e.V. 20
Rittelmeyer, Friedrich 63f., 172, 190
Roggenkamp-Schrift 35, 194
Röschert, Günther 110, 126
Rosenkreuz, Christian 218
Rüspe s. Studienhaus Rüspe
Roßmann, Dirk 78

Rudolf Steiner-Ausgaben 218
Rudolf Steiner-Verlag 193

S
Sakramente 64f., 95, 61
Salzburg 151
Schaette s. Dr. Schaette
Scharoun, Hans 136
Scheerbart, Paul 213
Schenkungsgeld 40, 46f.
Schieren, Jost 120f., 226, 249, 260f., 270
Schiller, Hartwig 246
Schily, Franz 33
Schily, Konrad 33, 115f., 118
Schily, Otto 183f.
Schmidt, Robin 110, 277
Schmidt-Brabant, Manfred 17
Schnell, Peter 117, 119, 232, 237
Schnorr, Johannes 234
Schröer, Julius   212f.
Schröppe, Wolf-Dieter 203
Schülermitverwaltung 253, 262
Schulungsweg 38, 100, 207, 215, 271
Schwäbisch-Gmünd 27
Schwaetzer, Harald 119
Schweden 157
Schweiz 16, 24, 27, 61, 75, 80, 102, 135, 139f., 144, 159, 157f., 164., 185, 189, 193, 231, 233, 247, 250; s. auch Anthroposophische Vereinigung in der Schweiz
Seiss, Willi 22, 87, 191-193
Sekem 45, 125f., 148
Selbsterlösung 61f., 68, 111, 207, 214
Selg, Peter 18, 22, 109f.
Sexualität 209f., 264
Siegen (Schule) 253
Sivers, Marie von 211, 72, 191f., 218, 210
Skiera, Ehrenhard 249
Smits, Lory 89
Software AG 182, 232
Software AG Stiftung 20, 116-120, 181, 232, 237f., 256
Sommerfeld, Caroline 181, 204
Sonett 233, 235
Sozialethik 225
Sozialorganik 75
Spaemann, Robert 191
Speick 233, 235
Spiegel, Paul 199
Spielberger 233f.

Spoerri, Gertrud 66
Sprich, Frieder 25
Stach, Ilse von 191
Staeck, Klaus 176
Staedler 233
Staudenmaier, Peter 171, 204, 277
Steffen, Albert 172
Steiner, Marie s. Sivers, Marie von
Steiner, Rudolf 37-39, 48, 110, 189, 212-216; s. auch Gesamtausgabe
Stichting Helias 181
Stiftung Berneburg 20
Stiftung Helixor 182
Stiftung Herbstrosen 182
Stiftung Humanus-Haus 182
Stiftung Kulturimpuls Schweiz 182
Stiftung Trigon 182
Stiftungen 20, 22, 44f., 181, 237; s. auch Christophorus Stiftung; Damus-Donata-Stiftung; Dr. Hauschka Stiftung; Edith Maryon Stiftung; Eduard Stiftungsfond; Förderstiftung; Anthroposophie; Förderstiftung Anthroposophische Medizin; GLS Dachstiftung; Habitat Stiftung; Hanns Voith Stiftung; Hausserstiftung e.V.; Herbert Witzenmann; Stiftung; Iona Stichting; Mahle-Stiftung; Marthashofen-Stiftung; Turmalin Stiftung; Urberg-Stiftung; Zukunftsstiftung Bildung
Stigmata 98
Stirner, Max 213f.
Stockmar 233, 235, 237
Studienhaus Rüspe 43
Stuttgart 43, 62, 114, 170, 189, 193, 245, 266
Stuttgarter Erklärung 200, 251f.
Stüttgen, Johannes 178

T
Taiwan 51, 58f.
Taube, Kathrin 104
Tegut 15, 233, 235, 237
Temperamentenlehre 59
ten Siethoff, Hellmuth J. 75
Theater 136
Theosophie 73, 214f., 221-223
Thun, Maria 142
Tomberg, Valentin 21, 38, 72, 87, 191f.
Tradowsky, Peter 99

Triodos Bank 44-46, 148
Turmalin Stiftung 182

U
Uehli, Ernst 199
Uhlenhoff, Rahel 99
Ullrich, Heiner 258
Universität Bonn 123
Universität Kassel 145
Universität Witten-Herdecke 43, 115-118, 120, 124f., 157f., 160, 162, 166-168; s. auch Gemeinschaftskrankenhaus
Unternehmen 229-238; s. auch Alnatura; Arzneimittel; dm
Urachhaus 66, 193, 195
Urberg-Stiftung 182

V
Vereinigte Staaten von Amerika 227f., 269
Verschwörungstheorien 94, 171, 206
Verweyen, Maria Joseph 191
Voelkel 233, 235
Voith 233; s. auch Hanns Voith Stiftung
Vollmer, Ludger 177
Vreede, Elisabeth 21

W
Wachsmuth, Günther 172
Wagemann, Paul-Albert 90f.
Wagner, Arfst 170
Wala 29f., 120, 182, 234, 237
Wala-Stiftung 237
Waldorfpädagogik 90, 114, 120f., 200, 208, 239-270, s. auch Charter-School, Eltern, goetheanische Anschauung; Klassenlehrer; Klassenstunden; Konferenzen; Lehrerausbildung; Lehrerrepublik; Opferfeier
Waldorfschulen 51-60, 92, 95f., 151, 172f., 181f., 190, 197-199, 202-205, 215, 227, 232
Waldorfstiftung 120, 246
Wandtafelzeichnungen 218f.
Wegman, Ita 21, 99, 101, 155, 172, 210
Weidelener, Herman 21, 38, 66
Weihnachtstagung 131
Weihnachtstagungsgesellschaft s. Gesellschaft Gelebte Weihnachtstagung
Wein 143f.
Weirauch, Wolfgang 64, 66-68, 71

Weleda 27-32, 51, 120, 182, 195, 234f., 237
Weleda-Nachrichten 195
Weltanschauung 248-250, 259, 271f.
Werder 151
Werner, Götz 20, 31, 74-78, 184, 237
Werner, Uwe 170
Werth, Martha 148
Wiechert, Christof 197f.
Wien 203
Wiesberger, Hella 217
Wilber, Ken 73
Wilke, Lothar-Arno 94
Willmann, Carlo 125
Windhoek 70, 96
Winterthur 250
Wissenschaft 271, 273-275
Witten-Annen 122, 266
Witten-Herdecke s. Universität Witten-Herdecke
Witzenhausen 145
Witzenmann, Herbert 14, 20f., 86f., 226; s. auch Herbert Witzenmann Stiftung
Wolf, Ursula 167

Z

Zbinden-Verlag 193
zwei Jesusknaben 35
Zweigarbeit 85, 95